VOLUME 3

PORTUGUÊS CONTEMPORÂNEO

DIÁLOGO, REFLEXÃO E USO

William CEREJA
Professor graduado em Português e Linguística e licenciado em Português pela Universidade de São Paulo (USP)
Mestre em Teoria Literária pela Universidade de São Paulo (USP)
Doutor em Linguística Aplicada e Estudos da Linguagem na PUC-SP
Professor da rede particular de ensino em São Paulo, capital

Carolina DIAS VIANNA
Professora graduada e licenciada em Português pela Universidade Estadual de Campinas (Unicamp)
Mestre em Linguística Aplicada pela Universidade Estadual de Campinas (Unicamp)
Doutora em Linguística Aplicada pela Universidade Estadual de Campinas (Unicamp)
Professora das redes pública e particular de ensino nos Estados de São Paulo e Minas Gerais
Membro das bancas de correção da Redação do Enem e do vestibular da Unicamp

Christiane DAMIEN
Professora graduada e licenciada em Português e Francês pela Universidade Estadual Paulista (Unesp)
Mestre em Letras pelo Programa de Língua, Literatura e Cultura Árabe da Universidade de São Paulo (USP)
Doutora em Estudos Árabes pela Universidade de São Paulo (USP)
Professora das redes pública e particular de ensino na cidade de São Paulo

Atual Editora

Editora Saraiva

Direção de inovação e conteúdo: Guilherme Luz
Direção editorial: Luiz Tonolli e Renata Mascarenhas
Gestão e coordenação de área: Noé G. Ribeiro
Edição: Fernanda Carvalho, Mônica Rodrigues de Lima, Paula Junqueira
Gerência de produção editorial: Ricardo de Gan Braga
Planejamento e controle de produção: Paula Godo e Roseli Said
Revisão: Hélia de Jesus Gonsaga (ger.), Kátia Scaff Marques (coord.), Rosângela Muricy (coord.), Ana Paula C. Malfa, Brenda T. de Medeiros Morais, Diego Carbone, Gabriela M. de Andrade, Larissa Vazquez, Sueli Bossi
Edição de arte: Josiane Batista de Oliveira Silva
Diagramação: Benedito Reis e Josiane Batista
Iconografia e licenciamento de texto: Sílvio Kligin (superv.)
Tratamento de imagem: Emerson de Lima
Ilustrações: Andressa Honório, Luis Matuto, Nelson Provazi, Rico, Sonia Vaz
Capa: Gláucia Correa Koller (coord.) e Talita Guedes da Silva

Avenida das Nações Unidas, 7221 – 1º andar – Setor A – Espaço 2 - Pinheiros – SP - CEP 05425-902
SAC 0800 011 7875
www.editorasaraiva.com.br

Dados Internacionais de Catalogação na Publicação (CIP)
(Câmara Brasileira do Livro, SP, Brasil)

Cereja, William Roberto
Português contemporâneo : diálogo, reflexão e uso : vol. 1 ao 3 / William Roberto Cereja, Carolina Assis Dias Vianna, Christiane Damien Codenhoto. -- 1. ed. -- São Paulo : Atual, 2017. -- (Português contemporâneo)

1. Português (Ensino médio) I. Vianna, Carolina Assis Dias. II. Codenhoto, Christiane Damien. III. Título
IV. Série.

17-02493 CDD-469.07

Índice para catálogo sistemático:
1. Português : Ensino médio 469.07

2017
ISBN 978 85 5769 032 5 (AL)
ISBN 978 85 5769 035 6 (PR)
Código da obra CL 800780
CAE 620521 (AL) / 620522 (PR)
1ª edição
1ª impressão

Impressão e acabamento

Uma publicação SOMOS EDUCAÇÃO

Caro estudante

Como muitos jovens que cursam atualmente o ensino médio, você participa de práticas diversas de leitura e escrita nos mais variados contextos: na escola, em casa ou em outros ambientes que frequenta; por meio do celular, do *tablet* ou do computador; por meio do velho e bom papel em seus mais diferentes tipos e formatos. Da mesma maneira, você interage oralmente em situações variadas, produzindo falas ora mais curtas, ora mais longas, em situações descontraídas ou formais.

Lidamos com linguagens o tempo todo: para opinar, para pedir, para ceder, para brincar, para brigar, para julgar, e assim vamos construindo nossas identidades e sendo construídos pela realidade que nos cerca, pelos outros sujeitos com quem interagimos, pelos textos que lemos, ouvimos e produzimos. Neste livro, tomamos como base essa relação que você já tem com a linguagem para apresentar e discutir diferentes questões sobre a nossa língua, sobre nossas produções literárias e culturais e sobre os textos que produzimos em nossa vida.

Ao adentrar o estudo da literatura, você lerá textos de diversos momentos da história da humanidade e perceberá que os textos literários e as artes em geral (entre elas a pintura, a escultura, a música, o cinema) estão intimamente conectados à realidade social de cada época, surgindo como uma espécie de resposta artística ao seu contexto de produção: refletem, assim, muito da visão política, social e artística do momento em que estão sendo produzidos. Você verá também que mesmo textos escritos muitos séculos atrás guardam relações próximas com obras atuais, confirmando a ideia de que a literatura e seus temas não se encerram em um determinado período, mas transformam-se ao longo do tempo, em um fluxo contínuo, à medida que a sociedade e os sujeitos igualmente se modificam.

Nesse percurso, você conhecerá também nuances da língua na leitura e na produção textual, ao analisar e elaborar textos escritos e orais que circulam em situações de comunicação variadas: relatórios, currículos, poemas, crônicas, reportagens, cartazes, anúncios, seminários, debates, entre muitos outros. Pretendemos, com isso, que você desenvolva ainda mais a sua capacidade de ler e produzir textos de modo eficiente, compreendendo criticamente os sentidos construídos por diferentes escolhas e contextos de circulação e se fazendo entender por meio de um uso reflexivo da língua, que lhe permita trabalhar sobre as diversas formas de produção de sentidos quando é você o autor do texto.

Entendemos ainda que, para além das práticas cotidianas de uso da leitura e da escrita, também faz parte das práticas do estudante do ensino médio a participação em situações bem específicas de linguagem, vividas por quem se prepara para a entrada na universidade e no mercado de trabalho. Por isso, você terá contato com textos específicos dessas esferas, a fim de que esteja bem-preparado para esse novo momento da sua vida.

Os conceitos e conteúdos aqui trabalhados têm, portanto, o objetivo principal de munir você para fazer um uso cada vez mais consciente e reflexivo das estruturas e possibilidades da língua, quaisquer que sejam as situações de comunicação nas quais você venha a se engajar, como leitor ou como produtor de textos. Esperamos que esse caminho seja tão interessante e motivador para você quanto foi, para nós, a elaboração deste livro.

Um abraço,

Os Autores.

CONHEÇA SEU LIVRO

ABERTURA DE UNIDADE

O nome da unidade procura contemplar o sentido geral dos conteúdos trabalhados em literatura, gramática e produção de texto.

Na página par da abertura da unidade, sempre há uma imagem relacionada com o período que vai ser estudado na literatura. A imagem é acompanhada de uma legenda ampliada, que comenta a obra.

Na página ímpar, ainda há textos e imagens relacionados aos conteúdos de gramática e de literatura a serem trabalhados na unidade.

ANÚNCIO DO PROJETO

No alto da página ímpar, é anunciado o projeto de produção textual que será desenvolvido pelos alunos durante a unidade.

ENTRE SABERES

Nesta seção, o aluno lê um conjunto de textos interdisciplinares que situam a estética literária do ponto de vista histórico, filosófico, econômico, político e de outras manifestações artísticas do período.

ENTRE TEXTOS

Esta seção promove um estudo comparado entre textos de períodos diferentes que apresentam um mesmo tema ou uma relação intertextual.

CONEXÕES

Estabelece relações entre as concepções estético-literárias do período estudado com um texto de outra linguagem, como a canção, o quadrinho, o cartum, a pintura e a escultura.

PÁGINA DE ABERTURA DE CAPÍTULO

Apresenta uma imagem e um texto relacionado com o conteúdo de literatura.

NOME DO CAPÍTULO

Inicia-se sempre pela literatura, seguida de gramática e produção de textos.

FOCO NO TEXTO

Leitura e análise de textos representativos do assunto a ser trabalhado, com a finalidade de examinar os temas, os procedimentos formais e as características de cada período literário, tópico gramatical ou gênero, tendo em vista a frente trabalhada.

FOCO NA IMAGEM

Cada período da literatura é iniciado por **Foco na imagem**, seção em que o aluno toma contato com aquela estética literária por meio da leitura e interpretação de uma obra de arte, ampliando sua capacidade de leitura de texto não verbal.

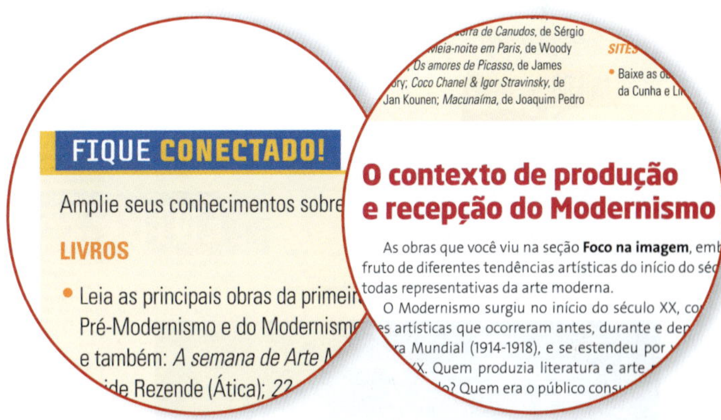

FIQUE CONECTADO

Esta seção reúne sugestões de outros objetos culturais relacionados com o período em estudo: filmes, livros, músicas, *sites*, museus, igrejas, etc.

O CONTEXTO DE PRODUÇÃO E RECEPÇÃO

Nesta seção, examina-se o fenômeno literário do ponto de vista da situação de produção, ou seja, quem eram os agentes culturais na época e quem era o público leitor da literatura produzida nesse período.

LÍNGUA E LINGUAGEM

É a parte de gramática do capítulo. Geralmente, inicia-se com o estudo de um texto (seção **Foco no texto**), por meio do qual se explora o conceito de forma contextualizada.

PRODUÇÃO DE TEXTO

Inicia-se pelo estudo do gênero textual, a fim de que o estudante conheça seus elementos constitutivos essenciais.

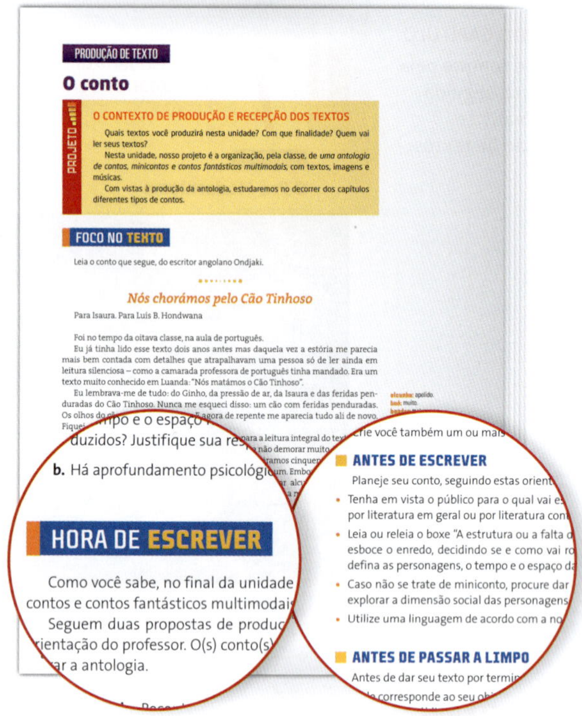

REFLEXÕES SOBRE A LÍNGUA

Apresentação da parte teórica e conceitual do assunto em estudo.

TEXTO E ENUNCIAÇÃO

Nesta seção, o aluno analisa textos, do ponto de vista discursivo, nos quais o conceito gramatical estudado foi utilizado.

HORA DE ESCREVER

Apresentação das propostas de produção para o estudante escrever.

ANTES DE ESCREVER/ ANTES DE PASSAR A LIMPO

Orientações para escrever e revisar o texto.

MUNDO PLURAL

Seção que pode surgir em qualquer uma das frentes da disciplina – literatura, gramática ou produção de textos – e que relaciona os conteúdos trabalhados no capítulo com as questões cotidianas do mundo contemporâneo, como ética, consumo, meio ambiente, etc.

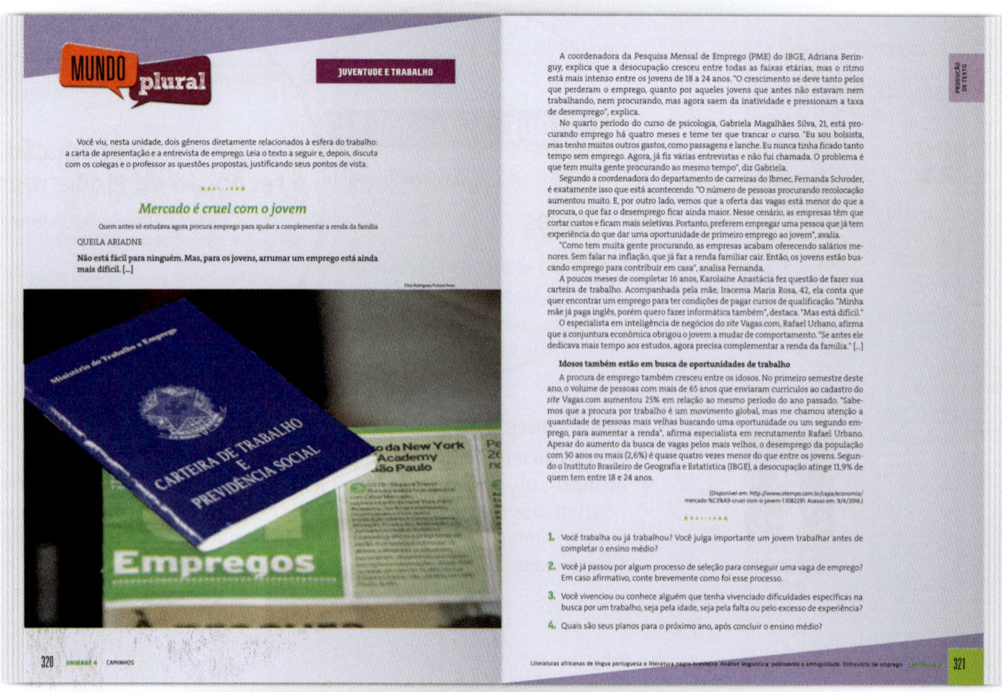

POR DENTRO DO ENEM E DO VESTIBULAR

Organizada em duas subseções, apresenta a resolução de uma questão do Enem (**Enem em contexto**) e reúne questões das provas do Enem e dos principais vestibulares (**Questões do Enem e do vestibular**).

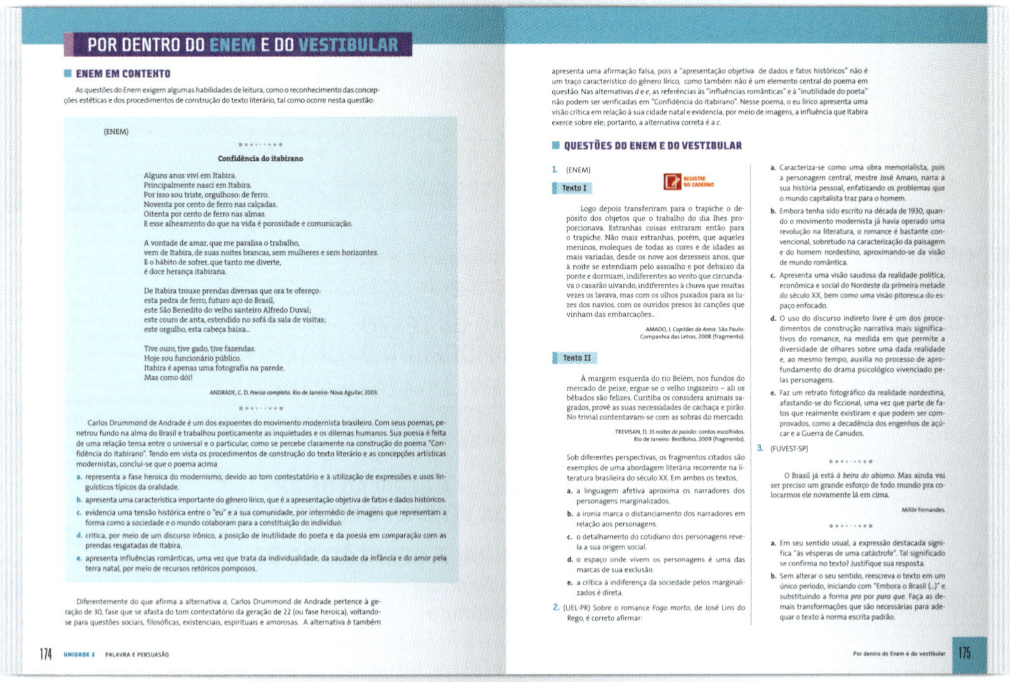

PROJETO

Encerramento do projeto de produção textual anunciado na abertura da unidade e desenvolvido ao longo dos capítulos. São saraus, feiras culturais, debates, produção de livros e revistas, etc.

SUMÁRIO

UNIDADE 1 RUPTURA E CONSTRUÇÃO

Nelson Provazi

UNIDADE

2 PALAVRA E PERSUASÃO

UNIDADE 3

HORA E VEZ DA LINGUAGEM

Nelson Provazi

UNIDADE 4

CAMINHOS

Apêndice

UNIDADE

1 Ruptura e construção

The Bridgeman Art Library / Keystone Brasil/Galleria Nazionale d'Arte Moderna, Roma, Itália

Dinamismo das formas: luz no espaço (1912), de Gino Severini, expressão do Futurismo italiano. Com influências das técnicas cubistas de Picasso, aproximando ângulos e planos circulares, a tela explora o movimento da luz, dando ideia de dinamismo, de velocidade.

PROJETO

ANTOLOGIA DE CONTOS, MINICONTOS E CONTOS FANTÁSTICOS MULTIMODAIS

Participe com toda a classe da organização de uma antologia de contos, minicontos e contos fantásticos multimodais (com imagens, música, voz, vídeos e movimento), que serão produzidos no decorrer da unidade.

Instituto de Estudos Brasileiros da USP, São Paulo

O modernismo, no Brasil, foi uma ruptura, foi um abandono de princípios e de técnicas consequentes, foi uma revolta contra o que era a Inteligência nacional.

(Mário de Andrade. Apud João Luiz Lafetá. *Aspectos da literatura brasileira*. 5. ed. São Paulo: Martins Fontes, 1974. p. 235.)

O homem amarelo (1916), de Anita Malfatti. A obra, de inspiração expressionista, integrou uma exposição de pinturas da autora às quais o escritor e crítico de arte Monteiro Lobato fez uma crítica veemente. A polêmica que se iniciou com essa crítica uniu artistas, difundiu novas ideias e dinamizou o processo de implantação da arte moderna no Brasil.

pronominais

Dê-me um cigarro
Diz a gramática
Do professor e do aluno
E do mulato sabido
Mas o bom negro e o bom branco
Da Nação Brasileira
Dizem todos os dias
Deixa disso camarada
Me dá um cigarro

(Oswald de Andrade. *Poesias reunidas*. 5. ed. Rio de Janeiro: Civilização Brasileira, 1978. p. 125.)

Em verdade, será sempre conto aquilo que seu autor batizou com o nome de conto.

(Mário de Andrade)

Museu de Arte Contemporânea da USP, São Paulo

A negra (1923), de Tarsila do Amaral. Estudando Cubismo com o renomado pintor Fernand Léger, em Paris, Tarsila se voltou para temas nacionais, como o negro brasileiro.

CAPÍTULO

1 O Pré-Modernismo Concordância verbal O conto

LITERATURA

O Pré-Modernismo

Recanto do morro de Santo Antônio (1920), de Eliseu Visconti, obra ainda marcada por influências do Impressionismo, corrente artística do final do século XIX.

Projeto Eliseu Visconti/Coleção particular

A literatura brasileira vivia nas duas primeiras décadas do século XX em um momento de transição. Por um lado, perdurava a influência das correntes estéticas do século XIX, como o Realismo, o Naturalismo, o Parnasianismo e o Simbolismo; por outro, já se notavam mudanças – como um reflorescimento do nacionalismo e a busca de uma língua brasileira, mais próxima do povo – que apontavam para uma renovação estética.

À produção situada entre 1900 e 1922, ano em que ocorreu a Semana de Arte Moderna, considerada o marco inicial do Modernismo brasileiro, costuma-se chamar **Pré-Modernismo**. Essa produção não chegou a constituir um movimento literário, mas criou condições para a grande ruptura que se daria logo depois.

O Pré-Modernismo contou com uma rica produção em verso e em prosa. Na poesia, destaca-se o poeta Augusto dos Anjos. Na prosa, Euclides da Cunha, Monteiro Lobato e Lima Barreto.

Neste capítulo, você vai conhecer a poesia de Augusto dos Anjos e a prosa de Lima Barreto.

Euclides da Cunha e *Os sertões*

Euclides da Cunha (1866-1900) foi militar, engenheiro, jornalista e escritor. Quando eclodiu a Guerra de Canudos, em 1896, no interior da Bahia, foi correspondente de guerra do jornal *O Estado de S. Paulo*. Terminada a guerra, escreveu, com base nas observações que fez *in loco*, sua principal obra: *Os sertões* (1901).

A obra é organizada em três partes: "A terra", "O homem" e "A luta". Adepto das ideias deterministas e naturalistas, Euclides da Cunha teve a intenção de provar, com a obra, que o homem é fruto do meio e a guerra é consequência da interação do homem com o meio social e cultural.

Segundo a versão oficial dada pelo Exército na época, a guerra ocorreu por necessidade de combater um foco monarquista, que se opunha à recente República. Do ponto de vista do autor de *Os sertões*, porém, o conflito que vitimou 15 mil pessoas foi fruto da miséria, do isolamento político, da ignorância e do fanatismo religioso.

Cena do filme *Guerra de Canudos*, de Sérgio Rezende.

Morena Filmes, Filme de Sergio Rezende/João Raposo/Editoras Caras S.A/

Augusto dos Anjos

Em 1912, ocorreu a primeira publicação de *Eu*, de Augusto dos Anjos, que já teve mais de cem edições e é, provavelmente, a obra de poesia mais lida em nosso país.

Tal sucesso tem várias explicações, entre elas a originalidade chocante da poesia do autor, que trilhou um caminho único em nossa literatura, fundindo elementos simbolistas a elementos materialistas e científicos. Por um lado, o poeta herdou do Simbolismo uma visão cósmica e uma angústia moral, além de ter adotado, por influência do filósofo Schopenhauer, um pessimismo exacerbado. Por outro, incorporou uma visão materialista e científica da vida e do mundo, com claras influências do biólogo naturalista Ernst Haeckel (1834-1919) e do filósofo Herbert Spencer (1788-1860). Paradoxalmente, o eu lírico de seus poemas busca o infinito na matéria, com a perspectiva pessimista de que tudo caminha para a morte, para o mal e para o nada. Não há nessa poesia lugar para a esperança, uma vez que tudo é matéria, e a matéria caminha para a podridão absoluta.

A linguagem empregada pelo autor também é surpreendente, considerando-se a linguagem elevada que até então era utilizada na poesia. Termos científicos se misturam a um vocabulário rebuscado, dando origem a uma linguagem eloquente, expressiva e muitas vezes chocante. As formas poéticas, entretanto, ainda são as convencionais empregadas no Simbolismo, como o soneto e o verso decassílabo ou o alexandrino.

Augusto dos Anjos

Augusto dos Anjos (1884-1914) nasceu no Engenho Pau d'Arco, no município de Sapé, Paraíba. Formou-se em Direito, mas, em vez de atuar como advogado, foi professor e deu aulas de literatura em diferentes instituições de ensino no Rio de Janeiro.

Morreu de tuberculose, aos 30 anos, deixando uma única obra, *Eu*, que ainda hoje impacta e seduz leitores das novas gerações.

Acervo Iconographia

FOCO NO TEXTO

Leia, a seguir, dois textos que integram a obra *Eu*.

Nelson Provazi

Texto 1

O deus verme

Fator universal do transformismo.
Filho da teleológica matéria,
Na superabundância ou na miséria,
Verme – é o seu nome obscuro de batismo.
Jamais emprega o acérrimo exorcismo
Em sua diária ocupação funérea,
E vive em contubérnio com a bactéria,
Livre das roupas do antropomorfismo.

Almoça a podridão das drupas agras,
Janta hidrópicos, rói vísceras magras
E dos defuntos novos incha a mão...
Ah! Para ele é que a carne podre fica,
E no inventário da matéria rica
Cabe aos seus filhos a maior porção!

(Disponível em: http://www.dominiopublico.gov.br/pesquisa/DetalheObraForm.do?select_action=&co_obra=1772. Acesso em: 3/1/2016.)

Texto 2

Idealismo

Falas de amor, e eu ouço tudo e calo!
O amor da Humanidade é uma mentira.
É. E é por isso que na minha lira
De amores fúteis poucas vezes falo.

O amor! Quando virei por fim a amá-lo?!
Quando, se o amor que a Humanidade inspira
É o amor do sibarita e da hetaira,
De Messalina e de Sardanapalo?!

Pois é mister que, para o amor sagrado,
O mundo fique imaterializado
– Alavanca desviada do seu futuro –

E haja só amizade verdadeira
Duma caveira para outra caveira,
Do meu sepulcro para o teu sepulcro?!

(Idem.)

acérrimo: superlativo de acre, ou seja, muito azedo.
agro: o que tem sabor ácido, azedo.
antropomorfismo: atribuição de características humanas a algo que não é humano, como por exemplo, o clima.
contubérnio: familiaridade, intimidade.
drupa: fruta carnosa com semente em forma de caroço, como a azeitona e a manga.
hetaira: na Grécia antiga, uma prostituta de luxo.
hidrópico: relativo à hidropisia, ou seja, derramamento de líquido seroso em tecidos ou em cavidade do corpo.
idealismo: concepção de que a realidade consiste essencialmente de algo não material; o oposto de materialismo.
mister: necessário.
Messalina: imperatriz romana, terceira esposa do imperador Cláudio, conhecida como insaciável sexualmente; mulher de má reputação.
teleológico: relativo à teleologia, isto é, doutrina que explica algo com base em sua finalidade.
Sardanapalo: segundo a lenda, o último rei da Assíria, tido como devasso, efeminado e glutão.
sibarita: aquele que aprecia os prazeres físicos e a preguiça, como os habitantes de Síbaris, cidade da Grécia antiga.

1. A respeito do texto 1, responda:
   a. Qual é o tema central do poema?
   b. Explique o título do poema, levando em conta o papel do verme no universo.
2. Indiretamente, o texto 1 faz referência à morte de seres humanos e de outros seres.
   a. Que verso do poema demonstra o desprezo do eu lírico pelas crenças humanas?
   b. Há, no texto, alguma referência a espiritualidade, sentimentos, sonhos?
   c. Conclua: Que visão o eu lírico tem da vida e do mundo?
3. Em relação ao texto 2, responda:
   a. Qual é o tema central do poema?
   b. Qual é o pensamento do eu lírico sobre esse tema? Justifique sua resposta com um verso do poema.
   c. Na visão do eu lírico, o que seria necessário para que esse sentimento, em sua forma mais sublime, viesse a existir? Justifique sua resposta com um verso do poema.
   d. Leia, no glossário, o significado da palavra *idealismo* e responda: Que relação há entre o título e as ideias presentes no poema?
4. Compare os dois poemas quanto à linguagem, à forma e ao conteúdo.
   a. Tendo em vista que, no passado, a poesia privilegiava um vocabulário elevado, considerado de bom gosto, responda: Que palavras ou expressões desses textos fogem a essa tradição? De que esfera do conhecimento são essas palavras?
   b. O que aproxima os dois poemas quanto à forma?
   c. Que efeito resulta da mistura da forma clássica com temas e termos pouco convencionais?

Drummond lê Augusto dos Anjos

Li o "Eu" na adolescência e foi como se levasse um soco na cara. Jamais eu vira antes, engastadas em decassílabos, palavras estranhas como simbiose, mônada, metafisicismo, fenomênica, quimiotaxia. Zooplasma, intracefálica... E elas funcionavam bem nos versos! Ao espanto sucedeu intensa curiosidade. Quis ler mais esse poeta diferente dos clássicos, dos românticos, dos parnasianos, dos simbolistas, de todos os poetas que eu conhecia. A leitura do "Eu" foi para mim uma aventura milionária. Enriqueceu minha noção de poesia. Vi como se pode fazer lirismo com dramaticidade permanente, que se grava para sempre na memória do leitor. Augusto dos Anjos continua sendo o grande caso singular da poesia brasileira.

(Comentário de Drummond sobre Augusto dos Anjos, publicado na *Revista da Biblioteca Nacional*, ano 3, nº 32, maio de 2008. p. 89.)

Monteiro Lobato

Considerado um dos principais escritores pré-modernistas, Monteiro Lobato (1882-1948) nasceu em Taubaté, São Paulo. Estudou Direito e atuou como advogado, mas foi como editor e escritor que alcançou projeção nacional.

Foi fundador da Editora Nacional e escreveu contos, romances e ensaios. Em sua produção se destaca a obra de contos *Urupês*, na qual retrata o impacto social provocado pelo declínio da cultura do café na região do Vale do Paraíba, no interior de São Paulo.

Foi também um dos iniciadores da literatura infantil no Brasil e na América Latina. É autor de *Reinações de Narizinho*, *Caçadas de Pedrinho* e *O sítio do Picapau Amarelo*, entre outras obras para o público infantil.

Arquivo/CB/D.A Press

Lima Barreto

Ao lado de Aluísio Azevedo, Lima Barreto foi um dos primeiros escritores a retratar as camadas mais humildes da população. Em seus romances, predominam tipos que, na época, eram comuns nos subúrbios, como funcionários públicos, tenentes, pequenos comerciantes, músicos, etc.

Contrapondo-se aos modelos convencionais de escrita e linguagem, que tomavam os discursos de Rui Barbosa como modelo, a obra do escritor não foi bem recebida pela crítica da época em razão de sua linguagem, considerada displicente, e da visão ácida a respeito do Rio de Janeiro e das elites no poder. O reconhecimento da qualidade do escritor só ocorreu há algumas décadas.

Ao lado de Cruz e Sousa, Lima Barreto também se destaca por ter sido um dos primeiros escritores brasileiros negros a abordar em suas obras o preconceito racial.

Triste fim de Policarpo Quaresma

Considerada a obra mais importante de Lima Barreto, *Triste fim*... narra a história de Policarpo Quaresma, um funcionário público de classe média baixa do Rio de Janeiro, no final do século XIX, logo após a proclamação da República.

A obra é dividida em três partes. A primeira parte retrata a vida cotidiana de Quaresma, que, nacionalista, ufanista e solteiro, vive com a irmã dona Adelaide e gasta todo o seu tempo livre estudando as riquezas naturais e culturais do país. Propõe à Assembleia Legislativa a adoção do tupi como língua oficial e, por isso, passa a ser considerado louco e é internado em um manicômio.

Na segunda parte, por sugestão da afilhada Olga, Quaresma resolve investir nas riquezas naturais do país e cultivar a terra. Compra, então, um sítio e passa a viver ali com a irmã, dona Adelaide, e dois empregados. Aos poucos, a personagem se frustra com os resultados do trabalho com a lavoura.

Na terceira parte, ao saber que eclodiu a Revolta da Armada (1893), no Rio de Janeiro, dirige-se à capital para apoiar as forças federais e lutar contra os revoltosos. Por fazer críticas à maneira como o governo lidava com os revoltosos feitos prisioneiros, acaba também sendo preso e fuzilado, por ordem do presidente Floriano Peixoto.

FOCO NO TEXTO

O trecho que você vai ler a seguir pertence ao capítulo II da segunda parte de *Triste fim de Policarpo Quaresma*, intitulado "Golias". No trecho, Quaresma recebe a visita de Olga, sua afilhada, do marido dela e de Ricardo Coração dos Outros, um violonista com quem Quaresma tinha tomado aulas de violão, instrumento que considerava tipicamente brasileiro. Olga voltava de um passeio ao Carico, onde havia uma cachoeira, a duas léguas do sítio do padrinho.

[...]

O que mais a impressionou no passeio foi a miséria geral, a falta de cultivo, a pobreza das casas, o ar triste, abatido da gente pobre. Educada na cidade, ela tinha dos roceiros ideia de que eram felizes, saudáveis e alegres. Havendo tanto barro, tanta água, por que as casas não eram de tijolos e não tinham telhas? Era sempre aquele sapê sinistro e aquele "sopapo" que deixava ver a trama de varas, como o esqueleto de um doente. Por que, ao redor dessas casas, não havia culturas, uma horta, um pomar? Não seria tão fácil, trabalho de horas? E não havia gado, nem grande nem pequeno. Era raro uma cabra, um carneiro. Por quê? Mesmo nas fazendas,

Lima Barreto

Lima Barreto (1881-1922) nasceu no Rio de Janeiro. Neto de negros escravos e de portugueses e proveniente de uma família de classe média suburbana, sofreu duramente o preconceito racial em toda a sua vida. Por influência do Visconde de Ouro Preto, seu padrinho, iniciou o curso de engenharia na Escola Politécnica do Rio de Janeiro, mas teve de abandoná-lo para poder sustentar a família, uma vez que o pai enlouquecera e fora internado.

Para sobreviver, trabalhou como escriturário no Ministério da Guerra e escreveu para diversos jornais.

A publicação do seu romance *Recordações do escrivão Isaías Caminha* se deu em 1909, e a de sua principal obra, *Triste fim de Policarpo Quaresma*, em 1911.

Alcoólatra e deprimido, Lima Barreto morreu aos 41 anos internado em um hospício, como o pai.

Acervo Iconographia

o espetáculo não era mais animador. Todas soturnas, baixas, quase sem o pomar olente e a horta suculenta. A não ser o café e um milharal, aqui e ali, ela não pôde ver outra lavoura, outra indústria agrícola. Não podia ser preguiça só ou indolência. Para o seu gasto, para uso próprio, o homem tem sempre energia para trabalhar relativamente. Na África, na Índia, na Cochinchina, em toda a parte, os casais, as famílias, as tribos, plantam um pouco algumas cousas para eles. Seria a terra? Que seria? E todas essas questões desafiavam a sua curiosidade, o seu desejo de saber, e também a sua piedade e simpatia por aqueles párias, maltrapilhos, mal alojados, talvez com fome, sorumbáticos!...

Augusto Malta/ Coleção Gilberto Ferrez/ Acervo Instituto Moreira Salles

O subúrbio carioca retratado em obras de Lima Barreto.

Pensou em ser homem. Se o fosse passaria ali e em outras localidades meses e anos, indagaria, observaria e com certeza havia de encontrar o motivo e o remédio. [...]

Como no dia seguinte fosse passear ao roçado do padrinho, aproveitou a ocasião para interrogar a respeito o tagarela Felizardo. [...]

[...]

— Bons-dias, "sá dona".

— Então trabalha-se muito, Felizardo?

— O que se pode.

— Estive ontem no Carico, bonito lugar... Onde é que você mora, Felizardo?

— É doutra banda, na estrada da vila.

— É grande o sítio de você?

— Tem alguma terra, sim, senhora, "sá dona".

— Você por que não planta para você?

— "Quá sá dona!" O que é que a gente come?

— O que plantar ou aquilo que a plantação der em dinheiro.

— "Sá dona tá" pensando uma cousa e a cousa é outra. Enquanto planta cresce, e então? "Quá, sá dona", não é assim.

Deu uma machadada; o tronco escapou; colocou-o melhor no picador e, antes de desferir o machado, ainda disse:

— Terra não é nossa... E "frumiga"?... Nós não "tem" ferramenta... isso é bom para italiano ou "alemão", que o governo dá tudo... Governo não gosta de nós...

Desferiu o machado, firme, seguro; e o rugoso tronco se abriu em duas partes, quase iguais, de um claro amarelado, onde o cerne escuro começava a aparecer.

Ela voltou querendo afastar do espírito aquele desacordo que o camarada indicara, mas não pôde. Era certo. Pela primeira vez notava que o *self-help* do Governo era só para os nacionais; para os outros todos os auxílios e facilidades, não contando com a sua anterior educação e apoio dos patrícios.

Filipe Redondo/Folhapress

Cena da peça *Policarpo Quaresma*, adapção para o teatro da obra homônima de Lima Barreto, dirigida por Antunes Filho em 2010.

E a terra não era dele? Mas de quem era, então, tanta terra abandonada que se encontrava por aí? Ela vira até fazendas fechadas, com as casas em ruínas... Por que esse açambarcamento, esses latifúndios inúteis e improdutivos?

A fraqueza de atenção não lhe permitiu pensar mais no problema. Foi vindo para casa, tanto mais que era hora de jantar e a fome lhe chegava.

Encontrou o marido e o padrinho a conversar. Aquele perdera um pouco da sua *morgue*; havia mesmo ocasião em que era até natural. Quando ela chegou, o padrinho exclamava:

— Adubos! É lá possível que um brasileiro tenha tal ideia! Pois se temos as terras mais férteis do mundo!

— Mas se esgotam, major, observou o doutor.

Dona Adelaide, calada, seguia com atenção o *crochet* que estava fazendo; Ricardo ouvia, com os olhos arregalados; e Olga intrometeu-se na conversa:

— Que zanga é essa, padrinho?

— É teu marido que quer convencer-me que as nossas terras precisam de adubos... Isto é até uma injúria!

— Pois fique certo, major, se eu fosse o senhor, aduziu o doutor, ensaiava uns fosfatos...

— Decerto, major, obtemperou Ricardo. Eu, quando comecei a tocar violão, não queria aprender música... Qual música! Qual nada! A inspiração basta!... Hoje vejo que é preciso... É assim, resumia ele.

Todos se entreolharam, exceto Quaresma, que logo disse com toda a força d'alma:

— Senhor doutor, o Brasil é o país mais fértil do mundo, é o mais bem-dotado e as suas terras não precisam "empréstimos" para dar sustento ao homem. Fique certo!

— Há mais férteis, major, avançou o doutor.

— Onde?

— Na Europa.

— Na Europa!

— Sim, na Europa. As terras negras da Rússia, por exemplo.

O major considerou o rapaz durante algum tempo e exclamou triunfante:

— O senhor não é patriota! Esses moços...

O jantar correu mais calmo. Ricardo fez ainda algumas considerações sobre o violão. À noite, o menestrel cantou a sua última produção: "Os Lábios da Carola." [...] Olga tocou no velho piano de Dona Adelaide; e, antes das onze horas, estavam todos recolhidos.

Quaresma chegou a seu quarto, despiu-se, enfiou a camisa de dormir e, deitado, pôs-se a ler um velho elogio das riquezas e opulências do Brasil.

A casa estava em silêncio; do lado de fora, não havia a mínima bulha. Os sapos tinham suspendido um instante a sua orquestra noturna. Quaresma lia; e lembrava-se que Darwin escutava com prazer esse concerto dos charcos. Tudo na nossa terra é extraordinário! pensou. Da despensa, que ficava junto a seu aposento, vinha um ruído estranho. Apurou o ouvido e prestou atenção. Os sapos recomeçaram o seu hino. Havia vozes baixas, outras mais altas e estridentes; uma se seguia à outra, num dado instante todas se juntaram num *unisono* sustentado [...] Quaresma pode ler umas cinco páginas. Os batráquios pararam; a bulha continuava. O major

Policarpo Quaresma, Herói do Brasil. Direção: Paulo Thiago. [S.l.]: Vitória Produções Cinematográficas, 1998.

Capa do DVD do filme *Policarpo Quaresma, herói do Brasil*, dirigido por Paulo Thiago, adaptação para o cinema da obra homônima de Lima Barreto.

levantou-se, agarrou o castiçal e foi à dependência da casa donde partia o ruído, assim mesmo como estava, em camisa de dormir.

Abriu a porta; nada viu. Ia procurar nos cantos, quando sentiu uma ferroada no peito do pé. Quase gritou. Abaixou a vela para ver melhor e deu com uma enorme saúva agarrada com toda a fúria à sua pele magra. Descobriu a origem da bulha. Eram formigas que, por um buraco no assoalho, lhe tinham invadido a despensa e carregavam as suas reservas de milho e feijão, cujos recipientes tinham sido deixados abertos por inadvertência. O chão estava negro, e carregadas com os grãos, elas, em pelotões cerrados, mergulhavam no solo em busca da sua cidade subterrânea.

Quis afugentá-las. Matou uma, duas, dez, vinte, cem; mas eram milhares e cada vez mais o exército aumentava. Veio uma, mordeu-o, depois outra, e o foram mordendo pelas pernas, pelos pés, subindo pelo seu corpo. Não pode aguentar, gritou, sapateou e deixou a vela cair.

Estava no escuro. Debatia-se para encontrar a porta; achou e correu daquele ínfimo inimigo que, talvez, nem mesmo à luz radiante do sol, o visse distintamente...

(8. ed. São Paulo: Brasiliense, 1970. p. 119-12.)

acaparamento: monopólio.
bulha: tumulto, confusão sonora, movimentação intensa.
menestrel: músico, trovador.
morgue: necrotério, ar fúnebre.
olente: cheiroso.
sorumbático: triste, sombrio.

REGISTRE NO CADERNO

1. Ao voltar do passeio, Olga se impressiona com o tipo de vida que os roceiros da região levavam.

a. Como Olga imaginava que eles vivessem?

b. O que pôde constatar pessoalmente?

c. De acordo com o texto, apenas os pequenos agricultores demonstravam falta de iniciativa para trabalhar a terra e melhorar o nível de vida? Justifique.

2. Na obra, Olga representa a nova mulher que começa a despontar na passagem do século XIX para o século XX. Que trecho do texto comprova a inquietação dela em relação ao antigo papel social da mulher?

3. No dia seguinte, Olga conversa com Felizardo, empregado do sítio de seu tio, a respeito do que tinha visto na região. Que razões Felizardo alega para não se interessar pelo cultivo das terras onde vive?

A República Velha e as oligarquias rurais

Com a Proclamação da República, em 1889, teve início na vida política brasileira o período conhecido como República Velha (1889-1930). Depois dos anos iniciais, em que os militares estiveram no poder, começou em 1894 uma fase na qual o país passou a ser governado por presidentes civis, representantes das oligarquias do Sul e do Sudeste. Nesse período, presidentes vindos de Minas Gerais e de São Paulo se revezavam, o que deu origem à chamada "política do café com leite".

Apesar de o Brasil ter entrado no século XX como uma jovem república, as estruturas sociais, econômicas e políticas do país ainda eram basicamente as mesmas da época da monarquia. Os escravos, por exemplo, não foram absorvidos pelo mercado de trabalho e, nos centros urbanos, a mão de obra era proveniente das imigrações europeias.

Somente com a Revolução de 1930 foi que ocorreram mudanças profundas na estrutura social, econômica e política do país.

4. Considere este pensamento de Olga:

"E a terra não era dele? Mas de quem era, então, tanta terra abandonada que se encontrava por aí? [...] Por que esse acaparamento, esses latifúndios inúteis e improdutivos?"

Sabendo que a obra *Triste fim de Policarpo Quaresma* foi escrita durante a República Velha (1889-1930), em que predominavam os interesses da oligarquia rural, responda:

a. Que relação há entre esse trecho e o contexto sociopolítico da época?

b. Para que tipo de mudança social e econômica apontam as reflexões de Olga (e do próprio Lima Barreto) sobre o assunto?

5. Policarpo Quaresma é associado frequentemente a Dom Quixote, personagem idealista e sonhadora de Miguel de Cervantes.

a. Por que, na conversa de Quaresma e o marido de Olga, mais uma vez se comprova o caráter quixotesco do protagonista?

b. Nessa noite, que fato se contrapõe, ironicamente, à ingenuidade de Quaresma, comprovando algumas das afirmações de Felizardo?

6. O nome do capítulo é "Golias". Leia o boxe "Golias" e, depois, estabelecendo um paralelo entre a história do gigante e o episódio das formigas, responda:

a. Que personagem de *Triste fim...* equivale a Golias? Por quê?

b. Qual personagem corresponde a Davi? Por quê?

c. Pode-se afirmar que esse episódio revela uma visão irônica e crítica do próprio Lima Barreto? Justifique sua resposta.

7. O Pré-Modernismo é um momento de transição de nossa literatura, que mantém alguns traços das correntes artísticas do século XIX e, ao mesmo tempo, apresenta elementos novos, como o interesse por temas nacionais e a busca de uma língua mais coloquial e brasileira.

a. Com quais das estéticas literárias do século XIX a obra *Triste fim de Policarpo Quaresma* está mais alinhada? Por quê?

b. As novidades introduzidas pelo Pré-Modernismo podem ser identificadas no texto lido? Justifique sua resposta.

Golias

Segundo relatos bíblicos, Golias era um soldado filisteu de 2,90 m. Em uma guerra contra os judeus, Golias desafiou o exército inimigo, propondo que escolhessem um único soldado para lutar contra ele. Se o soldado vencesse, Golias e o exército filisteu se renderiam.

Um jovem judeu, chamado Davi, se dispôs a lutar. Foi até o rio, pegou cinco pedras e colocou-as em um pequeno saco.

Com uma funda, um tipo de atiradeira, nas mãos, acertou uma das pedras na cabeça de Golias e matou-o. Depois, cortou a cabeça do soldado filisteu, usando a espada do próprio gigante.

Galleria Borghese, Roma, Itália

Davi com a cabeça de Golias (1609-10), de Caravaggio.

ARQUIVO

Por meio da leitura de textos de autores pré-modernistas feita neste capítulo, você viu que:

- o Pré-Modernismo não é propriamente um movimento literário; é um período de transição, que reúne obras com traços remanescentes do Simbolismo, do Realismo e do Naturalismo;
- as obras pré-modernistas apresentam como novidade o interesse por temas da realidade nacional, como a vida da classe média suburbana do Rio de Janeiro e a busca de linguagem mais brasileira, próxima da língua falada pelo povo;
- a poesia de Augusto dos Anjos é um caso singular em nossa literatura, pois reúne elementos aparentemente excludentes, como traços do Simbolismo e do Naturalismo e formas poéticas da tradição clássica.

LÍNGUA E LINGUAGEM

Concordância verbal

FOCO NO TEXTO

Leia o poema a seguir, de Ferreira Gullar, escrito durante o período do regime militar no Brasil:

Dois e dois: quatro

Como dois e dois são quatro
sei que a vida vale a pena
embora o pão seja caro
e a liberdade pequena

Como teus olhos são claros
e a tua pele, morena

como é azul o oceano
e a lagoa, serena

como um tempo de alegria
por trás do terror me acena

e a noite carrega o dia
no seu colo de açucena

– sei que dois e dois são quatro
sei que a vida vale a pena

mesmo que o pão seja caro
e a liberdade, pequena.

(*Toda poesia*. 18. ed. Rio de Janeiro: José Olympio, 2009. p. 171.)

SHNA/Shutterstock

1. Leia a seguir um depoimento de Ferreira Gullar, dado na Bienal do Rio de Janeiro, em 2009, no qual ele comenta sobre a situação em que esse poema foi escrito:

Muitos amigos estavam presos, muita gente sumiu, então havia um grande desapontamento em todos nós, que tínhamos lutado pela reforma agrária, pela mudança das condições do país [...] Então esse poema foi escrito um pouco pensando nas pessoas que estavam presas e em tudo, em todos nós que estávamos perdendo o ânimo [...].

(Transcrito do vídeo disponível em: https://www.youtube.com/watch?v=T2iTZJAOz6c. Acesso em: 18/1/2016.)

a. A 1ª estrofe apresenta uma síntese das ideias principais do poema. Considerando o contexto social e político em que o poema foi produzido, explique o sentido dos versos "embora o pão seja caro / e a liberdade pequena".

b. Tendo em vista o momento caracterizado por Gullar, conclua: O que expressam os dois primeiros versos dessa estrofe?

c. Segundo o depoimento de Gullar, a quem ele se dirigia com seu poema?

2. Embora em seu depoimento Gullar tenha explicitado a quem se dirigia com seu texto, no poema o eu lírico se dirige especificamente a um "tu", que aparece em meio a uma comparação.

a. Levante hipóteses: Quem é o tu a que o eu lírico se dirige?

b. Com o que o eu lírico compara os elementos trazidos na 2ª, na 3ª e na 4ª estrofes?

3. No poema em estudo, o eu lírico faz uma queixa em relação à situação vivida naquele momento.

a. Por essa queixa, é possível considerar que a postura do eu lírico é pessimista?

b. Para o eu lírico, ainda há esperança de melhoria da situação? Justifique sua resposta com um verso do poema.

4. Releia a primeira e a penúltima estrofes.

a. A quem se refere a forma verbal *sei*?

b. Reescreva esse verso, explicitando o sujeito.

c. Se o eu lírico escrevesse em nome de um coletivo, incluindo-se nessa ideia de coletividade, identifique, entre as construções a seguir, a mais adequada, de acordo com a norma-padrão. Justifique sua escolha.

I. Nós sabe que a vida vale a pena.

II. Eles sabe que a vida vale a pena.

III. Nós sabemos que a vida vale a pena.

IV. Eles sabem que a vida vale a pena.

5. No 2º verso da 2ª e da 3ª estrofes, há uma elipse do verbo, isto é, ele foi omitido.

a. Reescreva-o, explicitando o verbo em sua forma de acordo com a norma-padrão.

b. Identifique, em cada um desses versos, qual é o sujeito e em que pessoa e número estão as formas verbais.

6. Releia os seguintes trechos:

I. "Dois e dois são quatro"
II. "Teus olhos são claros"
III. "É azul o oceano"
IV. "A noite carrega o dia"

a. Qual é o único trecho que não segue a ordem padrão do português escrito (sujeito + verbo + complemento)?

b. Coloque-o na ordem padrão.

c. Quais formas verbais estão no singular e quais estão no plural? Justifique esse emprego.

d. Reescreva-os segundo a norma-padrão, substituindo:

- *Dois e dois* por *Essa soma*
- *Teus olhos* por *Teu olhar*
- *O oceano* por *os mares*
- *A noite* por *Os luares*

e. Compare os versos originais aos versos escritos por você no item anterior e conclua: O que aconteceu com as formas verbais?

7. Releia a 4ª estrofe.

a. Coloque-a na ordem padrão do português escrito e levante hipóteses: Por que o poeta não escreveu o verso nessa ordem?

b. A que ou a quem se refere a forma verbal *acena*?

c. Explique por que a ideia dessa estrofe confirma o que foi dito na 1ª estrofe.

8. Compare a 1ª estrofe às duas últimas. Discuta com os colegas e o professor e conclua:

a. Qual efeito de sentido é criado pela repetição da forma verbal *sei* na penúltima estrofe?

b. Nesses versos, foram empregadas as conjunções concessivas *embora* e *mesmo que*. Uma concessão é considerada uma atitude aparentemente contrária ao previsto ou esperado. Qual é a atitude esperada de uma pessoa que vive no contexto sócio-histórico do poema?

REFLEXÕES SOBRE A LÍNGUA

No estudo do poema de Ferreira Gullar, você viu que as formas verbais se alteram em conformidade com os sujeitos a que se referem, concordando com eles em número e pessoa. É o que acontece, por exemplo, com o verbo *ser*, que se apresenta na forma singular *é* para concordar com o sujeito *o oceano*, e se apresenta na forma plural *são* para concordar com o sujeito *teus olhos*. Ou, ainda, a forma *sei*, que concorda com o pronome eu e a forma sabemos, que concorda com o pronome *nós*. De fato, para sentenças formadas por sujeito simples + verbo + complemento(s), ainda que em ordem variável, a gramática normativa recomenda a concordância do verbo com o sujeito.

Assim:

> **Concordância verbal** é a conformidade do verbo com seu sujeito em número e pessoa.

Há, entretanto, diversos casos que fogem a esse princípio geral. Como falante nativo da língua portuguesa, você certamente sabe concordar, na maioria dos enunciados que constrói, os verbos com os seus sujeitos, mas é importante saber que essas regras diferem de uma variedade linguística para outra. Portanto, elencamos a seguir algumas das principais orientações para fazer a concordância segundo a norma-padrão. Não há necessidade de memorizar essas regras; é, porém, interessante conhecê-las, para fins de consulta e em caráter de informação complementar.

1. Sujeito composto formado por elementos claramente distintos
   - O verbo vai para o plural:

     Crise econômica e crise política *assolam* diversos países atualmente.

2. Sujeito composto cujos elementos se ligam pela conjunção *ou*
   - O verbo fica no singular se essa conjunção indica exclusão:

     O filho ou o marido a *acompanhará*, pois só é permitido levar um convidado.
   - O verbo vai para o plural se essa conjunção indica adição:

     Meu filho ou meu marido *podem* vir me buscar.

3. Sujeito composto finalizado por *tudo, nada, nenhum, ninguém, cada qual, cada um*
   - O verbo fica no singular:

     Tios, tias, irmãos, cada um *se organizou* para comparecer à festa.

     Os cadernos, os lápis, os estojos coloridos, tudo *lembrava* os tempos de escola.

4. Sujeito composto posposto ao verbo
   - O verbo pode ir para o plural ou concordar com o elemento mais próximo:

     Viajaram o pai e os filhos. / *Viajou* o pai e os filhos.

5. Sujeito formado por nomes que só têm forma plural
   - O verbo concorda com o artigo que acompanha o nome ou fica no singular se o nome dispensa a presença de artigo:

     Os Estados Unidos *ficaram* em 2º lugar no quadro de medalhas.

     O Amazonas *é* um rio muito extenso.

     Vassouras *se localiza* a pouco mais de 100 km do Rio de Janeiro.

6. Sujeito formado pelo pronome *que*

- O verbo concorda em pessoa e número com o antecedente:
  Fui eu que *paguei*. / Foram eles que *pagaram*. / Fomos nós que *pagamos*.

7. Sujeito formado pelo pronome *quem*

- O verbo preferencialmente fica na 3ª pessoa do singular, embora seja possível concordá-lo em pessoa e número com o antecedente:
  Quem *participa* da criação, *produz*, *fotografa* e *filma* a atriz são seus próprios funcionários.
  Somos nós quem *fica* aqui esperando. / Somos nós quem *ficamos* aqui esperando.

8. Expressões *cerca de, perto de, mais de, menos de*

- O verbo concorda com o numeral que segue a expressão:
  Mais de uma pessoa *chegou* mais cedo.
  Menos de dez pessoas *chegaram* mais cedo.

9. Expressões *alguns, quantos, quais de nós, quais de vós*

- O verbo preferencialmente concorda com o pronome pessoal (nós/vós), embora seja possível concordá-lo com o pronome indefinido (3ª pessoa do plural):
  Quantos de nós *ficaremos* aqui esperando? / Quantos de nós *ficarão* aqui esperando?

10. Expressões *um dos que, uma das que*

- O verbo pode ficar no singular ou pode ir para o plural, dependendo da ênfase que se quer dar à referência do verbo (se a todos ou se a um que se destaque):
  O filme brasileiro foi um dos que *ganharam* o prêmio.
  O filme brasileiro foi um dos que *chamou* a minha atenção.

11. Expressões *um e outro, nem um nem outro*

- O verbo pode ficar no singular ou pode ir para o plural, indiferentemente:
  Um e outro *foi* embora. / Um e outro *foram* embora.
  Nem um nem outro *entendeu* direito. / Nem um nem outro *entenderam* direito.

12. Expressões *parte de, a maioria de, metade de, grande parte de*

- Se seguidas por uma palavra no singular, o verbo fica no singular; se seguidas por uma palavra no plural, o verbo pode ficar no singular ou pode ir para o plural:
  A maioria da classe *preferiu* sair mais cedo.
  A maioria dos alunos *preferiu* sair mais cedo. / A maioria dos alunos *preferiram* sair mais cedo.

A concordância ideológica ou silepse

Leia o texto:

> Os jornalistas somos sempre ávidos pela caça às bruxas. Onde existe um pouco de fumaça nós projetamos fogo e vamos buscar fatos que possam proporcionar boas manchetes de primeira página.

(Disponível em: http://www.bang.com.br/mostra_noticia.php?id=68. Acesso em: 28/2/2016.)

Em casos como esse, a concordância da forma verbal *somos* com o sujeito *os jornalistas* não se dá pela forma da pessoa verbal, mas sim pelo sentido. Ao utilizar essa estratégia, o enunciador se inclui como parte do grupo de jornalistas a que se refere, sem necessariamente utilizar a forma pronominal *nós*. Essa construção caracteriza silepse de pessoa. Também é possível fazer a concordância pela silepse de gênero (como em "*Vossa alteza* parece *cansado*") ou de número (como em "*A família* se arrumou rápido e logo *estavam* prontos para sair").

Vende-se ou *vendem-se* apartamentos?

Há atualmente uma discussão, que envolve tanto gramáticos quanto linguistas, sobre a concordância dos verbos nas orações em voz passiva sintética. Alguns linguistas consideram que nesses casos o sujeito é indeterminado e o verbo deveria ficar na 3ª pessoa do singular, como acontece com os verbos intransitivos (a voz passiva é admitida com verbos transitivos, diretos ou indiretos).

A gramática normativa, no entanto, determina que, nessas frases, o sujeito vem posposto à forma verbal, devendo, portanto, o verbo concordar com ele. Assim, temos:

Vendem-se apartamentos neste condomínio.
Vende-se um apartamento na praia.

Karina Castro/Estadão Conteúdo

As concordâncias dos verbos impessoais e do verbo *ser*

Os verbos impessoais são empregados apenas na 3ª pessoa do singular, independentemente do enunciado em que se inserem. São verbos impessoais:

- os que indicam fenômenos da natureza: *Choveu* todos os dias desse feriado.
- *haver* com sentido de *existir, acontecer*: *Há* três casas nessa rua. / *Houve* quatro sessões da peça no fim de semana.
- *haver, fazer, estar, ir* indicando tempo: Visitei esta cidade *há* três anos. / *Faz* três anos que visitei esta cidade. / *Está* quente aqui. / Já *vai* para três anos que estive nesta cidade.

No caso do verbo *ser*, este pode concordar com o sujeito ou com o predicativo do sujeito nas frases em que aparece. Entre os fatores que determinam a concordância, estão os casos em que o sujeito ou o predicativo são:

- nome de pessoa ou pronome pessoal – o verbo concorda com a pessoa gramatical: Marcos foi as piadas da família.
- nome de coisa – o verbo concorda preferencialmente com o que estiver no plural: Os programas de TV são a minha perdição.

APLIQUE O QUE APRENDEU

Leia a história em quadrinhos a seguir.

(Disponível em: http://www.gurianciao.com.br/website/index.php?option=com_content&view=article&id=460:como-foi-inventada-a-mae&catid=14:tiras&Itemid=171. Acesso em: 2/3/2016.)

1. Nos quatro primeiros quadrinhos, é contada uma história pela voz de um narrador.

a. Qual expressão é utilizada para marcar o tempo em que se passa essa história?

b. Qual expressão temporal é utilizada para marcar uma mudança no cenário inicial da história?

2. Releia o trecho a seguir.

"Só existia pai, e a filharada comia apenas macarrão e ovo frito."

Reescreva-o, fazendo as devidas alterações e substituindo:

a. o verbo *existir* pelo verbo *haver*

b. a palavra *pai* por *pai e avô*

c. o verbo *existir* pelo verbo *haver* e a palavra *pai* por *pai e avô*

d. *a filharada* por *os filhos*

3. Observe a frase "E sempre perdia a perua!", do 2º quadrinho.

a. A quem se refere a forma verbal *perdia*? Justifique sua resposta.

b. Sem mudar o contexto da história, reescreva a frase alterando o sujeito do verbo *perder* e fazendo as devidas alterações em sua concordância.

4. Justifique o emprego do verbo *haver* no singular na frase "havia outros milhares de anos", no 3º quadrinho.

5. O 5º quadrinho revela o contexto em que a história inicial estava sendo contada. Qual é esse contexto?

6. Reescreva a frase "Foi assim que surgiu a mãe!", fazendo as devidas alterações e substituindo *a mãe* por:

a. as mães;

b. a maioria dos homens;

c. nós, seres humanos.

7. O 5º e o 6º quadrinhos revelam uma reviravolta em toda a história, acrescentando um novo sentido a tudo que veio antes.

a. O que esse quadrinho sugere sobre a história contada nos quatro primeiros?

b. O que esse quadrinho sugere sobre a Internet, em geral?

TEXTO E ENUNCIAÇÃO

Leia o texto a seguir e responda às questões de 1 a 3.

Desde que nascemos já estamos seguindo os passos escolhidos para nós. Há papéis a serem cumpridos. Meninas vestidas de rosa, meninos de azul. Chegamos ao ponto de uma empresa fabricar perucas para bebês. Para meninas, claro. Durante a infância, os brinquedos seguem o mesmo padrão de cores, e começamos a ver a divisão sexual do trabalho. Enquanto garotas brincam de lavar louça, eles estão construindo coisas e sendo super-heróis.

Estes papéis de gênero são opressores para todos nós, mas as mulheres somos levadas a acreditar que não podemos desejar nada além daquilo. Forma-se, então, uma angústia dentro de nós, como se houvesse algo de errado, mas não conseguimos identificar o que é. Muitas de nós, que nos identificamos mais com as "brincadeiras de menino", passamos a nos considerar menos mulheres. Menos. Incompletas.

(Disponível em: http://www.cartacapital.com.br/blogs/feminismo-pra-que/feminismo-e-uma-construcao-274.html. Acesso em: 18/3/2016.)

1. Ao longo de todo o 1º parágrafo são utilizados verbos conjugados na 1ª pessoa do plural. Nesse contexto, a quem se referem essas formas verbais? Justifique sua resposta com base no texto.

2. No 2º parágrafo, permanece o uso das formas na 1ª pessoa do plural, mas há uma mudança no referente.

a. Qual trecho explicita essa mudança?

b. Como se explica gramaticalmente a concordância feita nesse 2º parágrafo?

c. Quem passa, portanto, a ser o referente?

3. Reescreva as frases a seguir, extraídas do texto, fazendo as substituições solicitadas e as alterações necessárias.

a. "Há papéis a serem cumpridos" – substituindo o verbo *haver* pelo verbo *existir*

b. "os brinquedos seguem o mesmo padrão de cores" – substituindo "os brinquedos" por "a brincadeira"

c. "os brinquedos seguem o mesmo padrão de cores" – substituindo *os brinquedos por a maior parte dos brinquedos*

d. "Enquanto garotas brincam de lavar louça, eles estão construindo coisas e sendo super-heróis" – substituindo *garotas* por *menina* e *eles*, por *menino*.

e. "nós, que nos identificamos mais com as 'brincadeiras de menino', passamos a nos considerar menos mulheres", substituindo *nós* por *eu*.

Leia a seguir algumas expressões populares e responda às questões de 4 a 6.

I. É nóis.
II. Tá ligado?
III. Tamo junto.
IV. Tô de boa.

4. Três dessas expressões contêm formas que se originam de um mesmo verbo.

a. Quais são elas e qual é esse verbo?

b. Qual é o verbo utilizado na outra expressão?

5. É comum gírias e expressões populares subverterem as regras impostas pela norma-padrão. Apesar de todas elas serem construídas com regras diferentes das regras da norma-padrão, apenas em uma delas essa diferença é pautada na concordância verbal.

a. Qual é essa forma?

b. Justifique essa afirmação.

c. Como ficaria essa expressão segundo as regras de concordância da norma-padrão? Ela teria o mesmo efeito? Justifique sua resposta.

6. A diferença entre as demais formas e a norma-padrão não se dá pela concordância.

a. Justifique essa afirmação com base nas terminações das formas verbais.

b. Levante hipóteses: Qual o motivo pelo qual essas formas não correspondem às formas da norma-padrão?

c. Como ficariam essas expressões segundo a norma-padrão? Elas teriam o mesmo efeito? Justifique sua resposta.

PRODUÇÃO DE TEXTO

O conto

PROJETO

O CONTEXTO DE PRODUÇÃO E RECEPÇÃO DOS TEXTOS

Quais textos você produzirá nesta unidade? Com que finalidade? Quem vai ler seus textos?

Nesta unidade, nosso projeto é a organização, pela classe, de *uma antologia de contos, minicontos e contos fantásticos multimodais*, com textos, imagens e músicas.

Com vistas à produção da antologia, estudaremos no decorrer dos capítulos diferentes tipos de contos.

FOCO NO TEXTO

Leia o conto que segue, do escritor angolano Ondjaki.

Nós chorámos pelo Cão Tinhoso

Para Isaura. Para Luís B. Hondwana

Foi no tempo da oitava classe, na aula de português.

Eu já tinha lido esse texto dois anos antes mas daquela vez a estória me parecia mais bem contada com detalhes que atrapalhavam uma pessoa só de ler ainda em leitura silenciosa – como a camarada professora de português tinha mandado. Era um texto muito conhecido em Luanda: "Nós matámos o Cão Tinhoso".

Eu lembrava-me de tudo: do Ginho, da pressão de ar, da Isaura e das feridas penduradas do Cão Tinhoso. Nunca me esqueci disso: um cão com feridas penduradas. Os olhos do cão. Os olhos da Isaura. E agora de repente me aparecia tudo ali de novo. Fiquei atrapalhado.

A camarada professora selecionou uns tantos para a leitura integral do texto. Assim queria dizer que íamos ler o texto todo de rajada. Para não demorar muito, ela escolheu os que liam melhor. Nós, os da minha turma da oitava, éramos cinquenta e dois. Eu era o número cinquenta e um. Embora noutras turmas tentassem arranjar alcunhas para os colegas, aquela era a minha primeira turma onde ninguém tinha escapado de ser alcunhado. E alguns eram nomes de estiga violenta.

Muitos eram nomes de animais: havia o Serpente, o Cabrito, o Pacaça, a Barata da Sibéria, a Joana Voa-Voa, a Gazela, e o Jacó, que era eu. Deve ser porque eu mesmo falava muito nessa altura. Havia o É-tê, o Agostinho-Neto, a Scubidu e

Nelson Provazi

alcunha: apelido.
bué: muito.
bondar: matar.
cacimbo: umidade; inverno.
camarada: colega, companheiro de armas; forma de tratamento usada pelos membros do Partido Comunista.
calhar: acontecer, ocorrer por acaso.
cueca: calcinha.
estiga: frase espirituosa com a qual se debocha de alguém.
maka: discussão, debate, briga, confusão.
miúdo: criança.
porreira: bonita, excelente, prestativa.
***slow*:** dança de ritmo lento na qual o casal fica aconchegado.
tinhoso: nojento, repugnante.

mesmo alguns professores também não escapavam da nossa lista. Por acaso a camarada professora de português era bem porreira e nunca chegámos a lhe alcunhar.

Os outros começaram a ler a parte deles. No início, o texto ainda está naquela parte que na prova perguntam qual é e uma pessoa diz que é só introdução. Os nomes dos personagens, a situação assim no geral, e a maka do cão. Mas depois o texto ficava duro: tinham dado ordem num grupo de miúdos para bondar o Cão Tinhoso. Os miúdos tinham ficado contentes com essa ordem assim muito adulta, só uma menina chamada Isaura afinal queria dar proteção ao cão. O cão se chamava Cão Tinhoso e tinha feridas penduradas, eu sei que já falei isto, mas eu gosto muito do Cão Tinhoso.

Na sexta classe eu também tinha gostado bué dele e eu sabia que aquele texto era duro de ler. Mas nunca pensei que umas lágrimas pudessem ficar tão pesadas dentro duma pessoa. Se calhar é porque uma pessoa na oitava classe já cresceu um bocadinho mais, a voz já está mais grossa, já ficamos toda hora a olhar as cuecas das meninas "entaladas na gaveta", queremos beijos na boca mais demorados e na dança de *slow* ficámos todos agarrados até os pais e os primos das moças virem perguntar se estamos com frio mesmo assim em Luanda a fazer tanto calor. Se calhar é isso, eu estava mais crescido na maneira de ler o texto, porque comecei a pensar que aquele grupo que lhes mandaram matar o Cão Tinhoso com tiros de pressão de ar, era como o grupo que tinha sido escolhido para ler o texto.

Não quero dar essa responsabilidade na camarada professora de português, mas foi isso que eu pensei na minha cabeça cheia de pensamentos tristes: se essa professora nos manda ler este texto outra vez, a Isaura vai chorar bué, o Cão Tinhoso vai sofrer mais outra vez e vão rebolar no chão a rir do Ginho que tem medo de disparar por causa dos olhos do Cão Tinhoso.

O meu pensamento afinal não estava muito longe do que foi acontecendo na minha sala de aulas, no tempo da oitava classe, turma dois, na escola Mutu Ya Kevela, no ano de mil novecentos e noventa: quando a Scubidu leu a segunda parte do texto, os que tinham começado a rir só para estigar os outros, começaram a sentir o peso do texto. As palavras já não eram lidas com rapidez de dizer quem era o mais rápido da turma a despachar um parágrafo. Não. Uma pessoa afinal e de repente tinha medo do próximo parágrafo, escolhia bem a voz de falar a voz dos personagens, olhava para a porta da sala como se alguém fosse disparar uma pressão de ar a qualquer momento. Era assim na oitava classe: ninguém lia o texto do Cão Tinhoso sem ter medo de chegar ao fim. Ninguém admitia isso, eu sei, ninguém nunca disse, mas bastava estar atento à voz de quem lia e aos olhos de quem escutava.

O céu ficou carregado de nuvens escurecidas. Olhei lá para fora à espera de uma trovoada que trouxesse uma chuva de meia-hora. Mas nada.

Na terceira parte até a camarada professora começou a engolir cuspe seco na garganta bonita que ela tinha, os rapazes mexeram os pés com nervoso miudinho, algumas meninas começaram a ficar de olhos molhados. O Olavo avisou: "quem chorar é maricas então!" e os rapazes

Nelson Provazi

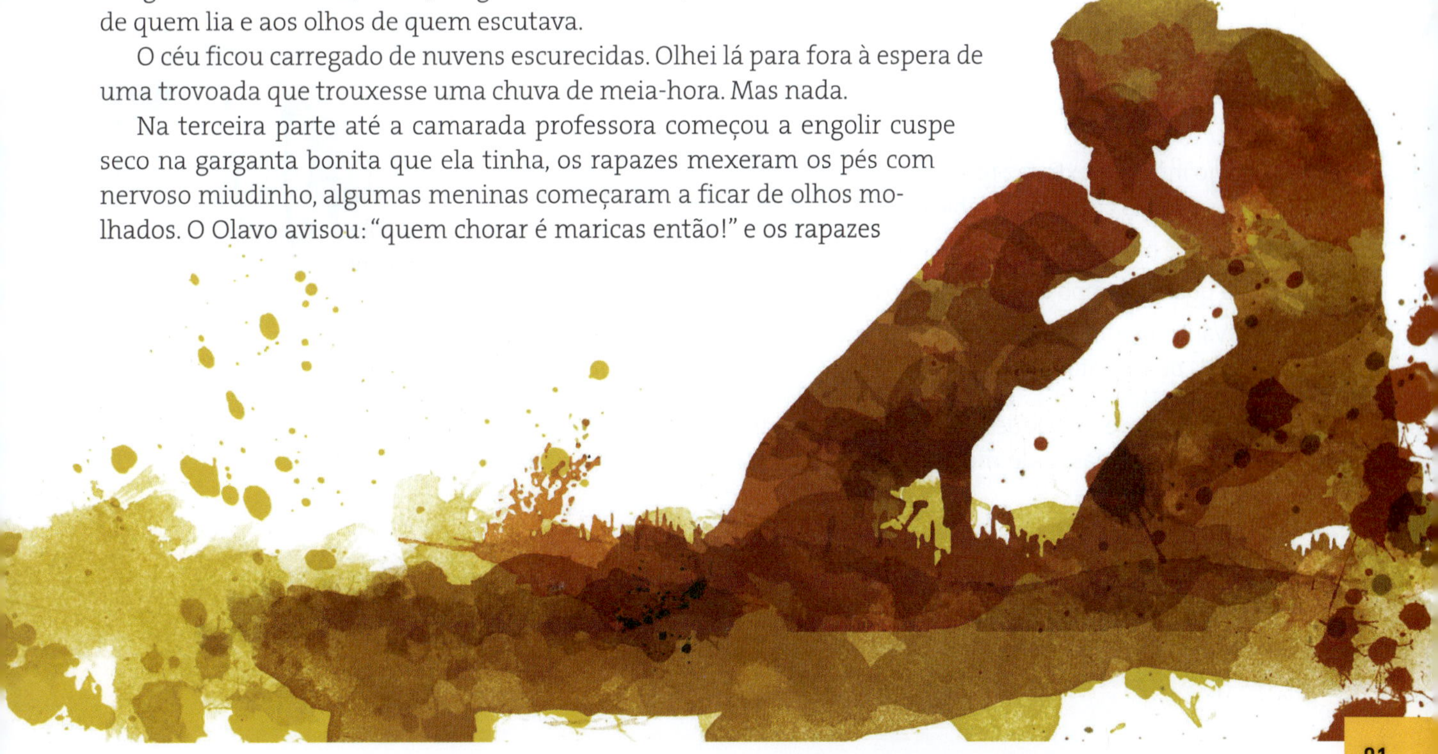

todos ficaram com essa responsabilidade de fazer uma cara como se nada daquilo estivesse a ser lido.

Um silêncio muito estranho invadiu a sala quando o Cabrito se sentou. A camarada professora não disse nada. Ficou a olhar para mim. Respirei fundo.

Levantei-me e toda a turma estava também com os olhos pendurados em mim. Uns tinham-se virado para trás para ver bem a minha cara, outros fungavam do nariz tipo constipação de cacimbo. A Aina e a Rafaela que eram muito branquinhas estavam com as bochechas todas vermelhas e os olhos também, o Olavo ameaçou-me devagar com o dedo dele a apontar para mim. Engoli também um cuspe seco porque eu já tinha aprendido há muito tempo a ler um parágrafo depressa antes de o ler em voz alta: era aquela parte do texto em que os miúdos já não têm pena do Cão Tinhoso e querem lhe matar a qualquer momento. Mas o Ginho não queria. A Isaura não queria.

A camarada professora levantou-se, veio devagar para perto de mim, ficou quietinha. Como se quisesse me dizer alguma coisa com o corpo dela ali tão perto. Aliás, ela já tinha dito, ao me escolher para ser o último a fechar o texto, e eu estava vaidoso dessa escolha, o último normalmente era o que lia já mesmo bem. Mas naquele dia, com aquele texto, ela não sabia que em vez de me estar a premiar, estava a me castigar nessa responsabilidade de falar do Cão Tinhoso sem chorar.

— Camarada professora — interrompi numa dificuldade de falar. — Não tocou para a saída?

Ela mandou-me continuar. Voltei ao texto. Um peso me atrapalhava a voz e eu nem podia só fazer uma pausa de olhar as nuvens porque tinha que estar atento ao texto e às lágrimas. Só depois o sino tocou.

Os olhos do Ginho. Os olhos da Isaura. A mira da pressão de ar nos olhos do Cão Tinhoso com as feridas dele penduradas. Os olhos do Olavo. Os olhos da camarada professora nos meus olhos. Os meus olhos nos olhos da Isaura nos olhos do Cão Tinhoso.

Houve um silêncio como se tivessem disparado bué de tiros dentro da sala de aulas. Fechei o livro.

Olhei as nuvens.

Na oitava classe, era proibido chorar à frente dos outros rapazes.

(In: Rita Chaves, org. *Contos africanos de língua portuguesa*. São Paulo: Ática, 2009. p. 98-103.)

Ondjaki

Ondjaki nasceu em Luanda, Angola, em 1977. Interessa-se pela interpretação teatral e pela pintura (duas exposições individuais, em Angola e no Brasil). Participou em antologias internacionais. Escreve para cinema e correalizou um documentário sobre a cidade de Luanda (*Oxalá cresçam Pitangas*, 2006). É membro da União dos Escritores Angolanos. É licenciado em Sociologia. Recebeu no ano 2000 uma menção honrosa no prêmio António Jacinto (Angola) pelo livro de poesia *Actu Sanguíneu*. Em 2005 o seu livro de contos *E se amanhã o medo* obteve os prêmios Sagrada Esperança (Angola) e António Paulouro (Portugal).

(Disponível em: http://www.novacultura.de/0708literatrip.php. Acesso em: 24/12/2015.)

Oswaldo Reis/Esp. CB/D.A. Press

1. Logo no início, o texto faz referência a outro conto, "Nós matamos o Cão Tinhoso", do escritor moçambicano Luís Bernardo Honwana.

a. Quem é o narrador na história de Ondjaki?

b. Há quanto tempo ele já tinha lido o texto de Honwana?

c. Levante hipóteses: Por que, na primeira vez, a história lhe parecera "mais bem contada"?

2. A professora de português propôs a leitura integral do conto a alguns estudantes da classe, de modo que cada um lesse uma parte do texto em voz alta.

a. Por que essa tarefa era muito difícil para eles?

b. Jacó, ao ser escolhido para ler a parte final do texto, sentiu-se premiado e punido ao mesmo tempo. Explique por quê.

Cão Tinhoso: metáfora de uma nação

aemo.mmo.co.mz

"Nós matamos o Cão Tinhoso" é o nome de um conto do escritor moçambicano Luís Bernardo Honwana. O conto foi publicado no livro de mesmo nome, na época em que Moçambique era colônia portuguesa, durante a ditadura de Salazar, em Portugal.

Quando Honwana escreveu a obra, a única que publicou, encontrava-se na prisão, por causa de seus textos de contestação ao regime e da participação na Frente de Libertação de Moçambique (Frelimo). Depois que Moçambique alcançou a independência, Honwana ocupou o cargo de ministro da Cultura do país.

O conto "Nós matamos o Cão Tinhoso" conta a história de um cão já bastante idoso e debilitado que é morto a tiros de espingarda de pressão por um grupo de crianças, a mando do administrador e do veterinário do povoado. A única criança que gostava do cão e lhe dava comida e carinho era a menina Isaura. O narrador da história, Ginho, também gostava do animal, mas, pressionado pelos amigos, também decide matar o cão, porém na última hora se arrepende, sem conseguir alterar a situação.

Segundo alguns críticos, a história do cão tinhoso é uma metáfora do povo moçambicano antes da revolução, ou seja, o cão representa a condição do homem moçambicano sem consciência política, impotente, inferiorizado e subserviente.

3. Para situar as emoções que a leitura do texto de Honwana provocava nos alunos durante a aula, Jacó menciona algumas partes do conto e, assim, de certa forma também se torna narrador de outra história. Desse modo, em vários momentos as duas narrativas se cruzam, criando um paralelo entre os fatos ocorridos no conto de Honwana e os fatos ocorridos no conto de Ondjaki.

a. Destaque um trecho do conto em que o narrador Jacó explicita esse paralelo entre as duas histórias.

b. Considerando o paralelo, indique, em seu caderno, a possível relação entre as seguintes personagens do conto de Honwana e personagens do conto de Ondjaki.

- administrador e veterinário
- o cão
- Ginho
- Isaura
- as crianças

4. A seguir, leia um trecho do conto de Honwana, releia um trecho do conto de Ondjaki – ambos da parte final de cada história – e compare-os.

"O Cão Tinhoso olhava-me com força. Os seus olhos azuis não tinham brilho nenhum, mas eram enormes e estavam cheios de lágrimas que lhe escorriam pelo focinho. Metiam medo aqueles olhos, assim tão grandes, a olhar como uma pessoa a pedir qualquer coisa sem querer dizer. Quando eu olhava agora para dentro deles, sentia um peso muito maior do que quando tinha a corda a tremer de tão esticada, com os ossos a querer fugir da minha mão e com os latidos que saíam a chiar, afogados na boca fechada."

(Disponível em: http://www.prof2000.pt/users/leiria/cao_tinhoso.htm. Acesso em: 20/1/2016.)

Andressa Honório

"Os olhos do Ginho. Os olhos de Isaura. A mira da pressão de ar nos olhos do Cão Tinhoso com as feridas dele penduradas. Os olhos do Olavo. Os olhos da camarada professora nos meus olhos. Os meus olhos nos olhos da Isaura nos olhos do Cão Tinhoso".

a. Explique de que modo as duas narrativas se cruzam nesses trechos.

b. Na frase "Os meus olhos nos olhos da Isaura nos olhos do Cão Tinhoso", além do cruzamento semântico, há também um cruzamento sintático. Identifique-o e explique como ele ocorre.

A origem do conto

O conto é um gênero que nasceu de tradição oral e há milênios faz parte da cultura de povos de todo o mundo. Contado nas noites de luar ou em volta das fogueiras, o conto primitivamente tratava de histórias de bichos ou de antigos mitos.

Os primeiros contos de que se tem registro são os de *As mil e uma noites*, obra que data do início do século IX. Neles, o rei Xariar, desiludido com as mulheres em razão de ter sido traído por sua esposa, decide desposar a cada noite uma virgem e matá-la na manhã seguinte para, assim, não ser traído novamente. Xerazade, quando escolhida, evita a morte contando ao rei narrativas fascinantes, cada uma das quais dando em outra. Com isso, o rei, querendo conhecer o fim da história, sempre espera mais uma noite antes de mandar matá-la. Depois de mil e uma noites, apaixonado por Sherazade, ele finalmente desiste de seu propósito.

Com o passar dos séculos, o conto foi se afastando da tradição oral e se tornou um gênero literário requintado, cultivado por grandes escritores no mundo inteiro.

The Bridgeman Art Library / Keystone Brasil/ Museu de Arte Thomas Henry, Cherbourg, França

5. No início do conto, há a seguinte dedicatória: "Para a Isaura. Para o Luís B. Honwana". Como você sabe, Isaura é personagem do conto "Nós matamos o Cão Tinhoso" e Luís B. Honwana é o autor do conto. Levante hipóteses: Por que uma personagem de ficção e um escritor real são homenageados na dedicatória?

Andressa Honório

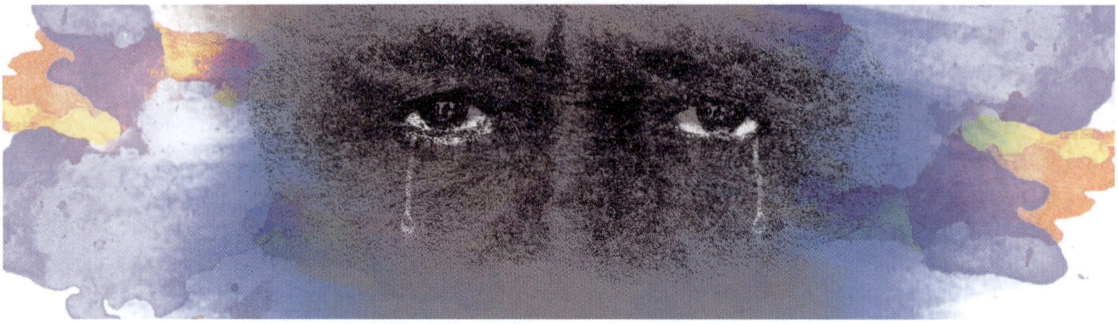

6. Angola e Moçambique são duas ex-colônias portuguesas que se libertaram de Portugal em 1975. Os dois países têm, portanto, muitos pontos em comum quanto à história, à cultura e à língua, que afloram no trabalho intertextual de Ondjaki. Alguns críticos consideram que o conto "Nós matamos o Cão Tinhoso" é metáfora de um povo humilhado pelo colonialismo, pelas perseguições políticas, pela censura e pelas prisões, enquanto a crueldade dos meninos representaria a falta de consciência política do povo.

a. Tomando essas informações como referência, interprete: O que representa, no texto de Ondjaki, a leitura do conto em voz alta feita pelos adolescentes?

b. O que o choro dos adolescentes, que toma conta da classe de Jacó, representa?

7. O texto foi escrito em português angolano. Nele, é possível encontrar palavras que são usadas exclusivamente em Angola ou em Angola e Portugal. Identifique algumas dessas palavras, que ilustram a variedade moçambicana ou lusitana de nossa língua.

8. O texto lido é um conto, gênero que pertence à esfera literária. Leia o boxe "O conto e sua estrutura tradicional" e, depois, responda:

a. Que parágrafos do conto correspondem à introdução?

b. Qual é o conflito do conto?

c. O que ocorre no desenvolvimento da ação?

d. Qual é o clímax da narrativa?

e. Que parágrafos correspondem ao desfecho?

O conto e sua estrutura tradicional

A estrutura narrativa tradicional do conto, ainda hoje muito usada, compõe-se das seguintes partes: introdução ou apresentação, em que são situadas as personagens, no tempo e no espaço, em uma condição de equilíbrio inicial; complicação ou desenvolvimento, em que é exposto e desenvolvido o conflito (o problema ou o motivo das ações); clímax, o momento em que o conflito é resolvido ou não; desfecho ou conclusão, em que é mostrado o que aconteceu depois do conflito e se volta à situação de equilíbrio inicial.

Editora Callis

Editora Pocket Ouro

Companhia das Letrinhas

9. Nos contos, a narração pode ser feita em 1ª pessoa ou em 3ª pessoa, como nos demais gêneros narrativos ficcionais.

a. Qual é o ponto de vista narrativo adotado no conto "Nós choramos pelo Cão Tinhoso"?

b. O narrador, no momento em que narra, é adolescente ou adulto? Justifique com elementos do texto.

c. O olhar ou a perspectiva do narrador é de um adolescente ou de um adulto? Justifique sua resposta.

10. No conto, o tempo e o espaço podem ser mais amplos do que na crônica (em que geralmente os fatos ocorrem durante alguns minutos e em espaço restrito). Além disso, normalmente as personagens do conto costumam ter mais profundidade psicológica do que na crônica.

a. O tempo e o espaço no conto "Nós choramos pelo Cão Tinhoso" são amplos ou reduzidos? Justifique sua resposta com elementos do texto.

b. Há aprofundamento psicológico das personagens? Se sim, justifique sua resposta.

HORA DE ESCREVER

Como você sabe, no final da unidade será organizada uma antologia de contos, minicontos e contos fantásticos multimodais.

Seguem duas propostas de produção de contos, a serem desenvolvidas conforme a orientação do professor. O(s) conto(s) que você criará poderá(ão) ser escolhido(s) para integrar a antologia.

1. **Recontando.** Reconte o conto "Nós matamos o Cão Tinhoso", de Luís B. Honwana, a partir de uma destas sugestões:

- Utilizando as informações sobre o conto apresentadas neste capítulo, acrescente outras personagens e outros fatos aos da história.
- Leia o conto integral, disponível na Internet, e, depois, conte a história. Não copie partes do texto e conte a história toda, mas de forma resumida, em um texto que tenha de 30 a 40 linhas.

2. Explorando pontos de vista. Dependendo da ótica pela qual uma história é contada, ela pode passar a ser outra. Escolha uma destas sugestões:

- Conte o conto "Nós matamos o Cão Tinhoso" pela perspectiva do cão.
- Conte o conto "Nós choramos pelo Cão Tinhoso" pela perspectiva da professora.

3. Passando a bola. O texto a seguir é a introdução de um conto do escritor moçambicano Mia Couto. Leia-o e dê continuidade à narrativa, apresentando um conflito, desenvolvendo-o, levando as ações ao clímax e criando um desfecho. Crie fatos e personagens.

O dia em que explodiu Mabata-bata

De repente, o boi explodiu. Rebentou sem um múúú. No capim em volta choveram pedaços e fatias, grãos e folhas de boi. A carne eram já borboletas vermelhas. Os ossos eram moedas espalhadas. Os chifres ficaram num qualquer ramo, balouçando a imitar a vida, no invisível do vento.

O espanto não cabia em Azarias, o pequeno pastor. Ainda há um instante ele admirava o grande boi malhado, chamado de Mabata-bata. O bicho pastava mais vagaroso que a preguiça. Era o maior da manada, régulo da chifraria, e estava destinado como prenda de lobolo do tio Raul, dono da criação. Azarias trabalhava para ele desde que ficara órfão. Despegava antes da luz para que os bois comessem o cacimbo das primeiras horas.

Olhou a desgraça: o boi poeirado, eco de silêncio, sombra de nada.

"Deve ser foi um relâmpago", pensou.

Mas relâmpago não podia. O céu estava liso, azul sem mancha. De onde saíra o raio? Ou foi a terra que relampejou?

[...]

— Não apareças sem um boi, Azarias. Só digo: é melhor nem apareceres.

A ameaça do tio soprava-lhe os ouvidos. Aquela angústia comia-lhe o ar todo. Que podia fazer? Os pensamentos corriam-lhe como sombra mas não encontravam saída. Havia uma só solução: era fugir, tentar os caminhos onde não sabia mais nada.

[...]

(In: Rita Chave, org. *Contos africanos dos países de língua portuguesa*, cit., p. 14-5.)

Mia Couto

Mia Couto é um dos mais importantes escritores africanos da atualidade. É autor de mais de trinta obras, em que se incluem romances, contos e poesia. Ganhou em 2013 o Prêmio Camões, o mais importante entre os prêmios literários conferidos em nossa língua. Seu romance *Terra sonâmbula* é considerado um dos dez melhores livros de literatura africana do século XX.

ULF ANDERSEN/Aurimages/AFP

ANTES DE ESCREVER

Planeje seu conto, seguindo estas orientações:

- Tenha em vista o público para o qual vai escrever: jovens e adultos que se interessam por literatura, por literatura africana e por contos.
- Dependendo da proposta escolhida, faça a narração em 1ª ou em 3ª pessoa.
- Esboce o enredo e defina as personagens, o tempo e o espaço das ações.
- Procure empregar a estrutura convencional do conto, constituída por apresentação, complicação (em que é apresentado o conflito), clímax e desfecho. No caso da proposta 3, seu texto deve começar pela complicação.
- Procure dar dimensão psicológica às personagens.
- Utilize uma linguagem de acordo com a norma-padrão, porém com flexibilidade. Se quiser, empregue termos africanos compatíveis com o perfil das personagens.

ANTES DE PASSAR A LIMPO

Thinkstock/Getty Images

Antes de dar seu conto por finalizado, observe:

- se ele corresponde à proposta escolhida e se o ponto de vista adotado está de acordo com ela;
- se as personagens, as ações, o tempo e o espaço estão bem desenvolvidos e se conseguiu dar às personagens uma dimensão psicológica;
- se há as partes convencionais do gênero conto e se elas desenvolvem a história de forma instigante, prendendo a atenção dos leitores;
- se a linguagem está em uma variedade linguística e com um grau de formalidade ou informalidade adequados ao perfil das personagens e à ambientação da história.

2 O Modernismo
Concordância nominal
O conto moderno e contemporâneo

LITERATURA

O Modernismo

FOCO NA IMAGEM

Observe as imagens que seguem.

A fonte (1917), de Marcel Duchamp.

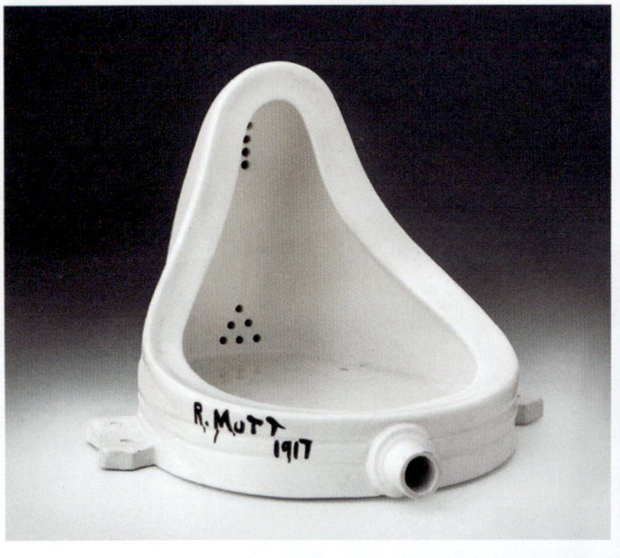

O grito (1893), de Edvard Munch.

Corrente de cachorro em movimento (1912), de Giacomo Balla.

Museu de Arte Moderna, Nova Iorque, EUA

As senhoritas de Avignon (1907), de Pablo Picasso.

Persistência da memória (1931), de Salvador Dalí.

Museu de Arte Moderna, Nova Iorque, EUA

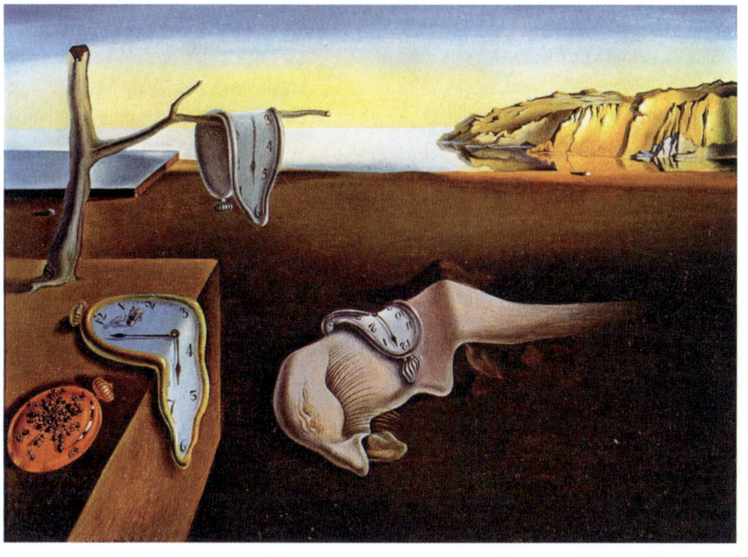

1. No início do século XX, começaram a surgir na Europa, simultaneamente, várias tendências artísticas conhecidas como "correntes de vanguarda". Com nomes e propostas diferentes, todas elas contribuíram para dar origem ao que hoje chamamos de arte moderna ou Modernismo. Leia o boxe ao lado e depois responda, justificando: Qual das obras mostradas nas imagens traduz os princípios:

a. do Futurismo?

b. do Cubismo?

c. do Expressionismo?

d. do Dadaísmo?

e. do Surrealismo?

2. De modo geral, como essas obras lidam com os princípios clássicos da verossimilhança e da beleza, ou seja, a capacidade de retratar a realidade com perfeição e, com isso, alcançar o belo na arte? Justifique sua resposta, considerando os traços mais marcantes de cada obra.

As correntes de vanguarda europeias

Entre as correntes de vanguarda europeias do início do século XX se destacam:

- **Futurismo** – Movimento que nasceu na Itália a partir da publicação do *Manifesto Futurista*, de Filippo Tommasio Marinetti, em 1909. Louvava a civilização moderna, as máquinas, o automóvel, a velocidade, a guerra, o militarismo e o patriotismo. Defendia o verso livre e as palavras soltas, em liberdade.
- **Cubismo** – Nasceu na pintura, com Picasso, que introduziu a técnica da fragmentação e da geometrização das formas, em uma tentativa de captar uma multiplicidade de perspectivas de um objeto. Na literatura, propunha o humor, a simultaneidade, os *flashes* cinematográficos, a linguagem nominal e a exploração visual e gráfica das palavras.
- **Expressionismo** – Surgiu na Alemanha e na França, na pintura, e se estendeu para a literatura e o cinema. Defendia a arte como uma expressão subjetiva dos sentimentos e do mundo interior do artista. Desvinculando-se do conceito de belo, na arte, buscava o sentido trágico da existência, expresso com frequência em formas e cores deformadas.
- **Dadaísmo** – Surgiu em Zurique, na Suíça, durante a Primeira Guerra Mundial, período em que o país recebeu artistas e intelectuais de vários lugares da Europa pelo fato de ter ficado neutro no conflito. Defendia a antiarte, caracterizando-se pelo deboche, pelo ilogismo e pela agressividade. Entre as técnicas demolidoras que propunha, se incluía o *ready-made*, que consiste em extrair um objeto de seu uso cotidiano e, com poucas alterações, atribuir-lhe um valor estético.
- **Surrealismo** – Teve início, na França, na literatura, com a publicação do *Manifesto Surrealista*, de André Breton, em 1924, e estendeu-se depois para as artes e o cinema. Seus adeptos valorizavam o mundo dos sonhos e do inconsciente, por entender que aí reside a verdadeira arte, livre da razão e da censura. Na literatura, defendiam a escrita automática, técnica que, segundo eles, possibilita exprimir diretamente o inconsciente, sem que os impulsos criadores passem pela razão.

FIQUE CONECTADO!

Amplie seus conhecimentos sobre o Pré-Modernismo e o Modernismo, pesquisando em:

LIVROS

- Leia as principais obras da primeira fase do Pré-Modernismo e do Modernismo brasileiro e também: *A semana de Arte Moderna*, de Neide Rezende (Ática); *22 por 22*, de Maria Eugênia Boaventura (Edusp); *1922, a semana que não terminou*, de Marcos Augusto Gonçalves (Companhia das Letras); *Tarsila por Tarsila*, de Tarsila do Amaral (Celebris); *Artes plásticas na Semana de 22*, de Aracy Amaral (Editora 34).

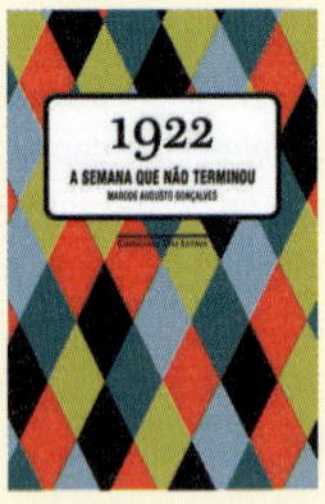

Companhia das Letras

FILMES

- *Policarpo Quaresma, herói do Brasil*, de Paulo Thiago; *Guerra de Canudos*, de Sérgio Rezende; *Meia-noite em Paris*, de Woody Allen; *Os amores de Picasso*, de James Ivory; *Coco Chanel & Igor Stravinsky*, de Jan Kounen; *Macunaíma*, de Joaquim Pedro de Andrade; *Pagu*, de Norma Bengell; *Os amores de Picasso*, de James Ivory; *Tempos modernos*, de Charles Chaplin; *O discreto charme da burguesia*, de Luis Buñuel.

Mediapro/Versátil Cinema/Gravier Productions/Pontchartrain Productions

MÚSICAS

- Ouça a música dos compositores modernos Claude Debussy e Villa-Lobos. A canção "Clair de Lune", de Debussy, foi tema de novela e de vários filmes. Ouça também a canção "Escapulário", de Caetano Veloso, cuja letra é um poema de Oswald de Andrade. Ouça ainda "Viola quebrada", única canção composta por Mário de Andrade, disponível na Internet.

SITES

- Baixe as obras dos pré-modernistas Euclides da Cunha e Lima Barreto e do modernista português Fernando Pessoa, que pertencem a domínio público, acessando: http://www.dominiopublico.gov.br/pesquisa/PesquisaObraForm.do?select_action=&co_autor=45
Acesse também:
http://www.euclidesdacunha.org.br/
http://tarsiladoamaral.com.br/

Tarsila do Amaral. A Gare, 1925/Col. Rubens Taufic Schahin, São Paulo, SP

PINTURAS

- Conheça a obra dos pintores modernistas brasileiros, como Anita Malfatti, Tarsila do Amaral, Di Cavalcanti e Portinari, e europeus, como Picasso, Salvador Dalí, Max Ernst, De Chirico, Léger, Miró e Magritte.

Na seção **Conexões**, na página 48, você vai encontrar um roteiro de leitura de duas pinturas de Anita Malfatti e o texto "Paranoia ou mistificação", de Monteiro Lobato.

O contexto de produção e recepção do Modernismo

As obras que você viu na seção **Foco na imagem**, embora sejam fruto de diferentes tendências artísticas do início do século XX, são todas representativas da arte moderna.

O Modernismo surgiu no início do século XX, com manifestações artísticas que ocorreram antes, durante e depois da Primeira Guerra Mundial (1914-1918), e se estendeu por várias décadas do século XX. Quem produzia literatura e arte modernista no Brasil nesse período? Quem era o público consumidor?

Emiliano Di Cavalcanti. Capa do catálogo da exposição da Semana de Arte Moderna de 1922/Instituto de Estudos Brasileiros, USP

Meios de circulação

O Modernismo brasileiro teve início em São Paulo, importante centro industrial e cultural no início do século XX. Nas duas primeiras décadas desse século, a cidade foi marcada por um expressivo desenvolvimento econômico, em virtude da riqueza proveniente da cultura do café. O período foi marcado por muitas mudanças, como a criação de indústrias, a imigração de trabalhadores europeus, o surgimento de movimentos e bairros operários, a construção do Teatro Municipal e a formação de uma elite cultural que ia frequentemente à Europa e de lá trazia novidades artísticas relacionadas com as correntes de vanguarda.

A pintora Anita Malfatti, por exemplo, estudou pintura nos Estados Unidos. Tarsila do Amaral e Di Cavalcanti fizeram estudos em Paris. O escritor Oswald de Andrade passava longas temporadas em Paris, onde conheceu de perto a efervescência cultural das correntes de vanguarda e teve como amigos artistas importantes do movimento cubista. O escultor ítalo-brasileiro Victor Brecheret, depois de ter estudado no Liceu de Artes e Ofícios de São Paulo, estudou na Europa de 1910 a 1920.

Embora a capital do Brasil fosse nesse momento o Rio de Janeiro – onde tinha vivido a maior parte dos escritores de prestígio da época anterior, como Machado de Assis e Olavo Bilac –, o movimento modernista nasceu em São Paulo em decorrência do espírito de modernidade em que a cidade vivia e da formação de um público consumidor de literatura e arte que ansiava por mudanças.

O Modernismo em contexto

Tradicionalmente, a Semana de Arte Moderna ocorrida em 1922 no Teatro Municipal de São Paulo é considerada o marco introdutório do movimento modernista no Brasil. Apesar disso, anos antes já havia manifestações de arte modernista em São Paulo, como uma exposição de obras da pintora Anita Malfatti, em 1917, criticada de maneira contundente por Monteiro Lobato.

A realização da Semana de Arte Moderna se deu por iniciativa de um grupo de artistas paulistas, que a idealizaram com o fim de comemorar o centenário da Independência do Brasil. O evento teve a participação de artistas de diferentes artes, entre eles os escritores Mário de Andrade, Oswald de Andrade, Guilherme de Almeida, Ronald de Carvalho e o pré-modernista Graça Aranha e os pintores Anita Malfatti, Vicente do Rego Monteiro, Di Cavalcanti, Zina Aita e Ferrignac. Brecheret apresentou alguns trabalhos em escultura e Villa-Lobos e Ernâni Braga executaram músicas.

A Semana contou com conferências, declamações, concerto musical e espetáculos de dança, ocorridos entre vaias, apupos e aplausos. As obras de arte ficaram expostas no saguão do Teatro Municipal. A imprensa noticiou o fato, mas o principal saldo positivo do evento foi a aproximação dos artistas e a troca de ideias e técnicas entre os diferentes tipos de arte.

Movimentos e manifestos

Reprodução

Após a Semana de Arte Moderna, teve início a primeira fase do Modernismo brasileiro, conhecida como "geração de 22" ou "fase heroica", pelo fato de ter constituído um período de reconstrução da cultura brasileira, com base em uma revisão crítica do passado histórico e das tradições culturais e linguísticas do país.

A discussão em torno do "nacional", entretanto, foi marcada por muita divergência ideológica entre os escritores, o que deu origem à publicação de vários manifestos e ao surgimento de dois grupos antagônicos de escritores.

Por um lado, Oswald de Andrade publicou dois manifestos, um em 1924 e outro em 1928, a partir dos quais criou, respectivamente, o movimento Pau-Brasil e o movimento de Antropofagia.

O movimento Pau-Brasil defendia a criação de uma poesia nacional de exportação, primitivista, irônica e irreverente, baseada na revisão crítica de nosso passado histórico e na valorização tanto das tradições da cultura brasileira como da modernidade. "Tudo digerido", conforme dizia Oswald no *Manifesto da Poesia Pau-Brasil*.

Em 1928, influenciado por ideias marxistas e freudianas, Oswald radicalizou as ideias básicas do Pau-Brasil, dando início ao movimento de Antropofagia. Tomando como referência os rituais de antropofagia dos índios brasileiros e retomando ou atualizando a ideia da "digestão cultural", ele e os adeptos do novo movimento propunham a deglutição ou adevoração simbólica da cultura estrangeira, extraindo dela contribuições, mas sem que, com isso, se perdesse a identidade cultural brasileira.

Os antropófagos fundaram a *Revista de Antropofagia*, da qual participaram, além dos escritores Oswald de Andrade, Raul Bopp e Alcântara Machado e da pintora Tarsila do Amaral – então casada com Oswald –, Antônio Alcântara Machado, Geraldo Costa e outros.

Em oposição ao movimento Pau-Brasil, nasceu o movimento Verde-Amarelismo e, em oposição à Antropofagia, o movimento da Anta, ambos liderados por Plínio Salgado e identificados com um nacionalismo ufanista e xenófobo, apoiado em ideias fascistas.

FOCO NO TEXTO

Você vai ler, a seguir, um painel de textos modernistas. O texto 1 é um fragmento do "Prefácio interessantíssimo", que Mário de Andrade escreveu para sua obra *Pauliceia desvairada* e que serviu como referência teórica aos modernistas de 1922. Os textos 2, 3 e 4 são poemas de Oswald de Andrade.

Texto 1

Quando sinto a impulsão lírica escrevo sem
pensar tudo o que meu inconsciente me grita.
Penso depois: não só para corrigir, como para
justificar o que escrevi. Daí a razão deste
Prefácio Interessantíssimo.
[...]

Um pouco de teoria?
Acredito que o lirismo, nascido no
subconsciente, acrisolado num pensamento claro
ou confuso, cria frases que são versos inteiros,
sem prejuízo de medir tantas sílabas, com
acentuação determinada.
[...]

Pronomes? Escrevo brasileiro. Si uso ortografia
portuguesa é porque, não alterando o resultado,
dá-me uma ortografia.

Escrever arte moderna não significa jamais
para mim representar a vida atual no que tem
de exterior: automóveis, cinema, asfalto. Si
estas palavras frequentam-me o livro não é porque pense com
elas escrever moderno, mas
porque sendo meu livro moderno, elas têm nele
sua razão de ser.

(Mário de Andrade. *Poesias completas*. São Paulo: Círculo do Livro, s. d. p. 19-35.)

Texto 2

erro de português

Quando o português chegou
Debaixo duma bruta chuva
Vestiu o índio
Que pena!
Fosse uma manhã de sol
O índio tinha despido
O português

(Oswald de Andrade. *Poesias reunidas*. Rio de Janeiro: Civilização Brasileira, 1971. p. 177.)

Texto 3

O capoeira

— Qué apanhá sordado?
— O quê?
— Qué apanhá?
Pernas e cabeças na calçada

(Idem, p. 94.)

Coleção Roberto Marinho, Rio de Janeiro, RJ

Paisagem com touro (1925), de Tarsila do Amaral. A pintura revela o interesse dos modernistas em valorizar a paisagem nacional.

Texto 4

são josé del rei

Bananeiras
O Sol
O cansaço da ilusão
Igrejas
O ouro na serra de pedra
A decadência

(Idem, p. 134.)

1. A respeito do "Prefácio interessantíssimo", de Mário de Andrade, responda:

a. Como nasce ou deve nascer a poesia, segundo o autor? Em que essa concepção poética difere da dos parnasianos?

b. Qual é a posição do poeta a respeito da língua a ser usada em poesia? Em que essa posição difere da tradição literária?

c. Ao citar "automóveis, cinema, asfalto", o poeta indiretamente rejeita o rótulo de "futurista", frequentemente atribuído, na época, a todos os que eram modernistas. Segundo ele, de que deve tratar a arte moderna?

2. Os modernistas da primeira geração tiveram uma posição iconoclasta, de destruição da cultura do passado, e apresentaram propostas para a implantação da arte moderna no Brasil. Veja algumas das propostas literárias dessa geração:

- busca da síntese
- verso livre
- fragmentação
- valorização de temas brasileiros e de elementos da paisagem nacional
- revisão crítica do passado histórico brasileiro
- nacionalismo (crítico ou ufanista)
- valorização da língua brasileira
- *flashes* cinematográficos
- humor e ironia
- poesia nominal (feita principalmente com substantivos)

Quais dessas propostas você reconhece:

a. no texto 2?

b. no texto 3?

c. no texto 4?

3. Compare o poema "O capoeira", de Oswald de Andrade, ao "Prefácio interessantíssimo", de Mário de Andrade. Em que os dois textos se assemelham?

4. O *Manifesto surrealista*, de autoria do escritor francês André Breton, foi publicado em 1924. Apesar disso, Mário de Andrade, no "Prefácio interessantíssimo", de 1922, já fazia menção a alguns dos princípios surrealistas, entre eles o da "escrita automática". Explique por quê.

Marcos Amend/Pulsar Imagens

Igreja de Santo Antônio, em Tiradentes, uma manifestação do Barroco mineiro.

5. São José del Rei é um dos nomes que, no passado, teve a atual cidade de Tiradentes, em Minas Gerais. Observe a sequência dos versos do poema "são josé del rei".

a. Qual é o tema do poema?

b. Há conectores que ligam os versos? Se não, como é feita a conexão entre eles?

c. Que palavra é uma espécie de síntese de todo o poema? Que relação essa palavra tem com os ciclos da economia brasileira?

ARQUIVO

Por meio da leitura dos textos de Mário de Andrade e Oswald de Andrade feita neste capítulo, você viu que, no Modernismo, diversos procedimentos se contrapõem aos valores estéticos do passado, principalmente parnasianos, entre eles:

- a "escrita automática", ou a poesia vinda diretamente do inconsciente, sem o crivo da razão;
- o uso do verso livre;
- a valorização da linguagem nominal; o fim da discursividade lógica e a fragmentação ou o uso de *flashes* cinematográficos;
- o emprego de uma língua brasileira, próxima da oralidade e das variedades linguísticas populares;
- o humor e a ironia;
- nacionalismo (crítico ou ufanista) e valorização de elementos da paisagem nacional;
- revisão crítica do passado brasileiro.

ENTRE SABERES

FILOSOFIA • ARTE • LITERATURA

O Modernismo representou uma ruptura com valores artísticos do passado. Que relação há entre o Modernismo e os fatos históricos e sociais que ocorriam dentro e fora do Brasil? O que a Semana de Arte Moderna representou para as artes em geral, além da literatura?

Para refletir sobre essas questões, leia o painel de textos ao lado.

Principais fatos históricos do contexto modernista

- **1914-1918** – Primeira Guerra Mundial
- **1917** – Revolução Russa
- **1922** – Revolta do Forte de Copacabana (movimento tenentista)
- **1922** – Fundação do Partido Comunista Brasileiro
- **1924** – Revolta paulista
- **1925** – Criação da Coluna Prestes
- **1930** – Revolução de 1930

Texto 1

A Semana de Arte Moderna de fevereiro de 1922 realizada em São Paulo representa um marco na arte contemporânea do Brasil, comparável, por sua repercussão, à chegada da Missão Francesa ao Rio de Janeiro no século passado ou, no século XVIII, à obra do Aleijadinho. Essa manifestação tem importância dilatada por ser consequência direta do nacionalismo emergente da Primeira Guerra Mundial e da subsequente e gradativa industrialização do país e de São Paulo em particular. Ao mesmo tempo em que começavam a se assinalar as potencialidades do país, uma euforia invadia os jovens intelectuais brasileiros, contagiados de entusiasmo com as festas do Centenário da Independência em preparo pelo governo Epitácio Pessoa. Diante das comemorações do passado, um grupo inquieto, movido pela exaltação do Brasil diante do futuro, começa a se formar depois da exposição de Anita Malfatti em 1917-18, eclodindo em manifestação em 1922. Seu objetivo: a derrubada de todos os cânones que até então legitimavam entre nós a criação artística. Esse objetivo destrutivo, claramente enunciado, traria, como mais tarde Mário de Andrade diria, o direito permanente à pesquisa estética, a atualização da inteligência artística brasileira e a estabilização de uma consciência criadora nacional.

Assistimos, além dessa derrubada, à atualização da linguagem brasileira com a do mundo contemporâneo, ou seja, universalismo de expressão. Como consequência imediata daquele nacionalismo, emerge a consciência criadora nacional: voltar-se para si mesmo e perceber a expressão do povo e da terra sobre a qual ele se estabeleceu.

A exposição e os três festivais da Semana assumem, de certa forma, o cunho de manifesto. Muito embora seus participantes rejeitem a denominação de futuristas, erroneamente atribuída, mas que permaneceu, fora dos meios intelectuais e artísticos, como adjetivação de tudo aquilo que parecesse uma reação contra as formas tradicionais de arte, o desencadear do movimento modernista tem pontos de contato com o movimento marinettiano. A importância da Semana cresce à medida que essa rejeição ao passado não deixa de estar profundamente relacionada com os movimentos político-sociais que abalariam o país a partir de 1922, contra o paternalismo da Primeira República, um dos resquícios do Império, seja nesse mesmo ano com a sublevação do Forte de Copacabana em julho e, dois anos depois, com a revolução de 1924 em São Paulo. As agitações dessa década, nas quais, salvo raras exceções, todos os modernistas se viram envolvidos, iriam desembocar, poucos anos depois, na revolução de 30, iniciando-se uma nova era para o país. Assim, no contexto das alterações a ocorrer, a manifestação cultural da Semana constitui um registro sintomático da pulsação do organismo nacional, antecipando, por meio do pensamento, a insatisfação que tomaria forma política contra o tradicionalismo-aristocracismo poucos anos depois.

[...] até 1917 a pesquisa inexistia nas artes brasileiras – e a partir dessa data, até fins de 30, uma inquietação fecunda alimentou positivamente a expressão plástica em nosso país. A sequência só adviria, longos anos depois, com a fundação dos museus em São Paulo e no Rio de Janeiro e com a incostitucionalização do estímulo.

(Aracy Amaral. *Artes plásticas na Semana de 22*. São Paulo: Editora 34, 1998. p. 13-5 e 240.)

Acervo Iconographia

Paramount

São Paulo na década de 1920.

Texto 2

A gripe espanhola

Em 1928, já no final da Primeira Guerra Mundial, uma catástrofe espalhou-se por vários países: a gripe espanhola, doença que recebeu esse nome por ter sido divulgada ao se manifestar na Espanha.

A doença se disseminou rapidamente. No Brasil, em poucas semanas morreram milhares de pessoas. Segundo algumas estimativas, a gripe espanhola causou aproximadamente 20 milhões de mortes no mundo.

(Miguel Castro et alii. *Enciclopédia do estudante – História do Brasil – Das origens ao século XXI*. São Paulo: Moderna, 2008. p. 147.)

Texto 3

1922 foi mais que uma simples data, porquanto denota que a situação revolucionária chegara ao auge do amadurecimento, e não foi por certo casual a coincidência das revoluções estética e política, iniciada também com o levante dos 18 do Forte de Copacabana, no mesmo ano, o que mostra que a consciência do país antingira um estado agudo de revolta contra a velha ordem, em seus diversos setores. Não se trata de procurar precendência de um fator sobre os outros, o intelectual e artístico, o político, o econômico. Mas de reconhecer que era a estrutura da civilização brasileira, era o todo do organismo nacional, que mobilizava as forças para quebrar as amarras de sujeição ao colonialismo mental, político e econômico, entrando firme na era da maturidade e posse de si mesmo.

(Afrânio Coutinho. *Introdução à literatura no Brasil*. 10. ed. Rio de Janeiro: Civilização Brasileira, 1980. p. 265-6.)

Texto 4

As polêmicas políticas

A vitória dos bolchevistas na Revolução Russa de 1917 teve repercussões no Brasil. As ideias comunistas ganharam espaço, e alguns líderes, antes anarquistas, começaram a organizar centros de discussão influenciados pelo marxismo. Em março de 1922 foi fundado o Partido Comunista, que se considerava mais avançado politicamente do que as outras organizações operárias existentes no Brasil. Os comunistas criticavam os anarquistas porque estes se limitavam ao uso da greve, sem procurar conquistar espaços das disputas eleitorais.

A década de 1920 foi marcada por polêmicas entre comunistas e anarquistas. Os anarquistas eram, por princípio, contra a organização dos operários em partidos. Consideravam as eleições uma farsa, um jogo sujo da burguesia para se manter no poder. Defendiam uma revolução que acabasse com a hierarquia social e desse fim ao Estado, tornando todos os homens efetivamente livres. Os comunistas, por seu turno, viam no partido a vanguarda da ação política. Lutavam pelo fim da desigualdade social, mas admitiam que a revolução proletária não traria de imediato o fim do Estado. Seria necessário um período de transição para se chegar à sociedade sem classes, em que todos seriam realmente livres e iguais.

(Antonio P. Rezende e Maria T. Didier. *Rumos da História*. São Paulo: Atual, 2001. p. 501.)

1. Segundo Aracy Amaral e Afrânio Coutinho, a Semana de Arte Moderna não foi uma revolta cultural isolada. Explique essa afirmação, situando-a no contexto político da época.

2. Aracy Amaral atribui o surgimento do nacionalismo no Brasil, na década de 1920, a duas causas principais. Quais são elas?

3. Tendo em vista que, nos anos 1920, alguns escritores modernistas foram influenciados pelo socialismo e pelo fascismo, que relação há entre o contexto histórico e essas influências em nossa literatura, ou seja, entre as polêmicas políticas que ocorriam no contexto europeu e as ideias artísticas em nosso país?

4. Aracy Amaral cita um discurso que Mário de Andrade fez em 1942, por ocasião da comemoração dos vinte anos da Semana de Arte Moderna. Nesse discurso, intitulado "O movimento modernista", Mário afirmava:

> "[...] Mas esta destruição não apenas continha todos os germes da atualidade, como era uma convulsão profundíssima da realidade brasileira. O que caracteriza esta realidade que o movimento modernista impôs, é, a meu ver, a fusão de três princípios fundamentais: o direito à pesquisa estética; a atualização da inteligência artística brasileira; e a estabilização de uma consciência criadora nacional".

(*Aspectos da literatura brasileira*. 5. ed. São Paulo: Martins Fontes, 1974. p. 242.)

Levando em conta o texto de Aracy Amaral, responda:

a. De acordo com o último parágrafo do texto, que fato, ocorrido em 1917, já era demonstração do desejo dos artistas brasileiros de terem "direito à pesquisa estética" e à "atualização da inteligência artística brasileira"?

b. De acordo com o segundo parágrafo do texto de Aracy Amaral, de que modo os artistas modernistas conseguiram "estabilizar uma consciência criadora nacional"? Justifique sua resposta com um trecho do texto.

CONEXÕES

Em 1917, a pintora brasileira Anita Malfatti realizou em São Paulo uma exposição de arte, que, diferentemente da anterior, de 1914, teve grande repercussão e é considerada o marco inicial da arte moderna no Brasil e o estopim da Semana de Arte Moderna.

O escritor Monteiro Lobato, que era também crítico no jornal *O Estado de S. Paulo*, visitou a exposição e publicou o texto "A propósito da exposição de Anita Malfatti" (depois republicado com o título "Paranoia ou mistificação"). Imediatamente, Mário de Andrade, Oswald de Andrade e Menotti del Picchia publicaram artigos em defesa de Anita, gerando uma polêmica que acabou por unir os escritores e artistas modernistas. Cinco anos depois, esse grupo realizou a Semana de Arte Moderna.

A seguir, observe duas pinturas de Anita Malfatti (veja também, na página 13, a tela *O homem amarelo*) que fizeram parte da exposição e leia parte da crítica de Monteiro Lobato.

Instituto de Estudos Brasileiros, USP, SP

O japonês (1915-6).

Coleção Ernesto Wolf, São Paulo, SP

A mulher de cabelos verdes (1915).

Anita Malfatti

Anita Malfatti (1889-1964) nasceu em São Paulo. Aprendeu a pintar com a mãe, que, depois da morte do marido, passou a dar aulas de pintura e línguas. Com a ajuda de um tio e do padrinho, estudou na Europa. Em 1914, voltou ao Brasil e realizou uma exposição, que não teve grande destaque. Em 1915, foi para os EUA, onde teve aulas com o expressionista Homer Boss e pintou seus melhores quadros. Retornou ao Brasil em 1917, pouco antes da exposição que realizou nesse ano. Depois da crítica de Lobato, a pintora ficou um ano sem pintar. Participou da Semana de Arte Moderna e alguns anos depois passou a fazer uma pintura mais tradicional. Alguns especialistas consideram que Anita nunca superou as críticas de Lobato.

Arquivo/Agência O Globo

Anita Malfatti, em seu ateliê, em 1963.

Paranoia ou mistificação?

Há duas espécies de artistas. Uma composta dos que veem normalmente as coisas e em consequência disso fazem arte pura, guardando os eternos ritmos da vida, e adotados para a concretização das emoções estéticas, os processos clássicos dos grandes mestres. Quem trilha por esta senda, se tem gênio, é Praxíteles na Grécia, é Rafael na Itália, é Rembrandt na Holanda [...]. A outra espécie é formada pelos que veem anormalmente a natureza, e interpretam-na à luz de teorias efêmeras, sob a sugestão estrábica de escolas rebeldes, surgidas cá e lá como furúnculos da cultura excessiva. São produtos de cansaço e do sadismo de todos os períodos de decadência: são frutos de fins de estação, bichados ao nascedouro. Estrelas cadentes, brilham um instante, as mais das vezes com a luz de escândalo, e somem-se logo nas trevas do esquecimento.

Embora eles se deem como novos precursores duma arte a ir, nada é mais velho de que a arte anormal ou teratológica: nasceu com a paranoia e com a mistificação. De há muito já que a estudam os psiquiatras em seus tratados, documentando-se nos inúmeros desenhos que ornam as paredes internas dos manicômios. A única diferença reside em que nos manicômios esta arte é sincera, produto ilógico de cérebros transtornados pelas mais estranhas psicoses; e fora deles, nas exposições públicas, zabumbadas pela imprensa e absorvidas por americanos malucos, não há sinceridade nenhuma, nem nenhuma lógica, sendo mistificação pura. Todas as artes são regidas por princípios imutáveis, leis fundamentais que não dependem do tempo nem da latitude. As medidas de proporção e equilíbrio, na forma ou na cor, decorrem do que chamamos sentir. Quando as sensações do mundo externo transformam-se em impressões cerebrais, nós "sentimos"; para que sintamos de maneira diversa, cúbica ou futurista, é forçoso ou que a harmonia do universo sofra completa alteração, ou que o nosso cérebro esteja em "pane" por virtude de alguma grave lesão. Enquanto a percepção sensorial se fizer normalmente no homem, através da porta comum dos cinco sentidos, um artista diante de um gato não poderá "sentir" senão um gato, e é falsa a "interpretação" que do bichano fizer um "totó", um escaravelho, um amontoado de cubos transparentes.

Estas considerações são provocadas pela exposição da Sra. Malfatti, onde se notam acentuadíssimas tendências para uma atitude estética forçada no sentido das extravagâncias de Picasso e companhia. Essa artista possui um talento vigoroso, fora do comum. [...] Entretanto, seduzida pelas teorias do que ela chama arte moderna, penetrou nos domínios dum impressionismo discutibilíssimo, e põe todo o seu talento a serviço duma nova espécie de caricatura.

Sejamos sinceros: futurismo, cubismo, impressionismo e tutti quanti não passam de outros tantos ramos da arte caricatural. É a extensão da caricatura a regiões onde não havia até agora penetrado. Caricatura da cor, caricatura da forma – caricatura que não visa, como a primitiva, ressaltar uma ideia cômica, mas sim desnortear, aparvalhar o espectador. [...]

[...]

(Disponível em: http://www.mac.usp.br/mac/templates/projetos/educativo/paranoia.html. Acesso em: 5/1/2016.)

aparvalhar: desnortear; tornar pouco inteligente.
apologista: o que faz apologia, isto é, uma defesa apaixonada de algo ou alguém.
teratológico: monstruoso, deformado.
zabumbado: aclamado ao som da zabumba.

Baptistão

1. A crítica de Lobato teve grande repercussão no meio artístico e cultural da época. Qual é a opinião do escritor a respeito das obras de Anita Malfatti?

2. Para fundamentar seu ponto de vista, Lobato desenvolve um texto argumentativo bem-estruturado. No 1º parágrafo, opõe duas espécies de artistas.

   a. Quais são elas?

   b. Qual espécie de artistas ele prefere? Que exemplos ele cita para identificar essa espécie de artistas?

   c. Que argumentos ele apresenta, no 2º parágrafo, para fundamentar sua preferência?

3. No 2º parágrafo, o autor afirma:

> "Todas as artes são regidas por princípios imutáveis, leis fundamentais que não dependem do tempo nem da latitude. As medidas de proporção e equilíbrio, na forma ou na cor, decorrem do que chamamos sentir. Quando as sensações do mundo externo transformam-se em impressões cerebrais, nós 'sentimos'; para que sintamos de maneira diversa, cúbica ou futurista, é forçoso ou que a harmonia do universo sofra completa alteração, ou que o nosso cérebro esteja em 'pane' por virtude de alguma grave lesão."

   a. Observe as pinturas *A mulher de cabelos verdes* e *O japonês*. Do seu ponto de vista, elas aparentam ter "proporção e equilíbrio, na forma ou na cor"?

   b. Na sua opinião, o que provavelmente chocou mais Monteiro Lobato?

4. Alguns dos procedimentos mais comuns na arte expressionista são:

   - criação sem obstáculos convencionais
   - sugestões de luz desvinculadas da tradicional relação claro/escuro
   - relação dinâmica entre figura e fundo
   - pincelada livre, que valoriza o detalhe da superfície
   - tons fortes, não convencionais
   - a arte não como imitação, mas como criação subjetiva, livre

   a. Quais desses procedimentos podem ser observados nas telas *O japonês* e *A mulher de cabelos verdes*, de Anita Malfatti?

   b. Pelas citações das correntes de vanguarda que Lobato fez na crítica, é possível inferir que ele tivesse domínio do assunto?

LÍNGUA E LINGUAGEM

Concordância nominal

FOCO NO TEXTO

Leia o anúncio a seguir.

Fallon PMA

(Disponível em: http://www.eugeniomohallem.com.br/#526/united-2a. Acesso em: 2/3/2016.)

1. Relacione a frase "We are united", da parte inferior do anúncio, ao texto principal.

a. Qual é a empresa anunciante? Qual é o país de origem dessa empresa? Justifique sua resposta com base em elementos verbais e não verbais do texto.

b. Qual o setor de atuação da empresa anunciante? Indique o trecho do anúncio pelo qual é possível inferir tal informação.

2. É possível considerar que no terceiro conjunto pergunta/resposta há uma quebra no paralelismo semântico do anúncio, isto é, um novo sentido é explorado em comparação com os anteriores.

a. Qual é a palavra do anúncio que sofre essa mudança de sentido?

b. Qual é a diferença quanto à forma entre as duas primeiras ocorrências dessa palavra e a terceira?

c. Qual é a diferença de sentido entre as duas primeiras ocorrências dessa palavra e a terceira?

Releia as três frases abaixo e responda às questões 3 e 4.

Temos ótimos voos.
Temos ótimas conexões.
Temos ótimas poltronas.

3. Levante hipóteses:

a. Por que a forma verbal tem a mesma conjugação em todas elas?

b. Por que o verbo e o adjetivo aparecem repetidos nas três frases?

c. Como ficariam essas três frases transformadas em uma única, eliminando-se a repetição do verbo e do adjetivo?

4. Com base em suas respostas às questões anteriores:

a. Conclua: Por que há variação entre as formas *ótimos* e *ótimas*?

b. Reescreva as três frases, fazendo as alterações que julgar necessárias, substituindo o núcleo dos objetos diretos – voos, conexões, poltronas – por:

- atendimento;
- equipe;
- pilotos e comissárias de bordo.

5. O texto a seguir situa-se na parte inferior do anúncio. No entanto, os especificadores (artigos e adjetivos) foram extraídos e substituídos pelas opções entre parênteses.

Voos para (o/os/a/as) EUA (no/nos/na/nas) (novíssimo/novíssimos/novíssima/novíssimas) Boeings 777. Conexões para a maioria (do/dos/da/das) cidades (americano/americanos/americana/americanas). Mais espaço para (o/os/a/as) pernas na Economy Plus. Poltronas que se transformam tanto em cama como em escritório na Primeira Classe. Voos para mais de 700 destinos em 120 países, através de (nosso/nossos/nossa/nossas) parceiros da Star Aliance. Faça (um/uns/uma/umas) escala no site www.united.com.br, ligue 0800160223 ou consulte (seu/seus/sua/suas) agente de viagens.

a. Encontre o termo a que cada um desses especificadores se refere e escreva em seu caderno as formas do texto original do anúncio.

b. Nas respostas ao item *a*, há um único caso que admite mais de uma opção. Qual é ele? Justifique essa afirmação com base no gênero do referente e proponha uma redação em que haja uma única possibilidade.

c. Discuta com os colegas e o professores: Qual princípio vocês utilizaram para deduzir as formas do texto original?

REFLEXÕES SOBRE A LÍNGUA

No estudo do anúncio da seção anterior, você viu que a alteração do gênero do substantivo núcleo de uma oração implica alteração no gênero das palavras referentes a ele, o que justifica a variação nas formas do masculino e feminino em casos como *ótimos voos* e *ótimas conexões*. Isso ocorre porque na norma-padrão as palavras determinantes (entre elas, artigos, numerais, adjetivos e pronomes) concordam em gênero e número com o nome que acompanham.

Concordância nominal é a conformidade das palavras adjetivas em gênero e número com o núcleo nominal a que se referem.

Há, entretanto, alguns casos que fogem a esse princípio geral. Como falante nativo da língua portuguesa, você certamente sabe concordar, na maioria dos enunciados que constrói, as palavras adjetivas com seus referentes, mas é importante saber que essas regras podem mudar de uma variedade linguística para outra. Por essa razão, elencamos a seguir algumas das principais orientações para fazer a concordância segundo a norma-padrão. Não há necessidade de memorizar essas regras; é, porém, interessante conhecê-las, para fins de consulta e em caráter de informação complementar.

1. Uma palavra adjetiva que se refere a substantivos antepostos de gêneros diversos

Assume a forma plural ou pode concordar com o elemento mais próximo. Veja estas possibilidades:

Considerava o neto e a neta maravilhosos.
Considerava a filha e a neta maravilhosas.
Poderia perder o apartamento e a casa herdados.
Poderia perder a fazenda e a casa herdadas.
Poderia perder o apartamento e a casa herdada.

2. Uma palavra adjetiva que se refere a substantivos pospostos de gêneros diversos

Concorda com o elemento mais próximo ou pode assumir a forma plural. Veja estas possibilidades:

Soube que possuía próspera empresa e negócios.
Considerava maravilhosos o neto e a neta.
Considerava maravilhoso o neto e a neta.
Considerava maravilhosa(s) a filha e a neta.

3. Duas ou mais palavras adjetivas que se referem a um único substantivo

O substantivo fica no singular e usa-se artigo antes de cada termo adjetivo ou o substantivo vai para o plural e não se usa artigo:

A voz grave e a aguda se complementam no coro.
As vozes grave e aguda se complementam no coro.

4. É proibido / É necessário / É bom / É claro

Se o sujeito vem precedido de artigo ou outro determinante, concorda com ele; se o sujeito tem sentido genérico, mantém-se o masculino singular:

É proibido entrada de visitantes.
É proibida a entrada de visitantes.

Rony Costa/Finephoto

Rony Costa/Finephoto

5. Anexo / obrigado / próprio / mesmo / quite

Concordam com os nomes a que se referem:

As fotos seguem anexas.
O próprio dono garantiu que eram verdadeiros.
Ela mesma garantiu que viria.
Estamos quites com o fornecedor.

Obs.: A expressão *em anexo* é sempre invariável:
As fotos seguem em anexo.

6. Bastante / pouco / muito / barato / caro / meio

Para definir a concordância desses termos, é preciso primeiramente identificar se eles têm valor adverbial (se eles se referem a verbos ou adjetivos) ou adjetivo (se eles se referem a substantivos) no contexto analisado:

Os dois atletas têm características bastante/muito semelhantes.
advérbios adjetivo

Bastantes/muitos atletas compareceram ao evento.
advérbios substantivo

7. Só / a sós

A expressão *a sós* é sempre invariável. *Só* é invariável se equivale a *somente* e variável se equivale a *sozinho*, concordando, nesse último caso, com seu referente.

Só os mais jovens saíram mais cedo. (somente)
O jovem saiu só. (sozinho)
Os dois jovens saíram sós. (sozinhos)

APLIQUE O QUE APRENDEU

Leia a tirinha a seguir e responda às questões de 1 a 3.

MALVADOS ANDRÉ DAHMER

(André Dahmer. *Malvados*. Folha online, 6/2/2016.)

1. Qual o sentido usual da expressão *entrar na Internet*, utilizada no 1º quadrinho?

A concordância nominal e as variedades linguísticas

Como já visto, a gramática normativa indica que todos os determinantes devem concordar em gênero e número com seu referente. Há, no entanto, gramáticas que descrevem diferentes variedades linguísticas e mostram que, em algumas delas, especialmente nas mais populares, a concordância pode ser diferente. Observe o quadro a seguir.

PORTUGUÊS BRASILEIRO POPULAR	PORTUGUÊS BRASILEIRO CULTO
Simplificação da concordância nominal: (i) expressa pelo determinante: *as pessoa*. (ii) simplificação acentuada quando o substantivo e o adjetivo vêm no diminutivo (*aqueles cabelinho branquim*).	Manutenção da concordância nominal com a redundância de marcas: *as pessoas*, *aqueles cabelinhos branquinhos*. Em algumas regiões do país a simplificação alcançou também os diminutivos.
Manutenção da concordância apenas quando há saliência fônica entre a forma do singular e a forma do plural: (i) Concordância nominal: *a colher/as colheres*. (ii) Concordância verbal: *as pessoa sairu*, *elas são bão*.	Manutenção da morfologia do substantivo e do verbo no plural: *as colheres*, *as pessoas saíram*. Em Minas Gerais a redução morfológica se mostra também na fala culta: *cantáru*, *bebêru*, *fizéru*, *sairu*.
Perda progressiva do -s para marcar o plural, que passa a ser expresso pelo artigo: *os homi*, *as pessoa*.	Manutenção das regras redundantes da marcação do plural, salvo na fala rápida: *os homens*, *as pessoas*.

Ataliba T. de Castilho. *Gramática do português brasileiro*, cit., p. 207-208.

Marcar o plural em todos os elementos pode ser considerado redundante e desnecessário, tal como julgam algumas variedades populares que optam por marcar o plural apenas no primeiro elemento.

Reger-se por um princípio diferente das regras da gramática normativa não torna essas variedades desorganizadas ou menos complexas. O que ocorre, na verdade, é que elas têm pouco prestígio social, daí serem em geral tratadas de forma preconceituosa. A concordância, aliás, é um dos assuntos que mais suscitam preconceito linguístico.

É importante saber que não há variedades linguisticamente melhores ou piores do que outras; há regras diferentes para atender a necessidades de determinados grupos de falantes e situações de comunicação específicas. Em situações sociais mais formais e em exames e avaliações oficiais, deve-se considerar a regra da gramática normativa, assim como, em cada contexto específico, deve-se procurar avaliar qual será a melhor forma para adequar a linguagem.

2. Sobre a fala do 2º quadrinho:

a. Quem é o sujeito da forma verbal *ficam*, tendo em vista toda a tira?

b. Reescreva a frase com o sujeito *indivíduos*, fazendo as devidas alterações.

c. Reescreva a frase com o sujeito *o internauta*, fazendo as devidas alterações.

d. Reescreva a frase com o sujeito *homens e mulheres*, fazendo as devidas alterações.

3. A fala do 3º quadrinho expõe um novo sentido de uma palavra utilizada anteriormente na tira.

a. A qual objeto a Internet é comparada?

b. Qual é a palavra que ganha novo sentido e qual é o novo sentido nesse quadrinho?

c. Explique por que esse novo sentido contribui para a criação do efeito de humor da tira.

Leia o anúncio a seguir e responda às questões de 4 a 6.

DHL/DM9

4. Relacione o enunciado principal à parte não verbal do anúncio.

a. A quem é atribuída cada uma das duas frases reproduzidas?

b. Observe a parte não verbal do anúncio e deduza: O que é DHL? Justifique sua resposta com base nas imagens.

c. Reescreva o enunciado central, substituindo o termo *Terra* por *planeta* e fazendo as alterações necessárias. Qual (Quais) outro(s) termo(s) foi (foram) modificado(s)? Justifique sua resposta com base em argumentos morfológicos.

5. Leia a seguir os dois primeiros parágrafos do texto verbal do anúncio.

"Em 1961, o soviético Iuri Gagarin inaugurou a profissão de astronauta com um voo em órbita da Terra.

A DHL não chegou tão alto, mas se você somar as distâncias que ela já percorreu levando encomendas urgentes a todas as partes do mundo, é bem provável que tenha ido mais longe."

a. Quem disse que "A Terra é azul" e em qual situação?

b. Qual relação é estabelecida entre a viagem de Gagarin e as da DHL?

c. Reescreva o 2º parágrafo, substituindo *distâncias* por *a quilometragem*, *encomendas* por *cada produto*, *partes* por *cantos* e fazendo as alterações necessárias.

6. Leia o trecho a seguir, também extraído do anúncio.

"Antes que você fique ansioso, nosso funcionário já apareceu e pegou a encomenda. Antes que você fique preocupado, a encomenda já chegou.

E, acima de tudo, chegou como saiu: inteira. A DHL não carimba 'frágil' em pacotes. Trata todos como se fossem."

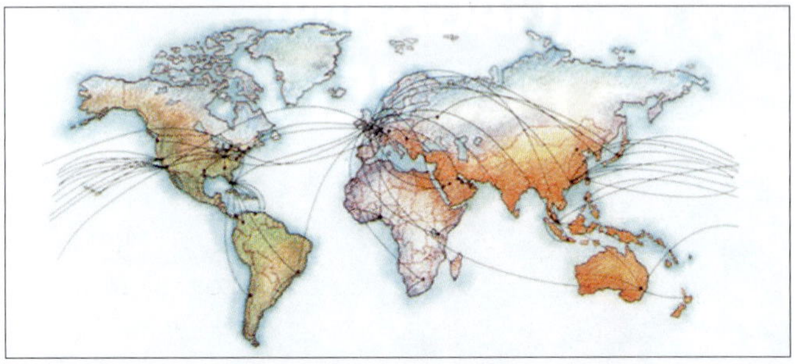
DHL/DM9

a. Quem é o "você" a quem o anúncio se dirige?

b. Em qual gênero e número o anúncio trata seu interlocutor? Justifique sua resposta com elementos do texto e levante hipóteses: Por que foi feita essa opção?

c. A qual termo anterior do texto o adjetivo *inteira* se refere? E o pronome *todos*? Justifique sua resposta com base em argumentos morfológicos.

d. Na frase "Trata todos como se fossem", além do sujeito *DHL*, há outros dois termos subentendidos. Quais são eles? Reescreva a frase, explicitando esses termos e fazendo a concordância adequada.

Car@s alunXs e amigues?

Você já deve ter visto, na mídia e nas redes sociais, uma discussão por vezes acalorada em torno do gênero das palavras que se referem a uma pessoa ou a um grupo de indivíduos. Trata-se de um debate que extrapola as regras gramaticais e atinge um patamar social e cultural.

Com o intuito de não discriminar sujeitos que não se definem especificamente como homens ou como mulheres, surgem alternativas de grafia que mantêm indeterminado o sexo das pessoas a quem se referem, como ocorre com as palavras no título deste boxe.

Nesses casos, vale discutir: Quais as relações e os limites entre o gênero gramatical e os sexos masculino e feminino?

TEXTO E ENUNCIAÇÃO

Para responder às questões de 1 a 5, leia a seguir o trecho final do "Manifesto da Poesia Pau-Brasil", de Oswald Andrade, publicado no jornal *Correio da Manhã*, em 1924, texto que representou um marco do movimento modernista brasileiro, estudado por você neste capítulo.

[...]

O trabalho da geração futurista foi ciclópico. Acertar o relógio império da literatura nacional.

Realizada essa etapa, o problema é outro. Ser regional e puro em sua época.

O estado de inocência substituindo o estado de graça que pode ser uma atitude do espírito.

O contrapeso da originalidade nativa para inutilizar a adesão acadêmica.

A reação contra todas as indigestões de sabedoria. O melhor de nossa tradição lírica. O melhor de nossa demonstração moderna.

Apenas brasileiros de nossa época. O necessário de química, de mecânica, de economia e de balística. Tudo digerido. Sem meeting cultural. Práticos. Experimentais. Poetas. Sem reminiscências livrescas. Sem comparações de apoio. Sem pesquisa etimológica. Sem ontologia.

Bárbaros, crédulos, pitorescos e meigos. Leitores de jornais. Pau-Brasil. A floresta e a escola. O Museu Nacional. A cozinha, o minério e a dança. A vegetação. Pau-Brasil.

(Disponível em: http://www.ufrgs.br/cdrom/oandrade/oandrade.pdf. Acesso em: 12/1/2016.)

Oswald de Andrade/Ilustração de Tarsila do Amaral

ciclópico: de enormes dimensões; colossal, gigantesco.
etimológico: que se refere ao estudo da origem e da evolução das palavras.
livresca: que provém unicamente dos livros e não da experiência.
***meeting*:** encontro.
ontologia: parte da filosofia que tem por objeto o estudo das propriedades mais gerais do ser, apartada das determinações que os qualificam particularmente e ocultam sua natureza plena e integral.
reminiscência: imagem lembrada do passado; o que se conserva na memória; sinal ou fragmento que resta de algo extinto.

1. Discuta com os colegas e o professor e levante hipóteses:

a. Qual é o objetivo de um manifesto, em geral?

b. Qual é o objetivo do "Manifesto Pau-Brasil", especificamente?

2. Em seu texto, Oswald de Andrade opõe dois tipos de literatura, uma tradicional e uma nova, proposta por ele e seus contemporâneos.

a. Identifique no texto termos e expressões que o poeta utiliza para descrever a literatura tradicional.

b. Identifique no texto termos e expressões que o poeta utiliza para descrever a nova literatura proposta pelos modernistas.

c. Com base em suas respostas aos itens anteriores, deduza: Qual era, em resumo, a proposta do manifesto para os rumos da poesia modernista brasileira? Justifique sua resposta com elementos do texto.

d. Discuta com os colegas e o professor e conclua: Qual a importância da presença de tantos termos descritivos e adjetivos especificamente nesse texto?

3. Releia o trecho: "O melhor de nossa tradição lírica. O melhor de nossa demonstração moderna":

a. Quais elementos são colocados em paralelo nesse trecho?

b. Entre os dois tipos de literatura expostos na questão anterior, a qual esse trecho se refere e o que ele propõe que seja feito?

c. Reescreva-o, começando cada uma das frases pelo pronome *nossa* e transformando o termo *melhor* em determinante dos substantivos *tradição* e *demonstração*.

d. Reescreva o trecho do texto e sua resposta do item *c*, passando os substantivos *tradição* e *demonstração* para o plural e fazendo as alterações necessárias.

e. Discuta com os colegas e o professor: Qual é a diferença entre a função do termo *melhor* no trecho do texto e na construção feita por você no item *c*?

4. Releia os dois últimos parágrafos do texto, discuta com os colegas e o professor e, com base no restante do texto, conclua:

a. A qual termo citado anteriormente no texto se referem os adjetivos "Práticos. Experimentais. Poetas" e "bárbaros crédulos, pitorescos e meigos"? Justifique sua resposta com argumentos morfológicos, que levem em conta a flexão de gênero e número das palavras.

b. Levante hipóteses: Por que foi feita essa flexão e não outra?

5. Releia o trecho final:

"Pau-Brasil. A floresta e a escola. O Museu Nacional. A cozinha, o minério e a dança. A vegetação. Pau-Brasil."

a. O que representam essas imagens em relação à proposta do manifesto para a literatura da época?

b. Qual efeito de sentido a repetição do termo *Pau-Brasil* constrói no texto?

6. Leia as frases a seguir:

I. Vimos os prédios e as casas enfeitadas para o carnaval.
II. As camisas verde e vermelha estão sujas.
III. É livre, voluntária e gratuita a participação e o comparecimento.

As três frases seguem as regras de concordância da gramática normativa. É possível, entretanto, perceber ruídos ou ambiguidades que podem causar problemas de leitura em todas elas.

a. Identifique quais possíveis problemas de leitura pode haver em cada uma.

b. Sugira novas redações, que eliminem os problemas apontados no item *a*.

c. Discuta com os colegas e o professor e conclua: Memorizar regras de concordância é suficiente para produzir bons textos?

PRODUÇÃO DE TEXTO
O conto moderno e contemporâneo

FOCO NO TEXTO

Leia este conto, de Dalton Trevisan:

Uma vela para Dario

Dario vem apressado, guarda-chuva no braço esquerdo. Assim que dobra a esquina, diminui o passo até parar, encosta-se a uma parede. Por ela escorrega, senta-se na calçada, ainda úmida de chuva. Descansa na pedra o cachimbo.

Dois ou três passantes à sua volta indagam se não está bem. Dario abre a boca, move os lábios, não se ouve resposta. O senhor gordo, de branco, diz que deve sofrer de ataque.

Ele reclina-se mais um pouco, estendido na calçada, e o cachimbo apagou. O rapaz de bigode pede aos outros se afastem e o deixem respirar. Abre-lhe o paletó, o colarinho, a gravata e a cinta. Quando lhe tiram os sapatos, Dario rouqueja feio, bolhas de espuma surgiram no canto da boca.

Cada pessoa que chega ergue-se na ponta dos pés, não o pode ver. Os moradores da rua conversavam de uma porta à outra, as crianças de pijama acodem à janela. O senhor gordo repete que Dario sentou-se na calçada, soprando a fumaça do cachimbo, encostava o guarda-chuva na parede. Mas não se vê guarda-chuva ou cachimbo ao seu lado.

A velhinha de cabeça grisalha grita que ele está morrendo. Um grupo o arrasta para o táxi da esquina. Já no carro a metade do corpo, protesta o motorista: quem pagará a corrida? Concordam chamar a ambulância. Dario conduzido de volta e recostado à parede – não tem os sapatos nem o alfinete de pérola na gravata.

Alguém informa da farmácia na outra rua. Não carregam Dario além da esquina; a farmácia no fim do quarteirão e, além do mais, muito peso. É largado na porta de uma peixaria. Enxame de moscas lhe cobrem o rosto, sem que faça um gesto para espantá-las.

Ocupado o café próximo pelas pessoas que apreciam o incidente e, agora, comendo e bebendo, gozam as delícias da noite. Dario em sossego e torto no degrau da peixaria. Enxame de moscas lhe cobrem o rosto, sem que faça um gesto para espantá-las.

Um terceiro sugere lhe examinem os papéis, retirados – com vários objetos – de seus bolsos e alinhados sobre a camisa branca. Ficam sabendo do nome, idade, sinal de nascença. O endereço na carteira é de outra cidade.

Registra-se correria de uns duzentos curiosos que, a essa hora, ocupam toda a rua e as calçadas: é a polícia. O carro negro investe a multidão. Várias pessoas tropeçam no corpo de Dario, pisoteado dezessete vezes.

O guarda aproxima-se do cadáver, não pode identificá-lo – os bolsos vazios. Resta na mão esquerda a aliança de ouro, que ele próprio – quando vivo – só destacava molhando o sabonete. A polícia decide chamar o rabecão.

A última boca repete – *Ele morreu, ele morreu*. E a gente começa a se dispersar. Dario levou duas horas para morrer, ninguém acreditava estivesse no fim. Agora, aos que alcançam vê-lo, todo o ar de um defunto.

Nelson Provazi

Um senhor piedoso dobra o paletó de Dario para lhe apoiar a cabeça. Cruza as mãos no peito. Não consegue fechar olho nem boca, onde a espuma sumiu. Apenas um homem morto e a multidão se espalha, as mesas do café ficam vazias. Na janela alguns moradores com almofadas para descansar os cotovelos.

Um menino de cor e descalço vem com uma vela, que acende ao lado do cadáver. Parece morto há muitos anos, quase o retrato de um morto desbotado pela chuva.

Fecham-se uma a uma as janelas. Três horas depois, lá está Dario à espera do rabecão. A cabeça agora na pedra, sem o paletó. E o dedo sem a aliança. O toco de vela apaga-se às primeiras gotas da chuva, que volta a cair.

(In:Ítalo Moriconi, org. *Os cem melhores contos brasileiros do século*. São Paulo: Objetiva, 2001. p. 279-80.)

Nelson Provazi

1. Na cena inicial do conto, Dario está caminhando apressado na calçada de uma rua, mas algo acontece. Observe os três parágrafos iniciais.

a. O que acontece com Dario?

b. Como as pessoas inicialmente reagem diante do ocorrido?

c. A atitude dessas pessoas é esperada na situação?

2. Em torno de Dario, forma-se uma multidão. Uma "velhinha de cabeça grisalha grita que ele está morrendo". São tomadas duas iniciativas para ajudar Dario: levá-lo até um táxi e, depois, levá-lo a uma farmácia próxima.

a. Por que essas iniciativas não dão certo?

b. A solidariedade que se verifica nas primeiras cenas se mantém, momentos depois? Justifique sua resposta.

3. Observe que, ao longo do conto, poucas informações são dadas sobre Dario: sabemos apenas qual é o seu nome e quais roupas e objetos ele usa. No quarto parágrafo do texto, desaparecem dois pertences de Dario: o guarda-chuva e o cachimbo.

a. O que a falta de maiores informações sobre o protagonista pode representar?

b. Faça um levantamento: Que outros pertences de Dario desaparecem ao longo do conto? Depois, conclua: Que sentido esses desaparecimentos acrescentam à narrativa, considerando-se a situação de Dario na calçada?

4. Observe a construção sintática destes trechos do texto:

- "Quando lhe tiram os sapatos"
- "Concordam chamar a ambulância."
- "Alguém informa da farmácia"
- "Não carregam Dario além da esquina"
- "É largado na porta de uma peixaria."
- "Ficam sabendo do nome, idade, sinal de nascença."

Dalton Trevisan

Dalton Trevisan nasceu em Curitiba, em 1925. Chamado de "Vampiro de Curitiba", o escritor vive recluso, adverso a entrevistas.

Sua primeira publicação foi o livro de contos *Novelas nada exemplares* (1959), com o qual ganhou o Prêmio Jabuti. Depois, entre outras obras, publicou *Cemitério de elefantes, Guerra conjugal, O vampiro de Curitiba, Pico na veia*, todas de contos. Seu único romance é *A polaquinha*.

Ganhador de vários prêmios, é considerado o mestre do conto brasileiro contemporâneo.

Arquivo/Estadão Conteúdo

a. Quem é o sujeito ou o agente da ação nesses enunciados?

b. Que sentido esse dado atribui ao texto, considerando-se a relação entre Dario e as pessoas que o cercam?

5. Observe estes trechos do conto:

- "Ocupado o café próximo pelas pessoas que apreciam o incidente e, agora, comendo e bebendo, gozam as delícias da noite."
- "Várias pessoas tropeçam no corpo de Dario, pisoteado dezessete vezes."
- "Na janela alguns moradores com almofadas para descansar os cotovelos."

a. No segundo trecho, em que se transformou o corpo de Dario?

b. Em que se transformou a morte de Dario para os presentes? Que expressões desses trechos comprovam sua resposta?

c. Há, nesses trechos, ironia por parte do narrador? Por quê?

6. É difícil precisar o momento em que ocorre a morte de Dario. Identifique, no texto, a palavra que, do ponto de vista do narrador, expressa a morte de Dario. Depois, veja em que momento da história ela é empregada.

7. Os serviços públicos são sutilmente retratados no texto.

a. Como a polícia é vista pela população? Justifique sua resposta.

b. Como é o serviço funerário da prefeitura? Justifique sua resposta.

8. No final do conto, há duas personagens cujas ações são diferentes das dos demais.

a. Quais são essas personagens? O que suas ações expressam?

b. O que essas personagens e suas ações podem representar, no contexto de uma cidade grande e impessoal?

9. Pode-se dizer que o conto faz uma denúncia e uma crítica aos comportamentos humanos e às relações sociais? Por quê?

10. Interprete o título "Uma vela para Dario", explicitando a relação dele com o conto.

11. No conto moderno ou contemporâneo, a estrutura convencional desse gênero literário costuma ser intencionalmente rompida. Leia o boxe "A estrutura ou a falta de estrutura do conto moderno". Depois, examine o conto de Dalton Trevisan, tentando identificar a estrutura tradicional do gênero: introdução, complicação ou desenvolvimento (com a apresentação do conflito), clímax e desfecho ou conclusão.

a. Essas partes são claramente delimitadas no texto? Tente identificá-las, se possível.

b. Como o conto de Trevisan lida com características do conto tradicional, como tamanho curto, espaço e tempo reduzidos, profundidade psicológica de personagens?

A estrutura ou a falta de estrutura do conto moderno e contemporâneo

O conto moderno ou contemporâneo não segue um modelo estrutural. Há escritores que começam a narrativa, por exemplo, pelo desfecho da história, ou pelo clímax, e depois fazem uma retrospectiva até chegar à situação inicial. Outros preferem não chegar ao clímax, e, nesse caso, a narrativa termina com o protagonista em plena busca por uma solução para o seu problema. Outros, ainda, concluem a narrativa em pleno clímax, deixando a história em aberto e delegando ao leitor o papel de imaginar um final.

Objetiva

Atelie

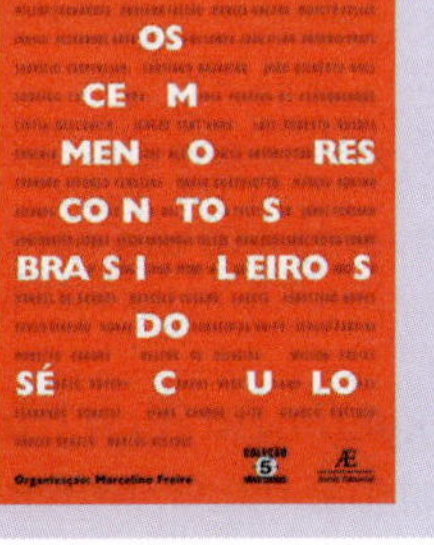

HORA DE ESCREVER

Seguem quatro propostas de produção de contos e minicontos. Desenvolva ao menos duas delas, conforme a orientação do professor.

> **PROJETO**
>
> Como você sabe, no final da unidade será organizada, pela classe, *uma antologia de contos, minicontos e contos fantásticos multimodais*. Neste capítulo, você vai produzir contos que poderão fazer parte da antologia.

1. **Recontando a partir de outro ponto de vista.** O ponto de vista do narrador é fundamental para que tenhamos determinada percepção dos fatos de uma história. A alteração do ponto de vista pode gerar uma história nova e completamente diferente da original.

   No conto "Uma vela para Dario", o narrador, em 3ª pessoa, se apresenta com alguém que conta o que vê, o que observa, sem participar dos fatos. Reconte o conto de Dalton Trevisan do ponto de vista de Dario, narrando os fatos em 1ª pessoa. Faça as adaptações que forem necessárias e, se quiser, acrescente à história outros fatos e personagens.

2. **Dando continuidade a um conto.** O texto a seguir é a introdução do conto "Um discurso sobre o método", de Sérgio Sant'Anna. Leia-o e dê continuidade à narrativa, desenvolvendo as demais partes do conto.

Ele se encontrava sobre a estreita marquise do 18º andar. Tinha pulado ali a fim de limpar pelo lado externo as vidraças das salas vazias do conjunto 1801/5, a serem ocupadas em breve por uma firma de engenheira. Ele era um empregado recém-contratado da ***Panamericana – Serviços Gerais***. O fato de haver se sentado à beira da marquise, com as pernas balançando no espaço, se devera simplesmente a uma pausa para fumar a metade de cigarro que trouxera no bolso. Ele não queria dispersar este prazer misturando-o com o trabalho.

Quando viu o ajuntamento de pessoas lá embaixo, apontando mais ou menos em sua direção, não lhe passou pela cabeça que pudesse ser ele o centro das atenções. Não estava habituado a ser esse centro e olhou para baixo e para cima e até para trás, a janela às suas costas. Talvez pudesse haver um princípio de incêndio ou algum andaime em perigo ou alguém prestes a pular.

Não havia nada identificável à vista e ele, através de operações bastante lógicas, chegou à conclusão de que o único suicida em potencial era ele próprio. Não que já houvesse se cristalizado em sua mente, algum dia, tal desejo, embora como todo mundo, de vez em quando... E digamos que a pouca importância que dava a si próprio não permitia que aflorasse seriamente em seu campo de decisões a possibilidade de um gesto tão grandiloquente. E que o instinto cego de sobrevivência levava uma vantagem de uns quarenta por cento sobre o seu instinto de morte, tanto é que ele viera levando a vida até aquele preciso momento sob as mais adversas condições.

[...]

(In: Ítalo Moriconi, org. *Os cem melhores contos brasileiros do século*, cit., p. 402.)

Andressa Honório

3. **Inventando um conto contemporâneo.** Crie um conto inteiramente original, a partir de um tema de seu interesse. Invente enredo, personagens, ações, tempo e espaço.

4. **Experimentando criar minicontos.** O conto contemporâneo não tem uma estrutura formal rígida. Atualmente, muitas experiências têm sido feitas com o gênero, entre

elas a da síntese máxima. Leia os minicontos que seguem e observe a importância do título na construção e na compreensão da história.

Andressa Honório

No embalo da rede

Vou,
mas levo as crianças.

(Carlos Herculano Lopes. In: Marcelino Freire, org. *Os cem menores contos brasileiros do século*. São Paulo: Ateliê.)

Só

Se eu soubesse o que procuro
Com esse controle remoto...

(Fernando Bonassi. In: Marcelino Freire, org. *Os cem menores contos brasileiros do século.*)

No velório

O morto ficou em segundo plano.
Todo o mundo só pensou no próprio enterro.

(Noé Ribeiro. Cedido pelo autor.)

Crie você também um ou mais minicontos.

ANTES DE ESCREVER

Planeje seu conto, seguindo estas orientações:

- Tenha em vista o público para o qual vai escrever: jovens e adultos que se interessam por literatura em geral ou por literatura contemporânea.
- Leia ou releia o boxe "A estrutura ou a falta de estrutura do conto moderno" e, depois, esboce o enredo, decidindo se e como vai romper a estrutura tradicional do gênero; defina as personagens, o tempo e o espaço das ações.
- Caso não se trate de miniconto, procure dar dimensão psicológica às personagens ou explorar a dimensão social das personagens.
- Utilize uma linguagem de acordo com a norma-padrão, porém com flexibilidade.

ANTES DE PASSAR A LIMPO

Antes de dar seu texto por terminado, verifique:

- se ele corresponde ao seu objetivo de criar um conto moderno ou contemporâneo destinado a um público formado por jovens e adultos interessados em literatura atual;
- se, mesmo que a estrutura tradicional do conto não tenha sido seguida, é possível depreender a sequência das ações e o encadeamento lógico dos fatos;
- se personagens, ações, tempo e espaço estão suficientemente desenvolvidos e se as personagens têm uma dimensão psicológica;
- se a linguagem está em uma variedade linguística e com um grau de formalidade ou informalidade adequados ao perfil das personagens e à ambientação da história.

CAPÍTULO

3 A geração de 22
Regência verbal
O conto fantástico

LITERATURA

A geração de 22

Coleção particular

Antropofagia (1929), de Tarsila do Amaral, pintora que participou ativamente da primeira geração modernista e, juntamente com Oswald de Andrade, atuou no movimento de Antropofagia.

A primeira geração da literatura modernista, também conhecida como "fase heroica" ou geração de 22, dá continuidade às ideias difundidas pela Semana de Arte Moderna e se estende até 1930, quando a literatura passa a tomar outra direção.

O período foi marcado pela publicação de várias revistas, manifestos e obras literárias. Entre as revistas, destacam-se *Klaxon* (1922), *Estética* (1924), *A Revista* (1925) e *Revista de Antropofagia* (1928).

Rompendo com o academicismo que marcou a produção literária do passado, essa geração tinha o compromisso de construir uma nova literatura, comprometida com duas direções: por um lado, atualizar-se em relação às propostas trazidas pelas correntes de vanguarda; por outro, mesclar essas novidades com uma pesquisa em torno da nacionalidade, que envolvia questões como passado histórico, língua, folclore, culinária, religião, etc.

Os principais escritores dessa geração foram Mário de Andrade, Oswald de Andrade, Manuel Bandeira, Alcântara Machado, Raul Bopp, Guilherme de Almeida, Menotti del Picchia e Plínio Salgado.

Oswald de Andrade

O escritor teve uma participação decisiva na implantação do Modernismo no Brasil. É o autor do *Manifesto da Poesia Pau-Brasil* e *Manifesto Antropófago*, cujas ideias introduziram um novo tipo de nacionalismo em nossa literatura, mais crítico e menos xenófobo.

Em 1924, publicou o romance *Memórias sentimentais de João Miramar*, que representa uma inovação profunda no gênero, com estrutura fragmentária, paródias, pastiches (imitações intencionais), etc. Em 1925, publicou o livro de poemas *Pau-Brasil*, resultado das ideias do *Manifesto da Poesia Pau-Brasil*.

Do período em que esteve casado com Patrícia Galvão, a Pagu, quando juntos militaram no Partido Comunista, nasceu o romance *Serafim Ponte Grande* e a peça teatral *O rei da vela*.

Suas ideias de antropofagia cultural tiveram desdobramentos décadas depois. Nos anos 1960, por exemplo, o Tropicalismo, movimento liderado por Caetano Veloso e Gilberto Gil, retomou o conceito de "deglutição cultural", aproximando o *rock* e as guitarras elétricas de ritmos tradicionais da música brasileira. Na mesma década, sua peça teatral *O rei da vela* foi encenada sob a direção de José Celso Martinez Corrêa, atualizando-se no contexto da censura e do regime militar. As ideias da Antropofagia ainda podem ser notadas hoje na obra de vários artistas brasileiros.

Os poemas que você leu no capítulo anterior, na página 43, pertencem a Oswald de Andrade. Ao final deste capítulo, na seção **Entre textos**, você vai fazer a leitura de mais um texto do escritor.

Mário de Andrade

Mário de Andrade, além de poeta, contista, romancista, crítico literário e teórico da literatura, foi também um estudioso, tendo se destacado como músico, musicólogo, folclorista e etnógrafo.

Dedicou toda a sua vida aos estudos da cultura brasileira. Viajou a diferentes regiões do país colhendo informações e registros de canções e modinhas populares, documentando ritmos musicais, danças e festas religiosas.

Nos anos 1920, exerceu um papel de liderança entre os escritores do Modernismo, mas preferiu não fazer parte de grupos e de movimentos lançados nessa época.

Ao analisar o conjunto de sua obra, em prosa e verso, nota-se que ela parte de uma postura iconoclasta e irreverente nos anos iniciais e, com o passar dos anos, ganha profundidade social e psicológica. É o caso, por exemplo, do romance *Amar, verbo intransitivo*, que aborda o tema da sexualidade adolescente, e dos contos "1º de Maio" e "Peru de Natal", do livro *Contos novos*, que enfocam questões políticas e psicológicas, respectivamente.

Oswald de Andrade

Poeta, romancista e dramaturgo, Oswald de Andrade (1890-1954) foi um dos líderes da Semana de Arte Moderna, da geração de 22 e um de seus principais mentores.

Originário de família rica, fez várias viagens à Europa, onde teve contato com os principais artistas de vanguarda.

Criador dos movimentos Pau-Brasil e Antropofagia, Oswald casou-se com Tarsila do Amaral em 1926 e, em 1930, com Patrícia Galvão, a Pagu, militante comunista. Ambos pertenceram ao Partido Comunista e militaram nos meios operários.

Coleção particular

Oswald de Andrade (1922), em retrato pintado por Tarsila do Amaral.

Mário de Andrade

Mário de Andrade (1893-1945), que no início da carreira publicava com o pseudônimo de Mário Sobral, nasceu e viveu em São Paulo.

Foi um dos líderes da vanguarda modernista, durante e depois da Semana de Arte Moderna, e um dos principais teóricos da literatura moderna.

Entre suas obras mais importantes estão *Pauliceia desvairada* (1922), *Amar, verbo intransitivo* (1927), *Macunaíma* (1928) e *Contos novos* (1947).

The Bridgeman Art Library/Keystone Brasil

Macunaíma: o herói sem nenhum caráter

Bretz Filmes

Cartaz do filme *Macunaíma* (1969), de Joaquim Pedro de Andrade, uma versão cinematográfica tropicalista da obra de Mário de Andrade.

Macunaíma é a obra mais conhecida de Mário de Andrade. Para escrevê-la, o autor se baseou na obra etnográfica *Vom Roraima zum Orinoco*, do pesquisador alemão Koch-Grünberg, que, no período de 1911 a 1913, havia recolhido a lenda de Macunaíma entre os índios taulipangues e arecunás da Amazônia brasileira e venezuelana.

O que chamou a atenção de Mário de Andrade foi o fato de o herói lendário não ser propriamente um herói no sentido tradicional, mas um anti-herói, já que Macunaíma, de acordo com a lenda, era preguiçoso, mentiroso, covarde, manhoso e sensual. Para Mário, Macunaíma podia ser visto como o próprio retrato do brasileiro ou dos povos americanos em geral, que, segundo ele, eram povos "sem nenhum caráter".

À lenda de Macunaíma original, Mário de Andrade acrescentou várias lendas brasileiras, "causos", anedotas, provérbios e aspectos contrastantes da realidade brasileira, como a floresta e a cidade. Por causa da diversidade de histórias que a obra reúne, o autor preferiu chamá-la de *rapsódia*, já que o termo pode significar tanto uma "epopeia" quanto, por analogia com a música, uma composição formada por várias melodias populares.

Do ponto de vista linguístico, a obra reúne uma profusão de variedades linguísticas, com a presença de regionalismos, de gíria e da linguagem acadêmica, tratada de modo paródico e irônico.

O enredo

Macunaíma é o filho mais novo de uma família tapanhuma (a mãe e mais dois irmãos), que vivia na Amazônia. Com a morte da mãe, os filhos resolvem sair da tribo e se aventurar pelo mundo. Macunaíma encontra Ci, rainha das índias amazonas, e casa-se com ela, tornando-se o imperador da mata virgem. Eles têm um filho, que vem a morrer. Ci adoece e, antes de morrer, dá a Macunaína a muiraquitã, pedra verde que lhe serve de amuleto. Numa luta com o monstro Boiuna Capei, o herói perde o amuleto, que vai parar nas mãos do vilão da história, Venceslau Pietro Pietra, industrial de São Paulo e comedor de gente.

Macunaíma e seus irmãos partem então em direção à capital paulista, onde mora o gigante. Depois de muitas aventuras, peripécias e fatos mágicos, o herói recupera a pedra e regressa com os irmãos à floresta amazônica. Na mata, seus irmãos são devorados pela "sombra leprosa" (entidade mítica), e Macunaíma fica triste e só. Recebe, então, de Vei, a deusa-sol, a proposta de casar-se com uma de suas filhas. Ele aceita, mas acaba se envolvendo com uma portuguesa, quebrando a promessa feita. Tempos depois, volta a ter contato com Vei, que tenta se vingar do herói, conforme o episódio que você vai ler a seguir. Depois desse confronto, Macunaíma, desiludido com a vida na Terra, transforma-se na constelação da Ursa Maior.

FOCO NO TEXTO

No episódio que você vai ler a seguir, Vei, a Sol, tenta se vingar de Macunaíma, atraindo-o a uma lagoa, onde uma surpresa o aguarda.

Uma feita janeiro chegado Macunaíma acordou tarde com o pio agourento do tincuã. No entanto era dia feito e a cerração já entrara pro buraco... O herói tremeu e apalpou o feitiço que trazia no pescoço, um ossinho de piá morto pagão. Procurou o aruaí, desaparecera. Só o galo com a galinha brigando por causa duma aranha derradeira. Fazia um calorão parado tão imenso que se escutava o sininho de vidro dos gafanhotos. Vei, a Sol, escorregava pelo corpo de Macunaíma, fazendo cosquinhas, virada em mão de moça. Era malvadeza da vingarenta só por causa do herói não ter se amulherado com uma das filhas de luz. A mão de moça vinha e escorregava tão de manso no corpo... Que vontade nos músculos pela primeira vez espetados depois de tanto tempo! Macunaíma se lembrou que fazia muito não brincava. Água fria diz que é bom pra espantar as vontades... O herói escorregou da rede, tirou a penugem de teia vestindo todo o corpo dele e descendo até o vale de Lágrimas foi tomar banho num sacado perto que os repiquetes do tempo-das-águas tinham virado num lagoão.

Macunaíma depôs com delicadeza os legornes na praia e se chegou pra água. A lagoa estava toda coberta de ouro e prata e descobriu o rosto deixando ver o que tinha no fundo. E Macunaíma enxergou lá no fundo uma cunhã lindíssima, alvinha e padeceu de mais vontade. E a cunhã lindíssima era a Uiara.

Vinha chegando assim como quem não quer, com muitas danças, piscava pro herói, parecia que dizia — "Cai fora, seu nhonhô moço!" e fastava com muitas danças assim como quem não quer. Deu uma vontade no herói tão imensa que alargou o corpo dele e a boca umideceu:

— Mani!...

Macunaíma queria a dona. Botava o dedão n'água e num átimo a lagoa tornava a cobrir o rosto com as teias de ouro e prata. Macunaíma sentia o frio da água, retirava o dedão.

Foi assim muitas vezes. Se aproximava o pino do dia e Vei estava zangadíssima. Torcia pra Macunaíma cair nos braços traiçoeiros da moça do lagoão e o herói tinha medo do frio. Vei sabia que a moça não era moça não, era a Uiara. E a Uiara vinha chegando outra vez com muitas danças. Que boniteza que ela era!... Morena e coradinha que-nem a cara do dia e feito o dia que vive cercado de noite, ela enrolava a cara nos cabelos curtos negros como as asas da graúna. Tinha no perfil duro um narizinho tão mimoso que nem servia pra respirar. Porém como ela só se mostrava de frente e festava sem virar Macunaíma não via o

Coleção particular

Batizado de Macunaíma (1956), de Tarsila do Amaral.

buraco no cangote por onde a pérfida respirava.. E o herói indeciso, vai-não-vai. Sol teve raiva. Pegou num rabo-de-tatu de calorão e guascou o lombo do herói. A dona ali, diz-que abrindo os braços mostrando a graça fechando os olhos molenga. Macunaíma sentiu fogo no espinhaço, estremeceu, fez pontaria, se jogou feito em cima dela, juque! Vei chorou de vitória. As lágrimas caíram na lagoa num chuveiro de ouro e de ouro. Era o pino do dia.

Quando Macunaíma voltou na praia se percebia que brigara muito lá no fundo. Ficou de bruços um tempão com a vida dependurada nos respiros fatigados. Estava sangrando com mordidas pelo corpo todo, sem perna direita, sem os dedões sem os côcos-da-Bahia sem orelhas sem nariz sem nenhum dos seus tesouros. Afinal pôde se erguer. Quando deu tento das perdas teve ódio de Vei. A galinha cacarejava deixando um ovo na praia. Macunaíma pegou nele e chimpou-o no carão feliz da Sol. O ovo esborrachou bem nas bochechas dela que sujou-se de amarelo pra todo o sempre. Entardecia.

Macunaíma sentou numa lapa que já fora jaboti nos tempos de dantes e andou contando os tesouros perdidos em baixo d'água. E eram muitos, era uma perna os dedões, eram os côcos-da-Bahia eram as orelhas os dois brincos feitos com a máquina pathek e a máquina smith-wesson, o nariz todos esses tesouros... O herói pulou dando um grito que encurtou o tamanho do dia. As piranhas tinham comido também o beiço dele e a muiraquitã! Ficou feito louco.

Arrancou uma montanha de timbó de assacú de tingui de canambí, todas essas plantas e envenenou pra sempre o lagoão. Todos os peixes morreram e ficaram boiando com a barriga pra cima, barrigas azuis barrigas amarelas barrigas rosadas, todas as barrigas sarapintando a face da lagoa. Era de-tardinha.

Então Macunaíma destripou todos esses peixes, todas as piranhas e todos os botos, caqueando a muiraquitã nas barrigas. Foi uma sangueira mãe escorrendo sobre a terra e tudo ficou tinto de sangue. Era boca-da-noite.

Macunaíma campeava campeava. Achou os dois brincos achou os dedões achou as orelhas os nuquiiris o nariz, todos esses tesouros e prendeu todos nos lugares deles com sapé e cola de peixe. Porém a perna e a muiraquitã não achou não. Tinham sido engolidos pelo monstro Ururau que não morre com timbó nem pau. O sangue coalhara negro cobrindo a praia e o lagoão. Era de-noite.

Macunaíma campeava campeava. Soltava grite de lamentação encurtando com a bulha o tamanho da bicharada. Nada. O herói varava o campo, saltando na perna só. Gritava:

— Lembrança! Lembrança da minha marvada não vejo nem ela nem você nem nada!

E pulava mais. As lágrimas pingavam dos olhinhos azuis dele sobre as florzinhas brancas do campo. As florzinhas tingiram de azul e foram os miosótis. O herói não podia mais, parou. Cruzou os braços num desespero tão heroico que tudo se alargou no espaço pra conter o silêncio daquele penar. Só um mosquitinho raquitiquinho infernizava inda mais a disgra do herói, zumbindo fininho: "Vim di Minas... vim di Minas..."

[...]

(*Macunaíma – O herói sem nenhum caráter.* Edição crítica de Telê Porto Ancona Lopez. Rio de Janeiro: Livros Técnicos e Científicos. São Paulo: Secretaria da Cultura, Ciência e Tecnologia, 1978. p. 142-4.)

aruaí: filhote de periquito.
bulha: ruído, gritaria.
caquear: tatear, procurar.
chimpar: assentar com energia.
cunhã: moça, mulher.
disgra: penúria, quebradeira, miséria.
fastar: o mesmo que *afastar*.
guascar: o mesmo que *guasquear*, bater, golpear.
lapa: grande pedra ou laje.
miosótis: planta comum em regiões temperadas e tropicais montanhosas, de pequenas flores vistosas, que mudam de róseas para azuis.
legorne: raça de galinha poedeira.
piá: menino indígena.
repiquete: água que desce das cabeceiras dos rios.
tincuã: ave encontrada nas matas do Brasil, da Argentina e do México.
Ururau: personagem de lenda brasileira que toma a forma de um jacaré de papo amarelo gigante.

1. A primeira fase da literatura modernista caracterizou-se pelo *primitivismo*, isto é, pela busca de elementos que caracterizam o Brasil primitivo, pouco conhecido, advindo tanto da floresta quanto de seu passado histórico. Esse primitivismo se manifesta em *Macunaíma* como resultado de uma profunda pesquisa do autor sobre a fauna, a flora, o folclore, as lendas e os mitos da cultura brasileira.

a. Que elementos da fauna e da flora podem ser observados no texto? Justifique sua resposta com exemplos.

b. Como se manifestam os elementos míticos, sobrenaturais e mágicos no texto? Justifique sua resposta com exemplos.

2. A pesquisa de Mário de Andrade também se voltou para a busca de uma língua nacional. Veja este comentário crítico de Haroldo de Campos:

> Uma das riquezas de *Macunaíma* é justamente essa "fala nova" ("impura" segundo os padrões castiços de Portugal), feita de um amálgama de todos os regionalismos, mescla dos modos de dizer dos mais diferentes rincões do país, com incrustações de indigenismos e africanismos, atravessada por ritmos repetitivos de poesia popular [...]
>
> (*Macunaíma – O herói sem nenhum caráter*, cit., p. 372.)

Identifique exemplos de:

a. palavras indígenas, ao longo do texto;

b. palavras e expressões da língua popular brasileira, ao longo do texto;

c. ritmos e rimas que lembram a poesia popular, nos dois últimos parágrafos do texto.

3. Em um episódio de *Macunaíma* anterior ao lido, Macunaíma não cumpriu a promessa feita a Vei, a Sol, de casar-se com uma de suas filhas, preferindo se envolver sexualmente com uma portuguesa que conhecera na praia.

a. Que característica de Macunaíma se nota nesse episódio e que volta a acontecer no texto lido?

b. A traição de Macunaíma confirma o subtítulo da obra, "o herói sem nenhum caráter"? Por quê?

4. No episódio lido, Vei tenta se vingar do herói.

a. De que estratégias ela se vale para alcançar seu objetivo?

b. Por que Macunaíma hesita em entrar na água? Essa postura é compatível com a figura tradicional do herói?

A lenda de Uiara

Uiara, Iara, Ipupiara ou Mãe d'água referem-se à mesma entidade. Os cronistas dos séculos XVI e XVII faziam referência à lenda de Ipupiara, um homem-peixe que atraía os pescadores e os levava para o fundo do rio. Depois disso, a entidade se transformou numa sereia e passou a ser chamada de Iara ou Uiara, que por vezes adquire uma forma humana para atrair pescadores dos rios ou do mar.

Alamy/Fotoarena

Por que "herói sem nenhum caráter"?

O próprio Mário de Andrade, em prefácio que escreveu à obra, explicou:

> O que me interessou por Macunaíma foi incontestavelmente a preocupação em que vivo de trabalhar e descobrir o mais que possa a entidade nacional dos brasileiros. Ora, depois de pelejar muito verifiquei uma coisa me parece que certa: o brasileiro não tem caráter... E com a palavra caráter não determino apenas uma realidade moral, não. Em vez entendo a entidade psíquica permanente, se manifestando por tudo, nos costumes, na ação exterior, no sentimento, na língua, na História, na andadura, tanto no bem como no mal.
>
> (*Macunaíma – O herói sem nenhum caráter*, cit., p. 334.)

Acervo Iconographia

LITERATURA

5. O sol e a luz normalmente são associados ao mundo tropical e ao próprio Brasil. Caso Macunaíma se casasse com a filha de Vei, a Sol, ele se tornaria imortal e criaria com ela uma civilização tropical, filha da luz.

a. Que significado tem a preferência de Macunaíma por uma estrangeira (portuguesa, que representa o colonizador)? Essa preferência da personagem ainda se verifica no comportamento do brasileiro contemporâneo?

b. Sabendo-se que, na floresta amazônica, as águas são quentes, que relação pode haver entre as águas frias da lagoa e a traição de Macunaíma?

c. O que representa a devoração de Macunaíma por Uiara?

Manuel Bandeira

Manuel Bandeira é considerado um dos principais poetas da literatura brasileira e um dos melhores em nossa língua.

Sua primeira publicação, *Cinza das horas* (1917), ainda trazia influências do Parnasianismo e do Simbolismo, mas, aos poucos, o poeta foi aderindo às propostas modernistas, incorporando-as com plena maturidade em *Libertinagem* (1930). Não chegou a participar diretamente da Semana de Arte Moderna, mas enviou ao evento o poema "Os sapos", que foi lido por Ronald de Carvalho, provocando apupos da plateia.

Foi mestre do verso livre e de temas prosaicos, extraídos do cotidiano. Marcado pela tuberculose, sua poesia apresenta reflexões sobre a vida e a morte, sobre a solidão e a condição humana. A infância e a saudade também fazem parte de seus temas preferidos.

Como poucos, explorou formas, ritmos e sonoridades na poesia, demonstrando ter pleno domínio das técnicas poéticas e um vasto conhecimento da poesia universal.

Manuel Bandeira

Manuel Bandeira (1886-1968) nasceu em Recife (PE). Foi poeta, professor de literatura, crítico literário e tradutor.

Em 1904, mudou-se para São Paulo para fazer o curso de arquitetura na Escola Politécnica, mas foi acometido pela tuberculose, doença grave na época. Tratou-se em diferentes lugares do Brasil e acabou indo para a Suíça, onde havia um dos melhores centros de tratamento do mundo. Ali, conheceu e teve como amigo Paul Éluard, poeta que anos depois viria a se destacar no Surrealismo francês.

Bandeira viveu boa parte de sua vida no Rio Janeiro, onde frequentou as rodas boêmias da Lapa carioca e teve contato com escritores e intelectuais importantes, como Vinícius de Morais, Carlos Drummond de Andrade, Rubem Braga, Sérgio Buarque de Holanda, entre outros.

Escreveu várias obras, em prosa e verso. A obra *Estrela da vida inteira* (José Olympio) é uma reunião de todos os seus livros de poesia.

Arquivo/Agência O Globo

FOCO NO TEXTO

Leia os poemas de Manuel Bandeira a seguir.

Texto 1

Andorinha

Andorinha lá fora está dizendo:
—"Passei o dia à toa, à toa!"

Andorinha, andorinha, minha cantiga é mais triste!
Passei a vida à toa, à toa...

(Manuel Bandeira. *Estrela da vida inteira*. 2. ed. Rio de Janeiro: José Olympio, 1970. p. 121.)

Andressa Honório

Texto 2

Momento num café

Quando o enterro passou
Os homens que se achavam no café
Tiraram o chapéu maquinalmente
Saudavam o morto distraídos
Estavam todos voltados para a vida
Absortos na vida
Confiantes da vida.
Um no entanto se descobriu num
[gesto largo e demorado
Olhando o esquife longamente
Este sabia que a vida é uma agitação
[feroz e sem finalidade
Que a vida é traição
E saudava a matéria que passava
Liberta para sempre da alma extinta.

(Idem, p. 141.)

esquife: féretro, caixão de defunto.
café: bar.

Andressa Honório

Texto 3

Nova poética

Vou lançar a teoria do poeta sórdido.
Poeta sórdido:
Aquele em cuja poesia há a marca suja da vida.
Vai um sujeito,
Sai um sujeito de casa com a roupa de brim branco muito
[bem engomada, e na primeira esquina
[passa um caminhão, salpica-lhe o paletó
[ou a calça de uma nódoa de lama:
É a vida.

O poema deve ser como a nódoa no brim:
Fazer o leitor satisfeito de si dar o desespero.

Sei que a poesia é também orvalho.
Mas este fica para as menininhas, as estrelas alfas, as vir-
[gens cem por cento e as amadas que
[envelheceram sem maldade.

(Idem, p. 201.)

nódoa: mancha.
sórdido: sujo.

1. Na primeira estrofe do texto 1, o verso "Passei o dia à toa, à toa!" faz uso de um recurso sonoro especial. Qual é esse recurso? Que relação ele tem com o conteúdo do poema?

2. A segunda estrofe do poema "Andorinha" está em oposição à primeira.

a. Que palavras ou expressões do poema constituem uma antítese?

b. Que sentido tem a expressão *à toa* para a andorinha? E para o eu lírico?

c. Que sentido produzem as reticências no último verso?

d. Se considerarmos a hipótese de que esse poema pode expressar sentimentos e vivências não apenas do eu lírico, mas também do próprio poeta (leia o boxe "Manuel Bandeira" na página anterior), como se poderia explicar o verso "Passei a vida à toa, à toa..."?

3. "Momento num café" retrata uma cena comum do cotidiano: a passagem de um enterro. Como se portam os fregueses do café quando passa o enterro? O que justifica esse comportamento?

4. A segunda estrofe do texto 2, porém, destaca uma atitude diferente de um dos clientes do café, estabelecendo uma oposição em relação à primeira estrofe.

   a. Que palavra ou expressão dessa estrofe introduz a ideia de oposição?

   b. Que palavra da segunda estrofe está em oposição à palavra *maquinalmente*, da primeira estrofe?

   c. Por que esse cliente tem uma postura diferente?

   d. Que visão ele tem da vida?

   e. Que visão ele tem da morte?

Baptistão

5. O poema "Nova poética" lança a "teoria do poeta sórdido". Para explicar essa teoria, o eu lírico faz uma comparação.

   a. Considerando a relação entre a poesia e os leitores, a que ele compara o poema e sua função?

   b. Explique o verso "O poema deve ser como a nódoa no brim".

6. Na última estrofe do texto 3, o eu lírico afirma que "a poesia é orvalho".

   a. Interprete essa metáfora.

   b. Os poemas "Andorinha" e "Momento num café" estão mais para a "nódoa no brim" ou para o "orvalho"? Por quê?

7. Manuel Bandeira é considerado um mestre do *verso livre*, tipo de verso sem uma métrica predeterminada introduzido pelos modernistas. Observe o 5º e o 10º versos. O que justifica, no contexto, o emprego de versos tão longos?

8. Manuel Bandeira é um poeta especial em nossa literatura, pois consegue extrair reflexões profundas sobre a existência humana a partir de situações banais do cotidiano. Embora muitas vezes pareça falar de si mesmo, sua poesia geralmente alcança *universalidade*. Esse traço de sua poesia se verifica nos poemas lidos? Justifique sua resposta.

ARQUIVO

Com a leitura dos textos neste capítulo, você viu que:

- a geração de 22 consolidou o compromisso de construir uma nova literatura, atualizada em relação às inovações trazidas pelas correntes de vanguarda e, ao mesmo tempo, fincada nas raízes da cultura brasileira;
- os autores dessa geração voltaram-se para a pesquisa da nacionalidade, tentando captar nas obras aspectos da paisagem, do homem e da cultura em seus diversos aspectos como língua, folclore, religião, dança, música, crendices, etc;
- tanto na obra de Oswald de Andrade quanto na de Mário de Andrade há uma tentativa de fundir aspectos primitivos de nossa cultura a aspectos da modernidade;
- em Macunaíma, de Mário de Andrade, busca-se traçar um perfil do que seja a etnia, a cultura e a língua nacionais, marcadas pela heterogeneidade.

ENTRE TEXTOS

Você vai ler e comparar, a seguir, dois textos: o primeiro é um poema de Castro Alves, poeta que pertenceu ao Romantismo, no século XIX; o segundo é um poema de Oswald de Andrade.

Texto 1

O laço de fita

Não sabes, criança? 'Stou louco de amores...
Prendi meus afetos, formosa Pepita.
Mas onde? No templo, no espaço, nas névoas?!
Não rias, prendi-me
Num laço de fita.

Na selva sombria de tuas madeixas,
Nos negros cabelos da moça bonita,
Fingindo a serpente qu'enlaça a folhagem,
Formoso enroscava-se
O laço de fita.

Meu ser, que voava nas luzes da festa,
Qual pássaro bravo, que os ares agita,
Eu vi de repente cativo, submisso
Rolar prisioneiro
Num laço de fita.

E agora enleada na tênue cadeia
Debalde minh'alma se embate, se irrita...
O braço, que rompe cadeias de ferro,
Não quebra teus elos,
Ó laço de fita!

Meu Deus! As falenas têm asas de opala,
Os astros se libram na plaga infinita.
Os anjos repousam nas penas brilhantes...
Mas tu... tens por asas
Um laço de fita.

Há pouco voavas na célere valsa,
Na valsa que anseia, que estua e palpita.
Por que é que tremeste? Não eram meus lábios...
Beijava-te apenas...
Teu laço de fita.

Mas ai! findo o baile, despindo os adornos
N'alcova onde a vela ciosa... crepita,

Nelson Provazi

alcova: pequeno quarto onde está o leito.
cativo: escravo, prisioneiro.
cioso: zeloso.
debalde: em vão, inutilmente.
enleado: enredado, entrelaçado.
estuar: agitar-se em ondas.
falena: borboleta noturna.
librar: equilibrar-se, basear-se.
madeixa: mecha, feixe de cabelos.
opala: pedra preciosa.
plaga: região.
tênue: fino, delicado.

Talvez da cadeia libertes as tranças
Mas eu... fico preso
No laço de fita.

Pois bem! Quando um dia na sombra do vale
Abrirem-me a cova... formosa Pepita!
Ao menos arranca meus louros da fronte,
E dá-me por c'roa...
Teu laço de fita.

(Castro Alves. In: Célia A. N. Passoni (org.). *Melhores poesias*. São Paulo: Núcleo, 1996. p. 30-1.)

Texto 2

Amor
Humor

(Oswald de Andrade. *Poesias reunidas*, cit., p. 160.)

1. No poema "Laço de fita", o eu lírico expressa suas emoções.

a. Como ele se sente?

b. O que representa o laço de fita, que recebe destaque no poema?

2. O poema "Laço de fita" apresenta um conjunto de imagens formadas por palavras como *prendi, enroscava-se, prisioneiro, cadeias de ferro, elos*, entre outras.

a. Como o eu lírico se sente em relação à pessoa amada?

b. Ele deseja essa condição ou quer se livrar dela? Justifique sua resposta.

3. O texto 1 apresenta forte musicalidade.

a. Que recursos são utilizados para criar esse efeito?

b. Que relação pode haver entre a musicalidade do texto e a manifestação dos sentimentos do eu lírico?

4. "Amor", de Oswald de Andrade, é provavelmente o menor poema da língua portuguesa. Que visão o eu lírico tem do amor?

5. Produzidos em contextos históricos e culturais diferentes, os textos apresentam diferentes modos de expressar o sentimento amoroso.
Associe, em seu caderno, os traços a seguir a cada um dos textos.

- ironia
- idealização amorosa
- contenção emocional
- síntese
- explosão dos sentimentos
- abundância de imagens
- musicalidade envolvente
- dessacralização amorosa

LÍNGUA E LINGUAGEM

Regência verbal

FOCO NO TEXTO

Leia o cartaz a seguir, que divulga uma campanha de doação de sangue:

Editora JBC/ Fundação Pró Sangue

(Disponível em: http://www.universohq.com/noticias/jbc-faz-campanha-para-doacao-de-sangue/. Acesso em: 20/2/2016.)

1. Relacione o enunciado à imagem e aos logotipos da parte inferior do cartaz.

a. Qual técnica artística foi utilizada na produção da imagem?

b. Sabendo que JBC é uma editora, levante hipóteses: A que se refere a expressão *#manganaveia*? Por que ela foi escrita com o símbolo #, sem acentuação e sem espaçamento entre as palavras?

c. Deduza: Qual tipo de publicação editada pela Editora JBC ganha destaque no cartaz?

2. Observe as cores empregadas no cartaz e levante hipóteses:

a. Qual sentido ganha a cor vermelha das letras do enunciado principal no contexto?

b. Por que o desenho foi feito em preto e branco?

3. Tendo em vista a situação de produção do cartaz em estudo, responda:

a. A qual público especificamente ele se dirige?

b. Quem são os "heróis" dos leitores a que ele faz referência?

c. Qual estratégia o cartaz utiliza para persuadir seu leitor a doar sangue?

Releia as frases do cartaz e responda às questões 4 e 5.

I. "Seus heróis *dão* o sangue para salvar a humanidade."
II. "*Chegou* a hora de *se unir* a eles."
III. "*Doe* sangue."
IV. "Mangá na veia."

4. É possível considerar que três dessas frases exploram sentidos metafóricos e uma é mais objetiva e direta.

a. Quais expressões são exploradas metaforicamente?

b. Qual é o sentido dessas expressões nas frases?

5. Observe as formas verbais em destaque.

a. Qual é o sujeito de cada uma delas?

b. Qual é o complemento de cada uma delas?

c. Reproduza em seu caderno o quadro a seguir e complete-o com os verbos em destaque, de acordo com o tipo de complemento de cada um nas frases do cartaz.

Verbo sem complemento	Verbo ligado diretamente ao complemento, sem preposição	Verbo ligado ao complemento com preposição

6. Compare as frases:

"Seus heróis dão o sangue *para salvar a humanidade.*"
"Os heróis dão esperança *para seus fãs.*"
"Os heróis dão o sangue *por seus fãs.*"

a. Há uma diferença no valor semântico das expressões em destaque entre a primeira frase e as duas últimas. Qual é essa diferença?

b. Tendo em vista sua resposta ao item *a*, discuta com os colegas e o professor: Quais os complementos diretamente ligados à forma verbal *dão* em cada uma das frases?

REFLEXÕES SOBRE A LÍNGUA

No estudo do cartaz, você viu que alguns verbos estabelecem ligação direta com seus complementos e que outros necessitam de uma preposição para esse fim. É o caso, respectivamente, das ocorrências "doe Ø sangue" e "se unir *a* eles". Há ainda situações em que um mesmo verbo pode se comportar de formas variadas dependendo da frase em que ocorre, como em "Os heróis dão o sangue para salvar a humanidade" ou "Os heróis dão esperança para seus fãs". A ligação entre os verbos e seus complementos é chamada de *regência verbal*.

Regência verbal é o princípio pelo qual os verbos se ligam a seus complementos.

Há verbos que não precisam de nenhum complemento; já os verbos que precisam de complemento podem se ligar a eles diretamente ou por meio de preposições como *a*, *de*, *em*, *com*, entre outras. Há verbos que admitem mais de uma regência e permanecem com o mesmo sentido; há outros que têm seu sentido modificado quando alterada a preposição que o complementa.

Reprodução

Segundo as regras da gramática normativa, o verbo *chegar*, assim como todos os verbos que indicam movimento (como *ir* e *vir*), rege a preposição *a*, isto é, seu complemento deve se iniciar por essa preposição, gerando construções como "Chegamos ao *shopping*". Entretanto, na fala corrente do brasileiro, o complemento desse verbo é, em geral, iniciado pela preposição *em*, o que dá origem a construções como "Chegamos no *shopping*".

Como falante nativo da língua portuguesa, você certamente conhece as preposições que complementam determinados verbos e quais são seus respectivos sentidos. É importante saber, entretanto, que na norma-padrão existem regras que diferem do uso corrente. Por essa razão, elencamos a seguir os principais verbos cuja regência apresenta diferenças em relação à adotada por algumas variedades linguísticas.

Não há necessidade de memorizar essas regências; é, porém, interessante conhecê-las, para fins de consulta e em caráter de informação complementar. Caso você pretenda produzir um texto escrito em situações muito formais ou em exames e avaliações, a indicação é que você dê preferência a essas formas.

Aconselhar Ø (dar conselho) – É experiente o bastante para aconselhar os amigos.
Aconselhar-se com (pedir conselho) – Aconselho-me com meus amigos sempre que possível.
Antipatizar com – As funcionárias antigas antipatizaram com a novata.
Aspirar a (desejar) – Aspiramos a uma vida mais calma.
Aspirar Ø (inspirar) – Aspiramos um ar mais puro no interior.
Assistir a (ver, presenciar) – As testemunhas assistiram ao acidente de muito perto.
Assistir Ø (ajudar) – O médico assistiu as vítimas minutos após o acidente.
Chegar a – Chegamos a nossa casa muito tarde.
Concordar com – Concordo com você em todos os sentidos.
Consistir em – Os alimentos consistem em uma importante fonte de nutrientes.
Comparar a/com – Compara o trabalho a/com um passatempo.
Desculpar de algo (conceder perdão) – Desculpou as amigas do ocorrido.
Desculpar Ø – Desculpo todos que implicaram comigo. / Desculpe a pressa.
Desculpar-se com – Desculpou-se com todos os seus amigos.
Desculpar-se por (pedir perdão) – Desculpou-se pelo que fez.
Discordar de – Discordo de você em todos os sentidos.
Esquecer Ø – Esqueci o guarda-chuva.
Esquecer-se de – Esqueci-me da sua encomenda.
Implicar com (perturbar, antipatizar com) – As funcionárias antigas implicaram com a novata.
Implicar Ø (resultar) – Sua participação implicará mudança no horário do encontro.
Lembrar Ø – Lembrei o endereço.
Lembrar-se de – Lembrei-me de você ontem.
Namorar Ø/com – Marcos namora (com) Adriana.
Pagar a alguém – Paguei a meus pais.
Pagar Ø – Paguei o boleto.
Pagar por (padecer) – Ele vai pagar pelo mal que fez.
Preferir a – Prefiro a sobremesa ao prato principal.
Querer Ø (desejar) – A menina queria uma bola.
Querer a (estimar, ter afeto) – O menino queria muito à mãe.
Simpatizar com – As funcionárias antigas simpatizaram com a novata.
Unir a (misturar) – Uniu a manteiga à farinha.
Unir Ø (tornar próximo) – A festa uniu os colegas.
Unir-se a (tornar-se próximo) – O diretor uniu-se aos alunos.
Visar Ø (dar visto, mirar) – O professor visou a folha. / O atirador visou o alvo.
Visar Ø/a (pretender, ter por objetivo) – Visamos o/ao crescimento da empresa.

APLIQUE O QUE APRENDEU

Leia o anúncio a seguir e responda às questões 1 e 2.

(Disponível em: https://www.behance.net/gallery/4287209/Hopi-Hari. Acesso em: 20/2/2016)

1. Observe o texto central do anúncio, a imagem de fundo e o logotipo na parte inferior, à direita do anúncio. Sabendo que o anunciante é o Hopi-Hari, um grande parque de diversões ao ar livre localizado no interior do Estado de São Paulo, levante hipóteses:

a. A quem se dirige a pergunta feita?

b. O que há abaixo da pergunta? Qual o significado dessa representação no contexto do anúncio?

c. O que as pessoas que aparecem na imagem de fundo estão fazendo?

d. Há, na pergunta, uma expressão utilizada propositalmente com o sentido ambíguo. Qual é essa expressão e quais são os dois sentidos possíveis?

2. O verbo utilizado na pergunta do anúncio tem uma regência única admitida pela gramática normativa, mas é muito utilizado com uma variação na fala corrente dos brasileiros.

a. Qual é esse verbo?

b. Qual resposta o anunciante espera que seu interlocutor dê à pergunta feita por ele?

c. Reproduza uma possível resposta à pergunta do anúncio segundo a regência admitida pela gramática normativa.

d. Reproduza uma possível resposta à pergunta do anúncio segundo a regência mais usual na fala corrente brasileira.

e. Discuta com os colegas e o professor: Qual dessas formas vocês mais utilizam em seu dia a dia? Há diferença no uso dessas duas formas entre a fala e a escrita? Quais efeitos pode gerar a escolha por uma ou outra forma?

Leia a tira a seguir para responder às questões de 3 a 5.

MALVADOS ANDRÉ DAHMER

(André Dahmer. *Malvados*. Folha online, 28/1/16.)

3. No 1º quadrinho, um dos interlocutores expõe um dado e, no 2º, imediatamente tem uma resposta.

a. Qual sentimento sugere a primeira parte da resposta dada no 2º quadrinho?

b. Qual sentimento sugere a segunda parte da resposta dada no 2º quadrinho?

4. No 3º quadrinho, a personagem avalia a resposta de seu interlocutor.

a. Considerando a primeira palavra dita, espera-se que ela vá concordar com o que seu interlocutor disse? Justifique sua resposta.

b. Pelo restante da fala, é possível considerar que ela concorda com seu interlocutor? Qual novo sentido ganha a primeira palavra dita nesse contexto?

5. O humor da tira é construído com base na alteração da regência de um dos verbos utilizados na tira.

a. Qual é esse verbo?

b. Qual a variação na regência e qual mudança ela acarreta no sentido do verbo?

c. Explique como essa alteração constrói o efeito de humor do texto.

Leia cada dupla de textos a seguir e responda às questões de 6 a 8.

I

Me namora

[...]
Me namora
Pois quando eu saio sei que você chora
E fica em casa só contando as horas
Reclama só do tempo que demora
Abre os braços vem e me namora
Eu quero dar vazão ao sentimento
Mostrar que é lindo o que eu sinto por dentro
Beleza essa que eu te canto agora
Abre os braços, vem e me namora

(Edu Ribeiro. © Coisa & Tal Music e Prod. de Eventos Ltda. EPP.)

Namora comigo

[...]
Fica comigo
Namora comigo
Casa comigo
Viva comigo até o fim
Eu sou seu abrigo
Não tem mais perigo
Fica comigo
Namora comigo até o fim

(Paulinho Moska. © Casulo Promoções Artísticas Ltda.)

II

O eu aspira ao prazer e quer evitar o desprazer. Uma intensificação esperada, prevista, do desprazer é respondida com o sinal de medo; o motivo dessa intensificação, quer ele ameace de fora ou de dentro, chama-se perigo.

(Disponível em: http://www1.folha.uol.com.br/livrariadafolha/2016/01/1708402-compendio-da-psicanalise-sintetiza-principais-teorias-de-freud-leia-trecho.shtml. Acesso em: 23/2/2016.)

Ela cruzou o salão como um relâmpago até a base da escada, e saltitou pelos degraus como uma corça. Desapareceu antes que eu pudesse aspirar o ar profundamente e soltá-lo.

(Disponível em: http://www1.folha.uol.com.br/livrariadafolha/2015/06/1646589-o-sono-eterno-de-raymond-chandler-marca-estreia-do-detetive-philip-marlowe.shtml. Acesso em: 23/2/2016.)

III

O fotógrafo Edson Lopes Jr. viajou a trabalho para João Pessoa, capital da Paraíba, mas ficou curioso para assistir ao pôr do sol na praia do Jacaré ao som de 'Bolero', de Ravel.

(Disponível em: http://www1.folha.uol.com.br/turismo/2016/02/1740410-fotografo-clica-por-do-sol-ao-som-de-bolero-em-joao-pessoa.shtml. Acesso em: 23/2/2016.)

Ele se encantou com Star Wars desde que seu pai o levou para assistir o primeiro filme em 1977. Marc tinha quatro anos na época. "Sempre me interessei por cavaleiros medievais", ele diz. "Vi os sabres de luz na tela e fiquei hipnotizado."

(Disponível em: http://www1.folha.uol.com.br/vice/2015/07/1656570-a-forca-esta-com-a-comunidade-de-cosplay-dos-cavaleiros-jedi.shtml. Acesso em: 23/2/2016.)

6. Identifique, em cada dupla de excertos, um verbo cuja regência varia entre os dois excertos.

7. Observe o sentido dos verbos apontados por você na questão anterior em cada trecho.

a. Em qual dupla de trechos a alteração na regência implica também uma mudança de sentido no verbo?

b. Atualmente, a possibilidade de variação na regência das outras duas formas verbais é considerada por alguns dicionários e gramáticas renomados, embora outros ainda admitam como correta apenas a forma mais tradicional. Identifique, nos dois casos, qual é a forma padrão tradicional e qual é a forma incorporada à língua posteriormente, pelo uso corrente.

c. Releia os trechos em que a regência varia e o sentido permanece o mesmo, discuta com os colegas e o professor e conclua: Entre as duas formas, qual é a mais utilizada por vocês?

8. A dupla I é composta pelo refrão de duas canções. Levante hipóteses: Por que cada compositor optou por utilizar tal regência em sua canção? Justifique sua resposta com base na estrutura dos textos.

TEXTO E ENUNCIAÇÃO

Leia o cartão-postal a seguir, enviado em 1924 pela pintora Tarsila do Amaral a seu amigo pessoal Mário de Andrade, um dos principais nomes do Modernismo brasileiro, que você estudou na seção **Literatura** deste capítulo.

(Correspondência Mário de Andrade & Tarsila do Amaral. Organização, introdução e notas Aracy Amaral. São Paulo: Edusp, 2001, p. 83.)

1. No texto manuscrito de Tarsila, lê-se:

"Mario, Não se esqueça de mandar-me notícias suas e das brigas literárias d'ahi. Assim que chegar tratarei do quadro e procurarei a gravura de Segonzac. Tarsila."

Tendo em vista a situação de comunicação em que o cartão-postal circulou, levante hipóteses:

a. Trata-se de uma linguagem formal ou informal para a época? Justifique sua resposta.

b. E para os dias de hoje? Justifique sua resposta com base em elementos do texto.

2. Releia este trecho:

"Não se esqueça de mandar-me notícias suas e das brigas literárias d'ahi."

a. Considerando a regência da forma verbal *se esqueça*, é possível considerar a existência de uma ambiguidade na estrutura do trecho. Qual é essa ambiguidade?

b. Sabendo que Tarsila, ao se corresponder com Mário, estava fora do Brasil, conclua: A ambiguidade na estrutura permanece ao se considerar o texto como um todo? Justifique sua resposta.

Acervo Iconographia

Tarsila do Amaral ao lado de seu quadro *Morro da favela*, em foto de 1925.

3. Observe a grafia da palavra *ahi*.

a. Qual é a grafia atual oficial para essa palavra?

b. Levante hipóteses: Por que ela foi grafada dessa forma no cartão?

c. Discuta com os colegas e o professor: Considerando o contexto tecnológico que vivemos, com qual outra grafia atual ela se parece?

4. Reescreva o primeiro período da mensagem de Tarsila com o mesmo conteúdo, sem acrescentar informações, apenas adequando sua linguagem e ortografia aos dias atuais, nos seguintes contextos:

a. cartão-postal enviado para um amigo.

b. legenda de uma foto enviada a um amigo pelo celular.

c. Discuta com os colegas e o professor: Quais alterações foram feitas por você na regência dos verbos na mensagem original em cada um dos itens anteriores?

5. Releia os seguintes trechos da mensagem de Tarsila:

"*Tratarei* do quadro"
"*Procurarei* a gravura"

As duas formas verbais em destaque admitem outras regências.

a. Reescreva-as, alterando a regência de cada uma delas.

b. Discuta com os colegas e o professor: A mudança na regência altera o sentido desses verbos?

c. Com que sentido e regência você usaria esses verbos no seu dia a dia?

PRODUÇÃO DE TEXTO

O conto fantástico

FOCO NO TEXTO

Você vai ler, a seguir, um conto fantástico de Edgar Allan Poe, escritor norte-americano que viveu no século XIX e é considerado um dos criadores desse gênero.

O retrato oval

O castelo que meu criado resolvera arrombar a fim de evitar que eu, gravemente ferido como estava, passasse a noite ao relento, era uma dessas construções portentosas, a um só tempo lúgubre e grandiosa, que há séculos assombram a paisagem dos Apeninos e também povoam a imaginação da senhora Radcliffe. Ao que tudo indicava, o edifício fora abandonado há pouco e de modo temporário. Acomodamo-nos num dos aposentos menores, mobiliado com menos suntuosidade que os demais e localizado num torreão afastado do castelo. A decoração era rica, embora desgastada e antiga. As paredes, cobertas por tapeçarias, também eram adornadas não só por inúmeros troféus de armas dos mais variados formatos, bem como por uma quantidade excessiva de pinturas modernas muito vivazes, emolduradas por ricos arabescos dourados. Talvez o delírio que me acometera tivesse sido a verdadeira causa de meu profundo interesse por essas pinturas, por esses quadros que pendiam não apenas diretamente da superfície das paredes, como também se revelavam nos incontáveis nichos ali presentes, criados conforme o estranho estilo arquitetônico do castelo. Assim sendo, como já anoitecera, ordenei que Pedro fechasse as pesadas venezianas do quarto, acendesse as velas do grande candelabro junto à cabeceira de minha cama e abrisse completamente o cortinado de veludo negro arrematado por franjas, que circundava todo o leito. Desejei que tudo isso fosse executado o mais brevemente possível para que, se acaso não conseguisse me entregar ao sono, ao menos pudesse me dedicar à contemplação das pinturas, acompanhando-a da leitura de um pequeno livro, encontrado ao acaso em cima de meu travesseiro, que continha descrições e apreciação crítica das obras.

Passei um longo espaço de tempo lendo, relendo e contemplando as obras com muita admiração. No decorrer desses momentos gloriosos as horas se passaram num instante até soarem as badaladas profundas da meia-noite. Como o candelabro não estivesse mais numa posição que me favorecesse a leitura e, por não querer perturbar o descanso de meu criado já adormecido, preferi eu mesmo, embora com alguma dificuldade, estender o braço e ajeitar a luz de modo a iluminar melhor as páginas do livro.

Nelson Provazi

Porém, esse simples gesto meu produziu um resultado totalmente inesperado. Vindos das inúmeras velas (havia muitas no candelabro), os raios de luz foram bater justamente num dos nichos do quarto que até o momento estivera completamente envolto na sombra projetada por uma das colunas de minha cama. Só assim pude ver à plena luz um quadro que me passara despercebido até então. Era o retrato de uma moça na flor da juventude, prestes a entrar na plenitude de sua feminilidade. Olhei o quadro num relance, fechando os olhos logo em seguida. De imediato, nem eu mesmo pude perceber por que motivo agira assim. Entretanto, ainda com as pálpebras cerradas, pus-me a pensar sobre a causa desse meu ato. Na verdade, fora apenas um movimento impulsivo que me permitira ganhar tempo para refletir – para me certificar de que meus olhos afinal não me haviam enganado –, para me recobrar e dominar a fantasia a fim de poder então lançar-lhe novo olhar, com mais calma e segurança. Pouco depois fixei outra vez o olhar na pintura, demoradamente.

Dessa vez não havia a menor dúvida de que não estivesse enxergando direito, pois aquele primeiro momento em que a luz das velas incidira sobre a tela servira para dissipar uma vez o vago estupor que começara a entorpecer-me os sentidos, despertando-me completamente para a realidade a meu redor.

Como já disse, tratava-se do retrato de uma jovem. Utilizando a técnica a que se costuma denominar *vignette*, o quadro reproduzia-lhe apenas a cabeça e os ombros e assemelhava-se muito ao estilo das melhores cabeças pintadas por Sully. Os braços, o colo e até mesmo as pontas dos cabelos esplêndidos misturavam-se imperceptivelmente à sombra indeterminada e profunda que formava o plano de fundo. A moldura era oval e dourada, enfeitada por ricas filigranas à moda mourisca. Como obra de arte nada poderia se igualar à pintura em si. Contudo, a emoção tão avassaladora e repentina que se apoderara de mim não poderia ter sido ocasionada pela maestria do pintor ou pela imortal beleza daquela fisionomia. E tampouco poderia ter sido fruto da minha imaginação abalada que, desperta de sua semissonolência, tivesse-me feito confundir a imagem ali representada com a cabeça de uma mulher de carne e osso. Logo constatei que as peculiaridades do desenho, a técnica do vinhetista e da moldura deviam ter bastado para eliminar tal ideia imediatamente, impedindo que eu a tivesse nutrido ainda que por um breve momento.

Passei talvez uma hora inteira a refletir sobre essas questões, meio debruçado para a frente, com os olhos cravados no retrato. Por fim, satisfeito com o verdadeiro segredo do seu efeito, recostei-me à cama outra vez. Descobri que a mágica da pintura residia na absoluta verossimilhança daquela expressão que inicialmente me sobressaltara, para enfim me confundir, dominar e aterrorizar.

Foi com profundo temor e reverência que recoloquei o candelabro na posição anterior. Uma vez que o motivo da minha profunda inquietação estava assim fora do meu campo visual, passei a examinar avidamente o livro que tratava dessas pinturas e de seu histórico. Depois de folheá-lo rapidamente até encontrar o número referente ao retrato oval, procedi à leitura do texto curioso e fantástico que transcrevo a seguir:

"Era uma jovem de rara beleza, cheia de encantos e alegria. Infeliz a hora em que encontrou o pintor, apaixonou-se e com ele se casou. Ele, um homem passional, estudioso e austero, já tendo a

Nelson Provazi

Arte por sua amada. Ela, uma jovem de rara beleza, cheia de encantos e alegria, plena de luz e sorrisos, travessa como uma gazela nova, afetuosa e cheia de amor à vida; odiando somente a paleta, os pincéis e demais instrumentos aborrecidos que a privavam da companhia do amado. Foi, portanto, com profundo pesar que essa jovem ouviu o pintor expressar o desejo de retratá-la a ela, sua bela esposa. Porém, por ser dócil e meiga, posou para ele por várias semanas, imóvel em meio à penumbra daquele aposento do alto da torre, iluminado apenas por um único foco de claridade que descia do teto e incidia diretamente sobre a tela, deixando o resto na escuridão. Já o pintor rejubilava-se com o trabalho, prosseguindo hora após hora, por dias a fio. Era um homem obcecado, irreverente e temperamental, sempre a perder-se em desvaneios; tanto assim que *se recusava* a perceber que a luz nefasta daquela torre deserta consumia a saúde e o ânimo de sua esposa a qual definhava aos olhos de todos, exceto aos seus. E no entanto ela sempre sorria e continuava a sorrir sem se queixar porque notava que o pintor (artista de grande renome) desfrutava um prazer ardente e avassalador ao executar a obra sem jamais esmorecer, trabalhando dia e noite para retratar aquela que tanto o amava, mas que se tornava cada vez mais fraca e melancólica. Na verdade, aqueles que puderam ver o retrato comentaram em voz baixa a total fidelidade entre modelo e obra, atribuindo-a a um prodígio excepcional, prova cabal não só da perícia do pintor como do amor profundo que dedicava àquela a quem retratava com tanta perfeição. Porém, com o tempo, à medida que se aproximava a conclusão do trabalho, ninguém mais obteve permissão para entrar na torre, pois o pintor entregara-se à loucura de sua obra e raramente desviava os olhos da tela, nem mesmo para olhar o rosto de sua mulher. E *recusava-se* a perceber que as cores que ia espalhando por sobre a tela eram arrancadas das faces daquela que posava a seu lado. Passados alguns meses, quando quase mais nada restava a ser feito a não ser uma pincelada sobre a boca e um retoque de cor sobre os olhos, o espírito da jovem reacendeu-se ainda uma vez, tal qual chama de uma vela a crepitar por um instante. E então executou-se o retoque necessário e deu-se a pincelada final e, por um momento o pintor caiu em transe, extasiado com a obra que criara. Porém, no momento seguinte, ainda a contemplar o retrato, estremeceu, ficou lívido e, tomado de espanto, exclamou com um grito: 'Mas isto é a própria *Vida!*' E quando afinal virou-se para olhar a própria amada... estava morta!"

Tradução de Márcia Pedreira

(Vários autores. *Histórias fantásticas*. São Paulo: Ática, 1996. p. 11-6.)

Apeninos: cordilheira que se estende por 1000 km ao longo da Itália central e costa leste.
arabesco: ornamento de origem árabe que se caracteriza pelo entrecruzamento de linhas, ramagens, flores, etc.
austero: sóbrio, pouco vivaz.
estupor: grande surpresa, espanto, imobilidade súbita.
filigrana: trabalho de ourivesaria geralmente com ouro ou prata.
gazela: pequeno antílope africano ou asiático.
incidir: refletir-se, cair, bater.
lúgubre: fúnebre, sinistro, medonho.
maestria: perícia, conhecimento profundo.
nefasto: prejudicial, nocivo, fúnebre.
nicho: reentrância ou vão em parede onde se colocam estátuas ou imagens.
passional: relativo a paixão.
Radcliffe: referência à romancista inglesa Anne Ward Radcliffe (1764-1823), autora de romances góticos.
Sully: referência ao pintor norte-americano Thomas Sully (1783-1872), autor de retratos famosos.
suntuosidade: luxo, riqueza, ostentação.
torreão: torre larga.
verossimilhança: qualidade do que é semelhante à realidade.
***vignette*:** (do francês) vinheta, isto é, pequeno desenho ornamental que fica no final de páginas de alguns livros.

Edgar Allan Poe

Edgar Allan Poe (1809-1849) nasceu em Boston, nos Estados Unidos. Fez parte do Romantismo norte-americano e é apontado como um dos criadores do conto, do conto gótico, do conto policial e da ficção científica. Influenciou inúmeras gerações de escritores em todo o mundo e é considerado um dos grandes nomes da literatura universal.

Cultivou a poesia e a prosa, e, entre seus trabalhos mais conhecidos, estão o poema "O corvo" e os contos "O gato preto", "O assassinato da rua Morgue", "O retrato oval" e "O escaravelho de ouro".

É conhecido no meio acadêmico das Letras também por seu ensaio teórico "Filosofia da composição".

Album /akg-images/Latinstock

1. Desde o primeiro parágrafo, a narração visa criar uma atmosfera de mistério. Com base nesse parágrafo, responda:
   - **a.** Em que momento do dia se passam as ações?
   - **b.** Em que lugar as ações ocorrem? Como é esse lugar?
   - **c.** Como é o quarto em que o narrador se instalou?

2. A narração é feita em 1ª pessoa, por um narrador-personagem.
   - **a.** Pelas pistas textuais, infira: Que posição social e que tipo de conhecimento especial ele tem?
   - **b.** Em que situação ele estava no momento em que se abriga no castelo?
   - **c.** Para ele, qual podia ser a possível causa do súbito interesse pelas pinturas do castelo?

3. No quarto em que o narrador se instala, há sobre o travesseiro um livro com a descrição e a apreciação crítica das pinturas que há ali. O narrador começa a ler o livro e, à meia-noite, ao reposicionar o candelabro, subitamente avista uma tela que estava na sombra: o retrato oval de uma jovem.
   - **a.** Que reação o narrador tem ao pôr os olhos sobre o quadro pela primeira vez? Como ele se sente nesse momento?
   - **b.** Depois de alguns momentos, o narrador volta a olhar fixamente o quadro. A primeira impressão que ele teve do quadro se mantém?
   - **c.** O que intriga o narrador naquele quadro, desde o início? Justifique sua resposta com elementos do texto.

4. Releia este trecho:

> "Descobri que a mágica da pintura residia na absoluta verossimilhança daquela expressão que inicialmente me sobressaltara, para enfim me confundir, dominar e aterrorizar."

   - **a.** A seleção vocabular feita pelo narrador auxilia na criação da atmosfera fantástica e misteriosa da narrativa. Que palavras desse fragmento confirmam essa afirmação?
   - **b.** Certos verbos empregados nesse trecho constituem uma figura de linguagem que traduz o estado emocional do narrador. Identifique essa figura e explique a correspondência entre ela e o processo emocional vivido pelo narrador.

5. Depois de examinar longamente os detalhes do retrato oval, o narrador começa a ler no livro que estava no quarto "um texto curioso e fantástico" que contava a história do pintor, do quadro e da mulher que fora o modelo. Assim, no interior da narrativa tem início outra narrativa, em um claro exercício de metalinguagem.
   - **a.** De que ponto de vista a outra história é narrada: em 1ª pessoa ou em 3ª pessoa?
   - **b.** Quem poderia ter escrito esse relato?
   - **c.** O narrador dessa outra história conta os fatos de modo impessoal ou de modo pessoal? Justifique sua resposta com marcas textuais.

Nelson Provazi

6. Observe estes trechos do último parágrafo do conto:

- "o pintor [...] desfrutava de um prazer ardente e avassalador"
- "o pintor entregara-se à loucura de sua obra e raramente desviava os olhos da tela"
- "E recusava-se a perceber que as cores que ia espalhando por sobre a tela eram arrancadas das faces daquela que posava a seu lado"
- "o pintor caiu em transe, extasiado com a obra que criara"

Do ponto de vista do narrador da história contada nesse parágrafo, como foi, para o pintor, o processo de criação da tela? Que palavras dos trechos acima justificam sua resposta?

7. No final da história contada no último parágrafo, lemos:

"Porém, no momento seguinte, ainda a contemplar o retrato, estremeceu, ficou lívido e, tomado de espanto, exclamou um grito: 'Mas isto é a própria *Vida!*'. E quando afinal virou-se para olhar a própria amada... estava morta!"

a. Levante hipóteses: Por que o pintor estremece, empalidece e se espanta?

b. Qual é o fato insólito e inquietante revelado nesse trecho?

c. Note que, nesse parágrafo, as palavras *recusava* e *Vida* estão destacadas, com o uso de itálico. Interprete esse destaque dado pelo próprio escritor, tendo em vista os estranhos fatos que ocorrem no conto.

8. Veja como o teórico Tzvetan Todorov define o fantástico na literatura:

Somos assim transportados ao âmago do fantástico. Num mundo que é exatamente o nosso, aquele que conhecemos, sem diabos, sílfides nem vampiros, produz-se um acontecimento que não pode ser explicado pelas leis deste mundo familiar. Aquele que o percebe deve optar por uma das duas soluções possíveis; ou se trata de uma ilusão dos sentidos, de um produto da imaginação e nesse caso as leis do mundo continuam a ser o que são; ou então o acontecimen-

O conto maravilhoso e o conto fantástico

Segundo o teórico russo Tzvetan Todorov, o maravilhoso se distingue do fantástico na medida em que pressupõe a aceitação do inverossímil e do inexplicável. É o que ocorre, por exemplo, nos contos maravilhosos dos irmãos Grimm e das *Mil e uma noites*, em que fatos sobrenaturais ocorrem e são aceitos naturalmente pelo leitor. Já nos contos fantásticos, o plano de realidade e o plano de fantasia coexistem de forma inconciliável.

The Bridgeman Art Library/Keystone Brasil

to realmente aconteceu, é parte integrante da realidade, mas nesse caso esta realidade é regida por leis desconhecidas para nós. Ou o diabo é uma ilusão, um ser imaginário; ou então existe realmente, exatamente como os outros seres vivos: com a ressalva de que raramente o encontramos.

O fantástico ocorre nesta incerteza;

[...]

(*Introdução à literatura fantástica*. São Paulo: Perspectiva, 1975. p. 30-1.)

Companhia das Letras

Capa de uma importante antologia de publicações do gênero fantástico, organizada por Italo Calvino.

Segundo o teórico, o fantástico reside na incerteza de uma personagem quanto à natureza de acontecimentos inesperados, que a deixam em dúvida se teriam ou não acontecido de fato.

a. Que elementos do conto "O retrato oval" sustentam a hipótese de que tudo não tinha passado de imaginação do protagonista?

b. Que elementos do texto – fatos, tempo, espaço, ambientação – sustentam a hipótese de que realmente fatos sobrenaturais aconteceram no castelo?

c. O protagonista do conto vive a situação de hesitação a que Todorov se refere? Justifique sua resposta.

d. Além do aspecto misterioso e sobrenatural, há no conto uma reflexão de natureza filosófica a respeito do poder ou da capacidade da própria arte. Qual é essa reflexão?

HORA DE ESCREVER

Seguem três propostas de produção de contos fantásticos multimodais. Escolha uma delas e desenvolva-a conforme a orientação do professor.

Na criação do conto, considere que, além das palavras, serão utilizados outros recursos, como voz, música, imagem e movimento.

PROJETO

Como você já sabe, no final da unidade será organizada, pela classe, uma *antologia de contos, minicontos e contos fantásticos multimodais*.

Neste capítulo, você vai produzir um conto fantástico multimodal, que deverá ser incluído na antologia.

1. Recontando a partir de outro ponto de vista. O ponto de vista do narrador é fundamental para que tenhamos certa percepção dos fatos de uma história. A alteração do ponto de vista pode gerar uma história nova e completamente diferente da original.

O conto "O retrato oval" é narrado em 1ª pessoa pelo protagonista. Reconte-o, substituindo o narrador-protagonista por outro tipo de narrador. Esse narrador pode ser o criado que acompanha o protagonista na história original, a jovem mulher do pintor ou, ainda, um narrador em 3ª pessoa.

Se quiser, invente outros fatos ou modifique, de acordo com o novo ponto de vista, os fatos da história original.

2. Dando continuidade a um conto. O texto a seguir é a introdução do conto "Os buracos da máscara", de Jean Lorrain, escritor francês do final do século XIX. Leia-o e dê continuidade à narrativa. Imagine como será o baile de carnaval, aonde as personagens irão vestidas com fantasias e máscaras. Lembre-se de incluir na história um momento de hesitação ou de incerteza do protagonista em relação aos fatos, de modo que esse momento seja a base do fantástico no conto.

Andressa Honório

"Você quer ver", meu amigo De Jakels me dissera, "está bem, arranje uma fantasia de dominó e uma máscara, um dominó bem elegante de cetim preto, calce uns escarpins e, desta vez, meias de seda preta, e espere-me em casa na terça-feira. Irei pegá-lo por volta das dez e meia."

Na terça-feira seguinte, envolto nas pregas farfalhantes de uma longa camalha, com a máscara de veludo e barba de cetim presa atrás das orelhas, esperei meu amigo De Jakels na minha garçonnière da rua Taitbout, enquanto esquentava nas brasas da lareira meus pés arrepiados pelo contato irritante da seda; lá de fora, chegavam-me do bulevar, confusamente, o som das cornetas e os gritos desesperados de uma noite de Carnaval.

Pensando bem, era um tanto estranha e até inquietante, a longo prazo, aquela festa solitária de um homem mascarado afundado numa poltrona, no claro-escuro de um térreo atulhado de bibelôs, ensurdecido por tapeçarias, e com espelhos pendurados nas paredes, refletindo a chama alta de uma lamparina de querosene e o bruxulear de duas velas compridas muito brancas, esbeltas, como que funerárias; e De Jakels não chegava. Os gritos dos mascarados espocando ao longe agravavam mais ainda a hostilidade do silêncio, as duas velas queimavam tão retas que acabei tomado por um nervosismo e, de súbito apavorado com aquelas três luzes, levantei-me para ir soprar uma delas.

Nesse momento um dos cortinados da porta se abriu e De Jakels entrou.

De Jakels? Eu não tinha ouvido tocar a campainha nem alguém abrir. Como ele se introduzira no meu apartamento? Desde então pensei muito nisso; mas finalmente De Jakels ali estava, na minha frente. De Jakels? Bem, uma longa fantasia de dominó, uma grande forma escura, velada e mascarada como eu:

"Está pronto?", interrogou sua voz, que não reconheci. "Meu carro está aí, vamos embora."

Eu não tinha ouvido seu carro chegando nem parando defronte das minhas janelas.

Em que pesadelo, em que sombra e em que mistério eu começara a descer?

"É o capuz que está tapando os seus ouvidos, você não está acostumado com a máscara", pensava em voz alta De Jakels, que havia penetrado no meu silêncio: ou seja, naquela noite ele tinha o dom da adivinhação. E, levantando meu dominó, verificava a delicadeza de minhas meias de seda e de meus finos sapatos.

Esse gesto me serenou, era mesmo De Jakels e não outra pessoa que, de dentro daquele dominó, falava comigo; um outro não estaria sabendo da recomendação que De Jakels me fizera uma semana antes.

(In: *Contos fantásticos do século XIX escolhidos por Italo Calvino*. São Paulo: Companhia das Letras, 2004. p. 397-8.)

dominó: traje carnavalesco que consiste em túnica longa com mangas e capuz.

3. Inventando um conto fantástico. Crie um conto fantástico inteiramente original, a partir de um tema de seu interesse. Invente enredo, personagens, ações, tempo e espaço.

ANTES DE ESCREVER

Planeje seu conto fantástico, seguindo estas orientações:

- Tenha em vista o público para o qual vai escrever: jovens e adultos que se interessam por literatura fantástica.
- Esboce o enredo e defina as personagens, o tempo e o espaço das ações.
- Ao descrever as personagens e os ambientes, considere que essa descrição deve contribuir para a criação de uma atmosfera fantástica.
- Pense no elemento inquietante ou fantasmagórico que utilizará para gerar uma situação de hesitação entre o plano de realidade e o plano de fantasia, imaginação ou horror.
- Decida quem vai narrar a história: se um narrador-personagem ou um narrador-observador.
- Se quiser, empregue a estrutura convencional do conto, constituída por apresentação, complicação (em que é apresentado o conflito), clímax e desfecho.
- Utilize uma linguagem de acordo com a norma-padrão, porém com flexibilidade, a fim de adequá-la às situações e ao perfil das personagens.
- Pense nos recursos multimodais que poderá utilizar e nas situações da história em que eles poderão ser empregados. Sugerimos que o conto seja relativamente curto, a fim de facilitar o trabalho de edição. Imagine as imagens, os vídeos, as músicas e as narrações em voz que pretende utilizar. A parte verbal do conto deve ser criada em sintonia com esses recursos.

ANTES DE PASSAR A LIMPO

Antes de dar seu conto por finalizado, verifique:

- se ele corresponde ao seu objetivo de criar um conto fantástico destinado a um público constituído por jovens e adultos interessados em literatura atual;
- se o enredo, as personagens, as ações, o tempo e o espaço estão desenvolvidos de forma coerente;
- se há no texto uma atmosfera misteriosa ou sobrenatural e se o protagonista vive uma situação de hesitação ou incerteza diante de fatos misteriosos ou sobrenaturais, que podem ter acontecido ou sido apenas fruto da sua imaginação;
- se o texto consegue criar um efeito surpreendente, capaz de despertar a curiosidade do leitor para que ele acompanhe a história até o final;
- se a linguagem empregada está em uma variedade linguística e com um grau de formalidade ou de informalidade adequados ao perfil das personagens e à ambientação da história;
- se os recursos multimodais que você planejou utilizar são satisfatórios ou se convém incluir outros ou eliminar algum deles.

PREPARANDO A VERSÃO DIGITAL

Cultura RF/DUEL/Diomedia

Concluída a parte verbal do conto multimodal, é hora de inserir os recursos que você planejou utilizar. Se possível, peça apoio ao professor ou funcionário responsável pelo setor de informática na escola.

Para realizar a edição desses recursos, sugerimos utilizar o programa Moovie Maker, da Microsoft, ou outro programa de edição de filmes, imagens e textos. Com o Moovie Maker, você poderá montar *slides* ou vídeos multimodais. No YouTube, há diversos vídeos tutoriais que explicam como manusear o programa.

Primeiramente, pesquise ou produza todo o material de que vai necessitar: fundos coloridos, imagens, músicas, vídeos, voz, animação, *links* da Internet e textos verbais. Dê preferência a imagens e músicas compatíveis com a atmosfera enigmática e surpreendente dos contos fantásticos.

Com o programa de edição é possível inserir textos verbais, mas você poderá também trabalhar o texto como imagem, se preferir, bastando para isso dividi-lo em partes e fotografar cada uma delas, como se fossem imagens. Depois, na hora da edição, você deverá dispor as partes do texto na sequência.

Se quiser, poderá fazer uma narração oral do conto, ou intercalar partes com voz e partes escritas. Os diálogos das personagens também poderão ser reproduzidos com diferentes vozes.

Cuidado para não exagerar nos recursos. Eles devem ser usados em número reduzido e na medida em que possam contribuir para ampliar os limites da palavra impressa.

Ao concluir a edição do trabalho, guardem o material para publicar na **antologia de contos** da classe que será produzida no final da unidade.

POR DENTRO DO ENEM E DO VESTIBULAR

ENEM EM CONTEXTO

As questões do Enem não exigem um conhecimento amplo das obras literárias, isto é, de detalhes do enredo, das personagens, etc., mas exigem que o estudante seja um bom leitor, capaz de ler e comparar textos de diferentes épocas e relacioná-los com seu contexto de produção. Veja como isso acontece nestas questões do Enem e tente resolvê-las:

Textos para as questões 1 e 2:

O CANTO DO GUERREIRO

Aqui na floresta
Dos ventos batida,
Façanhas de bravos
Não geram escravos,
Que estimem a vida
Sem guerra e lidar.
— Ouvi-me, Guerreiros,
— Ouvi meu cantar.
Valente na guerra,
Quem há, como eu sou?
Quem vibra o tacape
Com mais valentia?
Quem golpes daria
Fatais, como eu dou?
— Guerreiros, ouvi-me;
— Quem há, como eu sou?

Gonçalves Dias.

MACUNAÍMA

(Epílogo)

Acabou-se a história e morreu a vitória.

Não havia mais ninguém lá. Dera tangolomângolo na tribo Tapanhumas e os filhos dela se acabaram de um em um. Não havia mais ninguém lá. Aqueles lugares, aqueles campos, furos puxadouros arrastadouros meios-barrancos, aqueles matos misteriosos, tudo era solidão do deserto... Um silêncio imenso dormia à beira do rio Uraricoera. Nenhum conhecido sobre a terra não sabia nem falar da tribo nem contar aqueles casos tão pançudos. Quem podia saber do Herói?

Mário de Andrade.

1. A leitura comparativa dos dois textos indica que

a. ambos têm como tema a figura do indígena brasileiro apresentada de forma realista e heroica, como símbolo máximo do nacionalismo romântico.

b. a abordagem da temática adotada no texto escrito em versos é discriminatória em relação aos povos indígenas do Brasil.

c. as perguntas "— Quem há, como eu sou?" (1º texto) e "Quem podia saber do Herói?" (2º texto) expressam diferentes visões da realidade indígena brasileira.

d. o texto romântico, assim como o modernista, aborda o extermínio dos povos indígenas como resultado do processo de colonização no Brasil.

e. os versos em primeira pessoa revelam que os indígenas podiam expressar-se poeticamente, mas foram silenciados pela colonização, como demonstra a presença do narrador, no segundo texto.

2. Considerando-se a linguagem desses dois textos, verifica-se que

a. a função da linguagem centrada no receptor está ausente tanto no primeiro quanto no segundo texto.
b. a linguagem utilizada no primeiro texto é coloquial, enquanto, no segundo, predomina a linguagem formal.
c. há, em cada um dos textos, a utilização de pelo menos uma palavra de origem indígena.
d. a função da linguagem, no primeiro texto, centra-se na forma de organização da linguagem e, no segundo, no relato de informações reais.
e. a função da linguagem centrada na primeira pessoa, predominante no segundo texto, está ausente no primeiro.

Os dois textos apresentados pela questão são indianistas e manifestam diferentes visões acerca do índio. O texto de Gonçalves Dias, produzido dentro de uma perspectiva romântica, apresenta uma visão idealizada e heroica do índio, tentando transformá-lo em herói nacional. Com a pergunta "—Quem há, como eu sou?", o índio expressa sua altivez e seu orgulho, como o único ser da floresta que está acima de todas as forças.

Já o texto de Mário de Andrade, produzido dentro de uma perspectiva modernista, retrata a decadência de Macunaíma e sua família. O trecho pertence ao final da obra *Macunaíma*, depois que os irmãos tinham morrido e o protagonista tinha virado a Ursa Maior. Assim, a conclusão da obra, com a ausência do herói e o fim de sua família, remete ao problema vivido pelos índios brasileiros tanto no século XX quanto hoje: o desaparecimento de tribos indígenas da Amazônia. Logo, a alternativa *c* da questão 1 é a mais adequada.

Na questão 2, os itens que envolvem as funções da linguagem são falsos. Já a alternativa *c* é verdadeira, já que as palavras *tacape, Uraricoera, Tapanhumas* e *Macunaíma* são indígenas.

QUESTÕES DO ENEM E DO VESTIBULAR

1. (ENEM)

Namorados

O rapaz chegou-se para junto da moça e disse:
— Antônia, ainda não me acostumei com o seu corpo, com a sua cara.
A moça olhou de lado e esperou.
— Você não sabe quando a gente é criança e de repente vê uma lagarta listrada?
A moça se lembrava:
— A gente fica olhando...
A meninice brincou de novo nos olhos dela.
O rapaz prosseguiu com muita doçura:
— Antônia, você parece uma lagarta listrada.
A moça arregalou os olhos, fez exclamações.
O rapaz concluiu:
— Antônia, você é engraçada! Você parece louca.

Manuel Bandeira. *Poesia completa & prosa*. Rio de Janeiro: Nova Aguilar, 1985.

No poema de Bandeira, importante representante da poesia modernista, destaca-se como característica da escola literária dessa época

a. a reiteração de palavras como recurso de construção de rimas ricas.
b. a utilização expressiva da linguagem falada em situações do cotidiano.
c. a criativa simetria de versos para reproduzir o ritmo do tema abordado.
d. a escolha do tema do amor romântico, caracterizador do estilo literário dessa época.
e. o recurso ao diálogo, gênero discursivo típico do Realismo.

2. (ENEM)

REGISTRE NO CADERNO

O trovador

Sentimentos em mim do asperamente
dos homens das primeiras eras...
As primaveras do sarcasmo
intermitentemente no meu coração arlequinal...
Intermitentemente...
Outras vezes é um doente, um frio
na minha alma doente como um longo som redondo...
Cantabona! Cantabona!
Dlorom...
Sou um tupi tangendo um alaúde!

ANDRADE, M. In: MANFIO, D. Z. (Org.) *Poesias completas de Mário de Andrade*. Belo Horizonte: Itatiaia, 2005.

Cara ao Modernismo, a questão da identidade nacional é recorrente na prosa e na poesia de Mário de Andrade. Em *O trovador*, esse aspecto é

a. abordado subliminarmente, por meio de expressões como "coração arlequinal" que, evocando o carnaval, remete à brasilidade.

b. verificado já no título, que remete aos repentistas nordestinos, estudados por Mário de Andrade em suas viagens e pesquisas folclóricas.

c. lamentado pelo eu lírico, tanto no uso de expressões como "Sentimentos em mim do asperamente" (v. 1), "frio" (v. 6), "alma doente" (v. 7), como pelo som triste do alaúde "Dlorom" (v. 9).

d. problematizado na oposição tupi (selvagem) x alaúde (civilizado), apontando a síntese nacional que seria proposta no *Manifesto Antropófago*, de Oswald de Andrade.

e. exaltado pelo eu lírico, que evoca os "sentimentos dos homens das primeiras eras" para mostrar o orgulho brasileiro por suas raízes indígenas.

3. (ENEM)

Pinacoteca do Estado de São Paulo, SP

Antonio Rocco. *Os emigrantes*, 1918.

Um dia, os imigrantes aglomerados na amurada da proa chegavam à fedentina quente de um porto, num silêncio de mato e de febre amarela. Santos. — É aqui! Buenos Aires é aqui! — Tinham trocado o rótulo das bagagens, desciam em fila. Faziam suas necessidades nos trens dos animais onde iam. Jogavam-nos num pavilhão comum em São Paulo. — Buenos Aires é aqui! — Amontoados com trouxas, sanfonas e baús, num carro de bois, que pretos guiavam através do mato por estradas esburacadas, chegavam uma tarde nas senzalas donde acabava de sair o braço escravo. Formavam militarmente nas madrugadas do terreiro homens e mulheres, ante feitores de espingarda ao ombro.

Oswald de Andrade. *Marco Zero II – Chão*. Rio de Janeiro: Globo, 1991.

Levando-se em consideração o texto de Oswald de Andrade e a pintura de Antonio Rocco reproduzida ao lado, relativos à imigração europeia para o Brasil, é correto afirmar que

a. a visão da imigração presente na pintura é trágica e, no texto, otimista.

b. a pintura confirma a visão do texto quanto à imigração de argentinos para o Brasil.

c. os dois autores retratam dificuldades dos imigrantes na chegada ao Brasil.

d. Antonio Rocco retrata de forma otimista a imigração, destacando o pioneirismo do imigrante.

e. Oswald de Andrade mostra que a condição de vida do imigrante era melhor que a dos ex-escravos.

4. (ENEM)

REGISTRE NO CADERNO

Cabeludinho

Quando a Vó me recebeu nas férias, ela me apresentou aos amigos: Este é meu neto. Ele foi estudar no Rio e voltou de ateu. Ela disse que eu voltei de ateu. Aquela preposição deslocada me fantasiava de ateu. Como quem dissesse no Carnaval: aquele menino está fantasiado de palhaço. Minha avó entendia de regências verbais. Ela falava de sério. Mas todo-mundo riu. Porque aquela preposição deslocada podia fazer de uma informação um chiste. E fez. E mais: eu acho que buscar a beleza nas palavras é uma solenidade de amor. E pode ser instrumento de rir. De outra feita, no meio da pelada um menino gritou: Disilimina esse, Cabeludinho. Eu não disiliminei ninguém. Mas aquele verbo novo trouxe um perfume de poesia à nossa quadra. Aprendi nessas férias a brincar de palavras mais do que trabalhar com elas. Comecei a não gostar de palavra engavetada. Aquela que não pode mudar de lugar. Aprendi a gostar mais das palavras pelo que elas entoam do que pelo que elas informam. Por depois ouvi um vaqueiro a cantar com saudade: Ai morena, não me escreve / que eu não sei a ler. Aquele a preposto ao verbo ler, ao meu ouvir, ampliava a solidão do vaqueiro.

BARROS, M. *Memórias inventadas: a infância*. São Paulo: Planeta, 2003.

No texto, o autor desenvolve uma reflexão sobre diferentes possibilidades de uso da língua e sobre os sentidos que esses usos podem produzir, a exemplo das expressões "voltou de ateu", "disilimina esse" e "eu não sei a ler". Com essa reflexão, o autor destaca

a. os desvios linguísticos cometidos pelos personagens do texto.

b. a importância de certos fenômenos gramaticais para o conhecimento da língua portuguesa.

c. a distinção clara entre a norma culta e as outras variedades linguísticas.

d. o relato fiel de episódios vividos por Cabeludinho durante as suas férias.

e. a valorização da dimensão lúdica e poética presente nos usos coloquiais da linguagem.

5. (ENEM)

Há certos usos consagrados na fala, e até mesmo na escrita, que, a depender do estrato social e do nível de escolaridade do falante, são, sem dúvida, previsíveis. Ocorrem até mesmo em falantes que dominam a variedade padrão, pois, na verdade, revelam tendências existentes na língua em seu processo de mudança que não podem ser bloqueadas em nome de um "ideal linguístico" que estaria representado pelas regras da gramática normativa. Usos como ter por haver em construções existentes (tem muitos livros na estante), o do pronome objeto na posição de sujeito (para mim fazer o trabalho), a não concordância das passivas com se (aluga-se casas) são indícios da existência, não de uma norma única, mas de uma pluralidade de normas, entendida, mais uma vez, norma como conjunto de hábitos linguísticos, sem implicar juízo de valor.

CALLOU, D. Gramática, variação e normas. In VIEIRA, S. R.; BRANDÃO, S. (orgs). *Ensino de gramática*: descrição e uso. São Paulo: Contexto, 2007 (fragmento).

Considerando a reflexão trazida no texto a respeito da multiplicidade do discurso, verifica-se que:

a. estudantes que não conhecem as diferenças entre língua escrita e língua falada empregam, indistintamente, usos aceitos na conversa com amigos quando vão elaborar um texto escrito.

b. falantes que dominam a variedade padrão do português do Brasil demonstram usos que confirmam a diferença entre a norma idealizada e a efetivamente praticada, mesmo por falantes mais escolarizados.

c. moradores de diversas regiões do país enfrentam dificuldades ao se expressar na escrita revelam a constante modificação das regras de empregos de pronomes e os casos especiais de concordância.

d. pessoas que se julgam no direito de contrariar a gramática ensinada na escola gostam de apresentar usos não aceitos socialmente para esconderem seu desconhecimento da norma padrão.

e. usuários que desvendam os mistérios e sutilezas da língua portuguesa empregam forma do verbo ter quando, na verdade, deveriam usar formas do verbo haver, contrariando as regras gramaticais.

6. (FUVEST-SP) Considerando que "silepse é a concordância que se faz não com com a forma gramatical das palavras, mas com seu sentido, com a ideia que elas representam", indique o fragmento em que essa figura de linguagem se manifesta.

a. "olha o mormaço".

b. "pois devia contar uns trinta anos".

c. "fomos alojados os do meu grupo".

d. "com os demais jornalistas do Brasil".

e. "pala pendente e chapéu descido sobre os olhos".

7. (FUVEST-SP) Observe este anúncio.

Folhapress

Fonte: *Folha de S. Paulo*, 26/9/2008. Adaptado.

a. Na composição do anúncio, qual é a relação de sentido existente entre a imagem e o trecho "quem é e o que pensa", que faz parte da mensagem verbal?

b. Se os sujeitos dos verbos *descubra* e *pensa* estivessem no plural, como deveria ser redigida a frase utilizada no anúncio?

8. (FUVEST-SP) Leia a seguinte mensagem publicitária, referente a carros, e responda ao que se pede:

POTÊNCIA, ROBUSTEZ E TRAÇÃO 4WD. PORQUE TEM LUGARES QUE SÓ COM ESPÍRITO DE AVENTURA VOCÊ NÃO CHEGA.

a. A mensagem está redigida de acordo com a norma-padrão da língua escrita? Se você julga que sim, justifique; se acha que não, reescreva o texto, adaptando-o à referida norma.

b. Se a palavra "só" fosse escluída do texto, o sentido seria alterado? Justifique sua resposta.

Produção de texto

9. (UFPR-RS)

A raposa e as uvas

Certa raposa esfaimada encontrou uma parreira carregadinha de lindos cachos maduros, coisa de fazer vir água à boca. Mas tão altos que nem pulando. O matreiro bicho torceu o focinho. – Estão verdes – murmurou. – Uvas verdes, só para cachorro. E foi-se. Nisto deu o vento e uma folha caiu. A raposa ouvindo o barulhinho voltou depressa e pôs-se a farejar... Moral: Quem desdenha quer comprar.

(Monteiro Lobato)

O texto acima é uma fábula – uma narrativa de fundo didático, em que os animais simbolizam um aspecto ou qualidade do ser humano. Narre uma história da vida moderna que seja a transposição da fábula acima. O seu texto deve ter personagens humanos, e a narração poderá ser em primeira ou terceira pessoa (você escolhe). Não ultrapasse o limite de 10 linhas.

10. (UEM-PR) Escreva um texto **narrativo** ou um texto **dissertativo** a respeito do seguinte tema:

QUANDO SE JUSTIFICA MENTIR?

Para o texto **narrativo**, atente para as seguintes instruções: redija a narrativa em 1ª ou 3ª pessoa, de forma que o conflito seja desencadeado por uma **mentira**; além do conflito, o texto deverá ter personagens e desfecho adequados ao tema.

Para o texto **dissertativo**, você poderá se basear nos excertos a seguir, sem, contudo, poder copiar informações deles. Eleja uma tese e defenda-a com argumentos convincentes.

Excerto I

[...] Os pais ensinam os filhos desde cedo que mentir é muito feio. Que gente mentirosa é mal vista pela sociedade. Mas vamos falar a verdade. O que mais existe no mundo é mentira [...] Mentir é considerado o quinto pecado capital, mas quem já não teve de lançar mão desse recurso para se sair de uma situação complicada? Muita gente acredita que, se for uma mentirinha inofensiva que não prejudique ninguém, não faz mal. Mesmo que isso funcione algumas vezes, mais vale uma verdade dolorida do que uma mentira mal contada. [...]

O Diário do Norte do Paraná, 1/4/2005.

Excerto II

[...] A interpretação da mentira depende, portanto, do "código de ética" seguido pelo mentiroso. Para o utilitarista, por exemplo, a mentira se justifica quando, através dela, se produz maior felicidade. Esse é o caso do comentário que se faz ao moribundo ("como você está bem ...") ou do consolo do dentista ("não vai doer nada ...") ou da formalidade dos adversários quando se encontram em público ("que prazer em vê-lo ...") ou mesmo do final da carta desaforada ("com a minha alta estima e elevada consideração ..."). [...]

José Pastore. *Folha de S. Paulo*, 20/05/1987. Disponível em http://www.josepastore.com.br/artigos/cotidiano/057.htm

PROJETO

Antologia de contos, minicontos e contos fantásticos multimodais

Shutterstock

Produzindo a antologia

Participe, com toda a classe, da produção de uma *antologia* com os contos que você produziu nesta unidade.

RICO

Seleção de textos

Discutam com o professor os critérios para a escolha dos textos que farão parte da antologia. Vocês poderão, por exemplo, optar por incluir no livro apenas o conto fantástico multimodal de cada estudante; ou o conto fantástico e um conto (tradicional ou contemporâneo) de cada um; ou um número maior de contos.

Equipe técnica e edição digital

Thinkstock/Getty Images

Selecionados os textos, elejam alguns colegas para compor uma equipe técnica responsável pela montagem do livro digital. Essa equipe deve receber os arquivos de todos, revisados e ilustrados, se for o caso. Os arquivos do conto multimodal devem ser entregues finalizados, com todos os recursos em funcionamento.

A equipe técnica deve dar aos textos a mesma formatação, adotando critérios como tamanho das letras e tipo de fonte, fundo em cor, número de colunas, etc., à exceção dos contos fantásticos multimodais, nos quais as particularidades visuais que cada aluno decidiu utilizar devem ser respeitadas.

Pensem em um título para a antologia e elejam um colega para criar a capa. Indiquem outros colegas para compor e escrever a apresentação do livro, explicando como a obra nasceu, qual é a finalidade dela, que tipo de contos ela apresenta, etc.

Criem um sumário, indicando o título de cada conto, o nome de seu autor e a página em que cada um começa. Como se trata de uma obra digital, é interessante vocês fazerem *links* que direcionem o leitor para o texto selecionado.

Decidam com a equipe técnica onde o livro será hospedado: se em um *site*, em um *blog* da classe ou, simplesmente, em um arquivo digital. Lembrem-se de que, no ambiente da Web, um número maior de pessoas pode ter acesso ao livro e de que, se foram utilizados *links* da Internet para acessar o conto multimodal, o leitor vai precisar estar conectado.

RICO

Lançamento da antologia

- Combinem com a equipe técnica e com o professor uma data para o lançamento da antologia.
- Deem um título convidativo ao evento.
- Pensem no público que querem atingir e como farão para convidá-lo: por meio de cartazes, jornal da escola, avisos nas salas de aula, redes sociais. Podem ser convidados estudantes de outros anos, professores e funcionários e também amigos e familiares.
- Preparem um ambiente (uma sala de aula ou outro espaço) para a visitação dos convidados. Disponham algumas mesas com computadores nesse ambiente, todos com o arquivo final do livro, de modo que o público possa navegar livremente pelos contos e interagir com eles à vontade.
- Se quiserem, preparem junto com a equipe técnica um vídeo que mostre partes do livro digital, dando destaque para os contos multimodais e seus recursos. No dia do lançamento, projetem esse vídeo em um telão, de modo que, a certa distância, todas as pessoas presentes do evento possam ver e compreender o conteúdo do livro digital.

UNIDADE

2 Palavra e persuasão

Coleção particular

O ovo da ema, de Carybé (1911-1997), pintor argentino que, na década de 1950, passou a viver em Salvador, onde, junto com Jorge Amado e o fotógrafo francês Pierre Verger, desenvolveu intensa atividade artístico-cultural. Essa tela é a expressão de uma das principais propostas da segunda geração modernista: o retrato da realidade brasileira e das pessoas comuns.

PROJETO

CIDADANIA EM DEBATE

Participe, com os colegas da classe, da produção de uma *feira de cidadania*, na qual serão promovidos debates deliberativos e realizadas oficinas de produção de currículos e de cartas de solicitação e/ou reclamação.

Como decorrência do movimento revolucionário e das suas causas, mas também do que acontecia mais ou menos no mesmo sentido na Europa e nos Estados Unidos, houve nos anos 30 uma espécie de convívio íntimo entre a literatura e as ideologias políticas religiosas. Isto, que antes era excepcional no Brasil, se generalizou naquela altura, a ponto de haver polarização dos intelectuais nos casos mais definidos e explícitos, a saber, os que optavam pelo comunismo ou o facismo. Mesmo quando não ocorria esta definição extrema, e mesmo quando os intelectuais não tinham consciência clara dos matizes ideológicos, houve penetração difusa das preocupações sociais e religiosas nos textos, como viria a ocorrer de novo nos nossos dias em termos diversos e maior intensidade.

(Antonio Candido. *Educação pela noite e outros ensaios*. 2. ed. São Paulo: Ática, 1989. p. 188.)

A crase não foi feita para humilhar ninguém.

(Ferreira Gullar)

Norman Rockwell. Travelling Companions. Post Cover, March 6, 1948.

Detalhe de uma pintura de Norman Rockwell em que é destacado o papel persuasivo da palavra.

CAPÍTULO

1 A geração de 30: Graciliano Ramos
Regência nominal
O debate deliberativo

LITERATURA

A geração de 30: Graciliano Ramos

Pinacoteca do Estado de São Paulo, SP

Mestiço (1934), de Cândido Portinari.

FIQUE CONECTADO!

Amplie seus conhecimentos sobre o Modernismo da geração de 1930, pesquisando em:

LIVROS

- Leia algumas das principais obras do Modernismo de 30, como *Vidas secas* e *São Bernardo*, de Graciliano Ramos; *Fogo morto*, de José Lins do Rego; *Capitães da Areia*, de Jorge Amado; *Um certo capitão Rodrigo*, de Érico Veríssimo; *Os ratos*, de Dionélio Machado; *Reunião*, de Carlos Drummond de Andrade; *Vinicius de Moraes – Todas as letras* (Companhia das Letras); *Romanceiro da Inconfidência*, de Cecília Meireles.

José Olympio Editora

FILMES

- *O tempo e o vento*, de Jayme Monjardim; *São Bernardo*, de Leon Hirszman; *Vidas secas*, de Nelson Pereira dos Santos; *Capitães da Areia*, de Walter Lima Júnior; *Tieta do agreste*, de Cacá Diegues; *Vinicius de Moraes*, de Miguel Faria Jr.; *Orfeu*, de Cacá Diegues.

1001 Filmes/ Globo Filmes/ Paramount Home Entertainment

MÚSICAS

- Ouça músicas relacionadas com o tema do sertão e da seca, pesquisando na obra de Elomar, Luís Gonzaga, Dominguinhos e Luiz Vieira. Ouça também o disco *Carlos Drummond de Andrade – Antologia poética* (Philips, 1979), no qual o próprio poeta declama seus poemas, ou acesse essas declamações pela Internet.

SITES

A vida e as obras dos principais escritores do Modernismo de 30 podem ser conhecidas em:

- www.graciliano.com.br
- www.fundacaojorgeamado.com.br
- www.jorgeamado.com.br
- www.carlosdrummond.com.br
- http://viniciusdemoraes.com.br

PINTURAS

- Conheça a obra do principal pintor brasileiro que surgiu nos anos 1930: Cândido Portinari. Veja também a evolução que teve a obra de pintores como Tarsila do Amaral, Anita Malfatti, Di Cavalcanti e Lasar Segall.

O contexto de produção e recepção da produção literária da geração de 30

A segunda geração de escritores e artistas modernistas brasileiros é tradicionalmente situada entre 1930 e 1945. Nesse período de consolidação do Modernismo no Brasil, quem produzia literatura modernista no país? Quem era o público consumidor?

Meios de circulação

Na década de 1930, o crescimento da industrialização e da urbanização, bem como o fortalecimento das camadas médias da sociedade, contribuiu para o dinamismo da vida cultural no Brasil. Nesse contexto de desenvolvimento socioeconômico, a instrução pública tornou-se obrigatória nos anos iniciais da escolaridade e a difusão da cultura artística e intelectual, além de se dar por meio de livros, revistas e jornais, passou a ser veiculada também pelo rádio, que teve uma grande expansão na época.

Com as reformas educacionais, textos de autores modernistas, como Manuel Bandeira, Mário de Andrade e Jorge de Lima, passaram a integrar as antologias escolares e, assim, começaram a ter ampla circulação entre os alunos do ensino secundário.

A segunda geração modernista, formada por romancistas, como Graciliano Ramos e José Lins do Rego, e por poetas, como Carlos Drummond de Andrade, Cecília Meireles e Murilo Mendes, correspondeu a uma fase de maturidade da literatura brasileira, sendo, desde os anos 1930, uma referência para o crescente público leitor brasileiro.

Ensino público

Revista Fon-Fon!

Ilustração de J. Carlos (1884-1950) feita para a revista *Fon-Fon!*.

A Constituição de 1934, promulgada no governo de Getúlio Vargas, estabeleceu o ensino primário gratuito e obrigatório. No período do governo Vargas, foi estimulado também o desenvolvimento do ensino secundário, do ensino técnico e do ensino superior, com a criação de novas escolas e universidades. Esse estímulo ao ensino tinha como objetivo preparar as gerações futuras para assumir os postos de trabalho que seriam gerados com os pretendidos avanços econômicos e criar uma elite intelectualizada que pudesse governar o país no futuro.

O Modernismo em contexto

No âmbito nacional e internacional, o período de 1930 a 1945 foi marcado por tensões políticas e econômicas, tais como a crise cafeeira, acentuada pela quebra da Bolsa de Nova Iorque em 1929; a Revolução de 1930, que levou Getúlio Vargas à presidência do Brasil e encerrou a chamada República Velha; a Intentona Comunista (1935); o Estado Novo (1937-1945); o fortalecimento do nazifascismo na Europa; o combate ao socialismo; a eclosão da Segunda Guerra Mundial (1939-1945).

Como decorrência desse contexto, artistas e intelectuais foram influenciados por ideias comunistas e fascistas, além das religiosas, que fervilhavam na época, e produziram obras voltadas para o âmbito social e para a crítica política ou marcadas por inquietações existenciais e religiosas.

O romance de 30

Na década de 1930, ocorreu no Brasil a consolidação do Modernismo. A ideologia e os princípios estéticos modernistas propostos na fase anterior não encontraram mais resistência e se tornaram presentes nas mais diversas artes. Na literatura, os romancistas da segunda geração modernista aderiram a certos aspectos cultivados pelo Modernismo, como os temas nacionais e do cotidiano e o cultivo de uma linguagem brasileira, mais popular e coloquial.

O *regionalismo*, em especial o nordestino, foi destaque no romance da década de 1930. O romance regionalista se distinguiu pela consciência social, ao abordar criticamente a miséria e a exploração do trabalhador rural, as agruras da seca e o abuso dos poderosos. Em razão do estilo ficcional marcado pela rudeza, pela captação direta dos fatos e pela exploração das relações entre o homem e o meio natural e social, o romance dessa década foi chamado de neorrealista e de neonaturalista pelos críticos literários.

A obra *A bagaceira* (1928), de José Américo de Almeida (1887-1980), é considerada o marco inicial da literatura regionalista do Modernismo, cultivada também por Rachel de Queiroz, José Lins do Rego, Jorge Amado, Graciliano Ramos e, no Sul, por Érico Veríssimo.

Além da ficção regionalista, houve a produção de romances de sondagem psicológica, nos quais se destacam Lúcio Cardoso (1912-1968), Cornélio Pena (1896-1958) e Otávio de Faria (1908-1980), e de romances psicológicos permeados por traços religiosos e surrealistas, nos quais se inclui a ficção de Jorge de Lima (1893-1953).

Rachel de Queiroz

Descendente de José de Alencar pelo lado materno, Rachel de Queiroz (1910-2003) nasceu em Fortaleza, Ceará. Em decorrência da seca que se abateu sobre esse Estado em 1915, mudou-se com a família para o Rio de Janeiro em 1917 e, pouco tempo depois, foi para Belém, onde morou durante dois anos antes de retornar a Fortaleza.

Rachel de Queiroz tornou-se uma escritora reconhecida no meio literário com apenas 20 anos, quando publicou *O quinze* (1930). Além de romancista, dedicou-se ao teatro e, especialmente, à crônica jornalística.

Em 1931, mudou-se para o Rio de Janeiro, mas se manteve ligada à sua fazenda, "Não me deixes", em Quixadá, no agreste do sertão cearense. Admiradora das ideias de Trotsky, foi presa em 1937, acusada de ser comunista.

Recebeu vários prêmios literários e foi a primeira mulher a ingressar na Academia Brasileira de Letras, em 1977.

Edvaldo Rodrigues/DP/D.A Press

Rachel de Queiroz

Em *O quinze* (1930), romance de estreia de Rachel de Queiroz, já se verificam os traços marcantes da obra literária da escritora: prosa enxuta, visão crítica das relações sociais e análise psicológica das personagens. Nessa obra, que tem como tema central a seca que castigou o Nordeste em 1915, a autora, além de retratar sem sentimentalismos as mazelas da estiagem, aborda também o coronelismo e a religiosidade do sertanejo.

Em *João Miguel* (1932), romance que, como *O quinze*, é ambientado no Ceará, destaca-se a análise psicológica da personagem João Miguel, um sertanejo que, depois de uma bebedeira, mata um homem, em um ato impensado, e é preso.

O Nordeste também é cenário dos romances *Caminho de pedras* (1937) e *As três Marias* (1939). Produzido em um momento de ampla circulação das correntes ideológicas comunistas e integralistas (de inspiração fascista) no Brasil, *Caminho de pedras* é um romance político que concilia uma história amorosa e a defesa dos ideais socialistas. Em *As três Marias*, há uma aprofundamento da análise psicológica, que já tendia a ocupar o primeiro plano da narrativa em *Caminho de pedras*.

Depois de *Dora, Doralina* (1975) e *O galo de ouro* (1985), Rachel de Queiroz publicou, em 1992, seu último romance, *Memorial de Maria Moura*. A obra fez um grande sucesso e rendeu à escritora o prêmio Jabuti de 1993, além de ter sido adaptada para um seriado de TV em 1994.

Graciliano Ramos

Graciliano Ramos é o expoente da geração de 1930. O traço marcante de sua prosa é a linguagem enxuta, baseada em frases curtas e no emprego moderado de adjetivos. A linguagem do escritor se caracteriza também pela utilização da sintaxe clássica, em oposição a construções mais próximas da oralidade, amplamente exploradas pelos modernistas da década de 1920 e por outros autores da geração de 1930.

Ao retratar em sua obra o universo do sertanejo nordestino, Graciliano Ramos extrapolou o regional, o local, para atingir o universal, na medida em que analisa a condição humana em meio à exploração social e ao meio natural hostil.

Em *Caetés* (1933), a primeira obra publicada pelo escritor, notam-se as características naturalistas de sua prosa, enquanto nos romances seguintes, *São Bernardo* (1934) e *Angústia* (1936), destaca-se o aprofundamento psicológico.

Em *Vidas secas* (1938), único romance do autor escrito em 3ª pessoa, um narrador dá ao leitor acesso ao universo mental pobre e fragmentado de cinco personagens: Fabiano, sinhá Vitória, o menino mais velho, o menino mais novo e a cachorra Baleia. Na obra, que você vai conhecer a seguir, o enredo é construído em torno da vida dessa família de retirantes, que, em pleno agreste, vive os sofrimentos provocados pela estiagem e a opressão causada pelos poderosos.

Graciliano Ramos

Filho de um casal de sertanejos de classe média, Graciliano Ramos (1892-1953) nasceu em Quebrângulo, Alagoas. Fez os estudos secundários em Maceió, mas não cursou nenhuma faculdade.

Além de se dedicar à literatura, o escritor exerceu atividades ligadas ao jornalismo e à política. Em 1936, foi preso, acusado de subversão. Essa experiência de prisão foi registrada em *Memórias do cárcere* (1953), obra em que denuncia o autoritarismo do governo de Vargas. Em 1945, ingressou no Partido Comunista e, após a viagem que fez à Rússia e a outros países socialistas na década de 1950, escreveu *Viagem* (1954), obra em que relata essa nova experiência.

Na época em que publicou *Viagem*, Graciliano Ramos já era reconhecido como o maior romancista brasileiro depois de Machado de Assis. Além de romances, escreveu também contos e crônicas. Suas obras tiveram reconhecimento internacional e foram traduzidas para muitas línguas, como o inglês, o alemão, o italiano, o espanhol, o francês, o russo e o polonês.

Arquivo/Estadão Conteúdo

FOCO NO TEXTO

Leia, a seguir, um trecho do primeiro capítulo de *Vidas secas*.

Mudança

Na planície avermelhada os juazeiros alargavam duas manchas verdes. Os infelizes tinham caminhado o dia inteiro, estavam cansados e famintos. Ordinariamente andavam pouco, mas como haviam repousado bastante na areia do rio seco, a viagem progredira bem três léguas. Fazia horas que procuravam uma sombra. A folhagem dos juazeiros apareceu longe, através dos galhos pelados da catinga rala.

Arrastaram-se para lá, devagar, sinha Vitória com o filho mais novo escanchado no quarto e o baú de folha na cabeça, Fabiano sombrio, cambaio, o aió a tiracolo, a cuia pendurada numa correia presa ao cinturão, a espingarda de pederneira no ombro. O menino mais velho e a cachorra Baleia iam atrás.

Os juazeiros aproximaram-se, recuaram, sumiram-se. O menino mais velho pôs-se a chorar, sentou-se no chão.

— Anda, condenado do diabo, gritou-lhe o pai.

Não obtendo resultado, fustigou-o com a bainha da faca de ponta. Mas o pequeno esperneou acuado, depois sossegou, deitou-se, fechou os olhos. Fabiano ainda lhe deu algumas pancadas e esperou que ele se levantasse. Como isto não acontecesse, espiou os quatro cantos, zangado, praguejando baixo.

A catinga estendia-se, de um vermelho indeciso salpicado de manchas brancas que eram ossadas. O voo negro dos urubus fazia círculos altos em redor de bichos moribundos.

— Anda, excomungado.

O pirralho não se mexeu, e Fabiano desejou matá-lo. Tinha o coração grosso, queria responsabilizar alguém pela sua desgraça. A seca aparecia-lhe como um fato necessário — e a obstinação da criança irritava-o. Certamente esse obstáculo miúdo não era culpado, mas dificultava a marcha, e o vaqueiro precisava chegar, não sabia onde.

Tinham deixado os caminhos, cheios de espinho e seixos, fazia horas que pisavam a margem do rio, a lama seca e rachada que escaldava os pés.

Pelo espírito atribulado do sertanejo passou a ideia de abandonar o filho naquele descampado. Pensou nos urubus, nas ossadas, coçou a barba ruiva e suja, irresoluto, examinou os arredores. Sinha Vitória estirou o beiço indicando vagamente uma direção e afirmou com alguns sons guturais que estavam perto. Fabiano meteu a faca na bainha, guardou-a no cinturão, acocorou-se, pegou no pulso do menino, que se encolhia, os joelhos encostados no estômago, frio como um defunto. Aí a cólera desapareceu e Fabiano teve pena. Impossível abandonar o anjinho aos bichos do mato. Entregou a espingarda a sinha Vitória, pôs o filho no cangote, levantou-se, agarrou os bracinhos que lhe caíam sobre o peito, moles, finos como cambitos. Sinha Vitória aprovou esse arranjo, lançou de novo a interjeição gutural, designou os juazeiros invisíveis.

E a viagem prosseguiu, mais lenta, mais arrastada, num silencio grande.

Ausente do companheiro, a cachorra Baleia tomou a frente do grupo. Arqueada, as costelas à mostra, corria ofegando, a língua fora da boca. E de quando em quando se detinha, esperando as pessoas, que se retardavam.

aboiar: cantar o aboio, canto usado por vaqueiros para guiar o gado.
aió: bolsa de caça.
cambaio: indivíduo que tem as pernas fracas e mostra dificuldade para andar.
cólera: ira, raiva intensa.
escanchado: sentado sobre algo à maneira de quem monta.
irresoluto: indeciso, titubeante.
quarto: quadris.
légua: medida de distância que corresponde aproximadamente a 6 600 metros.
moribundo: que está morrendo, agonizando.

Arquivo O Cruzeiro/EM/D.A Press

Cena do filme *Vidas secas* (1963), dirigido por Nelson Pereira dos Santos.

Ainda na véspera eram seis viventes, contando com o papagaio. Coitado, morrera na areia do rio, onde haviam descansado, à beira de uma poça: a fome apertara demais os retirantes e por ali não existia sinal de comida. Baleia jantara os pés, a cabeça, os ossos do amigo, e não guardava lembrança disto. Agora, enquanto parava, dirigia as pupilas brilhantes aos objetos familiares, estranhava não ver sobre o baú de folha a gaiola pequena onde a ave se equilibrava mal. Fabiano também às vezes sentia falta dela, mas logo a recordação chegava. Tinha andado a procurar raízes, à toa: o resto da farinha acabara, não se ouvia um berro de rês perdida na catinga. Sinha Vitória, queimando o assento no chão, as mãos cruzadas segurando os joelhos ossudos, pensava em acontecimentos antigos que não se relacionavam: festas de casamento, vaquejadas, novenas, tudo numa confusão. Despertara-a um grito áspero, vira de perto a realidade e o papagaio, que andava furioso, com os pés apalhetados, numa atitude ridícula. Resolvera de supetão aproveitá-lo como alimento e justificara-se declarando a si mesma que ele era mudo e inútil. Não podia deixar de ser mudo. Ordinariamente a família falava pouco. E depois daquele desastre viviam todos calados, raramente soltavam palavras curtas. O louro aboiava, tangendo um gado inexistente, e latia arremedando a cachorra.

(Rio de Janeiro: Record, 2006. p. 9-12.)

LITERATURA

REGISTRE NO CADERNO

1. No primeiro capítulo de *Vidas secas*, é narrado o deslocamento da família de Fabiano pelas terras do sertão nordestino.

a. Como é caracterizada a paisagem pela qual a família caminha?

b. Nessa obra, Graciliano Ramos denuncia a situação miserável dos retirantes. Que fato narrado no texto evidencia essa situação de absoluta miséria?

c. O romance de 30 é também chamado de neorrealista e de neonaturalista pela crítica literária. Considerando o primeiro parágrafo do texto, responda: O narrador de *Vidas secas* mantém a imparcialidade típica da prosa realista e naturalista? Justifique sua resposta com elementos desse parágrafo.

2. Os diálogos são raros no romance.

a. No momento em que o menino mais velho começa a chorar e se senta no chão, exausto, quais são as primeiras reações e qual é o desejo de Fabiano diante daquela situação? O que essas reações revelam a respeito dessa personagem?

b. E sinhá Vitória, como reage nessa circunstância? Como se comunica com Fabiano?

c. O que os sons emitidos pelo papagaio revelam sobre a comunicação na família?

d. Levante hipóteses: Que efeito de sentido essa escassez de diálogos constrói na narrativa?

3. Ao contrário dos diálogos, a interioridade das personagens é amplamente explorada ao longo do romance.

a. No texto em estudo, Fabiano e sinhá Vitória revelam ter consciência crítica a respeito da situação de desterro e de miséria em que estavam? Justifique sua resposta com elementos do texto.

b. Releia este trecho:

"Baleia [...] enquanto parava, dirigia as pupilas brilhantes aos objetos familiares, estranhava não ver sobre o baú de folha a gaiola pequena onde a ave se equilibrava mal. Fabiano também às vezes sentia falta dela, mas logo a recordação chegava."

Em determinadas circunstâncias, a cachorra Baleia é humanizada, e os retirantes, ao contrário, são animalizados. Identifique esse traço da obra no trecho acima.

c. Nesse contexto, que sentido a palavra *chegava* em "a recordação chegava", adquire?

Museu de Arte de São Paulo Assis Chateaubriand, SP

Os retirantes (1944), de Cândido Portinari.

4. Releia este trecho:

> "Aí a cólera desapareceu e Fabiano teve pena. Impossível abandonar o anjinho aos bichos do mato. Entregou a espingarda a sinha Vitória, pôs o filho no cangote, levantou-se, agarrou os bracinhos que lhe caíam sobre o peito, moles, finos como cambitos."

a. Os diminutivos são raros em *Vidas secas*. No contexto da narrativa, que efeito o uso dos diminutivos, no trecho, produz?

b. O narrador onisciente é aquele que, além de se apresentar em 3ª pessoa, conhece tudo sobre o que é narrado, inclusive o mundo interior das personagens. Com base no trecho e no restante do texto lido, responda: Com que finalidade Graciliano Ramos adotou a perspectiva do narrador onisciente em *Vidas secas*?

c. O discurso indireto livre foi amplamente utilizado em *Vidas secas*. Essa técnica narrativa consiste na fusão da fala do narrador à fala ou ao pensamento de uma personagem. Identifique no trecho a frase em que há a presença do discurso indireto livre e levante hipóteses: Que efeito o emprego dessa técnica produz na narrativa?

5. Além do discurso indireto livre, o romance utiliza outros recursos formais.

a. Um desses recursos é a não linearidade, ou seja, os fatos narrados não seguem uma ordem cronológica. Que episódio narrado no texto em estudo exemplifica esse traço formal da obra?

b. Os filhos de Fabiano e de sinhá Vitória não têm nomes. Levante hipóteses: Que efeito de sentido esse recurso constrói no texto?

6. O romance de 30 retomou a concepção determinista presente na prosa naturalista, explorando a relação entre o homem e o meio natural. No texto em estudo, como se dá essa relação? Nesse contexto, que sentido o título da obra adquire?

ARQUIVO

Por meio da leitura do texto de Graciliano Ramos feita neste capítulo, você viu que:

- o romance de 30 é marcado pela rudeza, pela captação direta dos fatos e pela exploração das relações entre o homem e o meio natural e social; por isso, é chamado de neorrealista e de neonaturalista;
- *Vidas secas* faz uma denúncia da vida miserável do nordestino pobre, exposto às agruras da seca, da migração, da ignorância, da opressão dos poderosos;
- em *Vidas secas*, a narrativa não é linear, os diálogos são raros e há exploração da interioridade das personagens, feita principalmente pelo uso do discurso indireto livre.

ENTRE TEXTOS

Você vai ler, a seguir, dois textos. O primeiro é um fragmento do poema "O retrato do sertão" (1978), de Patativa do Assaré, e o segundo é a letra da canção "Segue o seco" (1994), de Carlinhos Brown.

Patativa do Assaré

Antônio Gonçalves da Silva (1909-2002) nasceu em Serra de Santana, região próxima da cidade de Assaré, no Ceará.

Ainda criança começou a trabalhar na roça para ajudar no sustento da família e, logo que iniciou seus estudos, aos 12 anos, passou a escrever poesia. Um pouco depois, iniciou-se na arte do repente e, devido à beleza do seu canto poético, foi chamado de Patativa, nome de uma ave de canto singular.

Foi poeta popular, compositor e cantor, e sua produção poética é amplamente reconhecida.

Jarbas Oliveira/Estadão Conteúdo

Texto 1

O retrato do sertão

Se o poeta marinheiro
Canta as belezas do mar,
Como poeta roceiro
Quero o meu sertão cantar
Com respeito e com carinho.
Meu abrigo, meu cantinho,
Onde viveram meus pais.
O mais puro amor dedico
Ao meu sertão caro e rico
De belezas naturais.

[...]

É diferente da praça
A vida no meu sertão;
Tem graça, tem muita graça
Uma noite de São João.
No clarão de uma fogueira,
Tudo dança a noite inteira
No mais alegre pagode,
E um caboclo bronzeado
Num tamborete sentado
Tocando no pé de bode.

[...]

Aqui, do mundo afastado,
Acostumei-me a viver,
Já nasci predestinado,
Sabendo amar e sofrer.
Neste meu sertão bravio,
Nas belas tardes de estio,
Da chapada ao tabuleiro,
Eu louvo, adoro e bendigo
O ladrar do cão amigo
E o aboiar do vaqueiro.

Se a clara noite aparece,
Temos a mesma beleza.
Tudo é riso, paz e prece,
E a festa da natureza
Seu compasso continua.
A noturna mãe-de-lua
Solta o seu canto agoureiro,
Sua funérea risada,
Vendo a filha imaculada
Brilhando o sertão inteiro.

[...]

agoureiro: que prenuncia acontecimentos ou notícias sinistras, trágicas.
cachimbeira: parteira.
estio: verão.
mãe-de-lua: um tipo de ave.
sariema (ou seriema): ave que vive em campos e cerrados.

Porém, se ele é um portento
De riso, graça e primor,
Tem também seu sofrimento,
Sua mágoa e sua dor.
Esta gleba hospitaleira,
Onde a fada feiticeira
Depositou seu condão,
É também um grande abismo
Do triste analfabetismo,
Por falta de proteção.

[...]

Eu não ignoro nada
Deste sertão sofredor
Que puxa o cabo da enxada
Sem arado e sem trator.
Pobre sertão esquecido
Que já está desiludido
E não acredita mais
Nas promessas e nos tratos
E juras de candidatos
Nas festas eleitorais.

Meu sertão da sariema,
Sertão queimado do sol,
que não conhece cinema,
Teatro, nem futebol,
Sertão de doença e fome
Onde o pobre assina o nome
Com uma pena na mão,
Para, enganado e inocente
Dar um voto inconsciente
Quando é tempo de eleição.

Este sertão que persiste
Soltando os mesmos gemidos
É qual purgatório triste
Das almas dos desvalidos.
Ele não tem providência
De remédio ou de assistência
Pra sua gente roceira,
Dentro do mais pobre quarto
A mulher morre de parto
Nos braços da cachimbeira.

(Patativa do Assaré. Disponível em: http://opovonalutafazhistoria.blogspot.com.br/2011/06/o-retrato-do-sertao-patativa-do-assare.html?m=1. Acesso em: 12/2/2016.)

Texto 2

Segue o seco

A boiada seca
Na enxurrada seca
A trovoada seca
Na enxada seca

Segue o seco sem sacar que o caminho é seco
Sem sacar que o espinho é seco
Sem sacar que seco é o Ser Sol
Sem sacar que algum espinho seco secará
E a água que sacar será um tiro seco
E secará o seu destino seca

Ô chuva, vem me dizer
Se posso ir lá em cima prá derramar você
Ô chuva, preste atenção
Se o povo lá de cima vive na solidão

Ivan Cruz/FuturaPress

Se acabar não acostumando
Se acabar parado calado
Se acabar baixinho chorando
Se acabar meio abandonado
Pode ser lágrimas de São Pedro
Ou talvez um grande amor chorando
Pode ser o desabotoado céu
Pode ser coco derramando

(Carlinhos Brown. Disponível em: http://www.letras.com.br/#!marisa-monte/segue-o-seco. Acesso em: 12/2/2016.)

1. Em "O retrato do sertão", Patativa do Assaré mostra duas faces antagônicas do sertão.

a. Explique quais são essas faces, utilizando trechos do texto para comprovar sua resposta.

b. Quais são as críticas que o autor faz ao retratar o sertão? A quem ele dirige essas críticas? Justifique sua resposta com elementos do texto.

2. Em relação ao texto 2, responda:

a. Na primeira estrofe, o eu lírico cria imagens plásticas a partir da repetição da palavra *seca*. Considerando o contexto, levante hipóteses: Quais são essas imagens? Justifique sua resposta com expressões do texto.

b. Na segunda estrofe, o eu lírico explora determinados sentidos do verbo *sacar*. Identifique esses sentidos.

3. A propósito da sonoridade de "Segue o seco", observa-se que o texto tem um ritmo bem-marcado, principalmente, na primeira estrofe.

a. Tendo em vista o título "Segue o seco", que ideia esse ritmo sugere?

b. Além do ritmo, a aliteração é bastante explorada no texto. Identifique os fonemas que se repetem e explique o efeito resultante dessa repetição.

4. No texto "Segue o seco", há uma crítica semelhante à que é feita no texto "O retrato do sertão". Qual é essa crítica? Justifique sua resposta com um trecho do texto.

5. O poema "O retrato do sertão", a letra da canção "Segue o seco" e o romance *Vidas secas*, de Graciliano Ramos, foram produzidos em diferentes momentos do século XX, mas fazem referência aos mesmos problemas, presentes na vida do sertanejo nordestino por várias gerações. Que papel social esses textos cumprem nas diferentes esferas em que circulam?

Carlinhos Brown

Antônio Carlos Santos de Freitas nasceu em Salvador, Bahia, em 1963.

Cantor, compositor, percussionista e artista plástico, Carlinhos Brown é líder da banda Timbalada e tem trabalhos produzidos em parceria com Arnaldo Antunes e Marisa Monte, cantora que gravou a música "Segue o seco" (no álbum *Verde, anil, amarelo, cor-de-rosa e carvão*, de 1994).

Jack Vartoogian/Getty Images

ENTRE SABERES

ARTE • HISTÓRIA • LITERATURA

Entre 1930 e 1945, as concepções estéticas e ideológicas do Modernismo se consolidaram no espaço cultural brasileiro. Para saber mais sobre os acontecimentos políticos e as produções artísticas e intelectuais dessa época, leia os textos a seguir.

O Modernismo e o Estado Novo

Carnaúba (1944), afresco de Cândido Portinari pintado no Palácio Gustavo Capanema, antiga sede do Ministério da Educação e Cultura no Rio de Janeiro.

Alguns modernistas tiveram seu trabalho financiado pelo Estado Novo. O afresco acima, produzido por encomenda do governo Vargas, integra a série "Ciclos econômicos", de Portinari. A obra tinha em vista enaltecer os trabalhos que contribuíram para a construção da civilização brasileira.

A obra de Villa-Lobos na perspectiva de Murilo Mendes

[...]

Confesso que sinto mais o Brasil nas serestas, nos choros, nas cirandas, nos hinos cívicos de Villa do que nos poemas de Gonçalves Dias ou Castro Alves, nos romances de José de Alencar e Machado de Assis, nos quadros e painéis de Portinari. É, sem dúvida, uma opinião pessoal: mas sei de muita gente boa que pensa assim também. Villa poderá ser desagradável, áspero, barroco, tudo o que quiserem; não só poderão dizer que não é grande músico. Se disserem isso, sai barulho. Quem não compreendeu Villa-Lobos não compreendeu esta mistura de tendências e atitudes, esta vasta ópera desordenada que é o Brasil — o Brasil que escapa a qualquer classificação acadêmica, que faz o desespero dos sociólogos e dos observadores munidos de fichas e preconceitos. O Brasil da selva amazônica, do sertão carioca, do carnaval carioca que morreu, mas cuja tradição persiste apesar de tudo, o Brasil da política informe, do candomblé baiano, do *bumour* mineiro, dos impulsos pernambucanos, dos cantos dos pretos de exílio, o Brasil cético e supersticioso, desconfiado das soluções convencionais, o Brasil do ao Deus dará, da sensualidade mole, do lirismo nostálgico, da ternura, da camaradagem, do coração aberto a todos os povos; este Brasil afro-europeu que querem copacabanizar, standardizar, planificar, cretinizar, mas que resiste... e resiste, antes de tudo, pela música de Villa-Lobos, este grande herói do Brasil humano e universal.

Não posso disfarçar o prazer com que escrevo sobre Villa-Lobos. Ninguém poderá esperar de mim artigo técnico, que escapa à competência desta seção e à minha própria competência: trata-se de um simples desabafo de poeta diante do homem a quem devemos, além de admiração pela sua espantosa, comovida gratidão. Porque, sem sombra de patriotismo, digo que Villa-Lobos reconstituiu-nos a imagem de um Brasil que, com o surto dos novos costumes, de americanização, do rádio, etc., talvez se perdesse para sempre, se a sua intuição de artista não no-lo tivesse gravado, e de maneira genial.

[...]

(Murilo Mendes. *Formação de discoteca e outros artigos sobre música*. São Paulo: Edusp, 1993. p. 116-8. Texto publicado originalmente no suplemento "Letras e Artes", do jornal carioca *A manhã*, em 21/9/1947.)

Mundo novo e velha civilização

A tentativa de implantação da cultura europeia em extenso território, dotado de condições naturais, se não adversas, largamente estranhas à sua tradição milenar, é, nas origens da sociedade brasileira, o fato dominante e mais rico em consequências. Trazendo de países distantes nossas formas de convívio, nossas instituições, nossas ideias, e timbrando em manter tudo isso em ambiente muitas vezes desfavorável e hostil, somos ainda hoje uns desterrados em nossa terra. Podemos construir obras excelentes, enriquecer nossa humanidade de aspectos novos e imprevistos, elevar à perfeição o tipo de civilização que representamos: o certo é que todo o fruto de nosso trabalho ou de nossa preguiça parece participar de um sistema de evolução próprio de outro clima e de outra paisagem.

Assim, antes de perguntar até que ponto poderá alcançar bom êxito a tentativa, caberia averiguar até onde temos podido representar aquelas formas de convívio, instituições e ideias de que somos herdeiros.

[...]

(Sérgio Buarque de Holanda. *Raízes do Brasil*. São Paulo: Companhia das Letras, 1995. p. 31.)

O Brasil e a Segunda Guerra Mundial

Em agosto 1942, pressionado por manifestações populares que defendiam a democracia no país, o governo do Estado Novo abandonou a neutralidade e declarou querra ao Eixo, formado por Alemanha, Itália e Japão. A atuação militar brasileira, porém, só se efetivou em 1944, quando os *pracinhas* — soldados brasileiros que integravam a FEB, força militar criada em 1943 para participar da guerra — desembarcaram na Itália, liderados pelo general Mascarenhas de Morais.

A preparação militar da Força Expedicionária Brasileira (FEB) foi feita pelos norte-americanos no Kansas, centro-oeste dos Estados Unidos, entre 1943 e 1944. A demora dessa preparação e a desconfiança quanto à capacidade militar dos soldados brasileiros levaram o povo a criticar a FEB e a participação do Brasil na guerra.

Entre 1944 e 1945, o país enviou a combate cerca de 25 mil soldados. Na opinião de alguns, seu papel no conflito foi estratégico, mesmo com a Itália tendo sido vencida e os exércitos alemães tendo mantido sua posição no território italiano.

[...]

Com o fim da guerra, em agosto de 1945, os soldados brasileiros voltaram a sua pátria e comemoraram a vitória. Para Vargas, isso teve um sabor amargo: os próprios soldados passaram a questionar a incoerência da luta contra a ditadura nazista em nome da democracia num momento em que, dentro do próprio Brasil, as liberdades civis eram limitadas por um regime ditatorial.

Em seu retorno, os pracinhas foram recebidos como heróis em várias manifestações populares realizadas em todo o país.

(Miguel Castro Cerezo et al. *Enciclopédia do estudante – História do Brasil – das origens ao século XXI*. São Paulo: Moderna, 2008. v. 16, p. 174-5.)

A perseguição antissemita no Estado Novo

Apesar de não ser antissemita, Getúlio Vargas perseguiu judeus de origem alemã, a fim de agradar ao governo nazista. Uma de suas vítimas foi Olga Benário Prestes, esposa do líder comunista Luís Carlos Prestes, deportada para a Europa e encaminhada a um campo de concentração. Olga foi assassinada em uma câmara de gás em 1942.

(Miguel Castro Grego et al. Op. cit., p. 172.)

Olga: Muitas paixões numa só vida. Direção: Jayme Monjardim. [S.l.]: Globo Filmes, 2004

Cartaz do filme brasileiro que conta a vida de Olga Benário, lançado em 2004.

Primo Filmes

Cena do filme *Estrada 47*, de 2015.

Estrada 47

O filme brasileiro *Estrada 47*, baseado em fatos reais, narra o drama vivido por um grupo de soldados da FEB durante a Segunda Guerra, depois de sofrer um ataque de pânico coletivo nas imediações do Monte Castelo, na Itália.

Agora, discuta com os colegas:

1. Na década de 1930, muitos intelectuais faziam uma análise crítica da realidade brasileira com base em seus aspectos sociológico, antropológico e político-econômico. Um dos importantes pensadores desse período foi o historiador Sérgio Buarque de Holanda (1902-1982), que, na obra *Raízes do Brasil* (1936), refletiu sobre o processo de formação da sociedade brasileira. De acordo com o texto "Mundo novo e velha civilização", de sua autoria, por que o brasileiro é um desterrado em sua própria terra?

2. O maestro e compositor Heitor Villa-Lobos é considerado o expoente da música modernista no Brasil e um dos principais nomes da música clássica do país. Qual era a importância da música desse compositor, na opinião de Murilo Mendes, e por que ele considerava a música de Villa-Lobos o retrato do Brasil?

Bachiana nº 2: "O trenzinho do caipira"

As *Bachianas brasileiras*, uma série de nove composições escritas por Heitor Villa-Lobos (1887-1959) entre 1930 e 1945, estão entre as mais populares do músico. Nessa obra, o compositor se inspirou na música barroca de Johan Sebastian Bach e na música folclórica brasileira, da qual fez uso de instrumentos como o chocalho, o reco-reco, o ganzá e o pandeiro, entre outros. "O trenzinho do caipira", da *Bachiana nº2*, é uma peça bastante conhecida e se caracteriza por imitar o som que uma locomotiva faz assim que começa a funcionar.

Anos depois da composição de "O trenzinho caipira", o poeta Ferreira Gullar escreveu uma letra para acompanhar sua melodia: "Lá vai o trem com o menino / La vai a vida a rodar / La vai ciranda e destino / Pro dia novo encontrar [...]".

Ouça na Internet essa composição de Heitor Villa-Lobos e a versão com a letra de Ferreira Gullar.

AFP

3. Na Segunda Guerra Mundial, o Brasil se posicionou ao lado dos Aliados (grupo de países formado pelo Reino Unido, pela França, pela Polônia e pelos Estados Unidos), lutando contra os países do Eixo. Essa participação na guerra evidenciou uma contradição do governo de Vargas que contribuiu para o fim do Estado Novo. Em que consiste tal contradição?

MUNDO plural

DIVERSIDADE CULTURAL

Você viu nesta unidade que o Brasil, embora tenha lutado contra o nazismo na Segunda Guerra Mundial, viveu no próprio território, na mesma época, uma ditadura que cerceava direitos civis e perseguia judeus alemães.

O texto a seguir comenta a atual situação de busca de refúgio no Brasil por migrantes de origem não europeia. Leia-o e, depois, discuta com os colegas e o professor as questões propostas.

Rodrigo Gazzanel/FuturaPress

Por que integrar é preciso?

O desastre em Mariana (MG) foi um triste exemplo do que é perder parte da vida abruptamente. Pessoas que fogem de seus países por medo da destruição causada por conflitos ou catástrofes naturais vivenciam traumas. Os mais de 20 milhões de refugiados ao redor do mundo carregam histórias que não cabem em suas bagagens. Garantir-lhes dignidade e condições para exercer o direito à vida e seu desenvolvimento deve ser a premissa que orienta políticas de acolhimento e integração.

Embora mais de 5 mil solicitações de refúgio já tenham sido indeferidas pelo Conare, o Brasil tem mantido uma postura de acolhimento a refugiados – hoje mais de 8 mil no país. Facilitar o acolhimento é importante porque uma via legal e segura para acessar o país é uma das formas de combate à exploração no transporte e contrabando de pessoas.

Com uma população de mais de 200 milhões, dos quase 1 milhão de estrangeiros residentes no Brasil a maioria tem origem europeia, segundo dados da Polícia Federal até outubro de 2015. Enquanto estrangeiros seriam quase 0,5% da população residente no país, aqueles com status de refúgio somam quase 0,004% – cifra bastante modesta para justificar afirmações sobre o risco que trazem ao mercado de trabalho.

Enquanto a xenofobia pouco atinge aqueles de origem europeia, casos de crimes de ódio contra congoleses, haitianos e migrantes de países em desenvolvimento foram reportados pela mídia em 2015. A infeliz e precipitada associação entre o Islamismo e o terrorismo é também frequente. O Congresso tem reconhecido o problema e convocado audiências sobre o assunto. O Ministério da Justiça empregou esforços em campanha contra a xenofobia, frustrados após um deslize.

[...]

Promover a integração é também uma oportunidade para promover um desenvolvimento saudável da sociedade civil e da democracia e manter o patrimônio que é a diversidade brasileira. Para refugiados congoleses atendidos pelo Adus: "O Brasil é um país solidário, eu senti o amor do povo brasileiro. Aqui pode ter crime e violação, mas também tem amor. Politicamente sou refugiado, mas culturalmente não. Meus ancestrais africanos também estão aqui, meus irmãos e família, então eu tenho que ter direitos como as pessoas que estão aqui. O Brasil tem uma capacidade grande, tem mais pra ajudar."

Marcelo Haydu é diretor do Adus | Instituto para Reintegração de Refugiados, instituição que desde 2010 atende refugiados, solicitantes de refúgio e pessoas em situação análoga ao refúgio nos programas de reintegração, orientação de trajeto e advocacy.

(Disponível em: http://www.adus.org.br/2016/01/por-que-integrar-e-preciso/#sthash.yZrfvdvE.dpuf. Acesso em: 12/2/2016.)

1. A perseguição a estrangeiros pode ser considerada atualmente uma prática superada?

2. Você conhece ou convive com algum imigrante? Como é a situação de vida dele no país?

3. Você conhece alguém que saiu do Brasil para viver em outro país? Como é a situação de vida dessa pessoa em terras estrangeiras?

4. Você considera que tem motivos para sair do Brasil e viver em outro país? Em quais países viveria? Por quê?

5. Qual é a sua opinião sobre o Brasil receber imigrantes?

LÍNGUA E LINGUAGEM

Regência nominal

FOCO NO TEXTO

Leia o fôlder a seguir.

Ação Bem-me-quer - combate à violência contra a mulher

(Disponível em: http://www.mppe.mp.br/mppe/index.php/comunicacao/campanhas/ultimas-noticias-campanhas/188-acao-bem-me-quer-combate-a-violencia-contra-a-mulher. Acesso em: 10/3/2016.)

1. Observe os créditos na parte central do fôlder e relacione-os ao texto à direita.

a. Qual é a instituição que o produziu?

b. A quem ele se dirige?

c. Qual é a campanha por ele divulgada?

REGISTRE NO CADERNO

2. Releia o enunciado principal:

"Alguém que você quer bem sofre com a violência doméstica?"

Relacione-o às imagens do fôlder:

a. Compare as imagens da flor à direita e ao centro: Qual é a diferença entre elas?

b. Há uma expressão desse enunciado que remete a uma brincadeira relacionada a flores. Qual é essa expressão e qual é a brincadeira?

c. Levante hipóteses: O que representam as imagens de cada uma das duas flores e qual é a relação entre elas e o assunto abordado no fôlder?

3. No capítulo anterior, você estudou regência verbal. No enunciado principal do fôlder, a regência do verbo *querer* não está de acordo com a norma-padrão.

a. Identifique qual é esse desacordo.

b. Como ficaria a construção na norma-padrão?

c. Com base em sua resposta ao item *b*, discuta com os colegas e o professor e levante hipóteses: Por que se optou, no fôlder, por utilizar a forma não convencional da regência?

4. Releia o texto verbal à esquerda do fôlder.

a. Segundo ele, além das campanhas, quais são as outras ações realizadas pela instituição?

b. Sem voltar ao fôlder, escreva em seu caderno as expressões a seguir, relacionando as duas colunas de acordo com o sentido geral do texto.

REGISTRE NO CADERNO

unido	dos direitos
combate	contra a mulher
violência	à violência
redução	de estudos
apoio	a você
elaboração	da violência
implementação	à mulher

c. Discuta com os colegas e o professor: Além do sentido do texto, qual outra estratégia você utilizou para conseguir relacionar as colunas no item *b*?

5. Releia a primeira coluna do item *b* da questão 4 e levante hipóteses:

a. Quais desses nomes derivam de verbos? Identifique-os, bem como aos verbos dos quais derivam.

b. As preposições regidas pelos nomes são as mesmas regidas por seus respectivos verbos? Justifique sua resposta com exemplos.

6. Seguindo o mesmo princípio da questão 5:

a. Indique quais nomes derivam dos seguintes verbos: chegar, disputar, perder, cortar, embarcar.

b. Discuta com os colegas e o professor e encontre outras duplas de verbo e nome correspondente.

REFLEXÕES SOBRE A LÍNGUA

No estudo do fôlder, você viu que alguns nomes se ligam a seus complementos por preposições. É o caso de expressões como *combate à violência, apoio à mulher, elaboração de estudos*. Há nomes que admitem preposições variadas dependendo do contexto em que ocorrem, podendo ou não mudar seu sentido. A ligação entre os nomes e seus complementos é chamada de *regência nominal*. Assim:

> **Regência nominal** é o princípio pelo qual os nomes se ligam a seus complementos.

Como falante nativo da língua portuguesa, você certamente conhece as preposições que complementam nomes e quais são seus respectivos sentidos. É importante saber, entretanto, que as regras podem variar, seja entre uma variedade linguística e outra, seja de acordo com a formalidade da situação. Portanto, elencamos a seguir os principais nomes e as preposições regidas por cada um deles segundo a norma-padrão.

Não há necessidade de memorizar essas regências; é, porém, interessante conhecê-las, para fins de consulta e em caráter de informação complementar. Caso você pretenda produzir um texto escrito em situações formais ou em exames e avaliações, a indicação é que você dê preferência a essas formas, sempre atento(a) às diferenças de sentido.

acessível a
adequado a
admiração a, por
agradável a,
alheio a, de
análogo a
ansioso de, para, por
apto a, para
atentado a, contra
atento a, em
aversão a, por
avesso a
ávido de, por
capacidade de, para
capaz de, para
caro a
cego a
comum a, de
contemporâneo a, de
contrário a, de
curioso de, para
desatento a
digno de
disposto a
dúvida em, sobre
erudito em
escasso de
fácil de
fiel a
grato a, por
hábil em
horror a
impaciência com
inábil para
incompatível com
livre de
longe de
maior de, entre
mau com, para, para com
medo de
menor de
natural de
necessário a
nocivo a
obediência a
obrigação de
oposto a
orgulhoso com, para, para com, de
paciência com
paralelo a
perito em
perto de
piedade de
possível de
posterior a
preferível a
prejudicial a
pronto para, em
propenso a, para
querido de, por
sedento de, por
sensível a
temeroso de
último em, de, a
útil a, para
visível a
vizinho a, de

APLIQUE O QUE APRENDEU

Leia o cartum abaixo, de Angeli, e responda às questões de 1 a 3.

Angeli

- *Querida, você está um luxo! Aonde vamos?*
- *Participar de uma passeata contra a concentração de renda e a discriminação social!*

(Disponível em: http://profirmeza.blogspot.com.br/2010/04/cartum-exemplos_28.html. Acesso em: 10/3/2016.)

1. Observe a parte não verbal do cartum e levante hipóteses:

a. Que relação há entre as mulheres que descem a escada e a mulher que está no centro do cartum? Justifique sua resposta com base no desenho.

b. A qual tipo de situação social são adequadas as vestimentas do homem e da mulher ao centro do cartum?

c. Essas vestimentas condizem com o evento ao qual eles vão?

d. O comportamento do homem e da mulher condiz com o propósito desse evento? Justifique sua resposta.

2. Releia o seguinte trecho da fala da mulher:

"uma passeata contra a concentração de renda e a discriminação social"

a. A quais verbos correspondem os nomes *passeata* e *concentração*?

b. Quais termos são regidos pelos nomes *passeata* e *concentração*?

c. De qual verbo deriva o nome *discriminação*? Substitua o termo que acompanha o nome *discriminação* na fala da mulher por outro equivalente, utilizando uma preposição.

d. Reescreva a fala da mulher, fazendo as alterações necessárias para tornar a fala coerente com o comportamento dela.

A nominalização

A nominalização é uma estratégia argumentativa que auxilia na construção de sentidos. Optar pela utilização de formas nominais produz alguns efeitos no texto. Entre eles:

- toma-se como pressuposto que o fato ao qual se faz referência é verdadeiro. Por exemplo, quando se diz *a concentração de renda* e *a discriminação social*, esses fatos são tratados como verdades comprovadas, ou seja, a renda se concentra e a sociedade discrimina;
- o enunciador transforma a ação nominalizada em um objeto visto pela perspectiva dele, com o objetivo de engajar o leitor no seu ponto de vista a respeito de uma verdade já conhecida e admitida também por seus interlocutores.

3. É possível considerar que o cartum ironiza o comportamento de um segmento social específico.

a. Qual é esse segmento?

b. Explique como se constrói essa ironia com base nos textos verbal e não verbal do cartum.

Leia o cartaz a seguir e responda às questões 4 e 5.

República

4. Complete a frase a seguir, trocando a locução verbal *está aumentando* por um nome e utilizando a preposição adequada para conectá-la ao termo *desperdício*.

▬▬▬▬▬ desperdício é preocupante.

REGISTRE NO CADERNO

5. Releia o texto inferior do cartaz e relacione-o à imagem central.

a. Quais termos complementam o nome *desperdício*?

b. Qual é a relação entre a imagem central e esses termos?

c. Para evitar a repetição e ganhar síntese – o que é desejável na linguagem publicitária –, o anunciante preferiu deixar a preposição *de* subentendida. Reescreva o trecho, repetindo a preposição, e discuta com os colegas e o professor: Há diferenças de sentido entre as duas construções? Qual forma vocês preferem? Por quê?

TEXTO E ENUNCIAÇÃO

Leia a letra da música a seguir e responda às questões de 1 a 5.

O Rio Severino

Um tísico à míngua espera a tarde inteira
Pela assistência que não vem
Mas vem de tudo n'água suja, escura e espessa deste
Rio Severino, Morte e Vida vêm
Mas quem não tem ABC não pode entender HIV
Nem cobrir, evitar e ferver
O rio é um rosário cujas contas são cidades
À espera de Deus que dê
Quem possa lhes dizer
Me diz o que é que você tem
O que é que eu posso te dizer?
Me diz o que é que você tem
É muita gente ingrata reclamando de barriga d'água cheia
São maus cidadãos
É essa gente analfabeta interessada em denegrir
A boa imagem da nossa nação
És tu Brasil, ó pátria amada, idolatrada
Por quem tem acesso fácil a todos os teus bens
Enquanto o resto se agarra no rosário, e sofre e reza
À espera de um Deus que não vem

(Herbert Vianna. © Edições Musicais Tapajós.)

Juscelino Souza/Agência A Tarde/FuturaPress

à míngua: em um estado de extrema pobreza.
rosário: fileira de pequenas contas dispostas de maneira sucessiva, representando cada uma delas uma oração.
tísico: indivíduo tuberculoso ou, no sentido figurado, muito magro.

1. Os nove primeiros versos da canção expõem uma situação social.

a. Qual é a situação descrita?

b. Tendo em vista que essa canção foi escrita há mais de vinte anos, discuta com os colegas e o professor: Ainda é possível considerar atual o problema exposto?

2. Releia os seguintes versos:

"Mas quem não tem ABC não pode entender HIV
Nem cobrir, evitar e ferver
O rio é um rosário cujas contas são cidades"

Levante hipóteses:

a. No contexto da canção, qual é o sentido geral das siglas ABC e HIV?

b. A que princípios se referem as ações de "cobrir, evitar e ferver", citadas na canção?

c. Explique a imagem criada pela metáfora "o rio é um rosário cujas contas são cidades"?

Vida severina

Você estudou na seção **Literatura**, na obra *Vidas secas*, de Graciliano Ramos, o tema da seca no Brasil.

Outros autores também exploraram assuntos relacionados ao sertão brasileiro, como Rachel de Queiroz, Guimarães Rosa e João Cabral de Melo Neto. Este último é autor da obra *Morte e vida severina*, que você vai estudar na próxima unidade, com a qual a canção "O Rio Severino" trava um diálogo direto.

O texto é um auto de Natal pernambucano e conta a história de Severino, um retirante nordestino que viaja, seguindo o curso do rio Capibaribe, de sua terra natal até a cidade de Recife.

Zelito Viana

Cena do filme *Morte e vida severina* (1977).

3. Nos oito últimos versos são sobrepostas duas vozes distintas, que podem ser identificadas no contexto da canção.

a. Identifique de quem são essas duas vozes.

b. Essas vozes confrontam dois grupos de indivíduos. Quais são eles?

c. Discuta com os colegas e o professor e conclua: Qual efeito de sentido a contraposição dessas vozes produz na canção?

4. Compare os versos:

REGISTRE NO CADERNO

"Um tísico à míngua *espera* a tarde inteira / Pela assistência que não vem"
"À *espera* de um Deus que não vem"

a. Quais são os complementos do termo em destaque nas duas ocorrências?

b. Levante hipóteses: Tendo em vista o contexto exposto na canção, quais poderiam ser os possíveis termos regidos pelo nome *assistência*, com e sem preposição?

c. Levante hipóteses e discuta com os colegas e o professor: Por que a palavra *espera* rege preposições diferentes nas duas ocorrências? Justifique sua resposta.

5. Releia estes fragmentos:

"gente analfabeta *interessada* em denegrir"
"pátria *amada, idolatrada* por quem tem *acesso* fácil a todos os teus bens"
"À *espera* de um Deus"

a. Identifique quais complementos se ligam aos nomes em destaque por meio de preposições.

b. Releia o boxe "A nominalização", na página 118, e discuta com os colegas e o professor: Qual sentido a utilização de formas nominais ajuda a construir na segunda parte da canção?

6. A nominalização é um recurso muito comumente utilizado em textos jornalísticos. Leia as manchetes a seguir, adaptadas de manchetes reais.

I. Prefeitura pretende criar instituições *especializadas* em *crimes* contra o patrimônio público
II. Políticos *investigados* por entidade de *desvio* de recursos públicos devem permanecer suspensos
III. Manifestantes sem-teto entram em *confronto* com policiais em *protesto* contra o governo
IV. Homem é *condenado* por matar filho em *crise* de depressão

a. Identifique os complementos dos nomes em destaque.

b. Quando utilizada em excesso, a estratégia da nominalização pode dar origem a textos imprecisos ou ambíguos. Encontre a ambiguidade existente em cada uma das manchetes lidas.

c. Reescreva-as, escolhendo um sentido e eliminando o problema de ambiguidade.

PRODUÇÃO DE TEXTO

O debate deliberativo

PROJETO

O CONTEXTO DE PRODUÇÃO E RECEPÇÃO DOS TEXTOS

Quais textos você produzirá nesta unidade? Com que finalidade? Quem vai ler seus textos?

Nesta unidade, nosso projeto é a organização, pela classe, de uma *feira de cidadania*, aberta a toda a comunidade escolar e do bairro. Nela, serão realizadas oficinas relacionadas a profissões e mercado de trabalho, participação cidadã e deliberações comunitárias, direitos do consumidor, etc.

Com vistas à realização da feira, estudaremos no decorrer dos capítulos os seguintes gêneros: o debate deliberativo, o relatório, o currículo e as cartas argumentativas de solicitação e de reclamação.

FOCO NO TEXTO

Você vai ler, a seguir, a transcrição de um trecho de uma reunião deliberativa realizada na Câmara dos Deputados na qual foi votado o projeto de lei do Estatuto da Família. Na reunião, participantes contrários à aprovação do projeto fizeram requerimentos, isto é, petições por escrito em que manifestavam seu posicionamento, enquanto os participantes favoráveis apresentaram seus argumentos.

Presidente: Senhoras e senhores deputados, senhoras e senhores presentes, [...] declaro aberta a 12ª reunião da comissão especial destinada a proferir parecer ao projeto de lei número 6.583 de 2013, Estatuto da Família [...]. Informo que a lista de inscrição para discussão da matéria estará aberta na nossa assessoria, os senhores e senhoras deputadas que desejarem se inscrever queiram fazê-lo até o início da discussão, quando serão encerradas definitivamente as inscrições. [...]

Participante 1: Senhor presidente, para discutir...

Presidente: Sim, nobre deputada Érika Kokay [Participante 1]. Com vossa excelência a palavra, três minutos, ok? Por favor.

Participante 1: Senhor presidente, eu penso que essa sessão de hoje tem um caráter histórico. Ela tem um caráter histórico para saber se nós vamos caminhar para as trevas, ou se nós vamos caminhar para uma sociedade que tenha a clareza solar de assegurar o direito de todas e todos [...]. Nós estamos aqui discutindo se vamos rasgar a constituição, que assegura que todas e todos têm direito à família, ou se nós vamos dizer que apenas alguns seres humanos têm direito à família. Se nós vamos negar a família enquanto instrumento fundamental para a construção da nossa própria concepção de vida, ou para nossa própria humanidade. Alguém aqui acredita que a família é algo que não tem importância? Porque quando se restringe o direito à família a apenas parte da população brasileira nós estamos dizendo de forma muito nítida e clara que a família não é importante para o ser humano, que a família não é importante para a sociedade, porque se a família tem a importância que eu acho que

O que é o Estatuto da Família?

O Estatuto da Família é um projeto de lei em análise na Câmara dos Deputados cujo objetivo é definir o que pode ser considerado juridicamente uma família no Brasil. A Constituição de 1988 define que família é o resultado da união entre um homem e uma mulher ou um dos pais e seus filhos. Em 2011, porém, o Supremo Tribunal Federal (STF) decidiu que pessoas do mesmo sexo podem se unir juridicamente, constituindo família, e, assim, ter os mesmos direitos que os casais heterossexuais. O projeto de lei do Estatuto da Família é uma tentativa de reagir à decisão do STF. Os que o defendem querem reafirmar o conceito de família da Constituição de 1988 e negar às outras configurações afetivas o acesso a direitos como pensão, INSS e licença-maternidade.

ela tem, a família é fundamental para a construção do ser humano [...], nós temos que assegurar o direito à família para todas e todos. [...] Em programa televisivo, o relator chegou a dizer que já se identificaram mais 100, 195 arranjos familiares, ele desconsidera 193, ele desconsidera a maioria desses arranjos familiares, porque ele diz que família não precisa ter afeto, que família não precisa ser um universo de felicidade [...] Famílias, ora, famílias, elas mudam, de acordo com as relações econômicas, sociais e culturais, a família de hoje não é a mesma família de 30, 40 anos atrás...

Presidente: Para encerrar.

Participante 1: e eu não posso, para encerrar, senhor presidente, reduzir e engessar a concepção de família e, fundamentalmente, eu não posso esterilizar a família das relações de afeto e de amor. [...]

Participante 2: Presidente, eu gostaria de contraditar.

O Estatuto da Família provocou na sociedade uma enorme discussão sobre quais grupos de pessoas podem ser considerados uma família.

Rony Costa/Finephoto

Presidente: Obrigado, nobre deputada. Eu vou conceder a palavra, para contraditar, ao deputado Carimbão [Participante 2] que, impossibilitado inclusive de saúde, teve todo esforço e o empenho para estar aqui hoje, mesmo não sendo membro dessa comissão, vossa excelência engrandece essa comissão, passo a palavra para vossa excelência para contraditar. Três minutos, por favor.

Participante 2: Muito obrigado, deputado. Estou com dois dias de licença [...], mas fiz questão de vir aqui registrar minha posição. [...] Temos uma relação respeitosa com os companheiros e com a companheira Érika Kokay, mas tem que entender que isso é um parlamento, 513 deputados foram eleitos [...] para representar a população brasileira. Existem maiorias, existem minorias, todos devem ser respeitados, mas também devem ser respeitadas as decisões do coletivo. Aqui tem capitalista, socialista, liberal, neoliberal, que defendem família como conceito com homem e mulher, pessoas que defendem como duas mulheres e dois homens [...]. Porém aqui [...] a comissão foi assim que decidiu [...] aqui os senhores deputados decidiram que a família é homem e mulher [...]. Eu estou aqui em nome de uma parcela da sociedade. [...] É hipocrisia dizer "eu estou aqui em nome do povo brasileiro". Não. [...] Nós representamos parcelas da sociedade. E a maior parcela da sociedade que mandou para o Congresso Nacional diz que o Estatuto da Família deve ser homem e mulher, ou seja, nós temos legitimidade em nome da sociedade brasileira. Respeitando, não é confronto, não é questão de querer humilhar, não. É uma questão obviamente de convicções, de consciência e de compromisso com as bases. Eu estou aqui em nome disso [...]. Eu estou aqui para dizer abertamente. Eu fui candidato, registrei, "eu sou a favor da família homem e mulher", eu não tenho o direito de fazer isso? E o povo me elegeu deputado por oito mandatos que eu tenho. [...] Era só isso, senhor presidente.

Presidente: Muito obrigado, nobre deputado. Nós ouvimos um a favor, contrário. [...] Nós temos requerimento sobre a mesa, assina o deputado Bacelar [Participante 3], a quem eu passo a palavra para defender seu requerimento.

Participante 3: [...] Quem foi que deu ao Estado o poder de decidir o que é um casamento? Esse não é um poder, esse conceito não é um poder do Estado. [...] Na sociedade nós temos inúmeras, inúmeros arranjos de união que são o conceito de família, que levam ao conceito de família. A família, mesmo que majoritária, ela não é a família nuclear tradicional. O que será de milhares e milhares de crianças brasileiras, de adolescentes brasileiros que não terão seus direitos assegurados? Eu fico a me perguntar que defesa é essa do fortalecimento da família, que princípio cristão é esse que preside essas iniciativas que são iniciativas altamente discriminatórias, que são iniciativas altamente violentas, o senhor, o senhor relator diz no seu relatório que o afeto, o afeto não pode ser considerado como elemento construtivo de uma relação que possa ser considerada como casamento, como constituição de família. O afeto está na base da felicidade humana, senhor relator, o afeto é elemento fundamental na construção de uma sociedade e há jurisprudência considerando o afeto como elemento constitutivo da família, na própria decisão do STF [Supremo Tribunal Federal], há sim, senhor presidente, há sim, decisões que mostram a importância de considerar as uniões afetivas. Como então considerar só um tipo de família? Por que cabe ao Estado dizer que tal relação afetiva deve ser considerada e que outra relação afetiva não deve ser considerada? [...] O relatório é uma violência contra a dignidade humana, é uma violência contra os direitos humanos, é altamente inconstitucional, porque discrimina, porque não promove a dignidade humana e a igualdade entre as pessoas.

[...]

Gilmar Felix / Câmara dos Deputados

Presidente: Muito obrigado, deputado. [...] Os deputados que são a favor do requerimento permaneçam como estão, os que são contrários, por favor, se manifestem. [...] Em votação, o projeto [...]. Para falar a favor, o deputado Evandro Gussi [Participante 4].

Participante 4: Senhor presidente, como já disse em outras oportunidades, aqueles que participaram efetivamente dessa comissão puderam comprovar no seu dia a dia [...] o grande trabalho dessa comissão [...] Ao lado disso, senhor presidente, há uma confusão aqui, uma confusão filosófica, entre afeto e amor. Esses são temas da filosofia. Eu citaria uma existencialista do século XX, não estou voltando à Idade Média. Hanna Arendt tem uma obra sobre o amor, é a sua tese de doutorado, na Alemanha, diga-se de passagem. E deixa ali muito clara a distinção entre o afeto e o amor. Afeto, como o próprio nome diz, vem de afetação, ou seja, como os meios externos, eles nos atingem. Amor, por outro lado, é decisão deliberativa de vontade iluminada pela razão. E que pode inclusive sujeitar, sujeitar, a nossa sensibilidade os nossos sentidos. Por isso, a família é constituída no amor, a família não é constituída no afeto que, de certa maneira inadvertida, foram comparados aqui nessa comissão, mas que são de fato incomparáveis. Portanto, senhor presidente, para concluir, nós temos aqui um dado natural que é a família, que é base da sociedade e que precisa, e que precisa ser garantida. Nós queremos que todas as pessoas que sejam homossexuais tenham os seus direitos garantidos, e contem comigo aqueles que tiverem direitos usurpados. Mas a constituição diz que a família merece uma especial proteção, merece especial proteção porque é base da sociedade, é base da sociedade porque é condição *sine qua non* para a criação e formação dos membros da sociedade, ou seja, das pessoas humanas. Isso está amplamente consolidado no relatório [...] Meus parabéns! Sim à família, amanhã, hoje e sempre.

***sine qua non*:** indispensável, essencial.

Presidente: Obrigado, deputado Gussi, vossa excelência também enaltece muito essa comissão com sua participação constante aqui conosco. [...] Aqueles que concordam com o parecer do relatório permaneçam como estão, os contrários, por favor, se manifestem. [...]. Proclamo o resultado, o relatório é aprovado [...].

(Reunião deliberativa ordinária do Estatuto da Família de 24/9/2015. Disponível em: www.youtube.com.br. Acesso em: 4/1/2016.)

REGISTRE NO CADERNO

1. Chama-se debate a uma discussão em torno da qual os participantes argumentam a favor de seus pontos de vista, a fim de convencer seus interlocutores. Identifique elementos que comprovam que na reunião transcrita houve um debate.

2. Em um debate, chama-se *moderador* a quem coordena as inscrições de cada participante, controla o tempo e determina a vez de falar de cada um. No debate transcrito, quem fazia o papel de moderador? Justifique sua resposta com trechos do texto.

3. Chama-se *deliberação* à decisão tomada com base em reflexão e discussão do problema a ser resolvido. Identifique elementos que comprovam que na reunião transcrita houve uma deliberação.

4. Os participantes do debate transcrito manifestaram diferentes pontos de vista em suas falas.

a. Quais participantes concordavam entre si?

b. Cite alguns dos argumentos utilizados pelos participantes contrários ao Estatuto.

c. Cite alguns dos argumentos utilizados pelos participantes favoráveis ao Estatuto.

d. Pelo resultado final da votação, qual ponto de vista prevaleceu?

e. Levante hipóteses: O que determina a vitória em um debate deliberativo? Basta ter argumentos bem-fundamentados? Justifique sua resposta.

5. Releia a fala do participante 2. Embora peça a palavra para discordar da colega, ele demonstra claramente tomar cuidado para não parecer agressivo na maneira de se expressar.

a. Identifique, na fala, elementos que comprovam esse cuidado.

b. Levante hipóteses: Qual é a importância de assumir essa postura em um debate?

6. Alguns participantes mencionam em suas falas vozes de autoridade.

a. Quais são essas vozes e em quais falas elas aparecem?

b. Qual é a importância dessa estratégia no debate?

7. Observe os pronomes de tratamento utilizados ao longo do debate.

a. Quais são eles?

b. Justifique o uso de tais pronomes nesse contexto.

8. Para se desenvolver bem, um debate precisa ter regras preestabelecidas, a serem seguidas por todos os participantes. Com base na transcrição lida, deduza algumas das regras do debate em estudo.

HORA DE ESCREVER

Como você sabe, a classe realizará uma feira de cidadania no final da unidade. Seguem duas propostas de produção de debates deliberativos relacionados à realização da feira.

1. Com os colegas da classe, definam por meio de um debate deliberativo quais ações serão necessárias para efetivar a realização da feira e como será a distribuição de tarefas entre os grupos. Na pauta da discussão, incluam:

- local de realização da feira
- data e horário de realização da feira
- tarefa pela qual cada grupo ficará responsável
- público-alvo
- título da feira
- divulgação e convites
- atividades a serem realizadas na feira
- organização do espaço
- controle de entrada dos visitantes
- outros pontos que vocês julgarem importantes, tendo em vista o perfil da feira

Rob Lewine/Getty Images

Combinem com o professor a melhor forma de organizar o debate. É importante que vocês argumentem a favor de seus pontos de vista, justificando e fundamentando suas perspectivas com fatos e argumentos. No debate, discutam, entre outros pontos: Qual nome dar à feira? É melhor realizar o evento em um fim de semana ou em um dia de semana? Ao longo de um dia ou em um período específico do dia? Por que você quer ficar responsável por certa atividade, e não por outra? Qual público convidar? Após cada aluno inscrito fazer a sua ponderação, deverá ser realizada uma votação a fim de deliberar sobre a decisão coletiva.

2. Uma campanha da Fundação SOS Mata Atlântica utilizou textos provocativos, assinados por uma entidade fictícia chamada ONG Que se Dane, da qual fariam parte todas as pessoas indiferentes à causa ambiental. Leia o texto a seguir, que circulou em um cartaz divulgado no contexto dessa campanha, e observe a ironia subjacente a ele.

Estatuto Fundamental da Q.S.D.

Brasileiros e brasileiras,
orgulhem-se.

Juntos, fazemos parte da maior
Organização Não Governamental do
mundo. Somos mais de 250 milhões
de membros efetivos.

Nossa sigla é nosso lema:
Que Se Dane.

Todo cidadão brasileiro é,
automaticamente, filiado à Q.S.D.
é um direito nato e inalienável.

A água do planeta vai acabar?
Que se dane.
O Novo Código vai exterminar
as florestas? Que se dane.
A poluição e os agrotóxicos
aniquilarão a humanidade?
Que se dane.
Nossa causa é a não causa.

Jogar lixo na rua, lavar calçada
com água corrente, andar de carro
sozinho, derrubar árvore que
chateia, fazer barulho acima
do limite. Não há limites.
Faça o que bem entender.
Seus direitos são todos.
E seus deveres, nenhum.

Aos politicamente corretos, aos
ecologistas de plantão, à
sustentabilidade, à cidadania. A
tudo que se coloca à frente do
liberalismo incondicional,
dedicamos o nosso mais alto
repúdio.

E o resto que se dane.

(Disponível em: http://robsonanjos.blogspot.com.br/2013/06/ong-qsd-quesedane.html#.VtMQAvkrLIU. Acesso em: 5/1/2016.)

Com base no tema do texto do cartaz, promovam na feira de cidadania a realização de um debate deliberativo com a participação da comunidade. Deliberem nesse evento: Que medidas cada integrante da comunidade escolar pode tomar a fim de contribuir com a melhoria do meio ambiente? O que cada um e a escola podem fazer para minimizar os prejuízos ambientais? A fim de pôr em prática uma vivência mais cidadã e voltada à preservação do meio ambiente, com que ações os participantes do debate podem se comprometer? Organizem-se, façam pesquisas, divulguem o debate e convidem a comunidade para participar.

ANTES DE DEBATER

- Definam quem vai exercer o papel de moderador. Depois, escolham alguém para assessorar o moderador. Essa pessoa deverá anotar o nome de quem quer falar e informar ao moderador o momento de passar a palavra a outra pessoa.
- Definam as regras do debate: Qual será o tempo total dele? Quanto tempo cada participante terá para falar? Haverá direito de réplica e direito de tréplica?

- Preparem uma pauta com os tópicos que necessitam de deliberação e que serão discutidos no debate.
- Em grupo, escolham um ponto de vista e preparem uma argumentação para defendê-lo.
- Decidam como os participantes ficarão dispostos no local do debate: em círculo, em uma sala de aula ou em cadeiras de um auditório?
- Anotem as falas e as discussões do debate, mencionando os principais argumentos relativos a cada uma das posições e as decisões tomadas. No capítulo seguinte, essas anotações serão utilizadas na produção de um relatório sobre o debate.
- Organizem-se para filmar o debate. Vejam quantas câmeras vocês têm disponíveis, se elas ficarão imóveis ou se uma pessoa ficará responsável pela filmagem.

Konstantinos Kokkinis/Shutterstock

AO DEBATER

- Os debatedores devem ser claros e objetivos e evitar apresentar ideias repetidas; para isso, fiquem atentos ao que já foi dito e, se for o caso, anotem o que pretendem dizer.
- Estejam atentos ao tempo de fala estipulado, a fim de conseguir concluir o raciocínio.
- Para serem convincentes, apresentem argumentos, isto é, dados, exemplos, comparações, citação da fala de alguém de destaque na sociedade, menção a causas e consequências, etc.
- Ao se reportarem à fala de outro debatedor, empreguem expressões como *Conforme disse fulano*, *Discordo do que disse fulano quanto ao seguinte aspecto*, *Concordo parcialmente com o que disse fulano*, e assim por diante.
- Após a votação de cada tópico, aceitem a decisão da maioria.
- Usem uma linguagem de acordo com a norma-padrão, adequando o grau de formalidade ou informalidade ao perfil dos debatedores. Evitem gírias e expressões de apoio como *né*, *tipo*, *tá ligado?* e outras.
- Ao filmar, focalizem bem a pessoa que está falando. Se dispuserem de mais de uma câmera, façam tomadas de planos gerais, que mostrem todos os participantes, incluindo o moderador e os assessores.

Getty Images

DEPOIS DO DEBATE

Concluído o debate, avaliem-no, observando:

- se os tópicos incluídos na pauta foram todos discutidos e se as resoluções necessárias foram tomadas;
- se o moderador coordenou adequadamente a discussão, quanto ao tempo e aos turnos, ou seja, à troca das falas;
- se o resultado das votações se deu em decorrência de apresentação, pelos debatedores, de argumentos fortes e convincentes ou por outras razões;
- se a discussão transcorreu em um clima de respeito entre os participantes, sem agressões pessoais;
- se o uso da linguagem foi adequado, sem palavrões, sem gírias e com argumentação clara.

Depois da avaliação acima, assistam à filmagem do debate, observando especialmente a postura dos participantes, a linguagem e a construção de argumentos com vistas ao aprimoramento do desempenho de todos em futuros debates.

CAPÍTULO

2 A geração de 30: José Lins do Rego, Jorge Amado e Érico Veríssimo
Crase
Relatório e currículo

LITERATURA

José Lins do Rego, Jorge Amado e Érico Veríssimo

Museu de Arte de São Paulo Assis Chateaubriand, São Paulo, SP

Cinco moças de Guaratinguetá (1930), de Di Cavalcanti (1897-1976).

José Lins do Rego

Criado no engenho de seu avô materno, José Lins do Rego testemunhou em sua infância e adolescência os últimos lampejos de uma tradição fundamentada no sistema latifundiário patriarcal e escravocrata. Essa experiência marcou sua obra literária, que, conciliando ficção e memória, retratou o homem e a paisagem da zona açucareira do Nordeste no momento de decadência do engenho, logo substituído pelo sistema industrial das usinas.

Em uma linguagem fluida e popular, o autor representa a vida nos bangues, nos engenhos e nas usinas em seus diversos aspectos, envolvendo a abordagem psicológica, social, política, econômica e místico-religiosa. De acordo com o próprio autor, sua obra de ficção se agrupa em: ciclo da cana-de-açúcar, com *Menino de engenho* (1932), *Doidinho* (1933), *Bangue* (1934), *Usina* (1936) e *Fogo Morto* (1943); ciclo do cangaço, misticismo e seca, com *Pedra bonita* (1938) e *Cangaceiros* (1953); e obras independentes vinculadas aos dois ciclos, com *O moleque Ricardo* (1934), *Pureza* (1937) e *Riacho doce* (1939), e desvinculadas desses ciclos, com *Água mãe* (1941) e *Eurídice* (1947).

Fogo morto

Romance-síntese da ficção de José Lins do Rego, *Fogo morto* articula-se em torno do tema central de suas obras: a decadência dos engenhos nordestinos e suas implicações sociais. Esse romance, que você vai conhecer neste capítulo, é divido em três partes. A primeira, "O mestre José Amaro", centra-se no drama desse homem, que se orgulha de sua profissão de seleiro e sofre com a loucura da filha e com a luta contra o coronel Lula, que queria tirá-lo da fazenda. A segunda, "O engenho de seu Lula", narra a história da ascensão do engenho Santa Fé, construído pelo capitão Tomás Cabral de Melo, próximo à cidade de Pilar, na Paraíba, e da decadência desse engenho nas mãos de seu genro Luís César de Holanda Chacon, o coronel Lula. Na terceira parte, "O capitão Vitorino", é dado destaque a essa personagem, um tipo quixotesco que, em suas andanças de engenho em engenho, defende incansavelmente os injustiçados, sejam eles poderosos ou desvalidos. A inter-relação entre as personagens confere unidade à obra, que apresenta uma visão sintética da paisagem e da realidade humana e social da zona açucareira do Nordeste.

José Lins do Rego

Descendente de senhores de engenho, José Lins do Rego (1901-1957) nasceu no município de Pilar, na Paraíba.

Cursou Direito no Recife, onde se aproximou de intelectuais modernistas, como Gilberto Freyre e José Américo de Almeida; poucos anos depois, em Maceió, conviveu com Graciliano Ramos, Jorge de Lima e Rachel de Queiroz.

Em 1935, mudou-se para o Rio de Janeiro, onde participou ativamente da vida literária. Além de romances, o autor também produziu crônicas, ensaios e literatura infantil.

Foi eleito para a Academia Brasileira de Letras em 1955, dois anos antes de morrer.

Arquivo/Estadão Conteúdo

FOCO NO TEXTO

Leia, a seguir, um fragmento da segunda parte de *Fogo morto*.

O engenho de seu Lula

Chegou a abolição e os negros do Santa Fé se foram para os outros engenhos. Ficara somente com seu Lula o boleeiro Macário, que tinha paixão pelo ofício. Até as negras da cozinha ganharam o mundo. E o Santa Fé ficou com os partidos no mato, com o negro Deodato sem gosto para o eito, para a moagem que se aproximava. Só a muito custo apareceram trabalhadores para os serviços do campo. Onde encontrar mestre de açúcar, caldeireiros, purgador? O Santa Rosa acudiu o Santa Fé nas dificuldades, e seu Lula pôde tirar a sua safra pequena. O povo cercava os negros libertos para ouvir histórias de torturas.

Fazia-se romance com os sofrimentos das vítimas de Deodato. Quando o carro do capitão Lula de Holanda passava, corria gente para ver o monstro, todo bem-vestido, com a família cheia de luxo, que ia para a missa. Um jornal da Paraíba falara em crimes da escravidão e nomeava o Santa Fé, o Itapuá, como de senhores algozes. D. Amélia leu o artigo e chorou com as palavras impiedosas. Não era assim. Tudo aquilo perturbava a vida do Santa Fé. Ela bem que sentia que o marido vinha mudando de humores. Rara vezes era aquele Lula de outrora, de olhar cismarento, o homem de tanta ternura para com sua mulher. Agora não parecia que a quisesse como antigamente. Via-o no pegadio com a filha que voltara do colégio de Recife, uma moça feita. Neném era a cara do pai. Dela não tinha coisa nenhuma. Achava linda a sua filha. Tinha aqueles cabelos louros, e os olhos azuis, a pele macia, branca como alfenim. E era uma menina doce, tão sem gênio que encantava a todo mundo. Viera do primeiro ano do colégio das freiras, cheia de devoção, com modos de moça. O pai cercava-a de cuidados, de um zelo que ela, como mãe, achava até exagerado. Seria a sua filha a moça mais bem-educada da várzea. Iam ao Pilar de carruagem, e reparava como o marido olhava embevecido para a menina, no banco da frente, vestida como gente grande. Sabia que o povo falava mal de seu marido. Via os olhares que sacudiam em cima de todos quando entravam na igreja. No tempo de seu pai tudo era bem diferente. Viam-se cercados dos conhecidos do Pilar, das filhas do juiz, das irmãs do padre, dos amigos do capitão Tomás. Agora era sair do carro e entrar na igreja, voltar da igreja para o carro. O que haveria contra Lula para aquela hostilidade? Seria que fosse inveja? Lula era homem de sua casa, de certo trato, de orgulho que ela não apoiava. Era o orgulho do marido. Havia nele uma maneira de sentir as coisas que talvez desgostasse a gente do Pilar. Lula falava de sua família de Pernambuco com soberba. Não procurava discussão com o marido por motivos assim, sem importância. Deixava que ele ficasse com seu orgulho de raça. Para que brigar? Família era para Lula coisa sagrada. Fora infeliz com o pai, sofrera o diabo com a mãe viúva, perseguida pela política. Lula tinha razão de falar do seu povo com aquela arrogância toda. Em casa ele só via a filha. Dizia sempre que Neném era a cara da sua mãe. Nunca vira semelhança igual. Tinha tudo da família de Recife, dos velhos Chacon, gente que sabia entrar e sair, gente de trato, sem aquela bruteza dos engenhos. D. Amélia não contrariava o marido mas sentia-se com aquele falar de desprezo com os seus. Por que Lula falava assim contra o povo dos engenhos?

alfenim: massa muito branca de açúcar.
boleeiro: cocheiro.
cismarento: pensativo, meditativo.
Deodato: feitor do engenho Santa Fé.
eito: plantação.
partido: terreno de grande extensão com plantação de cana-de-açúcar.
pegadio: grande afeição, amizade estreira.
purgador: aquele que depura o açúcar nos engenhos.

Cena do filme *Fogo morto* (1976), baseado no romance homônimo de José Lins do Rego.

Marcos Farias / Eglê Malheiros

Não era ele parente do povo de seu pai? Até aquele dia não tivera a menor rusga com o seu marido. O que ele queria que fizesse, fazia sem protesto. [...]

[...]

[...] Por mais que temesse não se meteria a contrariar o marido. Lembrava-se da fúria que se apoderara dele quando o procurou para condenar as ações de Deodato. Sabia que os negros estavam apanhando sem necessidade e procurara Lula para lhe falar daquela miséria. Nunca vira uma pessoa exasperar-se tanto. Era como se ela tivesse se revoltado. Vira o que sua mãe sofrera com a malquerença de Lula. Pobre de sua mãe que se dera como uma escrava aos seus deveres. Fora ingrata com ela. Uma das coisas que mais lhe doíam era pensar na morte dela, depois daquela noite da discussão com Lula. Tudo por causa de Neném. Aquele amor de seu marido, aquele cuidado pela filha, não podia ser boa coisa para a criação da moça. E era todo o pensamento de d. Amélia. Os negros do engenho se foram, até as negras de sua mãe não quiseram ficar na cozinha. Os do Santa Rosa haviam ficado na senzala. Eram amigos do senhor de engenho. Se o seu pai estivesse vivo, tudo seria como no Santa Rosa. Via-se d. Amélia cercada de pensamentos que não desejava que fossem seus. [...]

(José Lins do Rego. *Fogo morto*. Rio de Janeiro: José Olympio, 2013. p. 232-5.)

REGISTRE NO CADERNO

1. O discurso indireto livre é um dos recursos utilizados na narrativa de *Fogo morto*. Releia os dois primeiros parágrafos do texto e identifique um trecho que exemplifique o emprego desse recurso na narrativa. Que efeito o emprego desse recurso constrói no texto em estudo?

2. *Fogo morto* é uma expressão que se refere a algo que se extinguiu. Na obra de José Lins do Rego, tal expressão está ligada ao processo de decadência e extinção dos engenhos, uma vez que, durante a produção de açúcar, a fumaça não parava de sair das chaminés.

a. De acordo com o texto, o que causou a ruína definitiva do sistema produtivo do engenho Santa Fé?

b. Nessa circunstância de decadência, como o coronel Lula e sua família se apresentavam diante da sociedade? Justifique sua resposta com elementos do texto.

3. No texto em estudo, as reflexões de D. Amélia revelam determinados traços de caráter do coronel Lula de Holanda.

a. Como o coronel Lula reagia quando era contrariado? O que essa reação revela a respeito do caráter dessa personagem?

b. Segundo D. Amélia, havia uma hostilidade recíproca entre o coronel Lula e o povo da região dos engenhos. Por quê? Justifique sua resposta com elementos do texto.

4. As reflexões de D. Amélia também revelam traços de caráter dessa personagem.

a. Por que D. Amélia sofria com a lembrança de sua mãe?

b. A relação de D. Amélia com o marido, no que diz respeito à família e à fazenda, revela qual traço de caráter dessa personagem? Justifique sua resposta com elementos do texto.

Cana (1938), de Cândido Portinari.

Palácio Gustavo Capanema, Rio de Janeiro, RJ

5. Com base nas reflexões realizadas ao longo do estudo, conclua: Por que, no contexto da narrativa, o coronel Lula é uma figura representativa da decadência dos engenhos e de sua tradição patriarcal e escravocrata?

Jorge Amado

Os primeiros livros de Jorge Amado se destacaram pela linguagem simples e direta, permeada por um tom poético. Também sobressai seu caráter político-social, marcado pela denúncia da miséria e da opressão das classes populares.

Os romances das décadas de 1930 e 1940, tais como *Jubiabá* (1935), *Mar morto* (1936), *Capitães da Areia* (1937) e *Terras do sem fim* (1942), além de apresentarem a preocupação social típica do romance de 30, também manifestaram as tendências políticas do autor, que, nesse período, era filiado ao Partido Comunista. Com a publicação de obras como *Gabriela, cravo e canela* (1958), *Dona Flor e seus dois maridos* (1967) e *Tieta do agreste* (1976), verifica-se uma nova fase de sua produção literária, voltada não mais para denúncia social, mas, sim, para as crônicas de costumes de ambientação regional, nas quais afloram o pitoresco e a sensualidade.

Parte da crítica literária questiona o valor da obra de Jorge Amado, seja pelo caráter militante de determinados romances, seja pela espontaneidade de sua linguagem, seja pelo tom pitoresco e erótico de suas narrativas mais populares. Independentemente das críticas, sua obra é amplamente conhecida no Brasil e no exterior, tendo sido traduzida para mais de quarenta línguas e adaptada para novelas, peças teatrais e filmes nacionais.

Jorge Amado

Filho de um proprietário de terras da região cacaueira, Jorge Amado de Faria (1912-2001) nasceu em Itabuna, no sul do Estado da Bahia. Fez seus estudos secundários em Salvador e, em 1930, mudou-se para o Rio de Janeiro para cursar Direito. No ano seguinte, publicou seu primeiro romance, *No país do carnaval*, e com *Cacau* (1933) e *Suor* (1934) alcançou a notoriedade.

Militante de esquerda, participou da Aliança Nacional Libertadora, foi preso por sua atividade política e, em 1946, foi eleito deputado pelo Partido Comunista Brasileiro.

Entre 1948 e 1952, viveu exilado na França e em Praga. Quando retornou ao Brasil, era mundialmente conhecido. Em 1959, foi eleito para a Academia Brasileira de Letras.

Luiz Prado/Estadão Conteúdo

Capitães da Areia

O romance narra episódios da vida de dezenas de menores entre 8 e 16 anos que, abandonados e marginalizados, cometem delitos para sobreviver. Em razão de ocupar um trapiche – um velho armazém diante do qual se estendia o areal do cais de Salvador –, são chamados "Capitães da Areia". Entre os protagonistas estão o jovem Pedro Bala, o líder do grupo, e João José, o Professor, único entre eles que sabe ler. Unidos por códigos de lealdade e fidelidade, contam somente com a ajuda de um padre e uma mãe de santo.

FOCO NO TEXTO

Leia a seguir um trecho de *Capitães da Areia*.

Manhã como um quadro

Pedro Bala, enquanto sobe a ladeira da montanha, vai pensando que não existe nada melhor no mundo que andar assim, ao azar, nas ruas da Bahia. [...]

[...]

[...] O Professor vai com ele. Sua figura magra se atira para a frente como se lhe fosse difícil vencer a ladeira. Mas sorri da festa do dia. Pedro Bala vira-se para ele e surpreende seu sorriso. A cidade está alegre, cheia de sol. "Os dias da Bahia parecem dias de festa", pensa Pedro Bala, que se sente invadido também pela alegria. Assovia com força, bate risonhamente no ombro do Professor. E os dois riem, e logo a risada se transforma em gargalhada. No entanto, não têm mais que uns poucos níqueis no bolso, vão vestidos de farrapos, não sabem o que comerão. Mas estão cheios da beleza do dia e da liberdade de andar pelas ruas da cidade. E vão rindo sem ter do quê, Pedro Bala com o braço passado no ombro de Professor. De onde estão podem ver o Mercado e o cais dos saveiros e mesmo o velho trapiche onde dormem. Pedro Bala se recosta no muro da ladeira e diz a Professor:

– Tu devia fazer uma pintura disso... É porreta.

A fisionomia do Professor se fecha:

– Eu sei quem nunca há de ser...

– Quê?

– Tem vez que me topo pensando... – E Professor mira o cais lá embaixo, os saveiros parecendo brinquedos, os homens miúdos carregando sacos nas costas.

Continua com a voz áspera como se alguém o tivesse batido:

– Eu penso fazer um dia um bocado de pintura daqui...

– Tu tem jeito. Se tu tivesse andado pela escola...

– ...mas nunca pode ser um troço alegre, não... (Professor parece não ter ouvido a interrupção de Pedro Bala. Agora está com os olhos longe e parece ainda mais fraco.)

– Por quê? – Pedro Bala está espantado.

– Por isso João de Adão já fez um bocado de greve nas docas.

– Tu não vê que tudo é mesmo uma beleza? Tudo alegre...

Pedro Bala apontou os telhados da Cidade Baixa:

– Tem mais cores que o arco-íris...

– É mesmo... Mas tu espia os homem, tá tudo triste. Não tou falando dos ricos. Tu sabe. Falo dos outros, dos das docas, do mercado. Tu sabe... Tudo com cara de fome, eu nem sei dizer. É um troço que sinto...

Pedro Bala não estava mais espantado:

– Por isso João de Adão já fez um bocado de greve nas docas.

Ele diz que um dia as coisas vira, tudo vai ser vice-versa...

– Também já li um livro... Um livro de João de Adão. Se eu tivesse tado numa escola como tu diz, tinha sido bom. Eu um dia ia fazer muito quadro bonito. Um dia bonito, gente alegre andando, rindo, namorando assim como aquela gente de Nazaré, sabe? Mas cadê escola? Eu quero fazer um desenho alegre, sai o dia bonito, tudo bonito, mas os homens sai triste, não sei não... Eu queria fazer uma coisa alegre.

– Quem sabe se não é melhor mesmo fazer uma coisa como tu faz? Pode até dá mais bonito, mais vistoso.

– Que é que tu sabe? Que é que eu sei? A gente nunca andou em escola... Eu tenho vontade de fazer a cara dos homens, a figura das ruas, mas nunca tive na escola, tem um bocado de coisa que eu não sei...

Fez uma pausa, olhou Pedro Bala que o escutava, continuou:

– Tu já deu uma espiada na Escola de Belas-Artes? É um belezame, rapaz. Um dia andei de penetra, me meti numa sala. Tava tudo vestido de camisão, nem me viram. E tavam pintando uma mulher nua... Se um dia eu pudesse...

Pedro Bala ficou pensativo. Olhava Professor como que pensando. Logo falou com um ar muito sério:

– Tu sabe o preço?

– Que preço?

– De pagar na escola? O professor?

– Que história é essa?

– A gente se reunia, pagava pra tu...

Professor riu:

– Tu nem sabe... Tem tanta complicação... Não pode não, deixa de tolice.

Cena do filme *Capitães da Areia* (2011), baseado no romance de Jorge Amado.

Marcelo Reis/SambaPhoto

– João de Adão disse que um dia a gente pode ter escola...

Saíram andando. Professor parecia ter perdido a alegria do dia. Como que ela se afastara para longe dele. Então Pedro Bala deu-lhe um soco de leve:

– Um dia tu ainda bota um bocado de pintura numa sala da rua Chile, mano. Sem escola sem nada. Nenhum destes bananas da escola faz uma cara como tu... Tu tem é jeito...

[...]

Quase junto do palácio do governo pararam novamente. Professor ficou de giz na mão esperando que saísse do ponto de bonde um "pato". Pedro Bala assoviava ao seu lado. Breve teriam o dinheiro para um bom almoço e ainda para levar um presente para Clara, a amante do Querido de Deus, que fazia anos naquele dia.

[...]

Professor começou a desenhar a figura magra do homem. A piteira longa, os cabelos encaracolados que apareciam sob o chapéu. O homem trazia também um livro na mão e Professor teve um desejo irresistível de fazer o desenho do homem lendo o livro. O homem ia passando, Pedro Bala chamou sua atenção:

– Olhe seu retrato, senhor.

O homem tirou a longa piteira da boca, perguntou a Bala:

– O quê, meu filho?

Pedro Bala apontou o desenho em que o Professor trabalhava. O homem aparecia sentado (se bem não houvesse cadeira nem nada, estava sentado no ar), fumando sua piteira e lendo seu livro. O cabelo encaracolado voava sob o chapéu. O homem examinou o desenho atentamente, foi espiá-lo em diversos ângulos, nada dizia. Quando o Professor deu o trabalho por concluído, ele perguntou:

– Onde você aprendeu desenho, meu caro?

– Em lugar nenhum...

– Em lugar nenhum? Como?

– É, sim senhor...

– E como desenha?

– Me dá vontade, pego, desenho.

O homem estava um pouco incrédulo, mas sem dúvida recordou outros exemplos no fundo da sua memória:

– Quer dizer que você nunca estudou desenho?

– Nunca, não senhor.

– Posso garantir – falou Pedro Bala. – Nós mora junto, eu sei.

– Então é uma verdadeira vocação... – murmurou o homem.

Voltou a examinar o desenho. Tirou uma longa fumaçada da sua piteira. Os dois meninos olhavam para a piteira encantados. O homem perguntou ao Professor:

– Por que você me retratou sentado e lendo o livro?

Professor coçou a cabeça como se fosse uma coisa difícil de responder. Pedro Bala quis falar, mas nada disse, estava atarantado. Por fim, Professor explicou:

– Pensei que sentava melhor pro senhor... – Coçou de novo a cabeça. – Não sei mesmo...

– É uma verdadeira vocação... – murmurou o homem em voz mais baixa, assim com o jeito de quem havia feito uma descoberta.

Pedro Bala esperava o níquel, mesmo porque o guarda já os olhava desconfiado da esquina. Professor espiava a piteira do homem, longa, desenhada a fogo, uma maravilha. Mas o homem continuou:

– Onde você mora?

Pedro Bala não deu tempo a que Professor respondesse. Foi ele quem falou:

– A gente mora na Cidade de Palha...

O homem meteu a mão no bolso e tirou um cartão:

– Você sabe ler?

– A gente sabe, sim senhor – respondeu Professor.

Cidade Baixa: área litorânea de Salvador, núcleo das atividades portuárias e comerciais da cidade.
Cidade de Palha: originalmente, era um local com vários casebres de palha feitos para abrigar leprosos; na década de 1930, o bairro recebeu o nome de Cidade Nova.
doca: construção portuária destinada ao armazenamento de mercadorias desembarcadas e a embarcar.
Nazaré: bairro de classe média situado próximo ao centro antigo de Salvador.

– Aí está meu endereço. Eu quero que você me procure. Talvez possa fazer alguma coisa por você.

Professor tomou o cartão. O guarda se encaminhava para eles. Pedro Bala se despediu:

– Até logo, doutor.

O homem ia puxando a carteira de níqueis, mas viu o olhar do Professor na sua piteira. Jogou o cigarro fora, entregou a piteira ao menino.

– Isso é pelo meu retrato. Vá a minha casa...

Mas os dois desabaram pela rua Chile, porque o guarda já estava quase junto a eles. O homem olhava meio sem compreender quando ouviu a voz do guarda:

– Lhe roubaram alguma coisa, senhor?

– Não. Por quê?

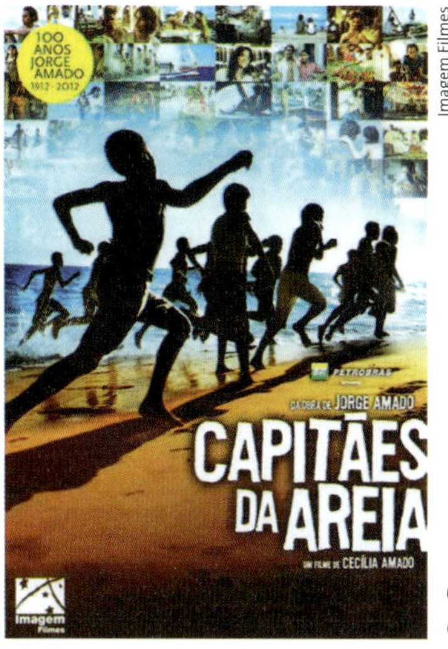

Imagem Filmes

Capa do DVD do filme *Capitães da Areia*.

– Porque como aqueles malandrins estavam aqui junto ao senhor...

– Eram duas crianças... Por sinal que uma com maravilhosa inclinação para a pintura.

– São ladrões – retrucou o guarda. – São dos Capitães da Areia.

– Capitães da Areia? – fez o homem se recordando. – Já li algo... Não são crianças abandonadas?

– Ladronas, isso são... Tenha cuidado, senhor, quando eles se aproximarem do senhor. Veja se não lhe falta nada...

O homem fez que não com a cabeça e olhou a rua. Mas não havia nem rastro dos dois meninos. O homem agradeceu ao guarda, afirmando mais uma vez que não tinha sido furtado, e desceu a rua, murmurando:

– Assim que se perdem os grandes artistas. Que pintor não seria! O guarda o espiava. Depois comentou para os botões de farda:

– Bem dizem que estes poetas são doidos...

[...]

(Jorge Amado. *Capitães da Areia*. São Paulo: Companhia das Letras, 2008. p. 135-42.)

1. No início do texto, há um contraste entre o estado de espírito das personagens Pedro Bala e Professor e sua condição de vida na cidade.

a. Em que consiste esse contraste?

b. O que, inicialmente, tal situação sugere a respeito do caráter dessas personagens?

2. Ao observar a Cidade Baixa, Pedro Bala sugere que Professor faça uma pintura dessa paisagem.

REGISTRE NO CADERNO

a. As personagens têm diferentes perspectivas a respeito do que seria o retrato de tal paisagem. Explique essa diferença.

b. O que tais perspectivas revelam sobre as duas personagens?

3. Em sua primeira fase, Jorge Amado produziu obras de conteúdo social e manifestou sua ideologia socialista.

a. No texto, quem a personagem João de Adão representa socialmente? Justifique sua resposta com elementos do texto.

b. Em *Capitães da Areia*, o autor denuncia o abandono de crianças e adolescentes pelo aparato político-institucional. Como isso se apresenta no texto em estudo?

Carybé. Festa de Yemanjá no bairro do Rio Vermelho - Dois de fevereiro, s/ data./Coleção particular

4. Os Capitães da Areia são unidos pela lealdade e pela solidariedade. Que situações do texto exemplificam tais princípios?

5. Para conseguir algum dinheiro, Professor faz retratos de pessoas que circulam pelas ruas.

a. O que o homem de piteira percebe de especial no desenho de Professor?

b. Por que Pedro Bala não fala a esse homem que eles moram no trapiche?

6. O guarda e o homem que compra o retrato de Professor representam duas figuras sociais distintas.

REGISTRE NO CADERNO

a. Tendo em vista as características desse homem, levante hipóteses: Que figura social ele representa?

b. Que discurso cada um deles defende? Justifique sua resposta com elementos do texto.

7. Observe os trechos em destaque, extraídos do texto:

- "Sua figura magra se atira para a frente como se lhe fosse difícil vencer a ladeira."
- "A piteira longa, os cabelos encaracolados que apareciam sob o chapéu."
- "Mas tu espia os homem, tá tudo triste."
- "... mas nunca pode ser um troço alegre, não..."
- "Um dia tu ainda bota um bocado de pintura numa sala da rua Chile."

a. De quem é a voz em cada um dos trechos?

b. Quais são as principais características da linguagem em cada uma dessas vozes? Justifique sua resposta com elementos dos trechos.

c. A linguagem empregada no texto está de acordo com as concepções modernistas da geração de 22? Por quê?

Érico Veríssimo

Érico Veríssimo (1905-1975) nasceu em Cruz Alta, no Rio Grande do Sul. Vindo de uma família rica e tradicional que perdeu o poderio econômico, trabalhou no comércio quando jovem e, ao se mudar para Porto Alegre, em 1930, passou a se dedicar ao jornalismo, mesmo sem cursar faculdade.

Publicou o livro de contos *Fantoches* em 1932 e, no ano seguinte, *Clarissa*, romance de estreia que marcou o início de sua popularidade. Desde então, passou a se dedicar intensamente à atividade literária. Foi diversas vezes aos Estados Unidos, onde lecionou literatura brasileira e dirigiu um dos departamentos culturais da Organização dos Estados Americanos.

Entre 1948 e 1960, dedicou-se à elaboração de *O tempo e o vento*. Além de produzir ficção, o autor também registrou suas memórias em *Solo de clarineta* (1973).

Foto do Acervo UH/Folhapress

Érico Veríssimo

A obra do autor pode ser dividida em três fases. A primeira se caracteriza pelo registro da vida cotidiana na cidade e pela abordagem de crises morais e espirituais do homem na contemporaneidade. Alguns romances representativos desse período são *Clarissa* (1933), *Caminhos cruzados* (1935), *Um lugar ao sol* (1936), *Olhai os lírios do campo* (1938) e *O resto é silêncio* (1943).

A segunda fase corresponde à investigação das origens e da formação social, política e econômica do Rio Grande do Sul; a partir desse trabalho, o autor produziu sua obra-prima, *O tempo e o vento* (1949-1961), uma trilogia de envergadura épica.

A última fase se caracteriza por um afastamento da temática sulina, voltando-se para aspectos políticos internacionais, como é o caso de *O prisioneiro* (1967) e *O senhor embaixador* (1965).

Assim como Jorge Amado, Érico Veríssimo conquistou um grande sucesso junto ao público. Entretanto, parte da crítica considera sua obra superficial, tanto no trabalho com a linguagem como na análise psicológica das personagens.

O tempo e o vento

As três partes que compõem *O tempo e o vento* são "O continente", "O retrato" e "O arquipélago". A saga da formação socioeconômica e política do Rio Grande do Sul se inicia no final do século XVIII e se estende até o ano de 1946. O desenrolar dos fatos ocorre em torno da região de Santa Fé, onde duas famílias – Amaral e Terra Cambará – disputam o poder político. O ponto de partida do desenvolvimento dessa disputa é a luta histórica de 1893 entre os federalistas, representados pela família Amaral, e os republicanos, representados pela família Terra Cambará.

FOCO NO TEXTO

Você vai ler, a seguir, um trecho do episódio "Um certo capitão Rodrigo", de "O continente". Nessa parte da obra, é narrada a morte do Capitão Rodrigo Cambará, guerreiro e andarilho que se fixou em Santa Fé por amor a Bibiana Terra, dando origem à família Terra Cambará. A luta do Capitão Rodrigo contra a família Amaral marca o início da oposição à autoridade dessa família, que, até então, era absoluta em Santa Fé.

Antes de começar o ataque ao casarão, Rodrigo foi à casa do vigário.

– Padre! – gritou, sem apear. Esperou um instante. Depois: – Padre!

A porta da meia-água abriu-se e o vigário apareceu.

– Capitão! – exclamou ele, aproximando-se do amigo e erguendo a mão, que Rodrigo apertou com força.

– Foi só pra saber se vosmecê estava aqui ou lá dentro do casarão. Eu não queria lastimar o amigo...

– Muito obrigado, Rodrigo, muito obrigado. – O Pe. Lara sacudiu a cabeça, desalentado. – Vosmecê vai perder muita gente, capitão. Os Amarais são cabeçudos e têm muita munição.

– Eu também sou cabeçudo e tenho muita munição.

– Por que não espera o amanhecer?

Rodrigo deu de ombros.

– Pra não deixar a coisa esfriar.

– Olhe aqui. Vou lhe dar uma ideia. Antes de começar o assalto, porque vosmecê não me deixa ir ao casarão ver se o Cel. Amaral consente em se render pra evitar uma carnificina?

– Não, padre. "Não faças aos outros aquilo que não queres que te façam a ti." Não é assim que diz nas Escrituras? Se alguém me convidasse pra eu me render eu ficava ofendido. Um homem não se entrega.

– Mas não há nenhum desdouro. Isto é uma guerra entre irmãos.

– São as mais brabas, padre, são as mais brabas.

De cima do cavalo Rodrigo ouvia a respiração chiante e irregular do sacerdote. Lembrou-se das muitas conversas que tiveram noutros tempos.

– Vosmecê é um homem impossível... – disse o padre, desolado.

– Acho que esta noite vou dormir na cama do velho Ricardo. – Sorriu. – Mas sem a mulher dele, naturalmente... E amanhã de manhã quero mandar um próprio levar ao Chefe a notícia de que Santa Fé é nossa. A Província toda está nas nossas mãos. Desta vez os legalistas se borraram! Até logo, padre.

Apertaram-se as mãos.

– Tome cuidado, capitão. Vosmecê se arrisca demais.

– Ainda não fabricaram a bala que há de me matar! – gritou Rodrigo, dando de rédea.

– A gente nunca sabe – retrucou o padre.

– E é melhor que não saiba, não é?

– Deus guie vosmecê!

– Amém! – replicou Rodrigo, por puro hábito, pois aprendera a responder assim desde menino.

O Tempo e o Vento. Direção: Jayme Monjardim. [S.l.]: Globo Filmes, 2013

Pôster do filme *O tempo e o vento* (2013), baseado na obra de Érico Veríssimo.

O padre viu o capitão dirigir-se para o ponto onde um grupo de seus soldados o esperava. A noite estava calma. Galos de quando em quando cantavam nos terreiros. Os galos não sabem de nada – refletiu o padre. Sempre achara triste e agourento o canto dos galos. Era qualquer coisa que o lembrava da morte. Voltou para casa, fechou a porta, deitou-se na cama com o breviário na mão, mas não pôde orar. Ficou de ouvido atento, tomado duma curiosa espécie de medo. Não era medo de ser atingido por uma bala perdida. Não era medo de morrer. Não era nem medo de sofrer na carne algum ferimento. Era medo do que estava para vir, medo de ver os outros sofrerem. No fim de contas – se esmiuçasse bem – o que ele tinha mesmo era medo de viver, não de morrer.

O tiroteio começou. A princípio ralo, depois mais cerrado. O padre olhava para seu velho relógio: uma da madrugada. Apagou a vela e ficou escutando. Havia momentos de trégua, depois de novo recomeçavam os tiros. E assim o combate continuou madrugada a dentro. Finalmente se fez um longo silêncio. As pálpebras do padre caíram e ele ficou num estado de madorna, que foi mais uma escura agonia do que repouso e esquecimento.

O dia raiava quando lhe vieram bater à porta. Foi abrir. Era um oficial dos Farrapos cuja barba negra contrastava com a palidez esverdinhada do rosto. Tinha os olhos no fundo e foi com a voz cansada que ele disse:

– Padre, tomamos o casarão. Mas mataram o Cap. Rodrigo – acrescentou, chorando como uma criança.

– Mataram? O vigário sentiu como que um soco em pleno peito e uma súbita vertigem. Ficou olhando para aquele homem que nunca vira e que agora ali estava, à luz da madrugada, a fitá-lo como se esperasse dele, sacerdote, um milagre que fizesse ressuscitar Rodrigo.

– Tomamos o casarão de assalto. O capitão foi dos primeiros a pular a janela. – Calou-se, como se lhe faltasse fôlego. – Uma bala no peito...

O padre mirava-o, estupidificado, pensando em Bibiana.

– E os Amarais?

– O Cel. Ricardo morreu peleando. O filho fugiu.

O padre sacudia devagarinho a cabeçorra, como que recusando aceitar aquela desgraça.

– Eu queria que vosmecê fosse dar a notícia à mulher do capitão – pediu o oficial.

O vigário saiu de casa e começou a andar na direção da praça quase sem saber o que fazia. O homem caminhava a seu lado e houve um momento em que murmurou:

– Meu nome é Quirino. Quirino dos Reis. Conheci o capitão no Rio Pardo. Brigamos juntos nas forças de Antônio Vicente da Fontoura...

A praça na luz lívida. A figueira, como uma pessoa, grande, triste e escura. Lá do outro lado, o casarão...

– Perderam muita gente? – perguntou o padre com voz tão fraca que o outro não o ouviu e ele teve de repetir a pergunta.

breviário: livro de leituras e orações prescritas pela Igreja.
caramuru: epíteto que os farrapos davam aos membros do partido conservador (legalistas, defensores da centralização do poder).
desdouro: desonra.
meia-água: moradia cujo telhado tem um só plano.
madorna: sono curto e leve; cochilo.
pelear: lutar, pelejar (Santa Catarina e Rio Grande do Sul).
próprio: mensageiro.

– Perdemos seis homens e temos uns quinze feridos. Dos caramurus... nem contei. Mas fizemos uns trinta prisioneiros desde o primeiro combate até a tomada do casarão...

O Pe. Lara caminhava na direção da casa de Bibiana. Como havia de lhe transmitir a notícia? Dizer tudo de chôfre? Ou primeiro mentir que o capitão estava ferido... gravemente, e depois, aos poucos, preparar-lhe o espírito para o pior? Talvez ela lesse no rosto dele o que havia acontecido. Talvez já tivesse adivinhado tudo. Essas mulheres às vezes têm uma intuição dos diabos...

[...]

Quando o dia de Finados chegou, Bibiana foi pela manhã ao cemitério com os dois filhos. Estava toda de preto e agora, passado o desespero dos primeiros tempos, sentia uma grande tranquilidade. Ficou por muito tempo sentada junto da sepultura do marido, enquanto Bolívar e Leonor brincavam correndo por entre as cruzes ou então se acocoravam e se punham a esmagar formigas com as pontas dos dedos. Mentalmente Bibiana conversava com Rodrigo, dizia-lhe coisas. Seus olhos estavam secos. Às vezes parecia que ela toda estava seca por dentro, incapaz de qualquer sentimento. No entanto a vida continuava, e a guerra também. A Câmara Municipal de Santa Fé tinha aderido à Revolução. O velho Ricardo Amaral estava morto. Bento havia emigrado para o Paraguai com a mulher e o filho. Diziam que os imperiais tinham de novo tomado Porto Alegre. Bibiana não sabia nem queria saber se aquilo era verdade ou não. Não entendia bem aquela guerra. Uns diziam que os farrapos queriam separar a Província do resto do Brasil. Outros afirmavam que eles estavam brigando porque amavam a liberdade e porque tinham sido espezinhados pela Corte. Só duma coisa ela tinha certeza: Rodrigo estava morto e rei nenhum, santo nenhum, deus nenhum podia fazê-lo ressuscitar. Outra verdade poderosa era a de que ela tinha dois filhos e havia de criá-los direito, nem que tivesse de suar sangue e comer sopa de pedra. O pai convidava-a a voltar para a casa. Mas ela queria ficar onde estava. Era o seu lar, o lugar onde tinha sido feliz com o marido.

Bibiana olhou para a sepultura de Ana Terra e achou estranho que Rodrigo estivesse agora "morando" tão pertinho de velha. E não deixava de ser ainda mais estranho estarem os dois à sombra do jazigo perpétuo da família Amaral, onde se achavam o restos mortais do Cel. Ricardo. Agora estavam todos em paz.

Bibiana levantou-se. Era hora de voltar para casa, pois em breve o cemitério estaria cheio de visitantes, e ela detestava que lhe viessem falar em Rodrigo com ar fúnebre. Não queria que ninguém a encontrasse ali. Em breve tiraria o luto do corpo: vestira-se de preto porque era um costume antigo e porque ela não queria dar motivo para falatório. Mas no fundo achava que luto era uma bobagem. Afinal de contas para ela o marido estava e estaria sempre vivo. Homens como ele não morriam nunca.

Ergueu Leonor nos braços, segurou a mão de Bolívar, lançou um último olhar para a sepultura de Rodrigo e achou que afinal de contas tudo estava bem.

Podiam dizer o que quisessem, mas a verdade era que o Cap. Cambará tinha voltado para casa.

[...]

(Érico Veríssimo. O Continente. *O tempo e o vento*. Rio de Janeiro: Porto Alegre; São Paulo: Globo, 1962. Tomo I, p. 305-9.)

Guerra dos Farrapos

A revolta ocorreu primeiramente no Rio Grande do Sul e, a seguir, estendeu-se até Santa Catarina, no período entre 1835 e 1845. Seus líderes Giuseppe e Anita Garibaldi, Bento Gonçalves e Bento Manuel ganharam notoriedade no Brasil e em outros países. Os *farrapos*, tal como eram chamados os rebeldes, eram liberais e reivindicavam maior autonomia política e econômica para o Sul. O caráter separatista do movimento tem sido objeto de controvérsias entre os estudiosos. A tendência majoritária dos rebelados era se posicionar a favor de um governo federativo (sistema que permite a autonomia dos Estados) e republicano.

Anita e Garibaldi - antes de heróis. Direção: Alberto Rondalli. [S.l.]: LAZ Filmes, 2013

O filme *Anita e Garibaldi* (2013) narra o encontro do casal e sua atuação na Farroupilha.

1. Ao narrar o processo de formação do Rio Grande do Sul, o autor abordou aspectos culturais, linguísticos, geográficos e históricos do Rio Grande do Sul. Quais desses aspectos se apresentam no texto em estudo? Justifique sua resposta com exemplos do texto.

2. Em "Um certo capitão Rodrigo", os espaços exercem um papel significativo na narrativa, representando a condição social de seus ocupantes.

a. No contexto da narrativa, o que representa o casarão?

b. Com a Guerra dos Farrapos, que mudança se dá em torno do casarão?

REGISTRE NO CADERNO

3. A personagem Rodrigo Cambará encarna o código de honra gaúcho; por isso, com o tempo, tornou-se uma figura representativa do homem dessa região. De acordo com o texto em estudo, como se caracteriza essa personagem? Justifique sua resposta com elementos do texto.

4. Bibiana Terra Cambará é uma das protagonistas de *O tempo e o vento*.

a. Qual é a visão que essa personagem tem da guerra?

b. Como Bibiana lida com a morte de Rodrigo Cambará?

c. Com base no texto e em suas respostas anteriores, conclua: Quais são os traços psicológicos dessa personagem? Justifique sua resposta com elementos do texto.

5. O tema e a linguagem empregada no texto estão de acordo com as concepções modernistas da geração de 22? Por quê? Justifique sua resposta com elementos do texto.

ARQUIVO

Por meio do estudo dos textos neste capítulo, você viu que:

- os romances regionalistas se caracterizam pelo retrato dos aspectos culturais, linguísticos, geográficos e históricos de cada região;
- os romances de José Lins do Rego têm como tema central a decadência dos engenhos nordestinos e suas implicações sociais; a interioridade das personagens é explorada, principalmente, por meio da onisciência do narrador e do discurso indireto livre.
- em *Capitães da Areia*, Jorge Amado denuncia o abandono de crianças e adolescentes pelas famílias e pelo aparato político-institucional, manifestando claramente sua ideologia socialista;
- em *O tempo e o vento*, Érico Veríssimo narra a saga da formação socioeconômica e política do Rio Grande do Sul no período entre o final do século XVIII e o ano de 1946;
- nos romances de Jorge Amado, José Lins do Rego e Érico Veríssimo, a linguagem é simples, direta e contém traços da oralidade, apresentando uma concepção de língua literária compatível com as ideias defendidas pelos modernistas de 22.
- o romance regionalista dá continuidade à proposta de 22 de pesquisar a realidade nacional, porém agora de uma forma crítica.

LÍNGUA E LINGUAGEM

Crase

FOCO NO TEXTO

Leia o texto a seguir.

Conselho Federal de Psicologia

(Disponível em: https://dapsiuff.files.wordpress.com/2012/07/nao-a-medicalizacao.png. Acesso em: 7/3/2016.)

REGISTRE NO CADERNO

1. Observe a parte não verbal do cartaz.

a. Em que suporte está escrito o texto central?

b. Que elementos estão em volta desse objeto?

c. Desses elementos, qual foge ao universo escolar?

2. O texto foi produzido para divulgar uma campanha do Conselho Federal de Psicologia. Levante hipóteses:

a. A quem se dirige o cartaz?
b. A qual situação social ele faz referência?
c. Qual é a relação do Conselho Federal de Psicologia com essa situação?
d. Qual é a proposta da campanha?

3. Levante hipóteses: Por que o termo *arteiro* está entre aspas? Justifique sua resposta com base no texto do cartaz.

4. Com base em suas respostas às questões anteriores, conclua: Qual é o sentido do termo *medicalização*? Seu uso se restringe ao contexto infantil? Justifique sua resposta com base no texto do cartaz.

5. Releia as seguintes frases:

> "Não à medicalização da vida."
> "Não ao uso indiscriminado de remédios nas escolas."

a. Tendo em vista o contexto do cartaz, é possível considerar que há uma forma verbal implícita antes do *não*. Qual é ela e a quem ela se dirige?
b. Um dos complementos que esse verbo exige nessa ocorrência contém uma preposição. Qual é essa preposição?
c. Levante hipóteses: Por que antes da palavra *medicalização* foi utilizada a forma *à* e antes da palavra *uso* foi utilizada a forma *ao*?

REFLEXÕES SOBRE A LÍNGUA

No estudo do cartaz, você viu que, quando um complemento verbal é iniciado pela preposição *a* seguida de um substantivo feminino que admite ser antecedido pelo artigo *a*, há a ocorrência da crase, uma vez que preposição e vogal se fundem. Ocorrerá crase, portanto, quando o termo regente exige a preposição *a* e o termo regido admite o artigo feminino *a(s)*. Assim:

> **Crase** é a fusão de duas vogais idênticas, que ocorre na junção da preposição *a* com o artigo *a* ou com o pronome demonstrativo *a*.

O sinal indicador de crase, salvo alguns poucos casos especiais, só pode ser usado antes de palavras femininas, pois só elas podem ser precedidas do artigo *a*.

Para certificar-se da necessidade do uso da crase, uma estratégia é usar a regra da substituição:

- Quando o *a* puder ser substituído por *ao*, trata-se certamente de um caso de crase:

> Comparecemos à reunião. – Comparecemos ao encontro.
> Obras à frente – Obras ao lado
> Forno a lenha – Forno a gás (e não *ao gás*)

Casos especiais

- O acento indicador de crase é usado na contração da preposição *a* e os pronomes demonstrativos *a*, *aquele*, *aquela* e *aquilo*, após verbos que exijam a preposição *a* em seu complemento:

  Não me refiro a essa moça, mas à (a + a pronome, com sentido de *aquela*) que saiu.

- Pode haver acento indicador de crase a fim de se eliminar uma possível ambiguidade em expressões que têm o sentido das locuções *com a*, *por meio da*, *ao lado da*: *escrever à/a máquina* ou *bordar à/a mão*.
- Há acento indicador de crase em expressões nas quais se subentende a locução à moda de: *poemas à Camões*, *cabelo à Pica-Pau*, *drible à Neymar*.
- Há acento indicador de crase antes da palavra *Terra* quando esta se refere ao planeta; não há crase quando *terra* se opõe a *bordo*.
- Há acento indicador de crase nas expressões *à medida que*, *à proporção que*, *à beira de*, *à toa*.
- Há acento indicador de crase em construções paralelas que começam com artigo feminino e subentendem palavras femininas:

  Andei de porta em porta, da sala 1 à [sala] 35 (ou das salas 1 a 35, sem crase).
  A secretaria fica aberta das 14 h às 16 h [horas] (ou de 14 h a 16 h, sem crase).

- Quando o *a* puder ser substituído por *para a* (no caso de verbos de movimento, pode-se também fazer a substituição com a forma verbal *voltar*: *voltei de*, sem crase; *voltei da*, com crase):

Dei o pacote a/à Maria. – Dei o pacote para (a) Maria.
Vou à Bahia. – Vou para a Bahia. / Voltei da Bahia.
Vou a São Paulo. – Vou para São Paulo. / Voltei de São Paulo.

APLIQUE O QUE APRENDEU

1. Leia a seguir um texto sobre o músico Benjamin Clementine, publicado na revista *Serafina*, do jornal *Folha de S. Paulo*.

Ex-morador de rua e músico de metrô, Clementine conquista ♦ Inglaterra

Subúrbio de Londres. Em uma velha igreja vazia há um piano aberto no centro do altar. O menino negro atravessa com pés descalços o corredor frio e senta-se ♦ frente do instrumento. Sem hesitar, pressiona ♦ primeiras teclas e da sua boca irrompe um som profundíssimo. Não demora e uma multidão emocionada vai enchendo os antigos bancos de madeira.

♦ cena nunca aconteceu, mas não é difícil imaginá-la ao ouvir pela primeira vez "At Least For Now", álbum de estreia do inglês Benjamin Clementine, cantor e compositor de 27 anos que, depois de morar na rua em Paris, arrebatou ♦ Inglaterra em 2015. No final do ano passado, ele venceu o Mercury Prize, o mais respeitado prêmio de música britânico.

Bertrand Guay/AFP

O músico Benjamin Clementine.

Como o garoto na igreja, Benjamin senta-se ♦ piano sempre descalço e canta poesias guardadas lá no fundo. "É como toco em casa de manhã", diz. [...]

Criado pelos pais ganeses em Edmonton, uma das áreas mais violentas de Londres, Benjamin contou ♦ Serafina que só se sentiu verdadeiramente amado e aceito quando saiu de casa. Com problemas com ♦ família religiosa, para a qual deixar o cabelo crescer é uma afronta ♦ cristianismo, e sofrendo bullying na escola por ser "feminino", mudou-se em 2010 para Paris.

Sozinho, sem dinheiro, com apenas 19 anos e uma mala cheia de pacotes de macarrão, passou seis meses dormindo nas ruas, morou em albergues espalhados pela cidade e namorou Daniela, uma estudante franco-brasileira. Por dois anos, impressionou com suas músicas os passageiros da linha 2 do metrô, até ser abordado por dois produtores. Do dia para a noite passou ♦ lotar apresentações França afora.

Com dois EPs gravados, Benjamin continuava inseguro sobre sua carreira artística. Ainda desconhecido do público inglês, foi convidado ♦ participar de um programa televisivo da BBC na mesma noite em que se apresentaria sir Paul McCartney. O ex-Beatle não apenas elogiou o estreante como o fez prometer que continuaria fazendo música.

Insegurança, aliás, é o tema de "Condolence", uma das mais emblemáticas canções de "At Least for Now", lançado em março de 2015. Nela, Benjamin afirma que já teríamos ouvido sua voz antes, ironizando ♦ surdez do mundo em relação ♦ quem historicamente clama por atenção desde sempre. "Eu mentiria se dissesse que sei como meus ancestrais afetam ♦ minha forma de fazer ♦ coisas, mas sei que eles estão em mim", conta. Na melhor parte da música, ele deliberadamente manda suas condolências ♦ insegurança e ♦ medo. É de arrepiar.

[...]

Ainda neste semestre, Benjamin Clementine, enigmático como sua música, pretende publicar um dicionário escrito por ele dando significados pessoais ♦ cerca de mil palavras. A julgar pelas letras de "At Least For Now", sua maneira de ser pessoal ("diferente de Adele", ele brinca) diz muito sobre cada um de nós. E emociona.

(Disponível em: http://www1.folha.uol.com.br/serafina/2016/03/1743743-ex-morador-de-rua-e-musico-de-metro-clementine-conquista-a-inglaterra.shtml. Acesso em: 7/3/2016.)

REGISTRE NO CADERNO

a. Substitua o símbolo ♦ pela forma adequada entre as possibilidades – *à(s)*, *a(s)* e *ao* – e indique cada uma delas em seu caderno.

b. Reproduza em seu caderno uma tabela como a seguinte e complete-a com as expressões, como no exemplo.

preposição *a* + artigo *a* + nome feminino	preposição *a* + artigo *o* + nome masculino	preposição *a*	artigo *a(s)*
à frente	ao piano	a lotar	a Inglaterra

Leia a tira a seguir e responda às questões 2 e 3.

Angeli

2. A tira constrói seu humor com base principalmente no comportamento do homem de terno.

a. Qual parece ser a intenção dessa personagem nos dois primeiros quadrinhos ao se interessar pela proposta do homem de casaco amarelo?

b. Por que é possível considerar que os dois últimos quadrinhos satirizam o comportamento inicial do homem de terno?

3. Discuta com os colegas e o professor se o uso do acento indicador da crase no 1º quadrinho é ou não adequado e por quê.

A propósito, a seguir, a 2 km

Salvo raríssimas exceções (veja o boxe "Casos especiais"), a crase só pode ocorrer diante de nomes femininos. Portanto, nenhuma das expressões do título (ou similares) recebe o acento grave indicador da crase.

4. Complete, em seu caderno, as placas a seguir com *a* ou *à*, tendo em vista as regras de uso do acento indicador da crase estudadas.

Reprodução/DER/Seobras-RJ

(Disponível em: http://amigosdemaua.net/fatores/placas_seobres_mar2012.htm. Acesso em: 7/3/2016.)

Reprodução/Rony Costa/Finephoto

(Disponível em: https://twitter.com/medodeportugues/status/601790617757327360. Acesso em: 7/3/2016.)

Reprodução/DER/Seobras-RJ

(Disponível em: http://amigosdemaua.net/textos/sobre%20faixas.htm. Acesso em: 7/3/2016.)

Reprodução

(Disponível em: http://revistadonna.clicrbs.com.br/coluna/claudia-tajes-lingua-desrespeitada/. Acesso em: 7/3/2016.)

TEXTO E ENUNCIAÇÃO

Leia a placa a seguir.

Reprodução/DNIT

(Disponível em: http://www.naotemcrase.com/2014/10/contruir-as-margens-de.html. Acesso em: 8/3/2016.)

1. Levante hipóteses: A quem a placa se dirige?

2. A expressão *as margens*, sem acento, tal como foi escrita na placa:

a. tem qual função nessa frase?

b. tem qual sentido?

REGISTRE NO CADERNO

3. Suponha que houvesse acento na expressão *às margens*.

a. Nesse caso, qual seria o sentido dessa expressão e sua função nessa frase?

b. Tendo em vista a situação de comunicação analisada, deduza: Qual das duas formas é mais adequada a esse contexto e por quê?

4. Leia os cartazes a seguir.

Rony Costa/Finephoto (adaptado)

(Disponível em: http://placasridiculas.blogspot.com.br/2014/07/a-tolice.html. Acesso em: 9/3/2016.)

Reprodução/Rony Costa/Finephoto

(Disponível em: http://revistadonna.clicrbs.com.br/coluna/claudia-tajes-lingua-desrespeitada/. Acesso em: 9/3/2016.)

a. Levante hipóteses: Em que tipo de estabelecimento eles provavelmente foram afixados?

b. A que se referem as expressões *vaca à tolada* e *fígado à cebolado*?

c. Essas expressões foram grafadas de forma não convencional nos cartazes. Quais são as formas convencionais?

d. Tendo em vista as regras de uso do acento indicador da crase estudadas, levante hipóteses: Qual regra levou os autores dos cartazes a utilizar essa forma na escrita?

5. Leia a seguir um guia que traduz símbolos de etiqueta de roupas.

Lavar à mão	Lavar à máquina em qualquer ciclo	Lavar à máquina em ciclo delicado. Se houver 2 tracinhos, além do ciclo delicado, a peça não pode ser torcida.	O número indica a temperatura máxima que o tecido suporta. Aqui também podem aparecer os tracinhos.	Não lavar (alguns tecidos só podem ser lavados a seco)

(Disponível em: http://www.derepentetamy.com/category/dicas-2/cuidados-com-roupas-e-acessorios/page/2/. Acesso em: 9/3/2016.)

Observe as expressões:

- lavar à mão
- lavar à máquina
- lavados a seco

a. Nas duas primeiras ocorrências, o uso do acento indicador da crase é facultativo. Seguindo a regra da substituição pelo masculino, haveria esse acento? Justifique sua resposta pela regra.

b. Reescreva as duas primeiras ocorrências da questão anterior sem o acento indicador da crase, relacione-as aos dois primeiros desenhos do texto e deduza: Por que se optou, no guia, por utilizar a forma com acento?

c. Levando o contexto de circulação em consideração, conclua: A ausência de acento indicador da crase poderia acarretar um problema de leitura?

PRODUÇÃO DE TEXTO

Relatório e currículo

O relatório

FOCO NO TEXTO

Leia o texto a seguir.

Relatório do 4º Encontro da Comunidade de Desenvolvimento

Tema: Programa de Construção Sustentável da CBIC Belo Horizonte

Introdução

No dia 10 de outubro de 2012 foi realizado o 4º encontro da Comunidade de Desenvolvimento do CDSC, com o tema "Programa de Construção Sustentável da CBIC (PCS)". Esse relatório tem como objetivo sumarizar o que foi apresentado e discutido no evento, que contou com 24 participantes, representando empresas associadas ao CDSC, entidades convidadas e integrantes do Núcleo Petrobras de Sustentabilidade e o Núcleo Bradesco de Inovação, ambos da FDC.

O CDSC visa a construção de indicadores, ferramentas e abordagens que auxiliam as organizações a entenderem e aplicarem os pressupostos da sustentabilidade. A esse respeito, o principal objetivo do encontro foi, com base no PCS, dar início à construção da agenda mineira de sustentabilidade na construção. Para isso, os participantes foram convidados a debater as questões prioritárias para diferentes segmentos da cadeia produtiva da construção em Minas Gerais, utilizando também como base pesquisas realizadas pelo CDSC e os resultados dos outros encontros. A seguir, os principais pontos discutidos serão apresentados.

Temas centrais para a sustentabilidade no setor da construção: oportunidades e ameaça

No início da sessão foi feita uma apresentação do programa de Construção Sustentável da CBIC (PCS). Em seguida foi iniciado um debate com os participantes do evento com relação aos temas apontados no PCS. Para ampliar o escopo do debate, o CDSC apresentou também aos participantes os temas relevantes obtidos em pesquisas e encontros com empresas.

[...]

Monty Rakusen/Getty Images

Por onde começar?

Um dos participantes apontou que tudo deveria começar com a conscientização, e uma opção colocada foi que a própria FDC poderia oferecer capacitação para maior domínio por parte dos gestores sobre os temas relacionados à sustentabilidade na construção. A justificativa para começar pela conscientização é que o indivíduo consciente sobre a sustentabilidade faz ações relacionadas surgirem. Outra participante ponderou que a sustentabilidade só é realmente levada adiante em organizações com um interesse institucional no tema. Havendo esse interesse, é preciso compreender como as diferentes áreas da empresa se relacionam com os aspectos de sustentabilidade. Para a ampliação da visão de cada área o primeiro passo é a conscientização. Foram ainda apontadas outras formas de se iniciar o diálogo e a implementação da sustentabilidade nos diferentes segmentos: iniciativas efetivas dos sindicatos, órgãos públicos e das empresas particulares em dar realmente destino correto aos resíduos.

Outros pontos que deveriam ser trabalhados são listados abaixo:

- Inter-relação entre Estado; órgãos reguladores e cadeia produtiva antes de tomada de decisões por meio de reuniões com facilitadores autênticos e atuantes na área de sustentabilidade.
- Divulgação de profissionais e empresas que atuam com sustentabilidade para toda a cadeia produtiva da construção.
- Trabalho na gestão da responsabilidade compartilhada com o apoio político.
- Facilitação do financiamento às empresas que estão trabalhando com os tratamentos dos resíduos.
- Envolver os laboratórios das faculdades no desenvolvimento de destinações produtivas para resíduos e de novos produtos.
- Qualificação de projetistas para que atribuam conceitos de sustentabilidade aos projetos.
- Promoção de maior comunicação entre empresas (construtoras, transportadoras e receptoras e recicladoras de resíduos).

Por fim, outra maneira de se trabalhar a sustentabilidade nos segmentos do setor é a partir dos temas levantados. Os temas prioritários – Energia e Educação para a Sustentabilidade – apontados pelos participantes podem servir de ponto de partida.

Próximos passos

Com os resultados obtidos no encontro é possível perceber a necessidade de se analisar, estudar e propor alternativas diferenciadas para os diversos segmentos do setor da construção, que apontam temas, barreiras e inciativas específicas. O próximo passo é utilizar o material obtido no encontro como insumo para pesquisas futuras, levando em consideração as especificidades dos segmentos do setor da construção.

(Disponível em: http://www.fdc.org.br/professoresepesquisa/nucleos/Documents/relatorio_4_encontro.pdf. Acesso em: 14/1/2016.)

1. O texto lido descreve um evento específico.

a. Qual é esse evento?

b. Quem participou do evento?

c. O que foi discutido no evento?

2. Levante hipóteses: Com qual finalidade o texto em estudo foi escrito? Em qual situação de comunicação ele circula?

3. Observe as siglas contidas no texto: CDSC, CBIC, PCS, FDC.

a. Apenas uma entre elas tem seu significado explicitado no texto. Qual é ela? O que ela significa?

b. Entre as opções de significado oferecidas a seguir para cada sigla, deduza qual é o correto, tendo em vista o conteúdo do relatório.

REGISTRE NO CADERNO

- CDSC: Comissão para o Desenvolvimento do Estado de Santa Catarina
- CDSC: Centro de Desenvolvimento da Sustentabilidade na Construção
- CBIC: Câmara Brasileira da Indústria da Construção
- CBIC: Centro Baiano de Incentivo à Cultura
- FDC: Fundação dos Direitos da Criança
- FDC: Fundação Dom Cabral

c. Tendo em vista a situação de comunicação em que um relatório circula, levante hipóteses: Por que, no texto em estudo, o significado dessas siglas não foi especificado?

4. Um relatório pode ser composto por partes diversas, mas há alguns itens que devem estar presentes em todo relatório: objetivo (seja do relatório, seja do evento ou da atividade relatada); ações realizadas; resultados obtidos; possíveis ações futuras. Segundo o relatório em estudo:

a. Qual é o objetivo do relatório?

b. Quais eram os objetivos do evento relatado?

c. Quais foram as ações realizadas?

d. Quais foram os resultados obtidos? E a possível ação futura?

5. Releia o item "Por onde começar?".

a. Qual função esse item desempenha no relatório?

b. Discuta com os colegas e o professor e levante hipóteses: Esse item constitui uma parte obrigatória em um relatório?

c. Essa estrutura se assemelha à estrutura de qual outro gênero, tendo em vista o detalhamento da descrição apresentada? Justifique sua resposta.

6. Discuta com os colegas e o professor e, depois, anote em seu caderno os itens, entre os seguintes, que podem constar em um relatório.

- saudações aos leitores
- justificativa
- solicitação de patrocínio
- impactos causados nos sujeitos envolvidos
- prestação financeira de contas
- fotos
- complicação seguida de clímax
- considerações finais
- despedida

HORA DE ESCREVER

Seguem duas propostas de elaboração de produção de relatórios.

1. No capítulo 1, houve a realização de um debate no qual foram deliberadas ações para a organização da *feira de cidadania* a ser realizada no final da unidade. A fim de registrar as decisões tomadas, faça, individualmente, um relatório sobre os pontos discutidos no debate. Para isso, utilize as anotações que você fez durante a discussão.

2. Prepare-se para produzir um relatório de prestação de contas da feira. Guarde a documentação que utilizou com vistas à organização dos trabalhos e faça anotações que possam auxiliar na elaboração futura do relatório. Quem ficou responsável por qual tarefa? Quais atividades foram realizadas? Quantas pessoas participaram? Como foi a receptividade dos visitantes à feira? Qual oficina foi a mais concorrida?

PROJETO

Dê continuidade à organização da *feira de cidadania* que a classe realizará no final da unidade, registrando em um relatório as decisões acordadas no debate deliberativo e preparando a produção de um relatório após a feira, a fim de prestar contas, à escola e à comunidade, dos resultados do trabalho realizado por vocês.

ANTES DE ESCREVER

Planeje seu relatório, seguindo estas orientações:

- Reúna todo o material com as informações relativas ao planejamento e/ou à organização da feira de cidadania: documentos, anotações, fotografias, etc.
- Certifique-se de que tem à mão informações para contemplar os itens mínimos de um relatório: objetivo, tópicos discutidos, principais resultados.
- Defina quais serão as partes do relatório, tendo em vista a principal função dele: é importante mencionar a razão do evento? É interessante anexar algum documento ou imagem? É relevante comentar os impactos do evento na comunidade?
- Defina se há necessidade de detalhar as discussões realizadas no evento.
- Aponte os resultados do evento.
- Caso o evento relatado tenha dado origem a decisões relativas a ações futuras, registre-as.

ANTES DE PASSAR A LIMPO

Antes de dar seu relatório por finalizado, observe:

- se o material de consulta que você selecionou foi aproveitado ao máximo;
- se os itens mínimos de um relatório foram contemplados;
- se as partes que compõem seu texto apresentam informações relevantes, considerando-se a finalidade que ele tem em vista;
- se o detalhamento das informações está equilibrado, ou seja, não é exagerado nem insuficiente;
- se os resultados ou os planos relativos a ações futuras foram mencionados.

O currículo

Você, que está no 3º ano do ensino médio, em breve poderá precisar de um currículo, caso decida ingressar no mercado de trabalho. Trata-se de um documento no qual são relacionadas as principais atividades que uma pessoa já realizou no âmbito escolar e/ou profissional. Veja, a seguir, as principais informações que devem constar em um currículo breve.

Nome completo

Data de nascimento, estado civil
Endereço com CEP
Telefones (residencial e celular)
E-mail

Área de interesse (opcional, caso haja alguma específica)

Formação escolar/acadêmica
Nome da escola/universidade
Curso (ensino médio regular ou técnico)
Início e término previsto

Formação complementar
Cursos de informática, cursos extras cujo conteúdo possa ser relevante para o cargo pretendido (música, esporte, teatro, etc.)

Idiomas
Nome do idioma, nível de conhecimento, nome da escola, período cursado

Experiência profissional
Empregos e estágios anteriores, sempre começando pelo mais recente
Nome da empresa e período de duração
Cargo ocupado e principais atividades realizadas

Atividades complementares
Atividades realizadas extraoficialmente: cargos ocupados na escola (membro do grêmio, representante de classe, etc.), organizações de eventos culturais, atividades voluntárias socialmente relevantes, vivência no exterior, participação em grupos comunitários, de estudo, de pesquisa, etc.

HORA DE ESCREVER

Seguem duas propostas de elaboração de currículos.

1. Seguindo o modelo acima, elabore um currículo com o resumo das principais atividades que você já realizou. Tenha-o à mão, caso haja alguma oportunidade do seu interesse.

2. Planeje, com os colegas da classe, uma oficina de elaboração de currículos. Durante a feira de cidadania, vocês poderão elaborar currículos para os visitantes ou dar dicas e orientações sobre como deve ser um bom currículo.

ANTES DE ESCREVER

Planeje a elaboração do seu currículo, seguindo estas orientações:

- Apresente seus dados pessoais de forma completa (números de documentos pessoais são desnecessários).
- Só coloque foto (em formato 3 x 4, com roupa sóbria e fisionomia que demonstre seriedade) se houver essa solicitação.
- Registre todos os cursos que fez e as atividades profissionais que realizou (de preferência aquelas que você tem como comprovar) e jamais cite cursos que não frequentou.
- Seja sincero e objetivo ao mencionar o domínio de algum conhecimento ou a participação em trabalhos ou cursos.
- Não faça autoavaliações elogiosas.
- Utilize uma linguagem em acordo com a norma-padrão.
- Escreva entre uma e duas páginas. Caso você já tenha experiência profissional em que se incluem numerosas atividades, mencione apenas as que forem mais relevantes com vistas ao cargo ao qual está se candidatando.
- A não ser que o currículo seja direcionado a uma área artística, prefira um formato clássico.

ANTES DE PASSAR A LIMPO

Antes de dar seu currículo por finalizado, observe:

- se seus dados pessoais estão completos e atualizados, sem excesso de informação;
- caso haja foto, se ela é adequada;
- se todas as atividades relevantes que você já realizou estão mencionadas;
- se as descrições de experiências e atividades foram feitas de forma direta e objetiva, sem autoelogios;
- se não há desvios em relação à ortografia e à norma-padrão;
- se a versão final tem, no máximo, duas páginas;
- se o documento está em um formato clássico.

CAPÍTULO

3 A geração de 30
Colocação pronominal
Cartas argumentativas

LITERATURA

A geração de 30: Carlos Drummond de Andrade

Coleção Gilberto Chateubriand MAM, Rio de Janeiro, RJ

Porto (1935), de Antônio Gomide, pintor modernista que, na década de 1930, passou a pintar temas nacionais, em especial figuras humanas de nossa paisagem.

A poesia de 30

Os poetas da geração de 1930, assim como os romancistas, viveram o período de tensão dos anos 1930-40, marcados por fatos como a Revolução de 1930, o início do Estado Novo (1937-45), a eclosão da Segunda Guerra Mundial, o acirramento ideológico, entre outros. Apesar disso, a poesia buscou caminhos próprios, diferenciando-se da prosa, que explorou fortemente o veio regionalista.

O traço preponderante da poesia dessa geração é a reflexão sobre o "estar no mundo", voltada muitas vezes para questões sociais, mas também para questões filosóficas, existenciais, espirituais e amorosas.

Do ponto de vista formal, os poetas da geração de 1930 mantiveram as conquistas da geração de 22 – como o verso livre, as palavras em liberdade, a busca de uma linguagem brasileira, mais próxima do oral e do coloquial, etc. –, mas retomaram alguns dos procedimentos formais antes combatidos pelos modernistas, como o verso regular, o soneto e outras formas tradicionais da poesia. Aliás, alguns escritores dessa geração, como Vinícius de Morais, destacaram-se como grandes sonetistas.

Os principais poetas dessa geração foram Carlos Drummond de Andrade, Cecília Meireles, Vinícius de Morais, Jorge de Lima, Murilo Mendes e Mário Quintana. A poesia de Drummond será estudada neste capítulo; a de Cecília Meireles e Vinícius de Morais, no capítulo 1 da unidade seguinte.

Carlos Drummond de Andrade

O poeta Carlos Drummond de Andrade (1902-1987) nasceu em Itabira, Minas Gerais. Estudou Farmácia em Ouro Preto, mas não exerceu a profissão. Foi um dos fundadores de *A revista* (1925), publicação mineira que tinha o propósito de difundir o Modernismo no Estado.

Em 1934, o poeta mudou-se para o Rio de Janeiro, onde teve contato com os escritores da geração de 1930 que viviam na então capital do país.

Foi funcionário público e, como cronista, escreveu para jornais mineiros e cariocas. Produziu poesia, crônicas, contos e literatura infantil e é considerado por alguns críticos como o maior poeta brasileiro de todos os tempos.

Arquivo/Agência O Dia/Estadão Conteúdo

Carlos Drummond de Andrade

A primeira obra de poesia de Carlos Drummond de Andrade, *Alguma poesia*, foi publicada em 1930. Ao longo dos mais de cinquenta anos de produção literária do poeta, sua a obra foi se modificando, refletindo os fatos histórico-sociais, porém nunca deixou de apresentar certos traços que lhe foram essenciais, como a reflexão existencial e a ironia.

Da vasta produção em prosa e verso do autor, daremos destaque à poesia, que contou com várias fases. Os poemas das duas primeiras obras, *Alguma poesia* e *Brejo das almas* (1934), foram criados sob a influência dos modernistas de 22 e, por isso, ainda são marcados pelo experimentalismo estético, pelo poema-piada, pela síntese, pela ironia e pelo humor. Apesar disso, apresentam uma profunda reflexão sobre o "estar no mundo", em uma perspectiva mais individualista e pessimista, revelando um claro sentimento de mal-estar, desagregação e inadequação.

A partir de 1940, entretanto, com a publicação de *Sentimento do mundo*, nota-se uma clara mudança de perspectiva do poeta. Seus poemas se direcionam, então, para temas sociais e universais, como a guerra, e passam a expressar um sentimento de esperança e de união entre os homens. Essa fase se estende nos livros subsequentes, *José* (1942) e *Rosa do povo* (1945). A publicação deste último livro coincide com o fim da Segunda Guerra Mundial e do Estado Novo, no Brasil.

Nas obras posteriores, o poeta retoma a postura reflexiva e filosófica das obras iniciais, marcada por acentuados traços de desilusão e pessimismo em relação à humanidade. São dessa fase as obras *Claro enigma* (1951), *Fazendeiro do ar* (1954) e *A vida passada a limpo* (1959).

Na fase final de sua produção, em obras como *Boitempo* (1968), *Corpo* (1982), *Amar se aprende amando* (1984), entre outras, Drummond se volta para temas universais como a memória, o tempo, o amor e o erotismo.

FOCO NO TEXTO

Você vai ler, a seguir, dois poemas de Carlos Drummond de Andrade. O primeiro pertence à obra *Alguma poesia*, e o segundo, à obra *Sentimento do mundo*.

Texto 1

Coração numeroso

Foi no Rio.
Eu passeava na Avenida quase meia-noite.
Bicos de seio batiam nos bicos de luz estrelas inumeráveis.
Havia a promessa do mar
e bondes tilintavam,
abafando o calor
que soprava no vento
e o vento vinha de Minas.

Meus paralíticos sonhos desgosto de viver
(a vida para mim é vontade de morrer)
faziam de mim homem-realejo imperturbavelmente
na Galeria Cruzeiro quente quente
e como não conhecia ninguém a não ser o doce vento mineiro,
nenhuma vontade de beber, eu disse: Acabemos com isso.

Mas tremia na cidade uma fascinação casas compridas
autos abertos correndo caminho do mar
voluptuosidade errante do calor
mil presentes da vida aos homens indiferentes,
que meu coração bateu forte, meus olhos inúteis choraram

O mar batia em meu peito, já não batia no cais.
A rua acabou, quede as árvores? a cidade sou eu
a cidade sou eu
sou eu a cidade
meu amor.

Nelson Provazi

realejo: instrumento musical que se toca por meio de uma manivela.

(*Reunião*. 10. ed. Rio de Janeiro: José Olympio, 1980. p. 15-6.)

Texto 2

A noite dissolve os homens

A Portinari

A noite desceu. Que noite!
Já não enxergo meus irmãos.
E nem tampouco os rumores
que outrora me perturbavam.
A noite desceu. Nas casas,
nas ruas onde se combate,
nos campos desfalecidos,
a noite espalhou o medo
e a total incompreensão.

A noite caiu. Tremenda,
sem esperança... os suspiros
acusam a presença negra
que paralisa os guerreiros.
E o amor não abre caminho
na noite. A noite é mortal,
completa, sem reticências,
a noite dissolve os homens,
diz que é inútil sofrer,
a noite dissolve as pátrias,
apagou os almirantes
cintilantes! nas suas fardas.
A noite anoiteceu tudo...
O mundo não tem remédio...
Os suicidas tinham razão.

Sede da ONU, Nova Iorque, EUA

A parte "Guerra" do painel *Guerra e paz* (1956), de Portinari, hoje na sede da ONU, em Nova Iorque.

Aurora,
entretanto eu te diviso, ainda tímida,
inexperiente das luzes que vais acender
e dos bens que repartirás com todos os homens.
Sob o úmido véu de raivas, queixas e humilhações,
adivinho-te que sobes, vapor róseo, expulsando a treva noturna.
O triste mundo fascista se decompõe ao contato de teus dedos,
teus dedos frios, que ainda se não modelaram
mas que avançam na escuridão como um sinal verde e peremptório.
Minha fadiga encontrará em ti o seu termo,
minha carne estremece na certeza de tua vinda.
O suor é um óleo suave, as mãos dos sobreviventes se enlaçam,
os corpos hirtos adquirem uma fluidez,
uma inocência, um perdão simples e macio...
Havemos de amanhecer. O mundo
se tinge com as tintas da antemanhã
e o sangue que escorre é doce, de tão necessário
para colorir tuas pálidas faces, aurora.

(Idem, p. 57-8.)

hirto: duro, imóvel.
peremptório: definitivo, decisivo.

1. O poema "Coração numeroso" é organizado em duas partes e mostra impressões do eu lírico na cidade do Rio de Janeiro. Considerando essa estrutura do poema e as ideias que ele apresenta, responda:

a. Que versos compõem a primeira e a segunda partes? Justifique sua resposta.

b. Que palavra introduz a segunda parte?

c. Logo, entre as duas partes, que tipo de relação há: de causa e consequência, de oposição ou de condição?

REGISTRE NO CADERNO

2. A respeito da relação do eu lírico com a cidade do Rio de Janeiro, responda, justificando com elementos do texto:

a. O eu lírico é dessa cidade? Releia os dois versos da primeira estrofe e infira: Qual é a origem dele?

b. Como o eu lírico se sente no Rio de Janeiro?

c. O modo como o eu lírico se sente resulta apenas de ele estar na cidade do Rio de Janeiro ou ele já se sentia assim antes?

3. Na segunda parte do poema, algo de novo começa a acontecer, dando início a uma gradação de emoções e sentimentos.

a. Como o eu lírico começa a ver e sentir a cidade? Justifique sua resposta com palavras ou expressões do texto.

b. Que versos dessa parte exprimem a mudança de sentimentos do eu lírico em relação à cidade? Justifique sua resposta.

c. Considerando a gradação, levante hipóteses e responda: A que ou a quem se refere a expressão *meu amor*, que finaliza o poema? O que essa expressão representa nas transformações que o eu lírico estava vivendo?

Arquivo/Estadão Conteúdo

A Galeria Cruzeiro funcionava no térreo do Hotel Avenida, na antiga avenida Central, hoje avenida Rio Branco, no Rio de Janeiro. A galeria tinha bares e restaurantes e uma estação de bondes. O hotel foi demolido em 1957.

4. O poema "Coração numeroso" se inclui na primeira fase da poesia de Drummond, marcada pelo *gauchismo* (da palavra francesa *gauche*, "lado esquerdo", ou seja, a sensação de ser estranho, diferente, inadequado), pelo ceticismo, pela ironia e por alguns traços da geração de 22.

a. Há traços de *gauchismo* no poema? Se sim, em qual parte dele? Justifique sua resposta com elementos do texto.

b. Que traços da geração modernista de 22 se observam no poema?

5. O poema "A noite dissolve os homens" também é, como "Coração numeroso", organizado em duas partes.

a. Identifique essas duas partes.

b. Que palavras do poema constituem uma antítese entre as partes?

6. Observe estes versos do poema:

- "acusam a presença negra"
- "A noite anoiteceu tudo..."
- "inexperiente das luzes que vai acender"
- "adivinho-te que sobes, vapor róseo, expulsando a treva noturna."
- "se tinge com as tintas da antemanhã"
- "e o sangue que escorre é doce, de tão necessário / para colorir tuas pálidas faces, aurora."

The Bridgeman Art Library/Keystone Brasil

a. Que alterações cromáticas, observadas na sequência dos versos acima, ocorrem ao longo do poema?

b. Que figura de linguagem se verifica nas transformação das cores?

7. O poema se inicia com o verso "A noite desceu. Que noite!".

a. Que tipo de efeito a noite tem sobre os homens? Que sentimentos desperta nas pessoas? Justifique sua resposta com trechos do poema.

b. A ação da noite se restringe a alguns homens ou tem um alcance geral? Justifique sua resposta com elementos do poema.

c. O poema foi publicado em 1940. Que elementos do contexto são mencionados nele?

d. Levando em conta sua resposta no item anterior, interprete: O que representa a metáfora *a noite*?

Um escândalo no meio do caminho

Um dos mais conhecidos poemas de Drummond é este:

No meio do caminho

No meio do caminho tinha uma pedra
tinha uma pedra no meio do caminho
tinha uma pedra
no meio do caminho tinha uma pedra.

Nunca me esquecerei desse acontecimento
na vida de minhas retinas tão fatigadas.
Nunca me esquecerei que no meio do caminho
tinha uma pedra
tinha uma pedra no meio do caminho
no meio do caminho tinha uma pedra.

(*Reunião*. 10. ed. Rio de Janeiro: José Olympio, 1980.)

Veja o que o autor comentou a respeito do poema:

O meu poema "No meio do caminho", composto de dez versos, repete de propósito sete vezes as palavras "tinha" e "pedra", e seis vezes as palavras "meio" e "caminho". Isso foi julgado escandaloso; hoje o poema está traduzido em 17 línguas, e me diverti publicando um livro de 194 páginas contendo as descomposturas mais indignadas contra ele, e também os elogios mais entusiásticos. Achavam-me idiota ou palhaço; suportei os ataques porque ao mesmo tempo recebia o estímulo de meus companheiros de geração e de pessoas mais velhas, nas quais depositava confiança pela capacidade intelectual e pela honestidade de julgamento que a distinguiam.

(*Antologia poética*. Rio de Janeiro: Record, 2000. Prefácio.)

8. Na segunda estrofe, o eu lírico avista o nascimento da aurora.

a. No confronto com a noite, como a aurora se mostra inicialmente?

b. O que a aurora traz para os seres humanos? Justifique sua resposta com elementos do texto.

c. Considerando o contexto, interprete: O que representa a metáfora *aurora*?

9. Em "Havemos de amanhecer", a forma verbal *havemos* é auxiliar de *amanhecer*.

a. Em que pessoa está essa forma verbal? O eu lírico se inclui entre os que vão amanhecer?

b. A postura do eu lírico no poema "A noite dissolve os homens" representa uma ruptura ou uma continuidade em relação à fase *gauche* da poesia de Carlos Drummond de Andrade? Por quê?

ARQUIVO

- A poesia da geração de 1930 caracteriza-se, predominantemente, pela reflexão em torno de questões sociais, filosóficas, existenciais, espirituais e amorosas. Do ponto de vista formal, as conquistas de 22 foram mantidas, mas os poetas voltaram a explorar versos e formas convencionais, como o decassílabo e o soneto.
- Carlos Drummond de Andrade é o principal poeta da geração de 1930, e sua obra apresenta várias fases.
- A primeira fase da poesia de Drummond é marcada por certos procedimentos formais da geração de 22, como o verso livre, a síntese e a ironia, mas também pelo *gauchismo*, isto é, por uma perspectiva individualista e pessimista em relação ao mundo.
- A segunda fase da poesia de Drummond se situa no contexto do Estado Novo e da Segunda Guerra Mundial e se volta para questões sociais em uma perspectiva de crítica à realidade e, ao mesmo tempo, de solidariedade e esperança em um mundo melhor.

Colocação pronominal

FOCO NO TEXTO

Leia o texto a seguir, de Antonio Prata.

Nelson Provazi

Abraçando árvore

Não era uma felicidade eufórica, dessas de gritar "Urru!", estava mais pra uma brisa de contentamento, como se eu bebesse vinho branco à beira-mar ou lesse Rubem Braga na varanda de um sítio.

Eu tinha acordado cedo naquela sexta – e acordar cedo sempre me predispõe à felicidade. O trabalho havia rendido bem e, antes do fim da manhã, já tinha acabado de escrever tudo o que me propusera para o dia. À uma, fui almoçar com o meu editor. Ele estava com alguns capítulos do meu livro novo desde dezembro e eu temia que não tivesse gostado. Gostou. Fez alguns reparos com que concordei. Comemos um peixe na brasa – peixe e brasa também costumam me predispor à felicidade – e como era sexta-feira, e como somos amigos, e como comemorávamos essa pequena alegria que é um trabalho andar bem, uma parceria funcionar, brindamos com vinho branco – não à beira-mar, mas à beira do Cemitério da Consolação, que pode não ter a grandeza de um Atlântico, mas também tem lá os seus pacíficos encantos.

Saí andando meio emocionado, meio sem rumo pela tarde ensolarada e quando vi estava em frente à paineira da Biblioteca Mario de Andrade. É uma árvore gigante, que provavelmente já estava ali antes do Mario de Andrade nascer, continuou ali depois de ele morrer e continuará ali depois que todos os 18 milhões de habitantes que hoje perambulam pela cidade de São Paulo estiverem abaixo de suas raízes. Talvez tenha sido o assombro com essa longevidade, talvez acordar cedo, talvez os elogios ao livro e o vinho certamente colaborou: fato é que senti uma súbita vontade de abraçar aquela árvore.

Acho importante deixar claro, inclemente leitor, que não sou do tipo que abraça árvore. Na verdade, sou do tipo que faz piada com quem abraça árvore. Se me contassem, até a última sexta, que algum amigo meu foi visto abraçando uma paineira na rua da Consolação eu diria, sem pestanejar: enlouqueceu. Mas...

Não haveria nada de místico no abraço. Eu não achava que a paineira iria me emprestar qualquer "energia", nem que ela sugaria de minh'alma possíveis toxinas metafísicas. Era algo simbólico como atirar uma rosa ao mar dia 31 de dezembro, uma mínima inflexão na correria: aí está você, imóvel e longeva, aqui estou eu, ágil e breve, duas soluções do acaso para a soma de elementos da tabela periódica – e ela seguiria ali, com sua fotossíntese, eu seguiria adiante, com minhas caraminholas.

Olhei prum lado. Olhei pro outro. Tomei coragem e foi só sentir o rosto tocar o tronco para ouvir: "Antonio?!". Era meu editor. Foram dois segundos de desespero durante os quais contemplei o distrato do livro, a infâmia pública, o alcoolismo e a mendicância, mas só dois segundos, pois meu inconsciente, consciente do perigo, me lançou a ideia salvadora. "Uma braçada", disse eu, girando pra esquerda e envolvendo a árvore novamente, "duas braçadas e... Três". Então encarei, seguro, meu possível verdugo: "Três braçadas dá o que? Uns cinco metros de perímetro? Tava medindo pra descrever, no livro. Tem uma parte mais no fim em que essa paineira é importante."

Colou. Nos despedimos. Ele foi embora prum lado, a minha felicidade pro outro e agora estou aqui, já noite alta desta sexta-feira, tentando enfiar a todo custo um tronco de quase dois metros de diâmetro num livro em que, até então, não havia nem uma samambaia.

(Disponível em: http://www1.folha.uol.com.br/colunas/antonioprata/2016/01/1730364-abracando-arvore.shtml. Acesso em: 5/3/2016.)

distrato: anulação, rescisão.
inflexão: mudança de rumo, desvio.
verdugo: carrasco, algoz.

1. O autor conta, em seu texto, sobre um dia específico de sua vida.

a. Qual era o estado de espírito do autor naquele dia?

b. A que acontecimentos ele atribui tal estado de espírito?

c. Qual atitude inusitada ele tomou levado por esse estado de espírito?

2. Ao decidir realizar um ato julgado por ele mesmo como inusitado, o autor foi surpreendido por seu editor.

a. Qual foi a reação do autor nesse momento e o que ele fez para sair da situação embaraçosa?

b. Qual problema essa atitude trouxe para ele?

3. Esse texto foi publicado em um jornal de grande circulação. Tendo em vista a história contada, responda:

a. Qual nova função pode assumir esse texto, além de entreter os leitores?

b. Levante hipóteses: O problema mencionado pelo autor no último parágrafo permanecerá após a circulação desse texto?

4. Observe as seguintes construções empregadas no texto:

"sempre me predispõe"
"tudo o que me propusera"
"costumam me predispor"
"Se me contassem"
"iria me emprestar"
"me lançou a ideia"
"Nos despedimos."

a. O que há de comum entre todas elas no que diz respeito à posição do pronome oblíquo?

b. Discuta com os colegas e o professor: Em alguma dessas ocorrências, ao produzir o mesmo enunciado, você colocaria o pronome em lugar diferente?

5. Embora no português falado atualmente no Brasil (e escrito em situações informais) os pronomes sejam majoritariamente colocados na posição em que estão no texto lido, há outras maneiras de explorar essa

Antonio Prata

Antonio Prata é escritor e roteirista. Filho dos também escritores Mário Prata e Marta Góes, nasceu em São Paulo em 1977 e atualmente escreve para o jornal *Folha de S. Paulo*, além de ter alguns livros publicados, entre eles *Nu, de botas* (Cia. das Letras) e *Meio intelectual, meio de esquerda* (Ed. 34).

Paulo Liebert/Estadão Conteúdo

REGISTRE NO CADERNO

colocação. Discuta com os colegas e o professor e levante hipóteses: Quais das opções a seguir são consideradas adequadas à norma-padrão segundo a gramática normativa?

sempre predispõe-me	ir-me-ia emprestar
tudo o que propuse-me-ra	iria emprestar-me
tudo o que propusera-me	lançou-me a ideia
costumam predispor-me	Despedimo-nos

REGISTRE NO CADERNO

6. Encontre no texto outros trechos que comprovem a opção do autor de empregar uma linguagem bastante informal, próxima da fala.

REFLEXÕES SOBRE A LÍNGUA

Como você viu no estudo do texto de Antonio Prata, é possível empregar os pronomes oblíquos átonos em relação aos verbos que acompanham de forma variada. Assim:

> **Colocação pronominal** é a posição do pronome oblíquo átono em relação ao verbo que ele acompanha.

Atualmente, a colocação pronominal no português brasileiro é majoritariamente feita por meio da próclise, isto é, da colocação *antes* do verbo. É possível, entretanto, em determinadas construções, em geral mais formais, encontrar outras formas de colocação pronominal.

A gramática normativa classifica a colocação pronominal em três tipos:

- **próclise:** pronome colocado antes da forma verbal. Ex.: "sempre me predispõe".
- **ênclise:** pronome colocado depois da forma verbal. Ex.: "lançou-me a ideia".
- **mesóclise:** pronome colocado no meio da forma verbal. Ex.: "ir-me-ia emprestar".

Apresentamos a seguir as regras específicas para o uso da ênclise e da mesóclise, colocações pouco utilizadas no português do Brasil. Nos demais casos, continua-se utilizando a próclise, a forma mais comum em nosso país. Não há necessidade de adotar essas regras em sua fala cotidiana; porém, é interessante conhecê-las e utilizá-las em situações de escrita formal e de avaliações e exames escritos.

Deve-se dar preferência à ênclise:

- para se iniciar frase, ou se há vírgula antes do verbo: "Sentei-me na primeira fileira", "Se chegar cedo, sento-me na primeira fileira";
- em frases imperativas afirmativas: "Amanhã sentem-se todos na primeira fileira";
- em casos de gerúndio ou infinitivo pessoal: "Chegou sentando-se na primeira fileira", "Era meu intuito ajudá-lo.".

Deve-se dar preferência à mesóclise:

- com formas verbais no futuro do presente ou no futuro do pretérito: "Dir-se-á que somos loucos.", "Sentar-se-ia na primeira fileira se tivesse chegado cedo.".

As palavras atrativas

Alguns termos são chamados de *palavras atrativas*, pois atraem o pronome para antes do verbo e geram próclise, mesmo em contextos nos quais se teria ênclise ou mesóclise. São elas:

- advérbios: "Não se queixe", "Antes me encontrei com ela";
- pronomes relativos e indefinidos: "tudo o que me propus a fazer...", "Ninguém me avisou...";
- conjunções subordinativas: "Disse que me deixariam ficar", "Se me contassem...";
- gerúndio e infinitivo pessoal precedidos de preposição: "Em se tratando de...", "Para se sentarem".

APLIQUE O QUE APRENDEU

1. Você vai ler a seguir um trecho de um texto jurídico, escrito no século XXI, e outro, das memórias do Visconde de Taunay, escrito no final do século XIX.

A citação inicial *far-se-á* por mandado, *expedindo-se* edital de citação somente quando esgotados todos os meios possíveis para efetivação do chamamento pessoal. [...]

Não há que *se falar* em nulidade do feito, desde que a tentativa de citação do réu tenha sido implementada de forma regular e pessoalmente no endereço fornecido durante o inquérito [...]. Alega a defesa que houve afronta à regra do art. 186 do CPP (na verdade, estaria a defesa a *se referir* ao art. 185 do CPP), pois o interrogatório judicial [...] teria sido realizado sem a presença do seu defensor então constituído. No entanto, vale ressaltar que tal regra somente *se tornou* obrigatória quando do advento da lei 10.792, de 1º de dezembro de 2003. [...]

(Disponível em: http://www.jusbrasil.com.br/busca?q=INTELIG%C3%8ANCIA+DO+ARTIGO+351+%2C+DO+CPP. Acesso em: 5/3/2016.)

Poderia eu ir contando, com todas as minúcias, o seguimento dessa Campanha da Cordilheira, os episódios da guerra que terminou com a morte do tirano Lopez, no Aquidabanigui, em Cerro Corá. Mas *ir-me-ia* alongando demasiado a encher volumes e volumes destas *Memórias*, quando tanto ainda tenho que relatar! *Falta-me* tempo, disposição de corpo e de espírito, a lutar com bem penosas nevralgias de fundo diabético. [...]

(*O Visconde de Taunay e os fios da memória*. São Paulo: Editora Unesp, 2006. p. 159. Disponível em: https://books.google.com.br/books?id=AcClYQiKSKUC&pg=PA305&dq=visconde+de+taunay&hl=pt-BR&sa=X&ved=0ahUKEwilyMvs_67LAhUCDJAKHSyQC0QQ6AEIJjAA#v=onepage&q&f=false. Acesso em: 5/3/2016.)

a. Observe a forma como é feita a colocação pronominal dos termos em destaque nos textos, agrupe-os segundo usos similares e justifique cada uma das ocorrências com base nas regras estudadas.

b. Embora tenham sido escritos com mais de um século de diferença entre si, os dois textos fazem usos semelhantes da colocação pronominal. Discuta com os colegas e o professor: Quais desses usos são comuns no dia a dia do brasileiro atualmente? Nos casos em que a colocação pronominal do texto não é utilizada no dia a dia, indique formas alternativas.

c. Levante hipóteses: Quais motivos fazem com que cada um desses textos apresente os pronomes dessa forma?

Você vai ler a seguir um conhecido poema de Carlos Drummond de Andrade, autor estudado na seção **Literatura** deste capítulo.

A colocação pronominal no português brasileiro

A colocação brasileira dos pronomes oblíquos átonos é bem característica, sendo inclusive muito mencionada como uma das principais diferenças entre a variedade brasileira e as variedades africanas e europeia do português.

Em matéria da *Revista Língua* (edição 67), Luiz Costa Pereira Junior analisa essa forma típica dos pronomes nas construções brasileiras. Segundo Pereira Junior, Gilberto Freyre observa que no Brasil colonial construções como *faça-me* e *dê-me* eram usadas pelos senhores de escravos com frieza e secura, em ordens firmes e implacáveis. Assim, "O modo português adquiriu na boca dos senhores certo ranço de ênfase hoje antipático: faça-me isso; dê-me aquilo", cita Gilberto Freyre, na obra *Casa-grande e senzala*.

Pereira Junior conclui, com base nas ideias de Freyre, que o brasileiro, nesse contexto, teria optado "por um 'modo mais doce' de pedir: *me dê* no lugar de *dê-me*; *me faça*, mais brando que *faça-me*, doce aversão ao 'imperativo antipático' prescrito pela gramática tradicional lusa", com a ênclise e a mesóclise.

O autor destaca ainda que esse fenômeno é denominado "próclise absoluta" por Rodolfo Ilari e Renato Basso, no livro *O português da gente*. "Absoluta" porque esse tipo de colocação pronominal predomina na variedade brasileira, que antecipa o pronome átono para o início da sentença, dando um caráter de súplica a uma fala que poderia soar como cerimoniosa ou mesmo autoritária.

A flor e a náusea

Preso à minha classe e a algumas roupas,
vou de branco pela rua cinzenta.
Melancolias, mercadorias espreitam-me.
Devo seguir até o enjoo?
Posso, sem armas, revoltar-me?

Olhos sujos no relógio da torre:
Não, o tempo não chegou de completa justiça.
O tempo é ainda de fezes, maus poemas,
alucinações e espera.
O tempo pobre, o poeta pobre
fundem-se no mesmo impasse.

Em vão me tento explicar, os muros são surdos.
Sob a pele das palavras há cifras e códigos.
O sol consola os doentes e não os renova.
As coisas. Que tristes são as coisas,
consideradas sem ênfase.

Vomitar esse tédio sobre a cidade.
Quarenta anos e nenhum problema
resolvido, sequer colocado.
Nenhuma carta escrita nem recebida.
Todos os homens voltam para casa.
Estão menos livres mas levam jornais
e soletram o mundo, sabendo que o perdem.

Crimes da terra, como perdoá-los?
Tomei parte em muitos, outros escondi.
Alguns achei belos, foram publicados.
Crimes suaves, que ajudam a viver.
Ração diária de erro, distribuída em casa.
Os ferozes padeiros do mal.
Os ferozes leiteiros do mal.

Pôr fogo em tudo, inclusive em mim.
Ao menino de 1918 chamavam anarquista.
Porém meu ódio é o melhor de mim.
Com ele me salvo
e dou a poucos uma esperança mínima.

Uma flor nasceu na rua!
Passem de longe, bondes, ônibus, rio de aço do tráfego.
Uma flor ainda desbotada
ilude a polícia, rompe o asfalto.
Façam completo silêncio, paralisem os negócios,
garanto que uma flor nasceu.

Sua cor não se percebe.
Suas pétalas não se abrem.
Seu nome não está nos livros.
É feia. Mas é realmente uma flor.

Sento-me no chão da capital do país às cinco horas da tarde
e lentamente passo a mão nessa forma insegura.
Do lado das montanhas, nuvens maciças avolumam-se.
Pequenos pontos brancos movem-se no mar, galinhas em
pânico.
É feia. Mas é uma flor. Furou o asfalto, o tédio, o nojo e o ódio.

(*Reunião*, cit., p. 78-9.)

Thinkstock/Getty Images

2. Publicado na obra *A rosa do povo* (1945) e escrito em um momento histórico conturbado – ditadura Vargas no Brasil e Segunda Guerra Mundial –, o poema "A flor e a náusea" deixa transparecer o sentimento do eu lírico em relação a esse contexto. Com base nas três primeiras estrofes, responda:

a. Como se caracteriza o ambiente e o tempo em que vive o eu lírico? Justifique sua resposta com palavras, expressões e versos do texto.

b. Quais são os desejos do eu lírico nesse contexto? Justifique sua resposta com versos do texto.

3. Nas estrofes de 4 a 7, o eu lírico fala sobre si mesmo.

a. O que se sabe do eu lírico por meio desses versos?

b. Levante hipóteses: Essas características permitem associar o eu lírico a quem?

REGISTRE NO CADERNO

4. As três últimas estrofes falam sobre o nascimento de uma flor.

a. Levante hipóteses: Por que esse acontecimento é tratado como fora do comum no contexto do poema?

b. Como o eu lírico descreve a flor que nasceu? O que há de inesperado nessa descrição?

c. Quais sentimentos essa flor desperta no eu lírico? Justifique sua resposta com versos do poema.

d. Discuta com os colegas e o professor e conclua: Qual sentido maior se pode atribuir ao nascimento dessa flor, levando em consideração todo o contexto de produção do poema? Indique o verso que resume essa ideia.

5. Há no poema diversos pronomes oblíquos átonos que acompanham verbos.

a. Reproduza a tabela a seguir em seu caderno, identifique essas ocorrências no poema e complete a tabela como no exemplo, de acordo com cada tipo de ocorrência.

Ênclise em início de frase ou depois de uma pausa	revoltar-me
Próclise motivada por palavra atrativa	
Casos que não se encaixam nas regras	

b. Entre os casos que não se encaixam nas regras apontados por você no item anterior, sobressai a próclise ou a ênclise? Levante hipóteses: Por que isso ocorre?

c. Discuta com os colegas e o professor e conclua: Com base nas características da poesia modernista e especialmente da poesia de Drummond, o que justifica a forma como o poeta utiliza próclises e ênclises no poema em estudo?

6. Releia este verso:

"Em vão me tento explicar, os muros são surdos."

a. Levante hipóteses: Quem são os muros surdos?

b. Levante hipóteses: Por que foi utilizada essa colocação pronominal?

c. Como você falaria essa frase? Justifique sua resposta.

TEXTO E ENUNCIAÇÃO

Leia o anúncio a seguir e responda às questões.

Full Jazz

(Disponível em: http://3.bp.blogspot.com/_aCzqGqQeHy8/SL1ifVECSMI/AAAAAAAAA5U/k1LuAYZWR-A/s1600-h/26736_fulljazz.jpg. Acesso em: 7/3/2016.)

1. Relacione as partes verbal e não verbal do anúncio, produzido por um *shopping center*. O que retratam as imagens da esquerda e da direita? Qual é a relação dessas imagens com o anúncio?

2. Releia o enunciado principal à esquerda. Nele, o anúncio faz uso de um trocadilho com uma expressão de uso corrente no mundo da moda.

a. Qual é o trocadilho e qual é o sentido da expressão?

b. Levante hipóteses: O que é um "preço que está na moda"?

3. Há dois termos desse enunciado que são contrapostos para criar um efeito de humor.

a. Identifique-os e explique qual é a diferença de sentido entre eles no contexto do anúncio.

b. Explique por que a contraposição desses termos é confirmada pela informação trazida no enunciado.

c. Relacione um desses termos ao enunciado da direita do anúncio. Qual novo sentido ele ganha nesse contexto?

d. Identifique o caso de colocação de pronome oblíquo átono nesse trecho.

REGISTRE NO CADERNO

4. A colocação pronominal tal como aparece no anúncio não é a indicada pelas regras da gramática normativa.

a. Justifique essa afirmação.

b. Reescreva o enunciado, colocando o pronome segundo as regras da gramática normativa.

c. Compare a versão escrita por você no item anterior e a versão do anúncio. Discuta com os colegas e o professor e conclua: O sentido construído pelas duas expressões é o mesmo? Justifique sua resposta.

d. Conclua: No anúncio em estudo, a opção pela forma não padrão se deu por desconhecimento das regras? Justifique sua resposta com base na finalidade do anúncio.

PRODUÇÃO DE TEXTO

As cartas argumentativas de solicitação e de reclamação

A carta de solicitação

FOCO NO TEXTO

Leia a carta a seguir.

Reprodução

cooperativa Brasileira de Circo

São Paulo, 18 de julho de 2013.

À Empresa Brasileira de Correios e Telégrafos – Correios
Referente ao **Edital de Seleção de Patrocínios e projetos culturais**.

Prezados Senhores,

A Cooperativa Brasileira de Circo e as demais entidades que compõem a Aliança Pró Circo vêm através desta solicitar que V. Sa. nas próximas edições de vosso edital, tão importante para a classe das artes cênicas, incluam o circo como opção.

Atravessamos um momento profícuo, com imensa atividade e inúmeros espetáculos sendo criados para apresentação em espaços públicos e teatrais.

Fazemos parte da programação habitual do SESC, SESI, Caixa Cultural, Circuito Cultural Paulista, Circuito das Artes, além de inúmeros festivais pelo Brasil que existem ou estão sendo criados para atender a essa produção – Festival Brasileiro de Circo, Festival Mundial de Circo, Ri Catarina, Palhaçaria, entre outros.

Acreditamos que não tem sentido estarmos alijados do processo no momento em que nossa linguagem está fortalecida e reconhecida internacionalmente.

No aguardo de que a inclusão se faça o mais rapidamente possível e à inteira disposição para informações,

Reprodução

Bel Toledo
Presidente
Cooperativa Brasileira de Circo

(Disponível em: https://circoop.files.wordpress.com/2013/09/carta-correios.jpg. Acesso em: 15/1/2016.)

1. Essa carta faz uma solicitação.

a. A quem a solicitação é dirigida e por quem ela é feita?

b. O texto da carta deixa claro o assunto sobre o qual é feita a solicitação. Identifique o trecho que confirma essa afirmação.

c. Qual é a solicitação feita?

REGISTRE NO CADERNO

2. A situação de comunicação em que a carta em estudo circulou fica subentendida no texto. Deduza: Qual fato motivou a escrita da carta?

3. Releia o trecho:

> "vosso edital, tão importante para a classe das artes cênicas"

a. Justifique o uso da forma pronominal *vosso* no contexto da carta.

b. Levante hipóteses: Por que o autor da carta optou por utilizar essa forma de tratamento?

c. Explique por que esse trecho, associado à escolha do pronome de tratamento, pode também ser considerado estratégia de argumentação no contexto da carta.

REGISTRE NO CADERNO

4. Para fundamentar a solicitação que faz, o remetente lança mão de argumentos. Quais são esses argumentos?

5. Leia algumas das definições apresentadas no *Dicionário Houaiss* para o termo *patrocínio*:

custeio total ou parcial de um espetáculo artístico ou desportivo, de programa de rádio ou televisão etc. com objetivos publicitários; chancela; apoio, ger. financeiro, concedido, como estratégia de *marketing*, por uma organização a determinada atividade artística, cultural, científica, comunitária, educacional, esportiva ou promocional

a. Com base nesses sentidos do termo *patrocínio* e na situação de comunicação em que a carta circulou, levante hipóteses: Qual é a intenção dos Correios com o edital?

b. Ao fazer uma solicitação, é importante levar em conta não apenas os interesses do remetente, mas também interesses dos interlocutores. Explique de que maneira o autor da carta em estudo considera em seus argumentos os interesses do destinatário.

6. Discuta com os colegas e o professor e conclua: Os argumentos utilizados na carta em estudo são relevantes e bem-construídos? Justifique sua resposta.

7. Uma carta de solicitação pode conter uma reclamação implícita e subentendida ou explícita. Levante hipóteses: Qual reclamação pode ser considerada plausível para a carta em estudo?

A carta de reclamação

FOCO NO TEXTO

O texto a seguir é uma carta de reclamação publicada em um portal da Internet especializado em automóveis.

São Bernardo do Campo, 9 de junho de 2010.

Pergunto para a empresa F do Brasil, por intermédio deste conceituado portal, já que não obtive resposta aceitável por meio do único canal de comunicação com a fábrica, o telefone 0800.

Comprei um veículo FF, em leilão, com 10 mil quilômetros rodados, proveniente da frota utilizada em Camaçari pela empresa F. Por se tratar de carros utilizados por funcionários de alto escalão da empresa, fui informado de que o carro estaria sem garantia. Mesmo assim comprei, confiando na qualidade dos produtos da Marca F, pois já adquiri diversos veículos, e meus familiares, ao longo de 20 anos, têm sido também clientes dessa montadora. Exemplos: FX Super Série, FSuper, FC (4 ao longo dos anos), FY Sedan, FY Hatch (anos 2007 e 2009), FK 2009, FF 2008 e um FW 2010, que ainda não chegou, todos sempre comprados em concessionárias F (principalmente a FS, com a Sra. T.).

Por minha conta, mandei o veículo comprado no leilão para a revisão dos 10 mil e 15 mil km (antecipadamente, para evitar problemas), pagando normalmente por tais revisões. Porém, na última revisão surgiu um defeito que, segundo a concessionária FS e a própria empresa F, localizava-se no diferencial do carro, que afeta a tração 4wd, fazendo com que o veículo trave as rodas traseiras em funcionamento (nunca tinha ouvido nem lido nada a respeito disso). Após a constatação do defeito, a concessionária entrou em contato com o fabricante, a fábrica autorizou a troca da peça e ainda me ofereceu garantia estendida, comunicando a mim e também à concessionária a troca sem custo algum (mesmo não estando em garantia, por se tratar de um defeito de fabricação e não de mau uso). Após cerca de 3 semanas da autorização do conserto, a própria F me ligou (consultor R. de O., do 0800 da fábrica), alegando que não fariam mais o conserto, por se tratar de um carro comprado em leilão. Fiquei muito surpreso, pois, quando ligaram autorizando, estavam cientes de que era um carro de leilão.

Passados mais de 30 dias, o meu carro está no elevador da concessionária, desmontado, sem solução, pois, na minha opinião, a fábrica não sabe o defeito do carro! Diferencial com problemas! Como? Nunca vi isso, e para que leiloar um carro com problema no diferencial? Como vou consertar? Se nem a fábrica tem essa peça, ou seja, isso não se quebra!!! (O atendente do 0800 me disse que a peça teria de vir do México e achava que iria demorar cerca de 30 dias.) Péssimo isso, a empresa F está no país há várias décadas, não é uma marca recente como outras que também sofrem por falta de peças.

Assumi a responsabilidade de comprar um carro em leilão ciente de que não possui garantia. Mas um defeito no diferencial, isso não aceito. Se após 6 meses de eu ter comprado um carro em leilão, ele rachar no meio, o fabricante não se responsabiliza por nada? Isso é bem estranho. E me pergunto: como se quebra um diferencial de um carro com 14 mil km e automático?

Fico no aguardo por alguma ajuda no caso.

(Disponível em: http://carroseacessorios.com.br/noticias-detalhes.php?id=4926. Acesso em: 13/1/2016. Texto adaptado.)

diferencial: conjunto de engrenagens que, em um automóvel, transmite às rodas o movimento do motor de maneira que, nas curvas, elas se movam com velocidades diferentes.

REGISTRE NO CADERNO

1. Qual é o motivo da reclamação feita na carta em estudo?

2. Para fazer sua reclamação, o autor lançou mão de determinadas estratégias. Identifique, na carta em estudo, trechos em que ele:

a. se coloca como cliente antigo e fiel à empresa contatada;

b. usa nomes e dados para confirmar a veracidade das informações que expõe na carta;

c. tece elogios à empresa contatada;

d. assume parte da responsabilidade pelo ocorrido;

e. se mostra uma pessoa flexível, disposta a contribuir para a solução do problema.

3. A propósio das estratégias utilizadas na carta, conclua: Elas contribuem para que seu autor atinja o objetivo? Por quê?

4. Embora a carta tenha um tom predominantemente moderado e objetivo, há um momento específico no qual o autor se manifesta de forma mais emocional.

a. Qual é esse trecho?

b. Indique as marcas formais que permitem inferir essa mudança no tom da carta.

c. Levante hipóteses: Esse tom também pode ser considerado uma estratégia argumentativa em uma carta de reclamação? Justifique sua resposta.

5. Uma carta de reclamação pode conter uma solicitação, implícita e subentendida, ou explícita. Levante hipóteses: Qual solicitação pode ser considerada à carta em estudo?

HORA DE ESCREVER

Seguem três propostas de produção de cartas argumentativas e de solicitação e reclamação. Combine com o professor como realizá-las.

PROJETO

Dê continuidade à organização da *feira de cidadania* que a classe realizará no final da unidade, escrevendo uma carta de solicitação para o uso do espaço da escola no evento, a ser encaminhada à direção, e também modelos de cartas de reclamação e/ou solicitação a serem oferecidos aos visitantes da feira.

1. Escreva, individualmente, uma carta de solicitação à direção da escola para a realização da feira de cidadania. A fim de construir uma boa argumentação e convencer seus interlocutores da importância da feira para a escola e a comunidade, utilize as anotações do debate sobre a organização do evento, bem como as informações do relatório escrito a partir dele. Lembre-se de apresentar todos os dados do evento (data, horário, público-alvo, objetivos, expectativas, etc.) e mencionar tudo o que a escola deverá fornecer, além do espaço, para que a feira possa ser realizada (funcionários, pátio, número de salas, etc.). Após todos escreverem suas cartas, selecionem a que julgarem mais completa e bem-escrita para representar a classe.

2. Leia, a seguir, uma notícia sobre uma carta que faz uma reclamação pouco comum.

A australiana Jade Ruthven respondeu publicando ainda mais imagens da filha, Addison, de 6 meses

Quem é pai ou mãe, especialmente os de primeira viagem, sabe que é quase impossível resistir ao impulso de clicar seu bebê o tempo todo e compartilhar as imagens com os amigos pela internet. Cada passo, cada sorriso, cada nova conquista – mesmo aquelas que parecem mínimas para o mundo – ganham uma importância magnífica aos olhos dos progenitores.

A timeline de redes sociais, como Facebook e Instagram, vira mesmo um álbum infinito e constantemente atualizado dos filhos. Com a australiana Jade Ruthven, de 33 anos, não foi diferente. Acontece que supostas amigas não se contentaram em ocultar as atualizações ou desfazer a amizade com a moça, diante do incômodo que sentiram com a enxurrada de imagens que invadiram seus feeds.

Eles enviaram uma carta de reclamação anônima à proprietária da conta. Elas escreveram o seguinte:

"Jade,

Me reuni com algumas das garotas e estamos tão CANSADAS de seus comentários recorrentes sobre a sua vida e cada pequena coisinha que Addy faz. Olha, nós todas temos filhos pelos quais somos loucas – adivinhe – todo pai acha que seu filho é o melhor do mundo. Mas não fazemos todo mundo engolir isso!!! Ela veste uma roupa nova – bem, tire uma foto e mande PRIVADAMENTE para a pessoa que deu a roupa para ela – não para todos!!! Ela engatinha para fora do tapete – nós NÃO ligamos!!! Ela tem 6 meses – GRANDE COISA!!! Pare e pense – se todas as mães postassem todas as bobagens sobre seus filhos – tenho certeza de que você se cansaria muito rápido. Mal podemos esperar para você voltar ao trabalho – talvez você não tenha tanto tempo para passar no Facebook. Addy é linda e nós todas a amamos, mas nossas crianças são demais também. Acho que você está irritando muita gente com seus "Addy isso e Addy aquilo" – achamos que isso diminuiria depois do primeiro mês, mas isso não aconteceu. Nem todo mundo está tão interessado quanto você sobre o que Addy faz, então dê um tempo. Estamos fazendo isso para que você saiba o que realmente as pessoas pensam."

Ao ler a carta que foi deixada sem assinatura na caixa de correspondência em frente à sua casa, Jade ficou chocada e a enviou para a comediante australiana Em Rusciano, que postou a foto em sua página no Facebook e escreveu uma coluna sobre o assunto para o site www.news.com.au.

Em entrevista ao jornal Daily Mail da Austrália, a mãe disse que não respondeu. Junto com alguns de seus amigos – desta vez, de verdade – ela criou a hashtag #Addyspam e passou um longo período postando diversas imagens da filha.

(Disponível em: http://focusfoto.com.br/mae-recebe-carta-mal-educada-de-amigos-que-se-cansaram-das-fotos-de-seu-bebe-nas-redes-sociais/. Acesso em: 11/2/2016.)

A carta de reclamação reproduzida na notícia acabou despertando na destinatária um comportamento oposto ao que seus autores pretendiam. Discuta com os colegas e o professor a fim de identificar na carta possíveis razões de seu efeito ter sido o oposto do esperado. Depois, reescreva o texto, procurando torná-lo mais eficiente, considerando a finalidade em vista. Na feira, exponham as duas versões, chamando a atenção dos visitantes para estratégias capazes de tornar uma carta de reclamação eficiente, ou seja, capazes de levar à solução do problema que constitui o motivo da reclamação feita por seus autores.

Consumidor digital

Há atualmente diversas páginas virtuais que disponibilizam espaço para consumidores fazerem reclamações relativas a problemas referentes à compra de produtos variados. Esses espaços se tornaram meios eficientes de comunicação direta entre consumidores e empresas fornecedoras. Muitas vezes, certos problemas são resolvidos apenas por meio desse recurso.

Alguns dos principais *sites* voltados a reclamações de consumidores são estes:

Fotografias: Reprodução

http://www.reclameaqui.com.br/

http://www.reclamao.com.br/

http://www.denuncio.com.br/

3. Organize, com os colegas da classe, um serviço de escrita de cartas de reclamação e/ou solicitação a ser oferecido aos visitantes da feira de cidadania. Em grupo, escrevam cartas de solicitação e/ou reclamação diversas, para utilizar como modelos no dia da feira. Assim, escrevam:

- carta de reclamação e solicitação de troca de um produto que foi comprado com defeito;
- carta de reclamação, dirigida ao condomínio, sobre um morador que para o carro fora de sua vaga, atrapalhando a circulação na garagem, e com a solicitação para que sejam tomadas medidas cabíveis;
- carta de reclamação referente a veículos que param em fila dupla na porta da escola em horários de entrada e saída;
- carta de reclamação, destinada à direção da escola, sobre um ou mais problemas relacionados ao prédio (escada perigosa, falta de acessibilidade, banheiros inadequados, etc.) e com a solicitação de que o(s) problema(s) apontado(s) seja(m) solucionado(s);
- carta de reclamação e/ou solicitação relativa a uma situação específica da realidade vivida por vocês na escola ou na comunidade e considerada relevante pela classe.

ANTES DE ESCREVER

Planeje sua carta de reclamação e/ou solicitação, seguindo estas orientações:

- Escolha o alvo da reclamação e/ou solicitação.
- Ao definir o destinatário, considere qual é a pessoa ou instituição que tem, de fato, poder para solucionar o problema ou autorizar o atendimento à solicitação.
- Defina qual é o objetivo central de sua carta, ou seja, fazer uma reclamação, uma solicitação, ou ambas.
- Se a carta for de reclamação, anote o(s) problema(s) e defina a melhor forma de abordá-lo(s), expondo-o(s) abertamente, mas de forma polida;
- Se a carta envolver uma solicitação, seja objetivo(a) e direto(a) no pedido, porém lembrando-se de valorizar o interlocutor e apontar possíveis vantagens que ele pode vir a ter caso atenda à solicitação.
- Procure fazer ressalvas, ou seja, mesmo que seu texto tenha como foco uma reclamação, tente encontrar na situação pontos positivos que possam ser ressaltados.
- Evite se colocar excessivamente na situação de vítima, assuma a parte de responsabilidade que lhe cabe.
- Lembre-se de indicar a data e o local de onde escreve, bem como de assinar a carta. Se julgar relevante, considerando o assunto da carta, mencione também algum(ns) de seus dados pessoais (idade, ocupação profissional, bairro onde mora, etc.) ou experiências anteriores que possam ajudar na construção da argumentação.
- Fundamente seu ponto de vista com argumentos objetivos e concretos, mencionando fatos, autoridades, situações do cotidiano que ilustrem e esclareçam seus argumentos.
- Procure esclarecer o destinatário de que seu objetivo não é unicamente reclamar ou solicitar algo por interesse pessoal, mas também evitar que o problema ocorra com outras pessoas no futuro.
- Procure adequar o grau de formalidade da linguagem ao assunto da reclamação e/ou solicitação e ao destinatário da carta.

ANTES DE PASSAR A LIMPO

Antes de dar por finalizada sua carta de solicitação e/ou reclamação, observe:

- se o alvo da sua reclamação e/ou solicitação está claro;
- se o destinatário é, efetivamente, a pessoa ou instituição responsável por solucionar o problema ou por autorizar o atendimento à solicitação;
- se a solicitação foi feita com objetividade e se houve menção a pontos positivos relacionados à situação, além dos pontos negativos;
- se seu ponto de vista está bem-fundamentado, isto é, apoiado em fatos, argumentos, exemplos e relatos que convençam o destinatário de que sua reclamação é legítima e/ou sua solicitação merece ser atendida;
- se você indicou data, local, seu nome completo e os outros dados que julgue relevantes no contexto da carta;
- se você deixou claro que o alvo da reclamação e/ou solicitação diz respeito não só a um interesse individual, mas também à preocupação de evitar a ocorrência da mesma situação com outras pessoas no futuro;
- se a linguagem está adequada ao destinatário.

POR DENTRO DO ENEM E DO VESTIBULAR

ENEM EM CONTEXTO

As questões do Enem exigem algumas habilidades de leitura, como o reconhecimento das concepções estéticas e dos procedimentos de construção do texto literário, tal como ocorre nesta questão:

(ENEM)

Confidência do itabirano

Alguns anos vivi em Itabira.
Principalmente nasci em Itabira.
Por isso sou triste, orgulhoso: de ferro.
Noventa por cento de ferro nas calçadas.
Oitenta por cento de ferro nas almas.
E esse alheamento do que na vida é porosidade e comunicação.

A vontade de amar, que me paralisa o trabalho,
vem de Itabira, de suas noites brancas, sem mulheres e sem horizontes.
E o hábito de sofrer, que tanto me diverte,
é doce herança itabirana.

De Itabira trouxe prendas diversas que ora te ofereço:
esta pedra de ferro, futuro aço do Brasil,
este São Benedito do velho santeiro Alfredo Duval;
este couro de anta, estendido no sofá da sala de visitas;
este orgulho, esta cabeça baixa...

Tive ouro, tive gado, tive fazendas.
Hoje sou funcionário público.
Itabira é apenas uma fotografia na parede.
Mas como dói!

ANDRADE, C. D. *Poesia completa*. Rio de Janeiro: Nova Aguilar, 2003.

Carlos Drummond de Andrade é um dos expoentes do movimento modernista brasileiro. Com seus poemas, penetrou fundo na alma do Brasil e trabalhou poeticamente as inquietudes e os dilemas humanos. Sua poesia é feita de uma relação tensa entre o universal e o particular, como se percebe claramente na construção do poema "Confidência do itabirano". Tendo em vista os procedimentos de construção do texto literário e as concepções artísticas modernistas, conclui-se que o poema acima

a. representa a fase heroica do modernismo, devido ao tom contestatório e à utilização de expressões e usos linguísticos típicos da oralidade.

b. apresenta uma característica importante do gênero lírico, que é a apresentação objetiva de fatos e dados históricos.

c. evidencia uma tensão histórica entre o "eu" e a sua comunidade, por intermédio de imagens que representam a forma como a sociedade e o mundo colaboram para a constituição do indivíduo.

d. critica, por meio de um discurso irônico, a posição de inutilidade do poeta e da poesia em comparação com as prendas resgatadas de Itabira.

e. apresenta influências românticas, uma vez que trata da individualidade, da saudade da infância e do amor pela terra natal, por meio de recursos retóricos pomposos.

Diferentemente do que afirma a alternativa *a*, Carlos Drummond de Andrade pertence à geração de 30, fase que se afasta do tom contestatório da geração de 22 (ou fase heroica), voltando-se para questões sociais, filosóficas, existenciais, espirituais e amorosas. A alternativa *b* também apresenta uma afirmação falsa, pois a "apresentação objetiva de dados e fatos históricos" não é um traço característico do gênero lírico, como também não é um elemento central do poema em questão. Nas alternativas *d* e *e*, as referências às "influências românticas" e à "inutilidade do poeta" não podem ser verificadas em "Confidência do itabirano". Nesse poema, o eu lírico apresenta uma visão crítica em relação à sua cidade natal e evidencia, por meio de imagens, a influência que Itabira exerce sobre ele; portanto, a alternativa correta é a *c*.

QUESTÕES DO ENEM E DO VESTIBULAR

1. (ENEM)

REGISTRE NO CADERNO

Texto I

Logo depois transferiram para o trapiche o depósito dos objetos que o trabalho do dia lhes proporcionava. Estranhas coisas entraram então para o trapiche. Não mais estranhas, porém, que aqueles meninos, moleques de todas as cores e de idades as mais variadas, desde os nove aos dezesseis anos, que à noite se estendiam pelo assoalho e por debaixo da ponte e dormiam, indiferentes ao vento que circundava o casarão uivando, indiferentes à chuva que muitas vezes os lavava, mas com os olhos puxados para as luzes dos navios, com os ouvidos presos às canções que vinham das embarcações...

AMADO, J. *Capitães da Areia*. São Paulo: Companhia das Letras, 2008 (fragmento).

Texto II

À margem esquerda do rio Belém, nos fundos do mercado de peixe, ergue-se o velho ingazeiro – ali os bêbados são felizes. Curitiba os considera animais sagrados, provê as suas necessidades de cachaça e pirão. No trivial contentavam-se com as sobras do mercado.

TREVISAN, D. *35 noites de paixão*: contos escolhidos. Rio de Janeiro: BestBolso, 2009 (fragmento).

Sob diferentes perspectivas, os fragmentos citados são exemplos de uma abordagem literária recorrente na literatura brasileira do século XX. Em ambos os textos,

a. a linguagem afetiva aproxima os narradores dos personagens marginalizados.

b. a ironia marca o distanciamento dos narradores em relação aos personagens.

c. o detalhamento do cotidiano dos personagens revela a sua origem social.

d. o espaço onde vivem os personagens é uma das marcas de sua exclusão.

e. a crítica à indiferença da sociedade pelos marginalizados é direta.

2. (UEL-PR) Sobre o romance *Fogo morto*, de José Lins do Rego, é correto afirmar:

a. Caracteriza-se como uma obra memorialista, pois a personagem central, mestre José Amaro, narra a sua história pessoal, enfatizando os problemas que o mundo capitalista traz para o homem.

b. Embora tenha sido escrito na década de 1930, quando o movimento modernista já havia operado uma revolução na literatura, o romance é bastante convencional, sobretudo na caracterização da paisagem e do homem nordestino, aproximando-se da visão de mundo romântica.

c. Apresenta uma visão saudosa da realidade política, econômica e social do Nordeste da primeira metade do século XX, bem como uma visão pitoresca do espaço enfocado.

d. O uso do discurso indireto livre é um dos procedimentos de construção narrativa mais significativos do romance, na medida em que permite a diversidade de olhares sobre uma dada realidade e, ao mesmo tempo, auxilia no processo de aprofundamento do drama psicológico vivenciado pelas personagens.

e. Faz um retrato fotográfico da realidade nordestina, afastando-se do ficcional, uma vez que parte de fatos que realmente existiram e que podem ser comprovados, como a decadência dos engenhos de açúcar e a Guerra de Canudos.

3. (FUVEST-SP)

O Brasil já está *à beira do abismo*. Mas ainda vai ser preciso um grande esforço de todo mundo pra colocarmos ele novamente lá em cima.

Millôr Fernandes.

a. Em seu sentido usual, a expressão destacada significa "às vésperas de uma catástrofe". Tal significado se confirma no texto? Justifique sua resposta.

b. Sem alterar o seu sentido, reescreva o texto em um único período, iniciando com "Embora o Brasil (...)" e substituindo a forma *pra* por *para que*. Faça as demais transformações que são necessárias para adequar o texto à norma escrita padrão.

4. (ITA-SP) Os romances de Machado de Assis e os de Graciliano Ramos são exemplos bem acabados da forte presença do realismo na Literatura Brasileira. Entretanto, há diferenças bem marcantes entre a ficção realista do século XIX e a ficção de cunho realista da geração de 30. Algumas delas são:

I. As obras realistas do século XIX (em particular os romances de Machado de Assis) retratam a burguesia rica, enquanto os romances de Graciliano Ramos retratam apenas os retirantes vítimas da seca.

II. No século XIX, o realismo tem preferência pela temática do adultério feminino e do triângulo amoroso, tema este que não é central nas obras da geração de 30, que se preocupam mais com a desigualdade social.

III. Os romances machadianos são urbanos; as obras de Graciliano Ramos retratam, em geral, os ambientes rurais do Nordeste.

IV. No realismo do século XIX, as personagens, em geral, são mesquinhas, vis e medíocres. Já na ficção realista dos anos 30, as personagens são, sobretudo, produtos de um meio social adverso e injusto.

Está(ão) correta(s)

a. apenas I, II E III.

b. apenas I, II e IV.

c. apenas II, III e IV.

d. apenas III e IV.

e. todas.

REGISTRE NO CADERNO

5. (FUVEST-SP) Leia o trecho a seguir:

O pequeno sentou-se, acomodou nas pernas a cabeça da cachorra, pôs-se a contar-lhe baixinho uma história. Tinha um vocabulário quase tão minguado como o do papagaio que morrera no tempo da seca. Valia-se, pois, de exclamações e de gestos, e Baleia respondia com o rabo, com a língua, com movimentos fáceis de entender.

(Graciliano Ramos, *Vidas secas*.)

Considere as seguintes afirmações sobre este trecho de *Vidas secas*, entendido no contexto da obra, e responda ao que se pede.

a. No trecho, torna-se claro que a escassez vocabular do menino contribui de modo decisivo para ampliar as diferenças que distinguem homens de animais. Você concorda com essa afirmação? Justifique, com base no trecho, sua resposta.

b. Nesse trecho, como em outros do mesmo livro, é por exprimir suas emoções e sentimentos pessoais a respeito da pobreza sertaneja que o narrador obtém o efeito de contagiar o leitor, fazendo com que ele também se emocione. Você concorda com a afirmação? Justifique sua resposta.

6. (UNICAMP-SP)

Matte a vontade. Matte Leão.

Este enunciado faz parte de uma propaganda afixada em lugares nos quais se vende o chá Matte Leão. Observe as construções abaixo, feitas a partir do enunciado em questão:

Matte à vontade.
Mate a vontade.
Mate à vontade.

a. Complete cada uma das construções acima com palavras ou expressões que explicitem as leituras possíveis relacionadas à propaganda.

b. Retome a propaganda e explique o seu funcionamento, explicitando as relações morfológicas, sintáticas e semânticas envolvidas.

7. (ENEM)

Luis Fernando Verissimo

VERÍSSIMO, L. F. *As cobras em: Se Deus existe que eu seja atingido por um raio.* Porto Alegre: L&PM, 1997. (Foto: Reprodução/Enem)

O humor da tira decorre da reação de uma das cobras com relação ao uso de pronome pessoal reto, em vez de pronome oblíquo. De acordo com a norma-padrão da língua, esse uso é inadequado, pois

a. contraria o uso previsto para o registro oral da língua.

b. contraria a marcação das funções sintáticas de sujeito e objeto.

c. gera inadequação na concordância com o verbo.

d. gera ambiguidade na leitura do texto.

e. apresenta dupla marcação de sujeito.

8. (FUVEST-SP) No trecho "mas minha mãe botou ele por promessa", o pronome pessoal foi empregado em registro coloquial. É o que também se verifica em:

a. "– E se me desculpe, senhorita, posso convidar a passear?"

b. "– E, se me permite, qual é mesmo a sua graça?"

c. "– Eu gosto tanto de parafuso e prego, e o senhor?"

d. "– Me desculpe mas até parece doença, doença de pele."

e. "– (...) pois como senhor vê eu vinguei... pois é..."

Produção de texto

REGISTRE NO CADERNO

9. (UNICAMP-SP) Você e um grupo de colegas ganharam um concurso que vai financiar a realização de *uma oficina cultural* na sua escola.

Após o desenvolvimento do projeto, você, como membro do grupo, ficou responsável por escrever um *relatório* sobre as atividades realizadas na oficina, *informando o que foi feito*. O relatório será avaliado por uma *comissão composta por professores da escola*. A aprovação do relatório permitirá que você e seu grupo voltem a concorrer ao prêmio no ano seguinte.

O relatório deverá contemplar a apresentação do projeto (público-alvo, objetivos e justificativa), o relato das atividades desenvolvidas e comentário(s) sobre os impactos das atividades na comunidade.

Na abertura do concurso, os grupos concorrentes receberam o seguinte texto de orientação geral:

As Oficinas Culturais são espaços que procuram oferecer aos interessados atividades gratuitas, especialmente as de caráter prático, com o objetivo de proporcionar oportunidades de aquisição de novos conhecimentos e novas vivências, de experimentação e de contato com os mais diversos tipos de linguagens, técnicas e ideias. As Oficinas Culturais atuam nas áreas de artes plásticas, cinema, circo, cultura geral, dança, *design*, folclore, fotografia, história em quadrinhos, literatura, meio ambiente, multimídia, música, ópera, rádio, teatro e vídeo.

O público a ser atingido depende do objetivo de cada atividade, podendo variar do iniciante ao profissional. As Oficinas Culturais visam à formação cultural e não à educação formal do cidadão. Pretendem mostrar caminhos, sugerir ideias, ampliar o campo de visão.

(Adaptado de *Oficina Cultural Regional*. Sérgio Buarque de Holanda. Disponível em http://www.guiasaocarlos.com.br/oficina_cultural/conceito.asp. Acessado em 07/10/2013.)

10. (UFPR-PR) Em 3 de setembro de 2010, a revista ISTOÉ publicou uma síntese, assinada por Paulo Lima, do livro ainda inédito *Fé em Deus e pé na tábua – Como e por que você enlouquece dirigindo no Brasil*, do antropólogo Roberto DaMatta:

Nosso comportamento terrível no trânsito é resultado da nossa incapacidade de sermos uma sociedade igualitária; de instituirmos a igualdade como um guia para a nossa conduta. Nosso trânsito reproduz valores de uma sociedade que se quer republicana e moderna, mas ainda está atrelada a um passado aristocrático, no qual alguns podiam mais do que muitos, como ocorre até hoje. Em casa, nós somos ensinados que somos únicos, especiais. Aprendemos que nossas vontades sempre podem ser atendidas. É o espaço do acolhimento, do tudo é possível por meio da mamãe. Daí a pessoa chega na rua e não consegue entender aquele espaço onde todos são juridicamente iguais. Ir para a rua, no Brasil, ainda é um ato dramático, porque significa abandonar a teia de laços sociais onde todos se conhecem e ir para um espaço onde ninguém é de ninguém. E o trânsito é o lado mais negativo desse mundo da rua. É doentio, desumano e vergonhoso notar que 40 mil pessoas morrem por ano no trânsito de um país que se acredita cordial, hospitaleiro e carnavalesco. No Brasil, você se sente superior ao pedestre porque tem um carro. Ou superior a outro motorista porque tem um carro mais moderno ou mais caro. O motorista não consegue entender que ele não é diferente de outro motorista, do pedestre, do motorista de ônibus. Que ele não tem um salvo-conduto para transgredir as leis. No Brasil, obedecer à lei é uma babaquice, um sintoma de inferioridade. Quem obedece é subordinado porque a hierarquia que permeia nossas relações sociais jamais foi politizada. Isso é herança de uma sociedade aristocrática e patrimonialista, em que não houve investimento sério no transporte coletivo e onde ainda impera o "Você sabe com quem está falando?"

(LIMA, Paulo. "Como estou dirigindo?", ISTOÉ, ed. 2130.)

Tomando como ponto de partida as opiniões de DaMatta, escreva uma carta dirigida ao Secretário de Educação do Estado do Paraná, solicitando a inclusão, no currículo do Ensino Médio, de conteúdos voltados à educação para o trânsito. Use as afirmações de DaMatta como argumentos para fundamentar sua solicitação.
O texto deve ter de 10 a 12 linhas.

Cidadania em debate

Como encerramento da unidade, realize com os colegas da classe uma *feira de cidadania*, na qual serão promovidos debates deliberativos com a comunidade escolar e do bairro e serão montadas oficinas de produção de currículo e de cartas argumentativas de solicitação e/ou reclamação.

1. Organizando, preparando e divulgando o evento

RICO

Vocês já definiram, no debate deliberativo realizado no capítulo 1, o perfil do evento que realizarão: data, horário, estrutura, título, público-alvo, divulgação. Providenciem, agora, os meios necessários para que as deliberações do debate sejam colocadas em prática:

- Organizem-se em grupos, de acordo com os interesses de cada aluno, e definam qual grupo ficará responsável por qual atividade da feira.
- Em todos os murais produzidos, confiram se o tamanho das letras está adequado, para que os convidados os leiam de pé, ao visitar o local.
- Divulguem o evento para a comunidade, com certa antecedência, especificando as atividades que serão realizadas, a fim de que as pessoas interessadas possam se preparar para participar delas de modo mais ativo, seja buscando informações sobre o debate, seja providenciando os documentos que precisarão consultar, caso desejem aproveitar o momento para elaborar um currículo ou uma carta de reclamação e/ou solicitação.

2. Realizando a feira

O(s) debate(s) deliberativo(s)

- Preparem o espaço para a realização do debate deliberativo sobre possíveis ações de preservação do meio ambiente planejado por vocês no capítulo 1 da unidade.
- Definam quem serão os moderadores, os assessores e os participantes e como os participantes e os espectadores ficarão dispostos no local.
- Se julgarem conveniente, organizem mais um debate, em horário diferente, sobre algum tema relevante para a escola ou para a comunidade.
- Divulguem com antecedência o(s) tema(s) do(s) debate(s), a fim de que as pessoas possam manifestar seu interesse e vocês consigam se planejar para recebê-las.
- Façam a programação do(s) horário(s) do(s) debate(s) e divulguem-na para todo o público da feira.

Oficina de currículos: o cidadão que busca inserção no mercado de trabalho

- Organizem um espaço com computadores para receber as pessoas que vocês auxiliarão na elaboração de currículos.
- Montem no lugar da realização da oficina um mural com modelos de currículos e dicas para a elaboração de currículos atraentes e eficientes.

Oficina de cartas: cidadão que solicita e reclama seus direitos

- Reúnam em um mural, para servirem de modelo, as cartas de solicitação e/ou reclamação produzidas por vocês no capítulo 3.
- Se quiserem, criem um mural com orientações sobre o que *não* se deve fazer nessas cartas. Pesquisem exemplos de cartas que, por algum motivo, não foram eficientes e apontem estratégias que seriam as mais adequadas em cada contexto.
- Preparem um espaço no qual vocês possam prestar uma consultoria para os visitantes que queiram tirar dúvidas ou escrever cartas de solicitação e/ou reclamação. Para dar dicas, sugestões e orientações sobre como produzi-las de forma eficiente, atendendo ao fim para o qual foram escritas, tomem por base o estudo realizado no capítulo 3.
- Organizem um espaço com computadores conectados à Internet para apresentar aos visitantes *sites* de reclamação a que os consumidores podem recorrer. Vocês podem oferecer ajuda àqueles que quiserem deixar sua reclamação registrada ali mesmo.

Jaume Gual/AGE Fotostock/AGB Photo Library

3. Registrando o evento

- Durante a feira, façam registros, em fotos, vídeos e anotações, de momentos importantes, como um agradecimento de alguém, uma história contada por um convidado, um depoimento interessante. Depois, utilizem esse material, junto com o já reunido anteriormente, na escrita do relatório sobre a realização do evento.
- Encaminhem o relatório à comunidade, à direção da escola e ao professor que orientou a realização do evento, a fim de que, no futuro, outros grupos possam consultá-lo ao organizar a produção de eventos semelhantes.

David Buffington/Getty Images

UNIDADE

3 Hora e vez da linguagem

Fruteira (1998), de Aldemir Martins, artista cearense que começou a expor na década de 1940.

Coleção particular

Vou criar o que me aconteceu. Só porque viver não é relatável. Viver não é vivível. Terei que criar sobre a vida. E sem mentir. Criar sim, mentir não. Criar não é imaginação, é correr o grande risco de se ter a realidade. Entender é uma criação, meu único modo.

(Clarice Lispector. *A paixão segundo G. H.* Edição crítica organizada por Benedito Nunes. Madri: Allca XX; São Paulo: Scipione, 1997. p. XXVII.)

PROJETO

SIMULADO ENEM – A REDAÇÃO EM EXAME

Participe de um *simulado* da prova de redação do Enem, organizado por você e seus colegas; depois, participe de uma banca de correção para avaliar a produção da classe.

A linguagem é o meu esforço humano. Por destino tenho que ir buscar e por destino volto com as mãos vazias. Mas – volto com o indizível. O indizível só me poderá ser dado através do fracasso de minha linguagem. Só quando falha a construção, é que obtenho o que ela não conseguiu.

(Idem. p. XXVII.)

Mire veja... o mais importante e bonito, do mundo, é isto: que as pessoas não estão sempre iguais, ainda não foram terminadas – mas que elas vão sempre mudando.

(Guimarães Rosa. *Grande sertão: veredas*. Rio de Janeiro: Nova Fronteira, 1986. p. 15.)

uma casa não é nunca
só para ser contemplada;
melhor: somente por dentro
é possível contemplá-la.

(João Cabral de Melo Neto. "A mulher e a casa". In: *Obra completa*. Rio de Janeiro: Nova Aguilar, 1994. p. 241-2.)

Museu de Arte Contemporânea da Universidade de São Paulo, São Paulo, Brasil

Casas (1953), de Alfredo Volpi.

CAPÍTULO

1 A poesia de 30: Cecília Meireles e Vinícius de Morais
Análise linguística: progressão referencial e operadores argumentativos
A dissertação (I)

LITERATURA

Cecília Meireles e Vinícius de Morais

Col. Chaim José e Regina Hamer, SP

Eternidade (1931), tela de Ismael Nery, pintor que foi líder espiritual e exerceu forte influência no grupo de poetas católicos do Rio de Janeiro nos anos 1930, particularmente sobre Jorge de Lima e Murilo Mendes.

Cecília Meireles

Cecília Meireles (1901-1964) nasceu no Rio de Janeiro. Perdeu os pais muito cedo e foi criada pela avó, que lhe proporcionou os primeiros contatos com a literatura. Formada em Magistério, dedicou-se com grande empenho à carreira de professora.

Publicou seu primeiro livro de poesia, *Espectros*, aos 19 anos. Durante muito tempo, publicou em jornais crônicas e também artigos relacionados à educação. Em 1934, fundou a primeira biblioteca infantil do país.

A poetisa obteve grande prestígio em Portugal e é considerada uma das principais vozes da literatura em língua portuguesa.

Foto do Acervo UH/Folhapress

Cecília Meireles

Mais conhecida como poetisa, Cecília Meireles também foi cronista e contista e deixou uma grande contribuição na área da educação, da literatura infantil e do folclore. Como intelectual e educadora, defendeu o ensino laico e se empenhou no combate ao autoritarismo do Estado Novo.

Suas primeiras publicações, como *Espectros* (1919), *Nunca mais... e poema dos poemas* (1923) e *Baladas para el rei* (1925), apresentam certos traços neossimbolistas, como a musicalidade, a espiritualidade, a melancolia, o sonho e o uso de símbolos, além de referências recorrentes ao mar, à tristeza e à efemeridade do tempo. A obra da autora, entretanto, mesmo nas produções posteriores, nunca se enquadrou perfeitamente em nenhum movimento literário. Cecília é essencialmente uma poetisa moderna, mas vinculada fortemente à tradição ibérica da poesia. Cultivou o verso livre, mas tinha amplo domínio das formas poéticas convencionais, como a canção, o epigrama, o noturno, o verso redondilho, ritmos bem-marcados, etc.

Entre os vários livros que publicou, estão também *Viagem* (1939), *Vaga música* (1942) e *Romanceiro da Inconfidência* (1953). No âmbito da literatura infantil, é autora da conhecida obra *Ou isto ou aquilo* (1964).

FOCO NO TEXTO

Leia, a seguir, dois poemas de Cecília Meireles, ambos da obra *Viagem*.

Motivo

Eu canto porque o instante existe
e a minha vida está completa.
Não sou alegre nem sou triste:
sou poeta.

Irmão das coisas fugidias,
não sinto gozo nem tormento.
Atravesso noites e dias
no vento.

Se desmorono ou se edifico,
se permaneço ou me desfaço,
— não sei, não sei. Não sei se fico
ou passo.

Sei que canto. E a canção é tudo.
Tem sangue eterno a asa ritmada.
E um dia sei que estarei mudo:
— mais nada.

(*Obra poética*. Rio de Janeiro: Nova Aguilar, 1987. p. 81.)

Andressa Honório

Canção

Pus o meu sonho num navio
e o navio em cima do mar;
— depois, abri o mar com as mãos,
para o meu sonho naufragar.

Minhas mãos ainda estão molhadas
do azul das ondas entreabertas,
e a cor que escorre de meus dedos
colore as areias desertas.

O vento vem vindo de longe,
a noite se curva de frio;
debaixo da água vai morrendo
meu sonho, dentro de um navio...

Chorarei quanto for preciso,
para fazer com que o mar cresça,
e o meu navio chegue ao fundo
e o meu sonho desapareça.

Depois, tudo estará perfeito:
praia lisa, águas ordenadas,
meus olhos secos como pedras
e as minhas duas mãos quebradas.

(Idem, p. 88.)

1. O poema "Motivo" se inicia com o verso "Eu canto porque o instante existe".

a. Qual é o canto a que se refere o poema?

b. Para o eu lírico, o que motiva o seu canto?

REGISTRE NO CADERNO

2. O poema "Motivo" é constituído, em grande parte, de antíteses.

a. Identifique as antíteses do poema.

b. A quem elas se referem?

c. Como o eu lírico vê a si mesmo em sua experiência de poeta?

d. Qual é a importância dessas antíteses no processo de criação poética?

3. Há, no poema "Motivo", referência à efemeridade do tempo, tema frequente na poesia de tradição clássica.

a. Identifique uma referência a esse tema.

b. Para o eu lírico, se a matéria é efêmera, então o que é eterno? Justifique sua resposta com um verso do poema.

4. No poema "Canção", o eu lírico faz referência ao seu sonho e, por meio de um conjunto de imagens, revela o destino que deu a eles.

a. A que meio ou ambiente estão relacionadas as imagens do poema? Justifique com alguns elementos do texto.

b. Com que objetivo o eu lírico põe seu sonho em um navio? O que representa o naufrágio do navio?

c. Dê uma interpretação à imagem final do poema: "e as minhas duas mãos quebradas".

d. Que sentimentos o eu lírico revela ter em relação ao sonho e à vida?

5. Cecília Meireles é considerada uma poetisa de grande habilidade formal. Compare os dois poemas e responda:

a. Que semelhança eles apresentam, do ponto de vista formal, ou seja, quanto a estrofação, métrica, ritmo e rimas?

b. Entre as figuras de linguagem sonoras, qual delas se verifica nos versos "O vento vem vindo de longe" e "a noite se curva de frio", do poema "Canção"? Que efeito de sentido ela resulta da presença dessa figura?

c. Cecília Meireles é associada frequentemente ao Simbolismo ou ao Neossimbolismo. Que traços desses poemas têm afinidade com a estética simbolista? Justifique sua resposta com elementos dos textos.

"Motivo" em canção

O poema "Motivo", de Cecília Meireles, foi musicado pelo compositor Fagner, assim como um trecho do poema "Marcha", da autora, que faz parte da letra da canção "Canteiros". A canção "Motivo" foi incluída no álbum *Eu canto*, que foi lançado por Fagner em 1978 e fez grande sucesso.

As canções "Motivo" e "Canteiros" podem ser ouvidas na Internet.

CBS

Vinícius de Morais

As primeiras obras de Vinícius de Morais, como *O caminho para a distância* (1933) e *Forma e exegese* (1935), foram marcadas pela preocupação espiritual e pela busca do "sublime" por meio da transcendência mística. Nessa fase, Vinícius fazia parte de um grupo de escritores e católicos do Rio de Janeiro, e nos poemas desse período são comuns as antíteses matéria/espírito ou humano/divino e versos longos, quase versos-parágrafos, além de uma linguagem elevada, com influência clássica.

Aos poucos, porém, sua poesia se transforma e começa a se voltar para temas do cotidiano. Em *Ariana, a mulher* (1936), por exemplo, a figura feminina ganha espaço, porém ainda é tratada de forma platônica, idealizada e inacessível, como na tradição clássica ou na poesia romântica.

A partir das obras *Cinco elegias* e *Poemas, sonetos e baladas*, ambas de 1943, o poeta passou a extrair poesia de temas banais do cotidiano (o mar, a praia, a pátria, os trabalhadores, os pescadores, etc.) e a fazer uso de uma linguagem mais simples, coloquial e enxuta. Nos poemas dessas obras, a mulher começou a ser tematizada de forma concreta e sensual.

A simplicidade dos temas e o coloquialismo da linguagem contribuíram para a vinculação do poeta à música popular. Em decorrência dessa nova atividade artística, muitos de seus poemas, entre eles "Soneto de fidelidade" e "Soneto de separação" – provavelmente os dois poemas que os brasileiros mais sabem de cor – foram musicados e cantados.

A parceria com grandes compositores da música popular brasileira, como Tom Jobim, Toquinho e Chico Buarque, consagrou definitivamente o poeta-compositor. A canção "Garota de Ipanema", por exemplo, de autoria de Vinícius e Tom Jobim, é conhecida internacionalmente.

Vinícius de Morais

Vinícius de Morais (1913-1980) nasceu no Rio de Janeiro e foi poeta, cronista, dramaturgo e compositor.

Estudou Direito, Ciências Jurídicas e Sociais e ingressou em 1946 na carreira diplomática, na qual permaneceu até 1969, quando foi exonerado do Ministério das Relações Exteriores pelo governo militar. Nos anos que viveu no exterior, foi diplomata nos Estados Unidos, na França e no Uruguai.

Publicou sua primeira obra, o livro de poemas *O caminho para a distância*, em 1933, mas só começou a se tornar famoso em 1956, com a encenação da peça *Orfeu da Conceição*.

Na década de 1950, o poeta começou a se envolver com a carreira musical, que lhe conferiu grande popularidade. Teve como parceiros musicais figuras importantes da MPB, como Tom Jobim, Baden Powell, Chico Buarque e Toquinho, entre outros.

Folhapress/Folhapress

FOCO NO TEXTO

Você vai ler, a seguir, dois poemas de Vinícius de Morais: "Pátria minha" e "Soneto de separação". O primeiro foi incluído na *Antologia poética* publicada em 1954, e o segundo, na obra *Poemas, sonetos e baladas*, publicada em 1946.

Texto 1

Pátria minha

A minha pátria é como se não fosse, é íntima
Doçura e vontade de chorar; uma criança dormindo
É minha pátria. Por isso, no exílio
Assistindo dormir meu filho
Choro de saudades de minha pátria.

[...]

Fonte de mel, bicho triste, pátria minha
Amada, idolatrada, salve, salve!
Que mais doce esperança acorrentada
O não poder dizer-te: aguarda...
Não tardo!

Quero rever-te, pátria minha, e para
Rever-te me esqueci de tudo
Fui cego, estropiado, surdo, mudo
Vi minha humilde morte cara a cara
Rasguei poemas, mulheres, horizontes
Fiquei simples, sem fontes.

Pátria minha... A minha pátria não é florão, nem ostenta
Lábaro não; a minha pátria é desolação
De caminhos, a minha pátria é terra sedenta
E praia branca; a minha pátria é o grande rio secular
Que bebe nuvem, come terra
E urina mar.

Mais do que a mais garrida a minha pátria tem
Uma quentura, um querer bem, um bem
Um *libertas quae sera tamen*
Que um dia traduzi num exame escrito:
"Liberta que serás também"
E repito!

Ponho no vento o ouvido e escuto a brisa
Que brinca em teus cabelos e te alisa
Pátria minha, e perfuma o teu chão...
Que vontade de adormecer-me
Entre teus doces montes, pátria minha
Atento à fome em tuas entranhas
E ao batuque em teu coração.

Não te direi o nome, pátria minha
Teu nome é pátria amada, é patriazinha
Não rima com mãe gentil
Vives em mim como uma filha, que és
Uma ilha de ternura: a Ilha
Brasil, talvez.

Agora chamarei a amiga cotovia
E pedirei que peça ao rouxinol do dia
Que peça ao sabiá
Para levar-te presto este avigrama:
"Pátria minha, saudades de quem te ama...
Vinicius de Moraes."

(*Poesia completa e prosa*. Rio de Janeiro: Aguilar, 1974. p. 267-9.)

Libertas quae sera tamen: expressão, em latim, de autoria do poeta Virgílio, que significa "liberdade, ainda que tardia"; foi utilizada como lema do movimento da Inconfidência Mineira e hoje aparece na bandeira de Minas Gerais.
presto: ligeiro, rápido.

Texto 2

Soneto de separação

De repente do riso fez-se o pranto
Silencioso e branco como a bruma
E das bocas unidas fez-se a espuma
E das mãos espalmadas fez-se o espanto.

De repente da calma fez-se o vento
Que dos olhos desfez a última chama
E da paixão fez-se o pressentimento
E do momento imóvel fez-se o drama.

De repente, não mais que de repente
Fez-se de triste o que se fez amante
E de sozinho o que se fez contente.

Fez-se do amigo próximo o distante
Fez-se da vida uma aventura errante
De repente, não mais que de repente.

Andressa Honório

(In: *Nova antologia poética de Vinicius de Moraes*, seleção e organização de Antonio Cícero e Eucanaã Ferraz. São Paulo: Cia. das Letras, Editora Schwarcz Ltda., 2008. p. 100 © VM.)

REGISTRE NO CADERNO

1. Na primeira estrofe de "Pátria minha", o eu lírico compara a pátria a uma criança dormindo. O que há em comum entre os elementos dessa comparação?

2. O eu lírico do texto 1 se refere à pátria por meio de um conjunto de metáforas, como "fonte de mel", "bicho triste", "desolação de caminhos", "terra sedenta", "grande rio secular", "ilha de ternura". Que visão ele revela ter sobre a pátria, por meio dessas metáforas?

3. Em alguns trechos, o poema "Pátria minha" estabelece uma relação intertextual com o Hino Nacional.

   a. Identifique esses trechos.

   b. A apropriação do discurso oficial sobre a pátria, nesse caso, confirma-o ou nega-o? Justifique sua resposta.

4. Releia a última estrofe do poema "Pátria minha".

   a. Explique a formação e o sentido do neologismo *avigrama*.

   b. Por que o eu lírico chama a cotovia e o rouxinol, se é o sabiá que vai levar o avigrama?

   c. Com que outro poema de exílio "Pátria minha" estabelece uma relação intertextual? Que palavra dessa estrofe explicita essa relação?

   d. Geralmente, a voz que fala nos poemas é a do eu lírico, que nem sempre corresponde à voz do próprio poeta. Essa simulação poética também se verifica no poema "Pátria minha"? Justifique com elementos dessa estrofe.

5. Como o nome sugere, o "Soneto de separação" tem como tema a separação. De que tipo de separação trata o poema?

6. As figuras de linguagem cumprem um importante papel na construção do poema.

   a. Identifique a figura de linguagem que se verifica nestes pares de palavras:

   - riso/pranto
   - bocas unidas/espuma
   - mãos espalmadas/espanto
   - calma/vento

   b. Como essa figura de linguagem expressa o drama que o eu lírico vive com a separação?

   c. A repetição constante da expressão *de repente* constitui uma anáfora. Que efeito de sentido é criado por essa anáfora, considerando-se o sentido global do texto?

"Pátria minha" e o exílio

Quando escreveu "Pátria minha", Vinícius de Morais vivia em Los Angeles, nos Estados Unidos, onde, como diplomata, era vice-cônsul. Por estar fora do país, ele se sentia como se estivesse em exílio.

Em 1949, o poeta enviou uma cópia do poema "Pátria minha" ao amigo e também poeta e funcionário do Itamaraty, João Cabral de Melo Neto, que vivia em Barcelona, na Espanha. Querendo fazer uma surpresa a Vinícius, Cabral imprimiu em sua prensa pessoal cinquenta exemplares do poema e os entregou ao amigo. O poema "Pátria minha" foi publicado em livro cinco anos depois, em 1954.

VM Cultural

Vinícius de Morais e João Cabral de Melo Neto.

7. O hipérbato ou inversão é outra figura de linguagem que ocorre com frequência no poema.

a. Coloque na ordem direta os seguintes versos do poema, desfazendo os hipérbatos.

- "De repente do riso fez-se o pranto"
- "De repente da calma fez-se o vento"
- "Que dos olhos desfez a última chama"

b. Levante hipóteses: Que relação há entre as inversões sintáticas nos versos e o conteúdo do poema?

REGISTRE NO CADERNO

8. Por meio de imagens, o eu lírico consegue transmitir os sentimentos decorrentes da separação, ao mesmo tempo que faz uma espécie de balanço da vida. Responda, justificando suas respostas com palavras ou expressões do texto:

a. Que sentimentos ele revela ter nesse momento?

b. Que perspectiva o eu lírico tem para sua vida?

9. Observe e compare, do ponto de vista formal, os dois poemas de Vinícius de Morais.

a. Qual deles adota uma forma convencional, com versos regulares? Qual adota uma forma livre, com versos livres?

b. Qual dos dois poemas tem uma linguagem mais elevada? Em qual deles a linguagem é mais simples e coloquial?

c. O que as respostas dos itens anteriores permitem concluir sobre a poesia de Vinícius de Morais, do ponto de vista formal?

ARQUIVO

- Cecília Meireles e Vinícius de Morais integraram o grupo de poetas católicos do Rio de Janeiro que se destacaram nos anos 1930-40. Além do verso livre, ambos cultivaram também formas clássicas da poesia.
- A poesia de Cecília Meireles apresenta certos traços associados ao Simbolismo, como a musicalidade, a espiritualidade, a melancolia e o uso de uma linguagem mais sugestiva do que descritiva.
- A poesia de Vinícius de Morais teve inicialmente inspiração religiosa e era escrita em uma linguagem elevada, com influência da tradição clássica. Aos poucos, porém, o poeta se voltou para temas do cotidiano, como a mulher, o amor, a pátria, o mar, os filhos, fazendo uso de formas poéticas mais simples e de linguagem mais acessível e coloquial. Da fase final de sua poesia, nasceram as canções que popularizam definitivamente o poeta-compositor.

CONEXÕES

Você vai ler, a seguir, um soneto de Vinícius de Morais e a letra de uma canção, com música de Tom Jobim e letra de Vinícius de Morais. Na Internet, é possível assistir a parte de um show na qual os dois juntos apresentam a canção e Vinícius declama o poema. Procure ver.

Soneto de fidelidade

De tudo ao meu amor serei atento
Antes, e com tal zelo, e sempre, e tanto
Que mesmo em face do maior encanto
Dele se encante mais meu pensamento.

Quero vivê-lo em cada vão momento
E em seu louvor hei de espalhar meu canto
E rir meu riso e derramar meu pranto
Ao seu pesar ou seu contentamento

E assim, quando mais tarde me procure
Quem sabe a morte, angústia de quem vive
Quem sabe a solidão, fim de quem ama

Eu possa me dizer do amor (que tive):
Que não seja imortal, posto que é chama
Mas que seja infinito enquanto dure.

(In: *Nova antologia poética de Vinicius de Moraes*. São Paulo: Cia. das Letras, Editora Schuwarcz Ltda. © VM.)

Osterreichische Galerie Belvedere, Viena, Áustria

O beijo (1908), de Gustav Klimt.

Eu sei que vou te amar

Eu sei que vou te amar
Por toda minha vida eu vou te amar
Em cada despedida eu vou te amar
Desesperadamente, eu sei que vou te amar

E cada verso meu será
Pra te dizer que eu sei que vou te amar
Por toda minha vida

Eu sei que vou chorar
A cada ausência tua eu vou chorar
Mas cada volta tua há de apagar
O que esta ausência tua me causou

Eu sei que vou sofrer a eterna desventura de viver
A espera de viver ao lado teu
Por toda minha vida

(Disponível em: http://www.jobim.org/jobim/handle/2010/11054. Acesso em: 23/3/2016.)

atento: cuidadoso, respeitoso.

1. O poema de Vinícius de Morais apresenta recursos formais – como inversões e outras figuras de linguagem – que o associam à tradição da poesia clássica.

a. Qual é o tipo de composição utilizado?

b. A fim de constatar o uso de inversões no poema, ponha os versos da 1ª estrofe na ordem direta.

c. Qual é o efeito de sentido decorrente do emprego do polissíndeto em "Antes, e com tal zelo, e sempre, e tanto"?

d. Identifique no poema exemplos de antítese, pleonasmo e metáfora.

REGISTRE NO CADERNO

2. O poema tem como título "Soneto de fidelidade". De acordo com o ponto de vista do eu lírico:

a. A fidelidade exige renúncia? Justifique sua resposta com elementos do texto.

b. De acordo com a 2ª estrofe, de que outra forma se mostra a fidelidade?

3. O eu lírico imagina a possibilidade de futuramente ocorrerem duas situações adversas: a morte e a solidão.

a. Para ele, o que é a morte?

b. E a solidão?

4. Depois de passar por essas experiências, o eu lírico poderia, então, chegar a uma conclusão a respeito do amor, resumida nos dois últimos versos do poema:

"Que não seja imortal, posto que é chama
Mas que seja infinito enquanto dure".

a. Que figura de linguagem se verifica na expressão *infinito enquanto dure*? Justifique sua resposta.

b. Interprete esses versos e explique que conceito de amor tem o eu lírico, levando em conta o sentido dessa figura de linguagem reconhecida no item *a*.

5. O soneto e a letra da canção são de Vinícius de Morais. Compare os dois textos.

a. Que semelhanças e diferenças eles apresentam quanto à percepção do eu lírico sobre o amor?

b. Que diferenças eles apresentam em relação à forma e à linguagem?

c. Essas diferenças são compatíveis com o gênero e com o propósito comunicativo de cada texto? Justifique sua resposta.

Análise linguística: progressão referencial e operadores argumentativos

FOCO NO TEXTO

Leia, a seguir, uma redação que teve nota máxima no exame do Enem.

A imigração no Brasil

Durante, principalmente, a década de 1980, o Brasil mostrou-se um país de emigração. ■, inúmeros brasileiros deixaram ■ em busca de melhores condições de vida. No século XXI, um fenômeno inverso é evidente: a chegada ao Brasil de grandes contingentes imigratórios, com indivíduos de países subdesenvolvidos latino-americanos. No entanto, as condições precárias de vida ■ são desafios ■ para a plena adaptação de todos os cidadãos ■.

A ascensão do Brasil ao posto de uma das dez maiores economias do mundo é um importante fator atrativo ■. ■ o crescimento do PIB (Produto Interno Bruto) nacional, segundo previsões, seja menor em 2012 em relação a anos anteriores, o país mostra um verdadeiro aquecimento nos setores econômicos, representado, por exemplo, pelo aumento do poder de consumo da classe C.

■ contribui para a construção de uma imagem positiva e promissora do Brasil no exterior, o que favorece a imigração. A vida dos imigrantes no país, ■, exibe uma diferente e crítica faceta: a exploração da mão de obra e a miséria.

■, para impedir a continuidade ■, é imprescindível a intervenção governamental, por meio da fiscalização de empresas que apresentem imigrantes como funcionários, bem como a realização de denúncias de exploração por brasileiros ou por imigrantes. ■, é necessário fomentar o respeito e a assistência a eles, ideais que devem ser divulgados por campanhas e por propagandas do governo ou de ONG's, além de garantir seu acesso à saúde e à educação, por meio de políticas públicas específicas ■.

(Disponível em: http://download.inep.gov.br/educacao_basica/enem/guia_participante/2013/guia_de_redacao_enem_2013.pdf. Acesso em: 20/2/2016.)

1. Em sua primeira leitura, você certamente percebeu que faltam alguns termos fundamentais para a compreensão do texto.

a. Entre as expressões do quadro a seguir, identifique os que completam adequadamente o texto e escreva-os em seu caderno, na ordem em que devem ser empregadas.

a esse grupo	Embora	entretanto	Na chamada década perdida	
dessas pessoas	Portanto	aos estrangeiros	Ademais	Esse aspecto
dessa situação	ao governo e à sociedade brasileira	à nova realidade	o país	

b. Reveja no texto os seguintes trechos e expressões e indique qual(is) expressão(ões) do quadro do item anterior retoma(m) cada um deles.

- "a década de 1980"
- "o Brasil"
- "indivíduos de países subdesenvolvidos latino-americanos"
- "a chegada ao Brasil de grandes contingentes imigratórios"
- "o país mostra um verdadeiro aquecimento nos setores econômicos, representado, por exemplo, pelo aumento do poder de consumo da classe C"
- "A vida dos imigrantes no país [...] exibe uma diferente e crítica faceta: a exploração da mão de obra e a miséria"

REGISTRE NO CADERNO

c. Volte novamente ao texto e, com base nas relações estabelecidas entre as ideias, associe os conectivos que constam no quadro do item *a* aos seguintes valores semânticos.

- adição
- adversidade
- concessão
- conclusão

d. Identifique no texto outro conectivo com o mesmo valor semântico de *entretanto*.

2. O texto lido, conforme aponta o título, discorre sobre a questão da imigração no Brasil.

a. Levante hipóteses: Quais são os possíveis meios de circulação de textos como esse? Qual é a sua principal função?

b. Sabendo que o texto lido é uma redação do Enem, discuta com os colegas e o professor: Qual é, de fato, a função de textos como esse?

3. Discuta com os colegas e o professor e responda:

a. Qual é a tese defendida por esse texto?

b. Quais argumentos e fatos ele utiliza para fundamentar o ponto de vista adaptado?

c. Qual é a conclusão do texto?

4. Releia estes trechos do texto:

- "Durante, principalmente, a década de 1980, o Brasil mostrou-se um país de emigração"
- "o país mostra um verdadeiro aquecimento nos setores econômicos, representado, por exemplo, pelo aumento do poder de consumo da classe C"

a. Há, nos trechos, termos que podem ser eliminados sem prejuízo para a estrutura e o sentido global deles. Identifique-os.

b. Discuta com os colegas e o professor e conclua: Qual é a função desses termos nos trechos? Justifique sua resposta.

REFLEXÕES SOBRE A LÍNGUA

Na seção anterior, você viu que em um texto há palavras que se referem a elementos externos a ele e palavras que se referem a outras palavras do texto. O processo que estabelece essas referências é denominado *referenciação*.

Você viu também que há palavras que estabelecem relações entre partes do texto, indicando o caminho escolhido pelo autor dentro da perspectiva adotada. Essas palavras são chamadas de *operadores argumentativos*.

Referenciação é o processo pelo qual se introduzem referentes no texto. A retomada desses elementos ao longo do texto é denominada **progressão referencial**.

Operadores argumentativos são termos utilizados para correlacionar partes de um texto, a fim de permitir que a direção argumentativa que se pretende tomar fique subentendida.

A progressão referencial pode se realizar por estratégias variadas, entre elas o uso de:

- formas com valor pronominal, tais como *ele, ela, esse, essa*, etc.;
- advérbios e expressões adverbiais locativas, tais como *aqui, ali, lá*;
- sinônimos do termo retomado;
- termos genéricos que abrangem em algum sentido o termo retomado;
- elipses, isto é, omissões do termo retomado.

Os operadores argumentativos têm sentidos variados, relacionados à finalidade com que são utilizados, como:

- assinalar um argumento mais forte: *até, até mesmo, mesmo, inclusive.*
- unir argumentos convergentes: *e, também, ainda, nem, não só... mas também, tanto... como, além de, além disso*;
- introduzir uma conclusão relacionada ao que foi expresso anteriormente: *portanto, logo, por conseguinte, em decorrência*;
- estabelecer uma comparação: *mais... (de) que, menos... (do) que, tão... quanto*;
- introduzir uma justificativa ou explicação relacionada ao que foi expresso anteriormente: *já que, pois, uma vez que*;
- contrapor argumentos que apontam para conclusões opostas: *mas, porém, contudo, todavia, no entanto, embora, ainda que, apesar de.*

APLIQUE O QUE APRENDEU

1. Os parágrafos a seguir são partes de um texto. Leia-os com atenção e, com base na progressão referencial e nos operadores argumentativos utilizados, indique em seu caderno a ordem em que eles estão dispostos no texto original. Justifique sua escolha.

I. O feminismo também atua nos comportamentos e nos estereótipos, que tanto geram comentários nocivos. Não é razoável haver estranhamento, por exemplo, a um grupo de mulheres confraternizando num bar, sem nenhum homem na mesa; ao modo de se vestir — e ao tamanho de saias, shorts, vestidos ou bermudões; ao jeito de cortar os cabelos; à opção de maquiar-se ou tatuar-se; e sobretudo às decisões de cada cidadã de tocar a vida como bem entender, fora dos padrões da "mulher perfeita", querendo ter filhos ou não, casar ou não.

II. A rigor, a existência do 8 de março e todo o discurso que se reaviva a cada data evidenciam o ranço machista da sociedade. Houvesse plena igualdade de gênero, o Dia Internacional da Mulher seria lembrado mais pelo martírio das operárias subjugadas do que pela luta de direitos. Mas é necessário brigar para eliminar as diferenças, e isso se conquista com diálogo. Muito se avançou nas últimas décadas. É importante seguir em frente cada vez mais.

III. Ainda é forte a associação da defesa dos direitos das mulheres a situações anacrônicas como a queima de sutiãs em praça pública ou a depreciação generalizada dos homens. O feminismo, tal como muitos movimentos sociais, evoluiu e hoje carrega várias bandeiras: ter direito a uma vida sem violência, poder decidir sobre a própria sexualidade e não escondê-la, ter voz para denunciar o machismo, a desigualdade de gênero e a discriminação racial.

IV. Na semana do Dia Internacional da Mulher, muito se fala em valorização do trabalho, em equiparação de salário e em maior participação nas diferentes esferas de poder, tanto na gestão pública quanto nos meios privados, no Brasil e no mundo. Essas demandas precisam de ação permanente, visto que a sociedade ainda apresenta incompreensíveis discrepâncias. Mas é interessante, na efeméride que se comemora hoje, propor olhar para outro tema bastante sensível à causa: o preconceito contra o feminismo.

(Disponível em: http://odia.ig.com.br/noticia/opiniao/2014-03-08/editorial-feminismo-e-um-direito-humano.html. Acesso em: 20/2/2016.)

Leia a tira a seguir e responda às questões de 2 a 5.

Joaquín Salvador Lavado (QUINO)

2. No 1º quadrinho, Mafalda e Felipe conversam sobre um assunto específico. Qual é esse assunto?

REGISTRE NO CADERNO

3. O 1º quadrinho termina com uma pergunta, o que leva o leitor a estabelecer uma relação entre esse quadrinho e o 2º.

a. O que o pai de Mafalda faz no 2º quadrinho?

b. Com base nas expressões das crianças no 2º e no 3º quadrinhos, conclua: O que elas pensaram que o pai de Mafalda estava indo fazer?

4. O 4º quadrinho quebra a expectativa das crianças e provoca um comentário de Felipe.

a. Com base na conversa inicial de Mafalda e Felipe, reescreva o comentário do garoto, substituindo *assim* pela ideia que esse termo retoma.

b. Nesse contexto, qual é o valor semântico do termo *tão*?

5. Observe a expressão do pai de Mafalda no último quadrinho.

a. Considerando-se que ele não ouviu a conversa inicial das crianças, o que a reação dele denota?

b. Discuta com os colegas e o professor e conclua: Com que sentido o pai de Mafalda entendeu o termo *tão*, utilizado por Felipe? Justifique sua resposta.

TEXTO E ENUNCIAÇÃO

Leia o anúncio a seguir.

JWT

> VOCÊ LEVANTOU.
> VOCÊ SENTOU PARA TOMAR O CAFÉ DA MANHÃ.
> VOCÊ PEGOU A GAZETA MERCANTIL.
> VOCÊ ACORDOU.
>
> LER PARA SER.
> **GAZETA MERCANTIL**
> LÍDER

1. Para produzir determinado sentido, o anúncio faz uso de recursos semânticos e sintáticos, isto é, explora tanto o sentido das palavras quanto a estrutura das orações.

a. A repetição da mesma estrutura, ou seja, o paralelismo entre as frases do texto, pode ser considerada uma estratégia de progressão textual. Identifique qual é a estrutura do paralelismo observado no anúncio.

b. Releia a sequência de frases do anúncio e conclua: Qual é a quebra de expectativa, no plano semântico, que ocorre na sequência de frases?

2. Reescreva o enunciado central do anúncio, eliminando as repetições e utilizando operadores argumentativos que auxiliem a organização de ideias.

3. Compare o enunciado do anúncio e a redação que você deu a ele na questão anterior.

a. Discuta com os colegas e o professor: Em geral, a repetição é recomendada ou condenada nos manuais de redação de texto?

b. Levante hipóteses: Por que o anúncio optou pela repetição?

c. Conclua: É possível determinar quando a repetição é um bom recurso e quando deve ser evitada?

REGISTRE NO CADERNO

Leia a tira a seguir e responda às questões 4 e 5.

4. Nessa tira, a expressão responsável por uma retomada aparece antes do termo referido. Esse procedimento de referenciação é chamado de catafórico.

   a. Qual é o referente, na fala da personagem da tira?

   b. Qual é a expressão que retoma esse referente?

REGISTRE NO CADERNO

5. Levando em conta a construção do humor na tira, responda:

   a. Qual é a expectativa criada com a fala da personagem no 1º quadrinho?

   b. Por que a explicitação do referente no 2º quadrinho tem efeito humorístico?

PRODUÇÃO DE TEXTO

A dissertação

PROJETO

O CONTEXTO DE PRODUÇÃO E RECEPÇÃO DOS TEXTOS

Quais textos você produzirá nesta unidade? Com que finalidade? Quem vai ler os seus textos?

Nesta unidade, nosso projeto é a realização de um *simulado* da prova de redação do Enem. Com vistas a realizá-lo, trataremos no decorrer dos capítulos da estrutura do texto dissertativo-argumentativo e iremos propor a produção de dissertações, como treinamento para o simulado.

FOCO NO TEXTO

A dissertação é um texto que circula na esfera escolar e tem por objetivo avaliar a capacidade de produção de textos dos estudantes. Leia a dissertação a seguir, que recebeu nota máxima no Enem de 2012.

Olhares que buscam o Brasil

Ao despontar como potência econômica do século XXI, o Brasil tem cada vez mais atraído os olhares do mundo, chamando a atenção da mídia, de grandes empresas e de outros países. Contudo, é outro olhar não menos importante que deveria começar a nos sensibilizar mais: o olhar marginalizado e cheio de esperança daqueles que não têm dinheiro, dos famintos e desempregados ao redor do globo. São pessoas com esse perfil que majoritariamente contribuem para o crescente volume de imigrantes no país, e o que se vê é uma ausência de políticas públicas eficientes para receber e integrar essas pessoas à sociedade.

Não parece que a solução seja simplesmente deixar que imigrantes pouco qualificados continuem entrando no país de forma irregular e esperar que eles, sozinhos, encontrem um ofício para se sustentar. O governo ainda não percebeu que a regularização desses imigrantes e a inserção dos mesmos no mercado de trabalho formal poderiam servir como oportunidades para o país arrecadar mais impostos e possíveis futuros cidadãos, ou seja, novos contribuintes para a deficitária Previdência Social.

Visando aproveitar tais benefícios, o governo poderia começar a implantar, nas regiões por onde chegam os imigrantes, mais órgãos e agências que oferecessem serviços de regularização do visto e da carteira de trabalho, posto que ainda há muita deficiência de controle nesse setor. Além disso, nos destinos finais desses imigrantes poderiam ser oferecidos cursos de português e cursos qualificantes voltados para os mesmos. Isso facilitaria muito a inserção dessas pessoas no mercado de trabalho formal e poderia inclusive suprir a alta demanda por mão de obra em setores como o da construção civil, por exemplo.

Nesse sentido, é preciso que atitudes mais energéticas sejam tomadas a fim de que o país não deixe escapar essa oportunidade: a de transformar o problema da imigração crescente em uma solução para outros. A questão merece mais atenção do governo, portanto, pois não deve ser a toa que o Brasil, além de ser conhecido pela hospitalidade, também o é pelo modo criativo de resolver problemas. Prestemos mais atenção aos olhares que nos cercam; deles podem vir novas oportunidades.

(Disponível em: http://download.inep.gov.br/educacao_basica/enem/guia_participante/2013/guia_de_redacao_enem_2013.pdf. Acesso em: 12/2/2016.)

1. O texto lido segue a estrutura das dissertações. Identifique, justificando, os parágrafos que correspondem:

a. à introdução;

b. ao desenvolvimento;

c. à conclusão.

2. Seguindo a orientação dada na proposta da prova do Enem, o texto adota um ponto de vista. Qual é a tese quanto ao problema da imigração no Brasil defendida no texto?

REGISTRE NO CADERNO

3. Para fundamentar a tese que defende, o autor organiza seus argumentos em dois parágrafos e, conforme solicitado pela prova do Enem, apresenta uma proposta de intervenção.

a. Identifique os argumentos utilizados em cada parágrafo.

b. Qual(is) é(são) a(s) proposta(s) de intervenção sugerida(s)?

4. Na conclusão, o autor, para finalizar o texto, faz uma retomada tanto de seus argumentos como de uma imagem que apresentou no início.

a. Quais argumentos são retomados?

b. Identifique a imagem apresentada no início do texto e retomada na conclusão.

c. Explique como essas retomadas contribuem para a estrutura da dissertação.

A proposta de intervenção do Enem

De modo geral, a dissertação escolar não exige que seja apresentada proposta de intervenção. Esse é um critério específico da prova do Enem, que exige tanto a apresentação de uma tese como de uma proposta de intervenção na vida social, relativamente ao assunto em discussão.

5. Em exames como o do Enem, há valorização do uso da norma-padrão, mas alguns poucos desvios são permitidos, desde que não prejudiquem a unidade do texto. Há no texto em estudo certas inadequações à norma-padrão formal.

a. Identifique as inadequações presentes em cada um destes trechos:

- "poderiam ser oferecidos cursos de português e cursos qualificantes voltados para os mesmos"
- "é preciso que atitudes mais energéticas sejam tomadas"
- "não deve ser a toa que o Brasil"

b. Reescreva os trechos, fazendo as devidas adequações à norma-padrão.

6. Com base no estudo sobre progressão referencial e operadores argumentativos realizado na seção **Língua e linguagem** deste capítulo, identifique no primeiro parágrafo do texto:

a. os termos que retomam, respectivamente, os referentes *Brasil* (1ª linha) e *mundo* (2ª linha);

b. um exemplo de progressão referencial catafórica;

c. um exemplo de operador argumentativo de contraposição

d. um exemplo de operador argumentativo de adição

REGISTRE NO CADERNO

7. Em geral, as dissertações escolares são construídas em um tom impessoal. No texto em estudo, entretanto, ocorre a presença da 1ª pessoa, observada no uso do pronome *nós*.

a. Levante hipóteses: Por que o tom impessoal é o mais utilizado nos textos dissertativos?

b. A quem se refere a 1ª pessoa no texto em estudo?

c. Explique por que, nesse contexto, o uso da 1ª pessoa não descaracteriza a impessoalidade da linguagem.

HORA DE ESCREVER

Como você sabe, no final da unidade será realizado um simulado com provas de redação propostas pelo Exame Nacional do Ensino Médio. Como treinamento para a realização do simulado, produza uma dissertação de acordo com a proposta do Enem 2014. Na produção desse texto, lembre-se de ficar atento especialmente à progressão referencial e ao uso de operadores argumentativos.

A partir da leitura dos textos motivadores seguintes e com base nos conhecimentos construídos ao longo de sua formação, redija um texto dissertativo-argumentativo em norma-padrão da língua portuguesa sobre o tema **Publicidade infantil em questão no Brasil**, apresentando proposta de intervenção, que respeite os direitos humanos. Selecione, organize e relacione, de forma coerente e coesa, argumentos e fatos para a defesa de seu ponto de vista.

Texto 1

A aprovação, em abril de 2014, de uma resolução que considera abusiva a publicidade infantil, emitida pelo Conselho Nacional de Direitos da Criança e do Adolescente (Conanda), deu início a um verdadeiro cabo de guerra envolvendo ONGs de defesa dos direitos das crianças e setores interessados na continuidade das propagandas dirigidas a esse público.

Elogiada por pais, ativistas e entidades, a resolução estabelece como abusiva toda propaganda dirigida à criança que tem "a intenção de persuadi-la para o consumo de qualquer produto ou serviço e que utilize aspectos como desenhos animados, bonecos, linguagem infantil, trilhas sonoras com temas infantis, oferta de prêmios, brindes ou artigos colecionáveis que tenham apelo às crianças".

Ainda há dúvidas, porém, sobre como será a aplicação prática da resolução. E associações de anunciantes, emissoras, revistas e de empresas de licenciamento e fabricantes de produtos infantis criticam a medida e dizem não reconhecer a legitimidade constitucional do Conanda para legislar sobre publicidade e para impor a resolução tanto às famílias quanto ao mercado publicitário. Além disso, defendem que a autorregulamentação pelo Conselho Nacional de Autorregulamentação Publicitária (Conar) já seria uma forma de controlar e evitar abusos.

IDOETA, P. A.; BARBA, M. D. *A publicidade infantil deve ser proibida?* Disponível em: www.bbc.co.uk. Acesso em: 23 maio 2014 (adaptado).

Texto 2

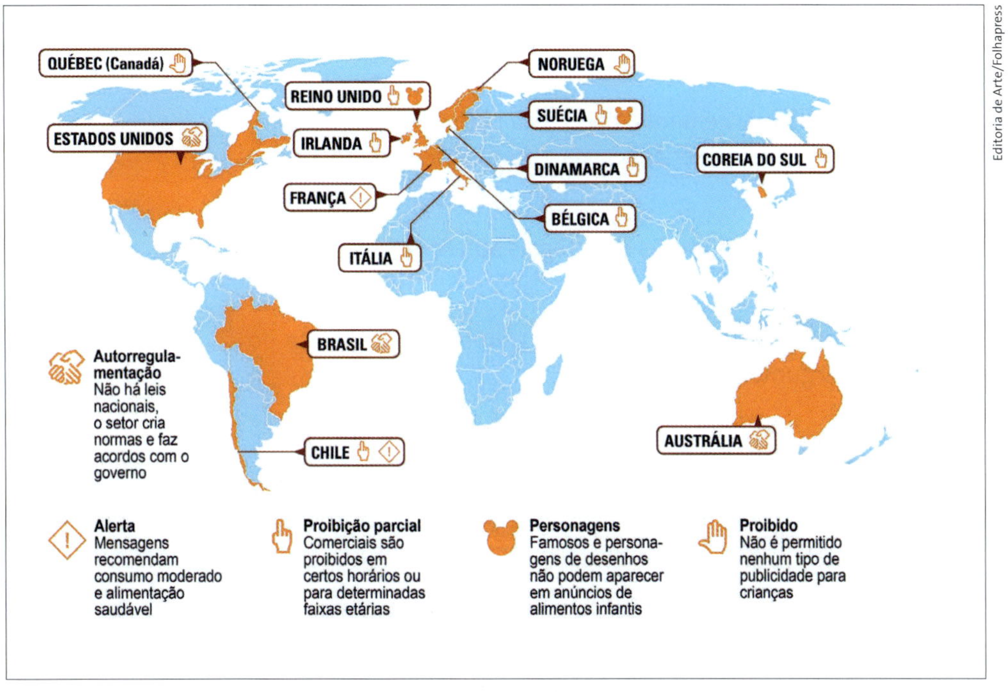

Editoria de Arte/Folhapress

Texto 3

Precisamos preparar a criança, desde pequena, para receber as informações do mundo exterior, para compreender o que está por trás da divulgação de produtos. Só assim ela se tornará o consumidor do futuro, aquele capaz de saber o que, como e por que comprar, ciente de suas reais necessidades e consciente de suas responsabilidades consigo mesma e com o mundo.

SILVA, A. M. D.; VASCONCELOS, L. R. *A criança e o marketing*: informações essenciais para proteger as crianças dos apelos do marketing infantil. São Paulo: Summus, 2012 (adaptado).

INSTRUÇÕES:

- O rascunho da redação deve ser feito no espaço apropriado.
- O texto definitivo deve ser escrito à tinta, na folha própria, em até 30 linhas.
- A redação que apresentar cópia dos textos da Proposta de Redação ou do Caderno de Questões terá o número de linhas copiadas desconsiderado para efeito de correção.

Receberá nota zero, em qualquer das situações expressas a seguir, a redação que:

- tiver até 7 (sete) linhas escritas, sendo considerada "insuficiente".
- fugir ao tema ou que não atender ao tipo dissertativo-argumentativo.
- apresentar proposta de intervenção que desrespeite os direitos humanos.
- apresentar parte do texto deliberadamente desconectada com o tema proposto.

ANTES DE ESCREVER

Planeje sua dissertação, seguindo estas orientações:

- Leia com atenção os textos motivadores e as instruções que constam na proposta.
- Releia o enunciado em que é proposto o tema e defina um ponto de vista sobre o assunto para adotar em seu texto.
- Definido o ponto de vista, identifique nos textos motivadores fatos e dados que possam ajudar na construção de argumentos.
- Faça uma proposta de intervenção objetiva e direta, específica para o tema (evite propostas extremamente genéricas, que podem ser aplicadas a problemas variados) e que respeite os direitos humanos.
- Fique atento(a) à progressão referencial (retome as estratégias apresentadas na seção **Língua e linguagem** deste capítulo).
- Empregue operadores argumentativos que contribuem para uma leitura fluente do texto, evidenciando a orientação argumentativa adotada.

ANTES DE PASSAR A LIMPO

Antes de dar sua dissertação por finalizada, observe:

- se o ponto de vista que você adotou está claro e bem fundamentado;
- se os fatos e dados dos textos motivadores apresentados ajudam na construção dos argumentos;
- se a proposta de intervenção respeita os direitos humanos, está clara, é apresentada de maneira objetiva e tem relação específica com a situação abordada no texto;
- se a progressão referencial está desenvolvida de forma adequada no texto;
- se os operadores argumentativos utilizados são adequados, orientando a leitura para a argumentação adotada.

CAPÍTULO

2 A geração de 45: João Cabral de Melo Neto Análise linguística: informatividade e senso comum A dissertação (II)

LITERATURA

A geração de 45: João Cabral de Melo Neto

Coleção particular

Personagens na noite (1950), de Joan Miró.

A partir de 1945, a literatura brasileira tomou novos rumos e se voltou essencialmente para pesquisas estéticas relacionadas com a linguagem e com o processo de criação literária, distanciando-se dos temas abordados pela geração de 1930, que recaíam sobre os problemas sociais e políticos do país.

O interesse da geração de 1945 por questões formais levou alguns críticos a associá-la ao Parnasianismo, como se ela representasse um reflorescimento dessa corrente. Outros críticos, entretanto, entendem que, considerando-se os principais autores desse período, não há ruptura entre essa geração e o Modernismo de 22, uma vez que os primeiros modernistas também se envolveram com a pesquisa estética. Além disso, algumas experiências da geração de 1930, como o regionalismo e a introspecção psicológica no romance, tiveram continuidade, embora com matizes diferentes.

Entre os principais poetas dessa geração, destacam-se Péricles Eugênio da Silva Ramos, José Paulo Paes, Alphonsus de Guimaraens Filho, Geir Campos, Paulo Bonfim e João Cabal de Melo Neto, que você vai estudar neste capítulo. Na prosa, destacam-se Clarice Lispector e Guimarães Rosa, que você vai estudar no capítulo seguinte, e Lygia Fagundes Telles, Carlos Heitor Cony, Rubem Braga e Dalton Trevisan, entre outros.

A geração de 1945 em contexto

Com o fim da Segunda Guerra, em 1945, e a vitória das forças democráticas, o governo ditatorial de Getúlio Vargas se enfraqueceu e, nesse mesmo ano, foi deposto.

Enquanto o mundo ocidental mergulhou na situação da Guerra Fria, resultante de disputas entre os países capitalistas e os países do bloco socialista, o Brasil passou a viver um período democrático e desenvolvimentista, cujo auge foi o governo de Juscelino Kubitschek e a construção de Brasília. Esse processo se estendeu até o golpe de 1964, quando os militares tomaram o poder.

Nesse contexto democrático brasileiro, a literatura da geração de 1945 deixou de se ocupar com questões predominantemente políticas e sociais e começou a se interessar por experiências estéticas.

FIQUE CONECTADO!

Amplie seus conhecimentos sobre o Modernismo da geração de 1930, pesquisando em:

LIVROS

Rocco Digital

- Leia algumas das principais obras de autores da geração de 1945, como *Campo geral* e *Sagarana*, de Guimarães Rosa; *Laços de família* e *A hora da estrela*, de Clarice Lispector; *Melhores poemas de João Cabral de Melo Neto* (Global).

FILMES

- *Morte e vida severina*, de Walter Avancini; *A terceira margem do rio*, de Nelson Pereira dos Santos; *Mutum*, de Sandra Kogut; *Outras estórias*, de Pedro Bial; *Noites do sertão*, de Carlos Alberto Prates Correia; *As meninas*, de Emiliano Ribeiro; *Morte e vida severina*, animação do cartunista Miguel Falcão, disponível na Internet.

Ipê Artes Filmes/Emiliano Ribeiro

DECLAMAÇÕES

- Ouça o disco *João Cabral de Melo Neto*, no qual o próprio poeta declama seus poemas, com fundo musical de Egberto Gismonti (algumas faixas estão disponíveis na Internet). Ouça também o disco *Clarice Lispector – Contos*, no qual a atriz Aracy Balabanian declama alguns textos de Clarice Lispector (algumas das faixas estão disponíveis na Internet). Ouça, ainda, Lirinha, vocalista da banda Cordel do Fogo Encantado, declamando parte de "Os três mal-amados", de João Cabral (disponível na Internet).

PINTURAS

- Conheça a obra dos pintores Volpi e Aldemir Martins, que começaram a expor na década de 1940. A obra de Volpi, a partir da década de 1950, começou a se destacar pelo abstracionismo geométrico.

João Cabral de Melo Neto

João Cabral foi o mais importante poeta da geração de 1945. Sua poesia mostra uma marca pessoal inconfundível e representa um corte em relação a antigas concepções sobre a criação poética.

Na visão dele, a poesia não é fruto de inspiração, nem do sentimento do poeta ou da beleza dos temas que aborda, mas de um cuidadoso trabalho de organização textual. Assim, contrariamente à tradição romântica, centrada na subjetividade, a poesia de Cabral se descola da figura do poeta ou do eu lírico e prima pela objetividade, pela razão, pela simetria e pela relação intrínseca entre conteúdo e forma. Quando seu poema fala de facas ou de pedras, por exemplo, as palavras são duras e cortantes como se o próprio poema fosse feito dos objetos de que trata. São exemplos dessa orientação os livros – *Pedra do sono, O engenheiro* (1945), *Psicologia da composição, com a fábula de Anfion e Antiode* (1947).

A partir de *Cão sem plumas* (1950), entretanto, a poesia de Cabral começou a se voltar mais para a realidade, em especial a de seu Estado natal. Dessa experiência, surgiram várias obras importantes relacionadas com a seca, com o rio Capibaribe, com a miséria nordestina e com a migração. São dessa fase as obras *O rio ou relação da viagem que faz o Capibaribe de sua nascente à cidade do Recife* (1954) e, principalmente, *Morte e vida severina* (1965), a obra mais conhecida do autor, adaptada para o cinema e a televisão.

Morte e vida severina é um auto de Natal, ou seja, um gênero literário pertencente à esfera teatral, como os autos de Gil Vicente produzidos na Idade Média. O texto narra a trajetória de Severino, retirante que sai do sertão pernambucano, castigado pela seca, à procura de trabalho e de um lugar melhor para viver. Seguindo o curso do rio Capibaribe, o protagonista vê um terrível quadro de miséria, fome, doenças e morte. Quando chega a Recife, nota que os retirantes do sertão se transformaram em operários e que continuam vivendo na miséria, porém agora em favelas. Como é um "auto de Natal" (relacionado ao nascimento de Jesus), no final da obra ocorre o nascimento de uma criança, que representa a esperança.

Entre outras obras, o autor escreveu também *A educação pela pedra* (1966), *Museu de tudo* (1975) e *A escola das facas* (1980).

João Cabral de Melo Neto

João Cabral de Melo Neto (1920-1999) nasceu em Recife, Pernambuco, onde fez seus primeiros estudos. Era primo de Gilberto Freyre e Manuel Bandeira, com quem teve grande convivência. Em 1942, mudou-se para o Rio de Janeiro e, nesse mesmo ano, publicou *Pedra do sono*, sua primeira obra poética.

Em 1945, foi aprovado em concurso para o Itamaraty e, desde então, passou a viver no exterior. Morou em cidades como Barcelona, Londres, Sevilha, Marselha, Genebra e Dacar. Foi embaixador e teve contato com vários artistas no exterior, entre eles o pintor Joan Miró, de quem foi amigo pessoal.

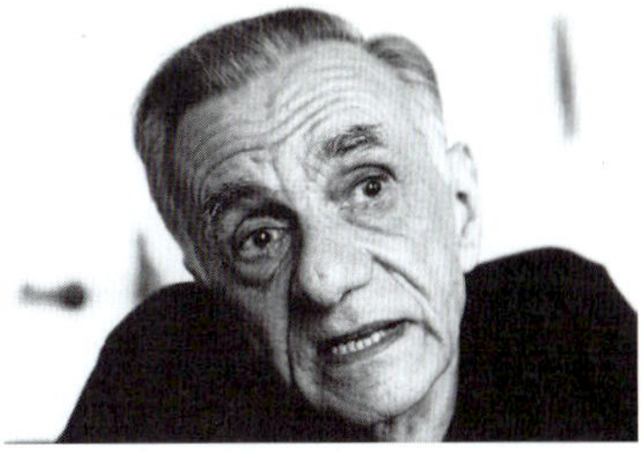

Homero Sérgio/Folhapress

FOCO NO TEXTO

Você vai ler, a seguir, dois textos de João Cabral: o primeiro pertence à obra *Educação pela pedra*; o segundo é o início de *Morte e vida severina*.

Texto 1

Catar feijão

A Alexandre O'Neill

1.
Catar feijão se limita com escrever:
joga-se os grãos na água do alguidar
e as palavras na da folha de papel;
e depois, joga-se fora o que boiar.
Certo, toda palavra boiará no papel,
água congelada, por chumbo seu verbo:
pois para catar esse feijão, soprar nele,
e jogar fora o leve e oco, palha e eco.

2.
Ora, nesse catar feijão entra um risco:
o de entre os grãos pesados entre
um grão qualquer, pedra ou indigesto,
um grão imastigável, de quebrar dente.
Certo não, quando ao catar palavras:
a pedra dá à frase seu grão mais vivo:
obstrui a leitura fluviante, flutual,
açula a atenção, isca-a com o risco.

(*Poesias completas*. 3 ed. Rio de Janeiro: José Olympio, 1979. p. 21.-2.)

Sofia Colombini/Fabio Colombini

açular: incitar, intensificar.
alguidar: vasilha que tem o diâmetro da boca maior do que o do fundo, usada em serviços domésticos.
fluviante: neologismo, criado pelo autor, com sentido relacionado a *fluvial* (que diz respeito a rio).

Texto 2

o retirante explica ao leitor quem é e a que vai

— O meu nome é Severino,
não tenho outro de pia.
Somos muitos Severinos
iguais em tudo na vida:
na mesma cabeça grande
que a custo é que se equilibra,
no mesmo ventre crescido
sobre as mesmas pernas finas,
e iguais também porque o sangue
que usamos tem pouca tinta.
E se somos Severinos
iguais em tudo na vida,
morremos de morte igual,
mesma morte severina:
que é a morte de que se morre
de velhice antes dos trinta,
de emboscada antes dos vinte,
de fome um pouco por dia
(de fraqueza e de doença
é que a morte severina
ataca em qualquer idade,
e até gente não nascida).
Somos muitos Severinos
iguais em tudo e na sina:
a de abrandar estas pedras
suando-se muito em cima,
a de tentar despertar
terra sempre mais extinta,
a de querer arrancar
algum roçado da cinza.
Mas, para que me conheçam
melhor Vossas Senhorias
e melhor possam seguir
a história de minha vida,
passo a ser o Severino
que em vossa presença emigra.

(Idem, p. 203-4.)

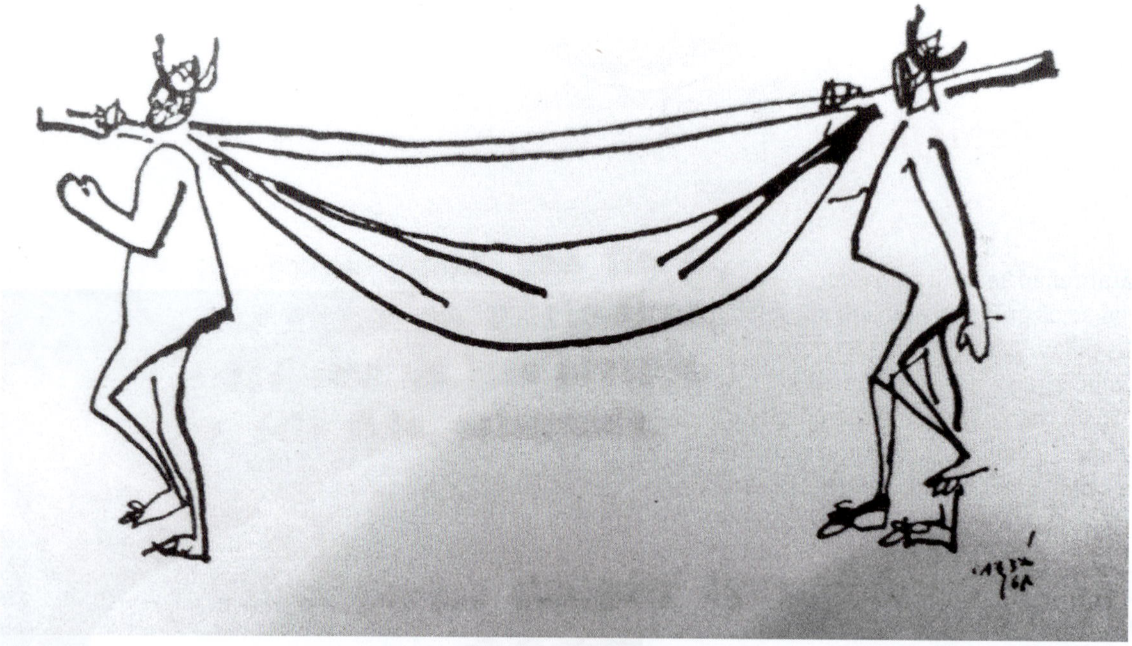

Carybé

o retirante aproxima-se de um dos cais do Capibaribe

— Nunca esperei muita coisa,
é preciso que eu repita.
Sabia que no rosário
de cidade e de vilas,
e mesmo aqui no Recife
ao acabar minha descida,
não seria diferente
a vida de cada dia:
que sempre pás e enxadas
foices de corte e capina,

ferros de cova, estrovengas
o meu braço esperariam.
Mas que se este não mudasse
seu uso de toda vida,
esperei, devo dizer,
que ao menos aumentaria
na quartinha, a água pouca,
dentro da cuia, a farinha,
o algodãozinho da camisa,
ou meu aluguel com a vida.
E chegando, aprendo que,
nessa viagem que eu fazia,
sem saber desde o Sertão,
meu próprio enterro eu seguia.
Só que devo ter chegado
adiantado de uns dias;
o enterro espera na porta:
o morto ainda está com vida.

(Idem, p. 203-4 e p. 229.)

de pia: da pia batismal, de batismo.
estrovenga: foice de dois gumes.
quartinha: pequena vasilha de barro, bojuda e de gargalho estreito, usada para manter a água fresca; moringa.

REGISTRE NO CADERNO

1. O poema "Catar feijão" apresenta duas partes, cada uma constituída por uma estrofe. Na primeira parte, é feita uma comparação entre o ato de escrever e o de catar feijão.

a. Em que as duas situações se assemelham?

b. Ao se jogarem os grãos de feijão na água do alguidar, o que costuma afundar? O que deve ser jogado fora?

c. Ao se jogarem as palavras na água da folha de papel, o que costuma flutuar e deve ser jogado fora? O que deve ficar?

2. Na segunda parte do poema, a comparação entre os dois procedimentos apresenta uma diferença.

a. Qual é o risco que pode haver no procedimento de catar feijão? O que isso pode provocar?

b. No poema, há também o risco de ficar uma "palavra-pedra"? Ela, nesse caso, seria tão prejudicial como no feijão? Justifique sua resposta, dando uma explicação à expressão "leitura fluviante, flutual".

c. Pode-se afirmar que no poema "Catar feijão" existem palavras-pedra? Justifique sua resposta com elementos do texto.

3. Para alguns especialistas, a poesia de João Cabral é uma poesia-objeto, que representa o fim do eu lírico.

a. Em que pessoa estão os verbos e os pronomes do poema "Catar feijão"?

b. Nesse poema, aparece a voz do eu lírico? São revelados seus sentimentos?

4. Observe o texto 2. Assim como os autos medievais, *Morte e vida severina* é construída em versos.

a. Que medida têm os versos?

b. Que relação essa medida tem com a tradição da poesia em língua portuguesa?

Acervo Iconographia

Cena de *Morte e vida severina*, representada pela primeira vez no palco do Tuca, em São Paulo, em 1965. Com músicas de Chico Buarque, a peça é, ainda hoje, uma das mais encenadas no país.

5. Severino, o protagonista em *Morte e vida severina*, diz:

- "Somos muitos Severinos
  iguais em tudo na vida"
- "morremos de morte igual,
  mesma morte severina"

De acordo com o poema:

a. Quem são os Severinos a que o poema faz referência? Em que se assemelham?

b. O que significa uma "vida severina"?

c. O que significa uma "morte severina"?

REGISTRE NO CADERNO

6. Euclides da Cunha, em *Os sertões*, escreve: "O sertanejo é antes de tudo um forte". Essa afirmação se aplica ao protagonista de *Morte e vida severina*, considerando-se a relação dele com a terra? Por quê?

7. A última estrofe do trecho de *Morte e vida severina* lido se situa na parte final do auto, o momento em que Severino chega a Recife.

a. Diante do que encontra, como Severino se sente?

b. Que perspectiva Severino enxerga para a sua vida?

c. Explique a comparação da viagem de Severino com um enterro.

ARQUIVO

Por meio da leitura de textos feita neste capítulo, você viu que:

- com as mudanças políticas que ocorreram em 1945, em especial o fim da Segunda Guerra Mundial e o fim do Estado Novo no Brasil, a literatura brasileira buscou novos rumos e novas experiências, direcionadas principalmente para experiências estéticas;
- entre a geração de 45 e os modernistas, não há propriamente uma ruptura, pois a pesquisa estética já era uma proposta da geração de 1922;
- a poesia de João Cabral de Melo Neto, o principal poeta da geração de 1945, representa uma ruptura com a tradição lírica da poesia, centrada geralmente nos sentimentos do eu lírico; sua linguagem é racional, objetiva e enxuta; é uma linguagem-objeto, que tenta sugerir, pela forma, o objeto de que trata.

LÍNGUA E LINGUAGEM

Análise linguística: informatividade e senso comum

FOCO NO TEXTO

Leia as manchetes do texto a seguir.

SÁBADO, 23 DE MAIO DE 2009
O ESTADO DE S. PAULO | A17

INFORME PUBLICITÁRIO

CIÊNCIA

Cientistas confirmam: água é molhada

Estudos da Universidade de Brulinham apontam liquidez como sendo o principal motivo

Após anos de intensas pesquisas, podemos finalmente ter uma solução para uma das questões que mais intrigaram a humanidade em todos os tempos: seria a água molhada? A resposta, por incrível que pareça, é sim. O assunto já rendeu diversas teorias dos mais renomados cientistas nos últimos séculos. As primeiras pesquisas sobre o tema datam de 1825, mas até domingo passado nenhum dos resultados pôde ser considerado conclusivo.

"Em primeiro lugar, foi preciso descartar a hipótese da água ser seca", afirma o PhD em física nuclear Alfred Ismailov do Instituto de Pesquisas Especiais da Universidade de Brulinham. "Para ter certeza que a água não é seca, tivemos que realizar mais de 23 experimentos diferentes", garante o físico. Os testes envolvendo água foram primeiramente realizados em ratos de laboratório para, só depois, ser aplicados em seres humanos.

Gastou-se cerca de US 3,4 milhões em pesquisas e experimentos que envolveram uma equipe de mais de 50 especialistas das mais diversas áreas.

"Precisávamos de uma equipe competente em assuntos específicos como economia e paleontologia", afirma Izmailov. Em março de 2006, por pressão política, o experimento quase chegou a ser cancelado. Manifestantes fundamentalistas realizaram diversos protestos contra o uso de água em seres humanos. "Ela desmancha os penteados e deixa as mãos enrugadas", protesta Wilians de Abreu, líder do movimento contra os estudos. Mesmo contrariados, os cientistas conseguiram chegar à conclusão do experimento nesta última semana.

O resultado, ironicamente, não saiu de nenhum dos 198 testes realizados ao longo dos últimos 4 anos, mas sim de um acidente. Um dos estagiários derrubou, sem querer, um tubo de água em Izmailov, que acabou se molhando. O resultado surpreendeu a todos e pode causar uma revolução no meio científico.

Encontrados peixes no mar

Nesta última quinta-feira, pescadores da Costa Leste da Austrália encontraram cerca de uma dúzia de peixes em águas do Pacífico. Os peixes ficaram presos em uma das redes de pesca dos australianos, sendo todos imediatamente retirados do mar. Nenhum dos pescadores foi capaz de identificar os animais marinhos.

"Eles possuíam barbatanas e não eram capazes de respirar fora da água", espantou-se um dos moradores locais. Os peixes foram encaminhados no mesmo dia para um renomado centro de estudos que confirmou a presença de brânquias e escamas nos estranhos animais.

No mesmo dia, peixes muito semelhantes aos que estavam no mar foram encontrados em uma vendinha. Contudo, ninguém sabe ao certo a procedência dos mesmos.

METEOROLOGIA

Sol não deve aparecer nesta noite

A previsão para a noite de sábado e madrugada de domingo é de escuridão. Segundo meteorologistas, o Sol deverá se esconder atrás da linha do horizonte, tornando-se invisível a olho nu. Este é um fenômeno raro que ocorre apenas uma vez a cada 24 horas.

A noite deverá ser iluminada por luzes artificiais e a escuridão promete durar pelo menos até as 6 horas da manhã de domingo. Para moradores de outras partes do mundo, no entanto, o Sol estará visível nesse mesmo período.

CIDADE

Assaltantes são os principais responsáveis por assaltos na capital

Uma pesquisa realizada pelo Instituto André Leotta revelou que 97% dos assaltos são realizados por assaltantes. Na sequência da pesquisa, aparecem familiares da vítima com 1% e animais de estimação com 0,5%. Foram levados em conta assaltos à mão armada, roubos e outros tipos de furtos.

A pesquisadora Beatriz Luna afirma que "em todos os assaltos, alguém sempre tenta roubar alguma coisa e, por isso, todo assaltante é também um ladrão". Ela diz também que 99% dos assaltados não gostariam de ser roubados novamente.

O instituto fará, em breve, um novo estudo para tentar traçar o perfil dos assaltantes. O intuito é descobrir, assim, fatos relevantes sobre os mesmos, como idade e perfil social.

VARIEDADES

Investigadores afirmam que coelhinho da Páscoa não existe

Após 3 anos de intensas investigações, foi concluído um relatório de 375 páginas que acabou com a principal dúvida sobre uma das datas mais marcantes do nosso calendário: a Páscoa.

Segundo o delegado Alonso Tosqueira, tudo começou a ficar claro quando os investigadores perceberam que os coelhos são animais irracionais e, portanto, incapazes de refinar cacau e produzir ovos de chocolate.

O delegado ficou 24 horas de vigia em uma das casas onde o suposto coelhinho vinha atuando. Alonso encontrou apenas algumas pegadas de coelho feitas com cartolina, mas afirma que elas foram plantadas no local numa tentativa de atrapalhar a investigação.

O relatório não aponta suspeitos, mas afirma categoricamente que coelhos da Páscoa não existem. A associação protetora dos coelhos da Páscoa acusa o relatório de ser "mentiroso e caluniador".

ESPORTES

Jogadores de futebol são proibidos de jogar com as mãos

Segundo a organização regulamentadora da arbitragem no futebol, todos os jogadores de linha que tocarem na bola com as mãos ou os braços serão punidos com falta a favor do time adversário. Além da falta, ainda poderão receber cartões amarelos ou vermelhos. Um centroavante, que preferiu não se identificar, disse à nossa reportagem se sentir "muito prejudicado" por tais medidas, pois nunca soube jogar com os pés.

SE VOCÊ NÃO ACHOU NENHUMA NOVIDADE NAS NOTÍCIAS AÍ DE CIMA, TAMBÉM NÃO VAI ACHAR AQUI.

Reportagem confirma o que todo mundo já sabia.

Astra: sucesso novo ou usado

›Hatch da Chevrolet não para nas lojas

JORNAL DO CARRO

ASTRA 2.0 4 P. 2009

À VISTA R$ 42.990

TRIO ELÉTRICO E RODAS DE ALUMÍNIO 15".

REDE CHEVROLET

CHEVROLET

Salles Chemistri

1. Sobre as manchetes lidas, responda:

a. O que há em comum quanto ao conteúdo de todas elas?

b. Levante hipóteses: Qual é o grau de informatividade, isto é, de novidade das informações, das manchetes veiculadas nessa página?

c. Explique por que se pode considerar que elas causam estranhamento, tendo em vista a função principal das manchetes de jornal.

REGISTRE NO CADERNO

2. Leia as duas notícias a seguir.

Sol não deve aparecer e capital terá mais um dia frio e nublado

Em plena primavera, a capital paulista terá mais um dia de muito frio e tempo fechado nesta quinta-feira, 9. A chance de o sol aparecer na cidade é muito pequena e podem ocorrer chuviscos durante a manhã, mas o céu fica nublado à tarde e à noite a temperatura não deve passar dos 17 °C, segundo previsão do Centro de Gerenciamento de Emergências (CGE). [...]

(Disponível em: http://sao-paulo.estadao.com.br/noticias/geral,sol-nao-deve-aparecer-e-capital-tera-mais-um-dia-frio-e-nublado,256693. Acesso em: 15/3/2016.)

Sol não deve aparecer nesta noite

A previsão para a noite de sábado e madrugada de domingo é de escuridão. Segundo meteorologistas, o Sol deverá se esconder atrás da linha do horizonte, tornando-se invisível a olho nu. Este é um fenômeno raro que ocorre apenas uma vez a cada 24 horas.

A noite deverá ser iluminada por luzes artificiais e a escuridão promete durar pelo menos até as 6 horas da manhã de domingo. Para moradores de outras partes do mundo, no entanto, o Sol estará visível nesse mesmo período.

(*O Estado de S. Paulo*, 23/5/2009.)

Salles Chemistri

Ambas as notícias abordam o não aparecimento do sol em situações específicas.

a. Para dar credibilidade a seu conteúdo, as duas fazem menção a vozes de autoridade. Identifique os trechos nos quais essas vozes aparecem em cada um dos textos.

b. Há, na primeira notícia, um dado que permite considerar o não aparecimento do sol um fato inesperado. Qual é ele?

c. Na segunda notícia, há algum dado que permite considerar o não aparecimento do sol um fato inesperado? Justifique sua resposta com base no conteúdo do texto.

3. Agora, leia a notícia a seguir.

Sol brilha à meia-noite e dia nunca termina no verão da Lapônia

É difícil esquecer o brilho do sol à meia-noite. É tão bonito, tão diferente, tão grandioso, que o Globo Repórter saiu em busca do melhor lugar para assistir ao espetáculo. A equipe de reportagem foi em direção à região mais ao norte da Suécia, a Lapônia, um patrimônio da humanidade porque suas montanhas e florestas são totalmente preservadas e por ser ocupada pelo povo "sami" desde a pré-história. [...]

Na Lapônia, o sol se mostra o tempo todo, durante o dia e à noite. [...]

(Disponível em: http://g1.globo.com/globo-reporter/noticia/2014/10/sol-brilha-meia-noite-e-dia-nunca-termina-no-verao-da-laponia.html. Acesso em: 15/3/2016.)

Imagine que a segunda manchete da questão anterior tenha sido publicada em um jornal da Lapônia, no verão.

a. Nesse caso, haveria algum dado que permitiria considerar o não aparecimento do sol um fato inesperado? Justifique sua resposta.

b. Discuta com os colegas e o professor e levante hipóteses: De quais fatores depende a relevância das informações de um texto?

4. Volte ao texto em estudo, leia a parte inferior dele, em fundo amarelo, e responda:

a. Ela faz referência às "notícias aí de cima". Discuta com os colegas e o professor: Nesse contexto, trata-se realmente de notícias?

b. Considerando a página como um todo, qual é, de fato, o gênero desse texto? E qual é a finalidade dele?

c. Explique a estratégia utilizada pelo autor do texto para chamar a atenção de seus leitores.

d. Tendo em vista suas respostas às questões anteriores, conclua: Qual é a verdadeira relevância informativa das manchetes no texto em estudo?

REGISTRE NO CADERNO

REFLEXÕES SOBRE A LÍNGUA

No estudo da seção anterior, você viu que um texto pode apresentar fatos e ideias novas ou pode expor apenas obviedades. A essa novidade, apresentada ou não pelos textos, chamamos *relevância informativa*, ou *informatividade*. A informatividade está diretamente relacionada ao conhecimento dos interlocutores sobre o assunto tratado no texto e está também intimamente ligada ao contexto no qual o texto circula.

Caso os interlocutores tenham grande conhecimento e domínio sobre o conteúdo veiculado pelo texto, mesmo que haja muitas informações específicas, a informatividade será baixa. Caso eles não tenham domínio sobre o assunto desenvolvido, a informatividade poderá ser considerada grande, ainda que o texto não esgote a discussão em torno daquele tema.

Em geral, textos que apresentam pouca informatividade são assim considerados ou por apresentarem declarações óbvias, como as apresentadas no anúncio estudado, ou por apresentarem informações consideradas de senso comum.

O senso comum, por sua vez, é compreendido como uma afirmação ou conclusão a que se chega sem necessariamente se ter refletido sobre o assunto apresentado. São ideias generalizantes, compartilhadas e disseminadas pelas pessoas comuns em situações cotidianas, reproduzidas em massa sem uma reflexão crítica prévia. As afirmações de senso comum são tidas como dadas e, por isso, são proferidas sem uma fundamentação anterior. Declarações como "os jovens são o futuro da nação", "os pais sempre querem o bem dos filhos", "é importante que as autoridades se mobilizem", "o problema não será resolvido enquanto a população não se conscientizar", entre muitas outras, são exemplos de ideias de senso comum. Em textos argumentativos, elas em geral enfraquecem a argumentação, pois podem ser inseridas em discussões variadas, qualquer que seja o assunto, uma vez que são extremamente genéricas.

APLIQUE O QUE APRENDEU

REGISTRE NO CADERNO

1. Leia o parágrafo a seguir, escrito por um aluno do ensino médio a partir de uma proposta de redação cujo tema central era violência.

A violência no Brasil está cada vez maior, não existe mais respeito entre as pessoas deste país.

Existem milhares de pessoas que acham que é com a violência que se consegue as coisas e não é por esse lado; porque devemos refletir muito antes de tomar qualquer decisão precipitada, pois ela pode ser fatal.

As pessoas acham que a violência só pode ser combatida por outra violência e ainda chegam a pensar que têm a razão de fazer isso, mas na verdade elas estão enganadas; é por agirem dessa forma que perdem toda a razão que elas pensam ter, porque fazendo isso elas acabam cometendo o mesmo erro de quem começou a violência e isso sem perceber.

Ela tem que ser contida, mas não a combatendo com violência, e sim usando de outros meios para obter sucesso.

a. Identifique no texto cinco afirmações que tomam por base o senso comum.

b. Discuta com os colegas e o professor: Esse texto tem um alto ou um baixo grau de informatividade? Justifique sua resposta.

A informatividade de um texto não necessariamente está relacionada a sua qualidade. As placas e avisos de trânsito, por exemplo, não apresentam novidades, uma vez que fazem parte de um código que precisa ser lido e compreendido da mesma forma por motoristas e pedestres. Já em outros contextos, placas e avisos podem trazer informações novas, dando orientações supostamente desconhecidas por seus interlocutores. Leia as placas e os avisos a seguir e responda às questões de 2 a 4.

I.

Reprodução/Rony Costa/Finephoto

II.

Reprodução/Rony Costa/Finephoto

III.

Reprodução/Rony Costa/Finephoto (adaptado)

IV.

Reprodução/Rony Costa/Finephoto

A redundância

A redundância consiste na repetição de uma ideia (ou estrutura) em uma mesma frase.

Em geral, as gramáticas tradicionais tratam a redundância de ideias como um uso problemático e vicioso da linguagem, mas há casos em que ela é perfeitamente aceitável, ou mesmo desejável, como quando se quer dar ênfase a uma ideia ou quando é utilizada como recurso estilístico. É preciso, portanto, analisar cada texto para definir se a redundância pode ser mantida ou deve ser eliminada. Veja, a seguir, alguns exemplos de redundância estilística, isto é, utilizada proposital e adequadamente:

"Esses direitos são *inerentes a toda e qualquer pessoa humana*"

"Diferentes recursos foram interpostos por *ambas as partes*"

"*Sonhar* mais *um sonho* impossível
Lutar quando é fácil ceder"

(Chico Buarque)

2. Os textos lidos podem ser divididos em dois grupos, descritos a seguir. Leia o boxe "A redundância" e identifique a qual grupo cada um deles pertence, justificando suas escolhas.

a. Textos nos quais há informações redundantes.

b. Textos em que há uma inadequação entre conteúdo e função social do gênero.

REGISTRE NO CADERNO

3. Apesar de veicularem alguma informação, os textos lidos apresentam um ponto inusitado em comum quanto a seu grau de informatividade.

a. Explique essa afirmação, com base em sua resposta à questão 2.

b. Levante hipóteses: Qual é a função de cada um desses textos?

c. Imagine um contexto de circulação para cada um desses textos e proponha redações alternativas e modificações, a fim de aperfeiçoar sua informatividade.

4. Os avisos e placas em estudo foram extraídos de postagens de *blogs* que se intitulavam "placas engraçadas". Explique a relação entre o grau de informatividade desses textos, sua função social e o suposto humor que eles constroem.

Leia o texto a seguir, de Millôr Fernandes, e responda às questões de 5 a 7.

A vaguidão específica

"As mulheres têm uma maneira de falar que eu chamo de vago-específica." Richard Gehman

— Maria, ponha isso lá fora em qualquer parte.

— Junto com as outras?

— Não ponha junto com as outras, não. Senão pode vir alguém e querer fazer coisa com elas. Ponha no lugar do outro dia.

— Sim senhora. Olha, o homem está aí.

— Aquele de quando choveu?

— Não, o que a senhora foi lá e falou com ele no domingo.

— Que é que você disse a ele?

— Eu disse pra ele continuar.

— Ele já começou?

— Acho que já. Eu disse que podia principiar por onde quisesse.

— É bom?

— Mais ou menos. O outro parece mais capaz.

— Você trouxe tudo pra cima?

— Não senhora, só trouxe as coisas. O resto não trouxe porque a senhora recomendou para deixar até a véspera.

— Mas traga, traga. Na ocasião nós descemos tudo de novo. É melhor, senão atravanca a entrada e ele reclama como na outra noite.

— Está bem, vou ver como.

(O Pif-Paf. *O Cruzeiro*, 1956. Disponível em: http://www2.uol.com.br/millor/aberto/textos/005/011.htm. Acesso em: 17/3/2016.)

REGISTRE NO CADERNO

5. O título do texto de Millôr, em uma primeira leitura, pode soar incoerente.

a. Explique essa incoerência com base no significado das palavras do título.

b. Sugira termos que, em princípio, caracterizariam melhor a palavra *vaguidão*.

c. Sugira termos que, em princípio, combinam melhor com a caracterização *específica*.

6. As palavras do título se relacionam diretamente ao conceito de informatividade. Levante hipóteses, justificando sua escolha:

a. Em tese, qual delas poderia se referir a um texto com baixa informatividade?

b. E qual delas poderia se referir a um texto com alto grau de informatividade?

7. Ao ler o texto, é possível compreender o jogo de palavras do título.

a. O que há de vaguidão na fala das personagens? Identifique no texto termos que constroem essa ideia de vaguidade.

b. Explique por que, nesse caso, o uso dessas palavras não prejudica o entendimento entre essas personagens.

c. Imagine situações em que o uso excessivo de termos como esses pode ser prejudicial para o entendimento entre os interlocutores.

TEXTO E ENUNCIAÇÃO

Leia esta história em quadrinhos.

Laerte

REGISTRE NO CADERNO

1. Observe o título da história e levante hipóteses:

a. Por que ele está escrito entre aspas?

b. A qual das duas personagens essa mesma frase poderia ser atribuída, caso fosse uma fala no contexto da história?

c. Por que essa frase está no título, e não no balão da fala da personagem?

d. Qual relação pode ser estabelecida entre essa frase e o senso comum? Justifique sua resposta.

2. Ainda a respeito do título:

a. Reescreva-o em seu caderno, substituindo as reticências por uma oração que traduza o sentido geral da tira.

b. Discuta com os colegas e o professor: Qual a função do operador argumentativo *mas* nesse contexto?

3. Observe o 1º quadrinho.

a. Qual é a relação entre a fala da personagem e o senso comum?

b. Que sentimentos manifestam as expressões faciais das personagens?

4. Observe o 2º e o 3º quadrinhos.

a. Qual é a relação entre as falas da personagem de vestido rosa e o senso comum?

b. Embora faça apenas perguntas, é possível considerar que as falas da personagem de vestido rosa têm um alto grau de informatividade. Justifique essa afirmação.

c. Que sentimentos manifestam as expressões faciais da personagem de casaco azul?

5. Observe o último quadrinho.

a. Qual é a postura da personagem de casaco azul diante da conclusão da personagem de vestido rosa?

b. Justifique essa postura com base no modo como o senso comum é construído na sociedade.

PRODUÇÃO DE TEXTO

A dissertação: construção de argumentos

Nas provas do Enem e de alguns vestibulares, é comum ser solicitado ao estudante que produza um texto dissertativo-argumentativo a partir de um painel de textos motivadores. Esse painel, se bem utilizado, pode ajudar bastante na elaboração do texto.

FOCO NO TEXTO

Leia a dissertação a seguir, que obteve nota máxima em uma prova de redação do Enem.

O fluxo imigratório para o Brasil vem se acentuando desde a década de noventa, devido a melhorias nos campos sociais e econômicos, os quais eram os principais fatores de emigração, ou seja, de saída do país. Apesar de estimular o respeito à diversidade cultural, além de outros benefícios, a imigração exige atenção, pois caso negligenciada, poderá ocasionar problemas sociais.

A principal causa para tal movimento é o progresso econômico do Brasil, confirmado pela liderança do bloco financeiro sulamericano, o Mercosul. Além disso, como consequência do crescimento econômico, as condições sociais melhoraram, como a expectativa de vida, as quais também são resultado das políticas assistenciais do governo, como o bolsa-família. Com isso, grande parte da população que emigrava, em busca de melhores condições de vida, permanece no país. Paralelamente, as dificuldades econômico-sociais de outros países, como o Haiti, abalado pelo terremoto ocorrido em 2010, estimulam a entrada de estrangeiros no Brasil.

Além disso, a globalização, fenômeno de interdependência entre as nações, facilita a imigração. Como nenhuma produz todos os bens e alimentos dos quais necessita, os fluxos comerciais e de trabalho aumentam. Um exemplo é a migração de cientistas e engenheiros estrangeiros para os polos tecnológicos paulistas. Além disso, a globalização também se caracteriza pelos progressos nas telecomunicações e nos transportes, mais rápidos e acessíveis, facilitando os deslocamentos. Nesse sentido, o Brasil é favorecido, com a entrada de mais indivíduos na população economicamente ativa, e com a interação de sua sociedade com novas culturas, respeitando as diferenças.

Contudo, apesar de tais benefícios, o fluxo imigratório pode ser prejudicial. Um exemplo, verificado principalmente na fronteira com a Bolívia, é o tráfico de drogas, o qual é facilitado. Além disso, doenças podem ser trazidas, vitimando brasileiros. Outra questão problemática é a adaptação à língua portuguesa, o que pode dificultar a garantia de trabalhos dignos. Com isso, pode aumentar a informalidade, bem como a criminalidade. Tal situação se agrava quando a imigração é ilegal, pois dificulta a atuação do Estado brasileiro.

Desse modo, percebe-se que boa parte de tais problemas pode ser solucionada a partir da integração do migrante à sociedade, de forma plena.

No caso da sociedade civil, faz-se importante recepcionar bem os estrangeiros, o que pode ser conseguido com festas ou encontros públicos, que facilitam a interação e o aprendizado da língua portuguesa. Quanto ao Estado, é importante garantir a dignidade dos empregos, aplicando as dirigências da Consolidação das leis do trabalho (CLT), além de fiscalizar regiões de fronteiras, combatendo o tráfico de drogas.

(Disponível em: http://download.inep.gov.br/educacao_basica/enem/guia_participante/2013/guia_de_redacao_enem_2013.pdf. Acesso em: 12/3/2016.)

1. No primeiro parágrafo da dissertação, o autor expõe uma situação e constrói uma tese em torno dela. Identifique qual é a situação exposta e qual é a tese elaborada.

2. Há diferentes maneiras de elaborar uma introdução em textos dissertativos. Em seu caderno, relacione as colunas a seguir, considerando o recurso predominante utilizado em cada exemplo.

TIPO DE INTRODUÇÃO	EXEMPLO
I. Citação de voz de autoridade	A. "As vantagens do mundo virtual em meio a uma sociedade tão dinâmica são incontestáveis. A internet representa o acesso quase imediato a obras de arte, textos e músicas das mais diversas épocas e origens. Em um clique, ouve-se a ópera de Mozart e, no outro, lê-se a mais nova crítica de Arnaldo Jabor à crise financeira mundial. É o universo do conhecimento rápido, prático, objetivo: o universo da cultura 'fast-food'." (Texto de aluno do ensino médio.)
II. Exposição inicial sobre o assunto e apresentação da tese	B. "Jacinto é fruto da bela e desenvolvida Paris do século XIX. Membro da elite parisiense, a personagem central do romance de Eça de Queirós *A cidade e as serras* vivia cercada de invenções tecnológicas, sem as quais acreditava ser impossível a felicidade. Todavia, seu modo de viver começou a angustiá-lo e, por força das circunstâncias, viaja a Tormes, em meio às serras portuguesas, local desprovido de qualquer conforto tecnológico. Para sua surpresa, a pacata vida do interior se revelou agradabilíssima e acarretou momentos de reflexão e felicidade. Mais de um século se passou desde a publicação do escritor português, o mundo se transformou, a ciência progrediu, porém, a relação entre o homem e seus inventos ainda é motivo para indagações principalmente no que se refere aos benefícios gerados por eles." (Idem.)
III. Sequência de perguntas relacionadas ao tema	C. "'Ficar plugado a uma tomada pode ser prático, mas não é criador', disse Carlos Heitor Cony em artigo publicado na *Folha de S. Paulo*." (Idem.)
IV. Trecho narrativo que ilustra o tema	D. "Por que a atual crise econômica é tão intensa e demorada? Por que, à medida que o tempo passa, ela parece se aprofundar, sem que surja de fato alguma luz no fim do túnel? São perguntas que, a esta altura, podem parecer banais, mas que, na verdade, não foram até agora satisfatoriamente respondidas. No início deste ano, ninguém previa que chegaríamos perto do seu fim na situação em que o País se encontra." (Disponível em: http://economia.estadao.com.br/blogs/fernando-dantas/por-que-os-politicos-nao-reagem-a-crise/. Acesso em: 20/2/2016.)

3. Nos parágrafos de 2 a 4 da dissertação, o autor desenvolve sua tese e a justifica com argumentos.

REGISTRE NO CADERNO

a. Cite um argumento utilizado em cada parágrafo.

b. Leia o boxe "Os argumentos para os avaliadores do Enem". A seguir, identifique as estratégias utilizadas para fundamentar os argumentos citados por você no item anterior.

4. Leia com atenção a proposta de redação do Enem a partir da qual foi produzida a dissertação em estudo:

A partir da leitura dos textos motivadores seguintes e com base nos conhecimentos construídos ao longo de sua formação, redija texto dissertativo-argumentativo em norma-padrão da língua portuguesa sobre o tema **O movimento imigratório para o Brasil no século XXI**, apresentando proposta de intervenção, que respeite os direitos humanos. Selecione, organize e relacione, de forma coerente e coesa, argumentos e fatos para defesa de seu ponto de vista.

Ao desembarcar no Brasil, os imigrantes trouxeram muito mais do que o anseio de refazer suas vidas trabalhando nas lavouras de café e no início da indústria paulista. Nos séculos XIX e XX, os representantes de mais de 70 nacionalidades e etnias chegaram com o sonho de "fazer a América" e acabaram por contribuir expressivamente para a história do país e para a cultura brasileira. Deles, o Brasil herdou sobrenomes, sotaques, costumes, comidas e vestimentas.

A história da migração humana não deve ser encarada como uma questão relacionada exclusivamente ao passado; há a necessidade de tratar sobre deslocamentos mais recentes.

Disponível em: http://www.museudaimigracao.org.br. Acesso em: 19 jul. 2012 (adaptado).

Os argumentos para os avaliadores do Enem

Segundo o *Guia do participante*, preparado pelo Inep (Instituto Nacional de Estudos e Pesquisas) e direcionado aos estudantes, argumentos são justificativas "para convencer o leitor a concordar com a tese defendida". Além disso, afirma o guia: "Cada argumento deve responder à pergunta 'Por quê?' em relação à tese defendida".

Para desenvolver os argumentos que utiliza, o autor de um texto pode, conforme o guia, lançar mão de estratégias argumentativas como as seguintes: exemplos; dados estatísticos; pesquisas; fatos comprováveis; citações ou depoimentos de pessoas especializadas no assunto; alusões históricas; comparações entre fatos, situações, épocas ou lugares distintos.

Acre sofre com invasão de imigrantes do Haiti

Nos últimos três dias de 2011, uma leva de 500 haitianos entrou ilegalmente no Brasil pelo Acre, elevando para 1 400 a quantidade de imigrantes daquele país no município de Brasileia (AC). Segundo o secretário-adjunto de Justiça e Direitos Humanos do Acre, José Henrique Corinto, os haitianos ocuparam a praça da cidade. A Defesa Civil do estado enviou galões de água potável e alimentos, mas ainda não providenciou abrigo.

A imigração ocorre porque o Haiti ainda não se recuperou dos estragos causados pelo terremoto de janeiro de 2010. O primeiro grande grupo de haitianos chegou a Brasileia no dia 14 de janeiro de 2011. Desde então, a entrada ilegal continua, mas eles não são expulsos: obtêm visto humanitário e conseguem tirar carteira de trabalho e CPF para morar e trabalhar no Brasil.

Segundo Corinto, ao contrário do que se imagina, não são haitianos miseráveis que buscam o Brasil para viver, mas pessoas da classe média do Haiti e profissionais qualificados, como engenheiros, professores, advogados, pedreiros, mestres de obras e carpinteiros. Porém, a maioria chega sem dinheiro.

Ministério da Justiça

© OpenStreetMap contributors, CC-BY-SA

Disponível em: http://mg1.com.br. Acesso em: 19 jul. 2012.

Os brasileiros sempre criticaram a forma como os países europeus tratavam os imigrantes. Agora, chegou a nossa vez — afirma Corinto.

Disponível em: http://www.dpf.gov.br. Acesso em: 19 jul. 2012 (adaptado).

Trilha da Costura

Os imigrantes bolivianos, pelo último censo, são mais de 3 milhões, com população de aproximadamente 9,119 milhões de pessoas. A Bolívia, em termos de IDH, ocupa a posição de 114º de acordo com os parâmetros estabelecidos pela ONU. O país está no centro da América do Sul e é o mais pobre, sendo 70% da população considerada miserável. Os principais países para onde os bolivianos imigrantes dirigem-se são: Argentina, Brasil, Espanha e Estados Unidos.

Assim sendo, este é o quadro social em que se encontra a maioria da população da Bolívia, estes dados já demonstram que as motivações do fluxo de imigração não são políticas, mas econômicas. Como a maioria da população tem baixa qualificação, os trabalhos artesanais, culturais, de campo e de costura são os de mais fácil acesso.

OLIVEIRA, R.T. Disponível em: http://www.ipea.gov.br. Acesso em: 19 jul. 2012 (adaptado).

a. Releia a dissertação, na página 214, e identifique os dados que foram retirados dos textos motivadores apresentados na proposta.

b. Identifique na dissertação dois fatos do repertório do autor, isto é, que não estão nos textos motivadores, utilizados para fundamentar a argumentação.

c. Discuta com os colegas e o professor: Além de auxiliar na construção da argumentação, quais outras funções os textos motivadores podem ter?

5. Utilizando informações apresentadas nos textos motivadores da prova, elabore ao menos um argumento baseado em:

a. fatos e dados reais, contemporâneos ou históricos;

b. previsão de contra-argumentação e de refutação antecipada;

c. vozes de autoridade.

6. A conclusão da dissertação em estudo é feita no último parágrafo.

a. Entre os recursos de construção de conclusão listados a seguir, identifique os dois que foram utilizados pelo autor. Justifique sua resposta com trechos do texto.

- Retomada e fechamento
- Proposta de intervenção
- Pergunta que aponta para uma continuidade da discussão

b. Sem alterar a proposta de intervenção, proponha uma nova introdução para o parágrafo final da dissertação, utilizando o recurso de construção que o autor não utilizou na conclusão.

REGISTRE NO CADERNO

7. Na dissertação em estudo, um mesmo operador argumentativo é repetido cinco vezes.

a. Identifique esse operador.

b. Sugira operadores argumentativos alternativos a ele, isto é, que tenham sentido equivalente e que poderiam substituí-lo.

HORA DE ESCREVER

Produza uma dissertação de acordo com a proposta do Enem 2013, reproduzida a seguir. Ao escrever sua dissertação, lembre-se de ficar atento especialmente ao aproveitamento dos textos motivadores para construir seus argumentos, bem como às diferentes possibilidades de elaboração de introdução e conclusão.

PROJETO

Como você sabe, no final da unidade será realizado um *simulado* da prova de redação do Enem.

Neste capítulo, como treinamento para a realização do simulado, você vai produzir uma dissertação.

A partir da leitura dos textos motivadores seguintes e com base nos conhecimentos construídos ao longo de sua formação, redija texto dissertativo-argumentativo na modalidade escrita formal da língua portuguesa sobre o tema "Efeitos da implantação da Lei Seca no Brasil", apresentando proposta de intervenção, que respeite os direitos humanos. Selecione, organize e relacione, de forma coerente e coesa, argumentos e fatos para defesa de seu ponto de vista.

Qual o objetivo da "Lei Seca ao volante"?

De acordo com a Associação Brasileira de Medicina de Tráfego (Abramet), a utilização de bebidas alcoólicas é responsável por 30% dos acidentes de trânsito. E metade das mortes, segundo o Ministério da Saúde, está relacionada ao uso do álcool por motoristas. Diante deste cenário preocupante, a Lei 11.705/2008 surgiu com uma enorme missão: alertar a sociedade para os perigos do álcool associado à direção.

Para estancar a tendência de crescimento de mortes no trânsito, era necessária uma ação enérgica. E coube ao Governo Federal o primeiro passo, desde a proposta da nova legislação à aquisição de milhares de etilômetros. Mas para que todos ganhem, é indispensável a participação de estados, municípios e sociedade em geral. Porque para atingir o bem comum, o desafio deve ser de todos.

Disponível em: www.dprf.gov.br. Acesso em: 20 jun. 2013.

Polícia Rodoviária Federal/Ministério da Justiça/Governo Federal

Disponível em: www.brasil.gov.br. Acesso em: 20 jun. 2013.

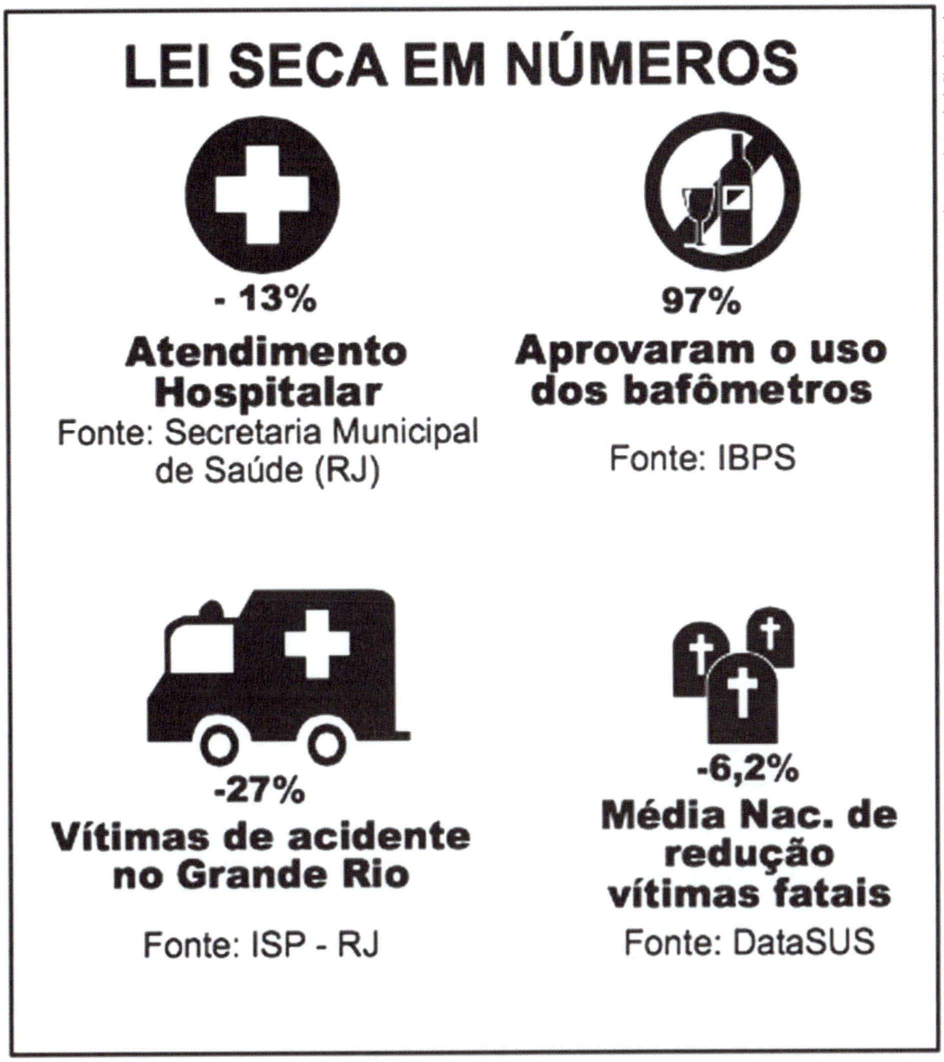

Operação Lei Seca/Governo do Estado do Rio de Janeiro

Disponível em: www.operacaoleisecarj.rj.gov.br. Acesso em: 20 jun. 2013 (adaptado).

Repulsão magnética a beber e dirigir

A lei da física que comprova que dois polos opostos se atraem em um campo magnético é um dos conceitos mais populares desse ramo do conhecimento. Tulipas de chope e bolachas de papelão não servem, em condições normais, como objetos de experimento para confirmar essa proposta. A ideia de uma agência de comunicação em Belo Horizonte foi bem simples. Ímãs foram inseridos em bolachas utilizadas para descansar os copos, de forma imperceptível para o consumidor. Em cada lado, há uma opção para o cliente: dirigir ou chamar um táxi depois de beber. Ao mesmo tempo, tulipas de chope também receberam pequenos pedaços de metal mascarados com uma pequena rodela de papel na base do copo. Durante um fim de semana, todas as bebidas servidas passaram a pregar uma peça no cliente. Ao tentar descansar seu copo com a opção dirigir virada para cima, os ímãs apresentavam a mesma polaridade e, portanto, causando repulsão, fazendo com que o descanso fugisse do copo; se estivesse virada mostrando o lado com o desenho de um táxi, ela rapidamente grudava na base do copo. A ideia surgiu da necessidade de passar a mensagem de uma forma leve e no exato momento do consumo.

Disponível em: www.operacaoleisecarj.rj.gov.br.
Acesso em: 20 jun. 2013 (adaptado).

INSTRUÇÕES:

- O rascunho da redação deve ser feito no espaço apropriado.
- O texto definitivo deve ser escrito à tinta, na folha própria, em até 30 linhas.
- A redação que apresentar cópia dos textos da Proposta de Redação ou do Caderno de Questões terá o número de linhas copiadas desconsiderado para efeito de correção.

Receberá nota zero, em qualquer das situações expressas a seguir, a redação que:

- tiver até 7 (sete) linhas escritas, sendo considerada "insuficiente".
- fugir ao tema ou que não atender ao tipo dissertativo-argumentativo.
- apresentar proposta de intervenção que desrespeite os direitos humanos.
- apresentar parte do texto deliberadamente desconectada com o tema proposto.

ANTES DE ESCREVER

Ao planejar sua dissertação, reveja as orientações dadas na página 200 e siga também estas:

- Leia com atenção a proposta e os textos motivadores.
- Defina a tese, os argumentos e o tipo de conclusão que pretende desenvolver.
- Selecione nos textos motivadores fatos e dados que possam fundamentar sua argumentação.
- Selecione nos textos motivadores fatos e dados que possam auxiliar na elaboração da introdução e/ou da conclusão.
- Reúna fatos e dados de seu próprio repertório que possam ser associados às informações dos textos motivadores, com o fim de constituir argumentos consistentes.

ANTES DE PASSAR A LIMPO

Antes de dar sua dissertação por finalizada, observe se seu texto atende aos itens apresentados na página 200 e também:

- se as informações dos textos motivadores que foram selecionadas estão devidamente contextualizadas, possibilitando ao leitor compreendê-las sem precisar ter acesso aos textos originais;
- se os dados selecionados dos textos motivadores e os dados do seu repertório pessoal contribuem, de fato, para a fundamentação dos argumentos e para que a introdução e/ou conclusão de seu texto sejam objetivas e consistentes;
- se as partes essenciais da dissertação estão bem desenvolvidas e articuladas.

CAPÍTULO

3 A geração de 45: Clarice Lispector e Guimarães Rosa
Análise linguística: implícitos e intertextualidade
A dissertação (III)

LITERATURA

Clarice Lispector e Guimarães Rosa

Museu de Arte Moderna do Rio de Janeiro, Rio de Janeiro, Brasil

Metaesquema (1950), de Hélio Oiticica.

Clarice Lispector

A autora é considerada um dos destaques da geração de 45 e um dos principais nomes da ficção brasileira. Em seus romances, contos e crônicas, a ação é um aspecto secundário, prevalecendo as impressões e o fluxo de emoções das personagens. Suas narrativas partem, geralmente, de situações corriqueiras, para, a seguir, voltarem-se para a interioridade das personagens, geralmente femininas, promovendo reflexões acerca da existência, das relações entre o eu e o outro, das relações familiares e, mesmo, do processo de elaboração do texto literário.

Em sua obra, intimista e psicológica, verifica-se a presença de determinados recursos, como o tempo não linear e o monólogo interior (técnica narrativa que explora a mente das personagens, exprimindo o fluxo ininterrupto de seus pensamentos, lembranças, ideias, intuições, etc.), e o trabalho minucioso com a linguagem, criando sonoridades e imagens construídas por meio de metáforas, personificações, antíteses, paradoxos e elementos simbólicos. Além desses recursos, a obra de Clarice Lispector também apresenta momentos de *epifania*, termo originalmente religioso que tem o sentido de "revelação". Durante o momento de epifania, as personagens apreendem o significado de uma situação, um objeto ou uma ação do mundo exterior, ou seja, é um momento de revelação interior, de tomada de consciência, que pode ser irrompido a partir de um fato corriqueiro, simples e inesperado, como um banho de mar, um esbarrão em alguém, etc.

Embora a obra de Clarice Lispector revele um interesse especial pelo mundo feminino, predominando uma série de protagonistas mulheres, os temas de seus contos, crônicas e romances são universais, pois estão intimamente ligados à condição humana, como a solidão, o esvaziamento das relações familiares, o amor, a angústia e a velhice. O caráter introspectivo, filosófico, existencial e social de sua narrativa, associado ao trabalho acurado com a linguagem, promoveu uma renovação na ficção brasileira e, por isso, sua obra é uma referência permanente para leitores, em geral, e estudiosos de literatura.

Clarice Lispector

De origem judaica, Clarice Lispector (1926-1977) nasceu em Tchetchelnik, na Ucrânia, e ainda bebê veio com os pais para o Brasil. Passou sua infância no Recife e, aos 15 anos, mudou-se com a família para o Rio de Janeiro.

Formou-se em Direito, mas nunca advogou; começou a colaborar em jornais quando ainda estava na faculdade e exerceu o jornalismo até o fim de sua vida.

Com apenas 17 anos, publicou seu primeiro livro, *Perto do coração selvagem* (1943), romance que foi saudado pela crítica. A autora também produziu contos e crônicas, reunidos em obras como *Laços de família* (1960), *A legião estrangeira* (1964) e *Felicidade clandestina* (1971), e literatura infantil, como *A mulher que matou os peixes* (1969) e *A vida íntima de Laura* (1974). Outros romances de Clarice Lispector são *A paixão segundo G.H.* (1964) e *A hora da estrela*, publicado em 1977, ano da morte da escritora.

Ivan Cabral

FOCO NO TEXTO

Leia, a seguir, o conto "Amor", da obra *Laços de família*, de Clarice Lispector.

Amor

Um pouco cansada, com as compras deformando o novo saco de tricô, Ana subiu no bonde. Depositou o volume no colo e o bonde começou a andar. Recostou-se então no banco procurando conforto, num suspiro de meia satisfação.

Os filhos de Ana eram bons, uma coisa verdadeira e sumarenta. Cresciam, tomavam banho, exigiam para si, malcriados, instantes cada vez mais completos. A cozinha era enfim espaçosa, o fogão enguiçado dava estouros. O calor era forte no apartamento que estavam aos poucos pagando. Mas o vento batendo nas cortinas que ela mesma cortara lembrava-lhe que se quisesse podia parar e enxugar a testa, olhando o calmo horizonte. Como um lavrador. Ela plantara as sementes que tinha na mão, não outras, mas essas apenas. E cresciam árvores. Crescia sua rápida conversa com o cobrador de luz, crescia a água enchendo o tanque, cresciam seus filhos, crescia a mesa com comidas, o marido chegando com os jornais e sorrindo de fome, o canto importuno das empregadas do edifício. Ana dava a tudo, tranquilamente, sua mão pequena e forte, sua corrente de vida.

Certa hora da tarde era mais perigosa. Certa hora da tarde as árvores que plantara riam dela. Quando nada mais precisava de sua força, inquietava-se [...]

No fundo, Ana sempre tivera necessidade de sentir a raiz firme das coisas. E isso um lar perplexamente lhe dera. Por caminhos tortos, viera a cair num destino de mulher, com a surpresa de nele caber como se o tivesse inventado. O homem com quem casara era um homem verdadeiro, os filhos que tivera eram filhos verdadeiros. Sua juventude anterior parecia-lhe estranha como uma doença de vida. Dela havia aos poucos emergido para descobrir que também sem a felicidade se vivia: abolindo-a, encontrara uma legião de pessoas, antes invisíveis, que viviam como quem trabalha — com persistência, continuidade, alegria. [...]

Sua precaução reduzia-se a tomar cuidado na hora perigosa da tarde, quando a casa estava vazia sem precisar mais dela, o sol alto, cada membro da família distribuído nas suas funções. Olhando os móveis limpos, seu coração se apertava um pouco em espanto. Mas na sua vida não havia lugar para que sentisse ternura pelo seu espanto — ela o abafava com a mesma habilidade que as lides em casa lhe haviam transmitido. Saía então para fazer compras ou levar objetos para consertar, cuidando do lar e da família à revelia deles. Quando voltasse era o fim da tarde e as crianças vindas do colégio exigiam-na. Assim chegaria a noite, com sua tranquila vibração. De manhã acordaria aureolada pelos calmos deveres. Encontrava os móveis de novo empoeirados e sujos, como se voltassem arrependidos. Quanto a ela mesma, fazia obscuramente parte das raízes negras e suaves do mundo. E alimentava anonimamente a vida. Estava bom assim. Assim ela o quisera e escolhera.

[...]

O bonde se arrastava, em seguida estacava. Até Humaitá tinha tempo de descansar. Foi então que olhou para o homem parado no ponto.

A diferença entre ele e os outros é que ele estava realmente parado. De pé, suas mãos se mantinham avançadas. Era um cego.

O que havia mais que fizesse Ana se aprumar em desconfiança? Alguma coisa intranquila estava sucedendo. Então ela viu: o cego mascava chicles... Um homem cego mascava chicles.

Ana ainda teve tempo de pensar por um segundo que os irmãos viriam jantar — o coração batia-lhe violento, espaçado. Inclinada, olhava o cego profundamente, como se olha o que não nos vê. Ele mascava goma na escuridão. Sem sofrimento, com os olhos abertos. O movimento da mastigação fazia-o parecer sorrir e de repente deixar de sorrir, sorrir e deixar de sorrir — como se ele a tivesse insultado, Ana olhava-o. E quem a visse teria a impressão de uma mulher com ódio. Mas continuava a olhá-lo, cada vez mais inclinada — o bonde deu uma arrancada súbita jogando-a desprevenida para trás, o pesado saco de tricô despencou-se do colo, ruiu no chão — Ana deu um grito, o condutor deu ordem de parada antes de saber do que se tratava — o bonde estacou, os passageiros olharam assustados.

Incapaz de se mover para apanhar suas compras, Ana se aprumava pálida. Uma expressão de rosto, há muito não usada, ressurgia-lhe com dificuldade, ainda incerta, incompreensível. O moleque dos jornais ria entregando-lhe o volume. Mas os ovos se haviam quebrado no embrulho de jornal. Gemas amarelas e viscosas pingavam entre os fios da rede. O cego interrompera a mastigação e avançava as mãos inseguras, tentando inutilmente pegar o que acontecia. O embrulho dos ovos foi jogado fora da rede e, entre os sorrisos dos passageiros e o sinal do condutor, o bonde deu a nova arrancada de partida.

Poucos instantes depois já não a olhavam mais. O bonde se sacudia nos trilhos e o cego mascando goma ficara atrás para sempre. Mas o mal estava feito.

A rede de tricô era áspera entre os dedos, não íntima como quando a tricotara. A rede perdera o sentido e estar num bonde era um fio partido; não sabia o que fazer com as compras no colo. E como uma estranha música, o mundo recomeçava ao redor. O mal estava feito. Por quê? Teria esquecido de que havia cegos? A piedade a sufocava, Ana respirava pesadamente. Mesmo as coisas que existiam antes do acontecimento estavam agora de sobreaviso, tinham um ar mais hostil, perecível... O mundo se tornara de novo um mal-estar. Vários anos ruíam, as gemas amarelas escorriam. [...]

[...]

Ela apaziguara tão bem a vida, cuidara tanto para que esta não explodisse. Mantinha tudo em serena compreensão, separava uma pessoa das outras, as roupas eram claramente feitas para serem usadas e podia-se escolher pelo jornal o filme da noite – tudo feito de modo a que um dia se seguisse ao outro. E um cego mascando goma despedaçava tudo isso. E através da piedade aparecia a Ana uma vida cheia de náusea doce, até a boca.

Só então percebeu que há muito passara do seu ponto de descida. Na fraqueza em que estava, tudo a atingia com um susto; desceu do bonde com pernas débeis, olhou em torno de si, segurando a rede suja de ovo. Por um momento não conseguia orientar-se. Parecia ter saltado no meio da noite.

Era uma rua comprida, com muros altos, amarelos. Seu coração batia de medo, ela procurava inutilmente reconhecer os arredores, enquanto a vida que descobrira continuava a pulsar e um vento mais morno e mais misterioso rodeava-lhe o rosto. Ficou parada olhando o muro. Enfim pôde localizar-se. Andando um pouco mais ao longo de uma sebe, atravessou os portões do Jardim Botânico.

Andava pesadamente pela alameda central, entre os coqueiros. Não havia ninguém no Jardim. Depositou os embrulhos na terra, sentou-se no banco de um atalho e ali ficou muito tempo.

[...]

As árvores estavam carregadas, o mundo era tão rico que apodrecia. Quando Ana pensou que havia crianças e homens grandes com fome, a náusea subiu-lhe à garganta, como se ela estivesse grávida e abandonada. A moral do Jardim era outra. Agora que o cego a guiara até ele, estremecia nos primeiros passos de um mundo faiscante, sombrio, onde vitórias-régias boiavam monstruosas. As pequenas flores espalhadas na relva não lhe pareciam amarelas ou rosadas, mas cor de mau ouro e escarlates. A decomposição era profunda, perfumada... Mas todas as pesadas coisas, ela via com a cabeça rodeada por um enxame de insetos enviados pela vida mais fina do mundo. A brisa se insinuava entre as flores. Ana mais adivinhava que sentia o seu cheiro adocicado... O Jardim era tão bonito que ela teve medo do Inferno.

Era quase noite agora e tudo parecia cheio, pesado, um esquilo voou na sombra. Sob os pés a terra estava fofa, Ana aspirava-a com delícia. Era fascinante, e ela sentia nojo.

Mas quando se lembrou das crianças, diante das quais se tornara culpada, ergueu-se com uma exclamação de dor. Agarrou o embrulho, avançou pelo atalho obscuro, atingiu a alameda. Quase corria — e via o Jardim em torno de si, com sua impersonalidade soberba. Sacudiu os portões fechados, sacudia-os segurando a madeira áspera. O vigia apareceu espantado de não a ter visto.

Enquanto não chegou à porta do edifício, parecia à beira de um desastre. Correu com a rede até o elevador, sua alma batia-lhe no peito — o que sucedia? [...] O menino que se aproximou correndo era um ser de pernas compridas e rosto igual ao seu, que

Nelson Provazi

corria e a abraçava. Apertou-o com força, com espanto. Protegia-se trêmula. Porque a vida era periclitante. Ela amava o mundo, amava o que fora criado — amava com nojo. Do mesmo modo como sempre fora fascinada pelas ostras, com aquele vago sentimento de asco que a aproximação da verdade lhe provocava, avisando-a. Abraçou o filho, quase a ponto de machucá-lo. Como se soubesse de um mal — o cego ou o belo Jardim Botânico? — agarrava-se a ele, a quem queria acima de tudo. [...]

Deixou-se cair numa cadeira com os dedos ainda presos na rede. De que tinha vergonha?

Não havia como fugir. Os dias que ela forjara haviam-se rompido na crosta e a água escapava. Estava diante da ostra. E não havia como não olhá-la. De que tinha vergonha? É que já não era mais piedade, não era só piedade: seu coração se enchera com a pior vontade de viver.

[...]

Depois o marido veio, vieram os irmãos e suas mulheres, vieram os filhos dos irmãos.

Jantaram com as janelas todas abertas, no nono andar. Um avião estremecia, ameaçando no calor do céu. Apesar de ter usado poucos ovos, o jantar estava bom. Também suas crianças ficaram acordadas, brincando no tapete com as outras. Era verão, seria inútil obrigá-las a dormir. Ana estava um pouco pálida e ria suavemente com os outros.

[...]

Depois, quando todos foram embora e as crianças já estavam deitadas, ela era uma mulher bruta que olhava pela janela. A cidade estava adormecida e quente. O que o cego desencadeara caberia nos seus dias? Quantos anos levaria até envelhecer de novo? Qualquer movimento seu e pisaria numa das crianças. Mas com uma maldade de amante, parecia aceitar que da flor saísse o mosquito, que as vitórias-régias boiassem no escuro do lago. O cego pendia entre os frutos do Jardim Botânico.

Se fora um estouro do fogão, o fogo já teria pegado em toda a casa! pensou correndo para a cozinha e deparando com o seu marido diante do café derramado.

— O que foi?! gritou vibrando toda.

Ele se assustou com o medo da mulher. E de repente riu entendendo:

— Não foi nada, disse, sou um desajeitado. Ele parecia cansado, com olheiras.

Mas diante do estranho rosto de Ana, espiou-a com maior atenção. Depois atraiu-a a si, em rápido afago.

— Não quero que lhe aconteça nada, nunca! disse ela.

— Deixe que pelo menos me aconteça o fogão dar um estouro, respondeu ele sorrindo.

Ela continuou sem força nos seus braços. Hoje de tarde alguma coisa tranquila se rebentara, e na casa toda havia um tom humorístico, triste. É hora de dormir, disse ele, é tarde. Num gesto que não era seu, mas que pareceu natural, segurou a mão da mulher, levando-a consigo sem olhar para trás, afastando-a do perigo de viver.

Acabara-se a vertigem de bondade.

E, se atravessara o amor e o seu inferno, penteava-se agora diante do espelho, por um instante sem nenhum mundo no coração. Antes de se deitar, como se apagasse uma vela, soprou a pequena flama do dia.

(Clarice Lispector. *Laços de família*. Rio de Janeiro: José Olympio, 1977. p. 17-30.)

à revelia: sem conhecimento da parte interessada.
emergir: vir à tona.
lide: trabalho pesado, labuta.
periclitante: perigoso.
sebe: cerca de plantas.
sumarento: substancial, fundamental, primordial.

Nelson Provazi

1. Um dos recursos narrativos utilizados no conto em estudo é o *flashback*, suspensão do momento presente da ação para apresentar cenas ou situações anteriores ao que está sendo narrado.

a. Identifique no início do texto uma situação típica do *flashback*.

b. Durante o *flashback*, há um uso reiterado dos verbos no pretérito imperfeito do indicativo. Que sentidos esse recurso constrói no texto? Justifique sua resposta com elementos do texto.

2. No *flashback*, o narrador apresenta uma síntese da vida de Ana.

a. De acordo com as descrições do narrador, a que classe social a protagonista pertence? Justifique sua resposta com elementos do texto.

b. Ana é uma personagem que "viera a cair num destino de mulher". De acordo com o texto, em que consiste esse destino?

c. Releia este trecho:

"O homem com que casara era um homem verdadeiro, os filhos que tivera eram filhos verdadeiros. Sua juventude anterior parecia-lhe estranha como uma doença de vida. Dela havia aos poucos emergido para descobrir que também sem a felicidade se vivia: abolindo-a, encontrara uma legião de pessoas, antes invisíveis, que viviam como quem trabalha – com persistência, continuidade, alegria."

O trecho sugere que Ana, depois de casada, teve uma mudança em sua perspectiva de vida. Qual seria essa mudança? Por que, para Ana, sua juventude anterior parecia estranha "como uma doença de vida"? Justifique sua resposta com trechos do fragmento em destaque.

d. Conclua: Ana era feliz? Justifique sua resposta com elementos do texto.

3. Para Ana, em determinada hora do dia, "as árvores que plantara riam dela".

a. Explique essa imagem de acordo com o contexto em que está inserida.

b. Qual é a reação de Ana nessa hora do dia? Por que ela reage dessa maneira? Justifique sua resposta com trechos do texto.

4. Nos contos de Clarice Lispector, a epifania – momento de revelação, de tomada de consciência – pode ser irrompida a partir de um fato corriqueiro.

a. No conto em estudo, que fato desencadeia o momento de epifania por que passa a protagonista?

Nelson Provazi

A *pop art*

Como consequência da Segunda Guerra Mundial, o centro de gravidade artística em meados do século XX se deslocou da Europa para os Estados Unidos. A *pop art*, arte popular que extraía signos e símbolos da cultura de massa e da vida cotidiana, por exemplo, encontrou nos EUA sua genuína expressão. O artista Andy Warhol é um dos principais nomes da *pop art*.

Coleção Thomas Ammann, Zurique, Suíça

Marilyn Monroe (1967), por Andy Warhol (1928-1987).

REGISTRE NO CADERNO

LITERATURA

b. Nesse momento de epifania, o que representa a imagem dos ovos quebrados e da rede? Justifique sua resposta com trechos do texto.

c. No conto, o cego pode ser visto como uma figura paradoxal. Por quê?

5. Sob o efeito da visão do cego, Ana entra no Jardim Botânico, que, simbolicamente, remete ao jardim do Éden, ou seja, ao paraíso onde Adão e Eva viveram, de acordo com a *Bíblia*.

a. Nesse local, ela tem diferentes experiências sensoriais. Dos cinco sentidos humanos, qual ou quais a protagonista experimenta diante desse cenário natural? Que sentimentos tais experiências despertam na protagonista? Justifique sua resposta com elementos do texto.

b. O que interrompe a fruição do jardim?

REGISTRE NO CADERNO

6. O momento de epifania se estende até o momento em que Ana chega a sua casa.

a. O que a vivência desse momento revela à protagonista? Justifique sua resposta com elementos do texto.

b. Esse processo epifânico modifica sua vida? Justifique sua resposta com elementos do texto.

c. Na sua opinião, Ana será a mesma depois dessa experiência?

7. Qual é a relação que se pode estabelecer entre o título do conto, "Amor", e o momento de epifania vivenciado pela personagem?

8. Em suas narrativas, Clarice Lispector explora de modo recorrente imagens, metáforas, antíteses e paradoxos surpreendentes. Releia este trecho:

"Mas com uma maldade de amante, parecia aceitar que da flor saísse o mosquito, que as vitórias-régias boiassem no escuro do lago. O cego pendia entre os frutos do Jardim Botânico."

a. Nesse trecho, que imagem paradoxal é criada?

b. Discuta com os colegas: Que sentido há na imagem do cego entre os frutos do jardim?

9. Nesse conto, que se centra no universo psicológico e na consciência individual da personagem, há também uma dimensão social? Por quê?

Guimarães Rosa

Considerado um dos maiores escritores brasileiros de todos os tempos, Guimarães Rosa não somente renovou a tradição regionalista como também a própria prosa brasileira.

Diferentemente dos românticos, dos realistas e dos modernistas da geração de 30, o autor realizou novas experiências estéticas na ficção regionalista, sobretudo em relação à linguagem. Em suas narrativas, o falar sertanejo mistura-se a arcaísmos, a neologismos criados com a fusão de diferentes línguas e à exploração sonora, sintática e semântica do português. O emprego do ritmo, da rima e de aliterações, bem como a utilização de metáforas, comparações, metonímias, entre outros recursos, confere um traço poético à sua narrativa, promovendo uma aproximação entre prosa e poesia.

As diversas personagens que povoam suas narrativas – crianças, fazendeiros, vaqueiros, jagunços, loucos, cantadores – experimentam conflitos e anseios inerentes à condição humana, como o medo, o amor, o desejo de vingança, o ódio, o orgulho, a morte, etc. E, sem ignorar a complexidade do homem e do mundo que o cerca, a obra de Guimarães Rosa apresenta uma visão global da existência, fundindo, em uma única realidade, a natureza, o divino e o demoníaco, o bem e o mal, o uno e o múltiplo. Sua obra é, portanto, considerada universal, pois ultrapassa os limites da particularidade da paisagem sertaneja, bem como da cultura, das crenças e dos valores do homem do sertão mineiro, para exprimir com sutileza os diversos matizes das inquietações humanas, que independem do tempo e do espaço.

Sagarana

A obra de estreia de Guimarães Rosa tem como título um neologismo: *saga*, radical germânico que remete à narrativa, à lenda ou à epopeia, e *rana*, sufixo tupi que significa "à maneira de". Entre os nove contos que compõem *Sagarana*, "A hora e vez de Augusto Matraga", que você vai conhecer neste capítulo, é considerado por muitos críticos como o mais importante, sobretudo pelo tratamento que o autor dá à luta entre o bem e o mal e às angústias que tal luta provoca em cada ser humano ao longo de sua existência.

O conto narra a história de Augusto Esteves, que aparece também com os nomes de Nhô Augusto e de Augusto Matraga. No início, o protagonista, filho do Coronel Afonsão Esteves, das Pindaíbas e do Saco-da-Embira, aparece como um fazendeiro violento e valentão que, voltado para o mal, se envolve em brigas e vinganças, tira as mulheres dos outros e não se importa com a esposa Dionóra e a filha Mimita.

Essa fase de sua vida se finda quando ele perde suas terras, a mulher o abandona para viver com outro e alguns de seus capangas, a mando de Major Consilva, seu maior inimigo, surram-no violentamente e o marcam com ferro em brasa, como se faz a um boi, deixando-o praticamente morto.

Com a ajuda de um casal de negros, a mãe Quitéria e o pai Serapião, o protagonista recupera sua saúde; e, para não correr o risco de ser morto pelos seus inimigos, foge com esse casal para a única propriedade que lhe restara, o Tombador. Nesse lugar pobre, ele inicia uma nova fase, voltada para o bom comportamento e para a penitência, trabalhando duramente todos os dias, sempre rezando, pois havia tomado a decisão: "Eu vou pr'a o céu, eu vou mesmo, por bem ou por mal!... E a minha vez há de chegar... P'ra o céu eu vou, nem que seja a porrete!...".

Certo dia, chega a sua região o bando do temido jagunço Joãozinho Bem-Bem, que é imediatamente recebido por Nhô Augusto com todas as honras da hospitalidade sertaneja. O chefe dos jagunços reconhece a face valente do protagonista e o convida para participar do bando, mas ele recusa. Em busca de sua "hora e vez", ele parte com um jumento pelas estradas e, sem destino certo, deixa-se conduzir pelo animal, até que reencontra Joãozinho Bem-Bem e seus jagunços no centro do arraial do Rala-Coco, onde estavam instalados.

Guimarães Rosa

João Guimarães Rosa (1908-1967) nasceu em Cordisburgo (MG). Desde cedo revelou interesse pela natureza e pelo estudo de línguas, tornando-se fluente em francês, alemão, italiano, espanhol e inglês, e conhecedor da gramática do húngaro, do árabe, do hebraico, do sânscrito e do tupi. Depois de cursar Medicina, clinicou em cidades do interior de Minas, onde teve contato com a fauna e a flora do sertão e a cultura do sertanejo, que lhe serviram de inspiração para sua produção literária.

Depois de ingressar na carreira diplomática, em 1934, viveu em alguns países da Europa e da América Latina.

Sua primeira produção literária foi *Magma*, livro que venceu, em 1936, o concurso de poesia da Academia Brasileira de Letras, mas que o autor, durante sua vida, não quis publicá-lo. Iniciou propriamente sua vida literária com o livro de contos *Sagarana* (1946), mas foi a partir da publicação de duas obras-primas, *Grande sertão: veredas* e *Corpo de baile*, em 1956, que se tornou um escritor amplamente reconhecido e aclamado pela crítica. Publicou também *Primeiras estórias* (1962) e *Tutameia – Terceiras estórias* (1967). Em 1967, três dias após ser eleito para a Academia de Letras, faleceu aos 59 anos, no Rio de Janeiro.

Arquivo O Cruzeiro/EM/D.A Press

FOCO NO TEXTO

Leia, a seguir, o episódio final do conto "A hora e vez de Augusto Matraga", momento em que o protagonista é recebido pelo jagunço Joãozinho Bem-Bem e seu bando no arraial do Rala-Coco.

[...]

Fitava Nhô Augusto com olhos alegres, e tinha no rosto um ar paternal. Mas, na testa, havia o resto de uma ruga.

— Está vendo, mano velho? Quem é que não se encontra, neste mundo?... Fico prazido, por lhe ver. E agora o senhor é quem está em minha casa... Vai se arranchar comigo. Se abanque, mano velho, se abanque! ... Arranja um café aqui p'ra o parente, Flosino!

[...]

Nhô Augusto mordia o pão de broa, e espiava, inocente, para ver se já vinha o café.

— Tem chá de congonha, requentado, mano velho...

— Aceito também, amigo. Estou com fome de tropeiro... Mas, qu'é de o Juruminho?

— Ah, o senhor guardou o nome, e, a pois, gostou dele, do menino... Pois foi logo com o pobre do Juruminho, que era um dos mais melhores que eu tinha...

— Não diga...

O rosto de seu Joãozinho Bem-Bem foi ficando sombrio.

— O matador — foi à traição, — caiu no mundo, campou no pé... Mas a família vai pagar tudo, direito!

Seu Joãozinho Bem-Bem, sentado em cima da beirada da mesa, brincava com os três bentinhos do pescoço, e batia, muito ligeiro, os calcanhares, um no outro. Nhô Augusto, parando de limpar os dentes com o dedo, lastimou:

— Coitado do Juruminho, tão destorcido e de tão bom parecer... Deixa eu rezar por alma dele...

Seu Joãozinho Bem-Bem desceu da mesa e caminhou pela sala, calado. Nhô Augusto, cabeça baixa, sempre sentado num selim velho, dava o ar de quem estivesse com a mente muito longe.

— Escuta, mano velho...

Seu Joãozinho Bem-Bem parou em frente de Nhô Augusto, e continuou:

— ... eu gostei da sua pessoa, em-desde a primeira hora, quando o senhor caminhou para mim, na rua daquele lugarejo... Já lhe disse, da outra vez, na sua casa: o senhor não me contou coisa nenhuma de sua vida, mas eu sei que já deve ter sido brigador de ofício. Olha: eu, até de longe, com os olhos fechados, o senhor não me engana: juro como não há outro homem p'ra ser mais sem medo e disposto para tudo. É só o senhor mesmo querer...

— Sou um pobre pecador, seu Joãozinho Bem-Bem...

— Que-o-quê! Essa mania de rezar é que está lhe perdendo ... O senhor não é padre nem frade, p'ra isso; é algum? ... Cantoria de igreja, dando em cabeça fraca, desgoverna qualquer valente... Bobajada! ...

— Bate na boca, seu Joãozinho Bem-Bem meu amigo, que Deus pode castigar!

— Não se ofenda, mano velho, deixe eu dizer: eu havia de gostar, se o senhor quisesse vir comigo, para o norte... Já lhe falei e torno a falar: é convite como nunca fiz a outro, e o senhor não vai se arrepender! Olha: as armas do Juruminho estão aí, querendo dono novo ...

— Deixa eu ver ...

Nhô Augusto bateu a mão na winchester, do jeito com que um gato poria a pata num passarinho. Alisou coronha e cano. E os seus dedos tremiam, porque essa estava sendo a maior das suas tentações.

Fazer parte do bando de seu Joãozinho Bem-Bem! Mas os lábios se moviam — talvez ele estivesse proferindo entre dentes o creio em deus padre — e, por fim, negou com a cabeça, muitas vezes:

Cartaz de *A hora e a vez de Augusto Matraga* (2011), filme de Vinícius Coimbra baseado no conto homônimo de Guimarães Rosa.

A hora e a vez de Augusto Matraga. Direção: Vinícius Coimbra. [S.l.]: Nossa Distribuidora, 2015.

— Não posso, meu amigo seu Joãozinho Bem-Bem!... Depois de tantos anos... Fico muito agradecido, mas não posso, não me fale nisso mais ...

E ria para o chefe dos guerreiros, e também por dentro se ria, e era o riso do capiau ao passar a perna em alguém, no fazer qualquer negócio.

— Está direito, lhe obrigar não posso... Mas, pena é.. .

Nisso, fizeram um estardalhaço, à entrada.

— Quem é?

— É o tal velho caduco, chefe.

— Deixa ele entrar. Vem cá, velho.

O velhote chorava e tremia, e se desacertou, frente às pessoas. Afinal, conseguiu ajoelhar-se aos pés de seu Joãozinho Bem-Bem.

— Ai, meu senhor que manda em todos... Ai, seu Joãozinho Bem-Bem, tem pena! ... Tem pena do meu povinho miúdo... Não corta o coração de um pobre pai...

— Levanta, velho...

— O senhor é poderoso, é dono do choro dos outros... Mas a Virgem Santíssima lhe dará o pago por não pisar em formiguinha do chão... Tem piedade de nós todos, seu Joãozinho Bem-Bem! ...

— Levanta, velho! Quem é que teve piedade do Juruminho, baleado por detrás?

— Ai, seu Joãozinho Bem-Bem, então lhe peço, pelo amor da senhora sua mãe, que o teve e lhe deu de mamar, eu lhe peço que dê ordem de matarem só este velho, que não presta para mais nada... Mas que não mande judiar com os pobrezinhos dos meus filhos e minhas filhas, que estão lá em casa sofrendo, adoecendo de medo, e que não têm culpa nenhuma do que fez o irmão... Pelo sangue de Jesus Cristo e pelas lágrimas da Virgem Maria! ...

E o velho tapou a cara com as mãos, sempre ajoelhado, curvado, soluçando e arquejando.

Seu Joãozinho Bem-Bem pigarreou, e falou:

— Lhe atender não posso, e com o senhor não quero nada, velho. É a regra... Senão, até quem é mais que havia de querer obedecer a um homem que não vinga gente sua, morta de traição? ... É a regra. Posso até livrar de *sebaça*, às vezes, mas não posso perdoar isto não... Um dos dois rapazinhos seus filhos tem de morrer, de tiro ou à faca, e o senhor pode é escolher qual deles é que deve de pagar pelo crime do irmão. E as moças ... Para mim não quero nenhuma, que mulher não me enfraquece: as mocinhas são para os meus homens ...

— Perdão, para nós todos, seu Joãozinho Bem-Bem...

Pelo corpo de Cristo na Sexta-Feira da Paixão!

— Cala a boca, velho. Vamos logo cumprir a nossa obrigação...

Mas, aí, o velho, sem se levantar, inteiriçou-se, distendeu o busto para cima, como uma caninana enfuriada, e pareceu que ia chegar com a cara até em frente à de seu Joãozinho Bem-Bem. Hirto, cordoveias retesas, mastigando os dentes e cuspindo baba, urrou:

— Pois então, satanás, eu chamo a força de Deus p'ra ajudar a minha fraqueza no ferro da tua força maldita!...

Houve um silêncio. E, aí:

— Não faz isso, meu amigo seu Joãozinho Bem-Bem, que o desgraçado do velho está pedindo em nome de Nosso Senhor e da Virgem Maria! E o que vocês estão querendo fazer em casa dele é coisa que nem Deus não manda e nem o diabo não faz!

Nhô Augusto tinha falado; e a sua mão esquerda acariciava a lâmina da lapiana, enquanto a direita pousava, despreocupada, no pescoço da carabina. Dera tom calmo às palavras, mas puxava forte respiração soprosa, que quase o levantava do selim e o punha no assento outra vez. Os olhos cresciam, todo ele crescia, como um touro que acha os vaqueiros excessivamente abundantes e cisma de ficar sozinho no meio do curral.

— Você está caçoando com a gente, mano velho?

— Estou não. Estou pedindo como amigo, mas a conversa é no sério, meu amigo, meu parente, seu Joãozinho Bem-Bem.

— Pois pedido nenhum desse atrevimento eu até hoje nunca que ouvi nem atendi! ...

O velho engatinhou, ligeiro, para se encostar na parede.

No calor da sala, uma mosca esvoaçou.

— Pois então. .. — e Nhô Augusto riu, como quem vai contar uma grande anedota — ... Pois então, meu amigo seu Joãozinho Bem-Bem, é fácil... Mas tem que passar primeiro por riba de eu defunto ...

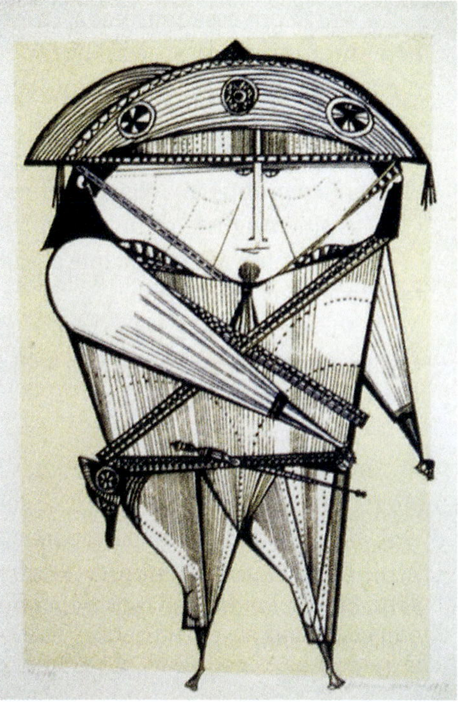

Aldemir Martins. Cangaceiro, s/ data/Coleção particular

Joãozinho Bem-Bem se sentia preso a Nhô Augusto por uma simpatia poderosa, e ele nesse ponto era bem-assistido, sabendo prever a viragem dos climas e conhecendo por instinto as grandes coisas. Mas Teófilo Sussuarana era bronco excessivamente bronco, e caminhou para cima de Nhô Augusto. Na sua voz:

— Epa! Nomopadrofilhospritossantaméin! Avança, cambada de filhos da mãe, que chegou minha vez!...

E a casa matraqueou que nem panela de assar pipocas, escurecida à fumaça dos tiros, com os cabras saltando e miando de maracajás, e Nhô Augusto gritando qual um demônio preso e pulando como dez demônios soltos.

— Ô gostosura de fim de mundo! ...

E garrou a gritar as palavras feias todas e os nomes imorais que aprendera em sua farta existência, e que havia muitos anos não proferia. E atroava, também, a voz de seu Joãozinho Bem-Bem:

— Sai, Cangussu! Foge, daí, Epifânio! Deixa nós dois brigar sozinhos!

[...]

— Se entregue, mano velho, que eu não quero lhe matar...

— Joga a faca fora, dá viva a Deus, e corre, seu Joãozinho Bem-Bem...

— Mano velho! Agora é que tu vai dizer: quantos palmos é que tem, do calcanhar ao cotovelo! ...

— Se arrepende dos pecados, que senão vai sem contrição, e vai direitinho p'ra o inferno, meu parente seu Joãozinho Bem-Bem! ...

— Ui, estou morto ...

A lâmina de Nhô Augusto talhara de baixo para cima, do púbis à boca do estômago, e um mundo de cobras sangrentas saltou para o ar livre, enquanto seu Joãozinho Bem-Bem caía ajoelhado, recolhendo os seus recheios nas mãos.

Aí, o povo quis amparar Nhô Augusto, que punha sangue por todas as partes, até do nariz e da boca, e quê devia de estar pesando demais, de tanto chumbo e bala. Mas tinha fogo nos olhos de gato-do-mato, e o busto, especado, não vergava para o chão.

— Espera aí, minha gente, ajudem o meu parente ali, que vai morrer mais primeiro. .. Depois, então, eu posso me deitar.

— Estou no quase, mano velho... Morro, mas morro na faca do homem mais maneiro de junta e de mais coragem que eu já conheci! ... Eu sempre lhe disse que era bom mesmo, mano velho ... É só assim que gente como eu tem licença de morrer... Quero acabar sendo amigos...

— Feito, meu parente, seu Joãozinho Bem-Bem. Mas, agora, se arrepende dos pecados, e morre logo como um cristão, que é para a gente poder ir juntos...

[...]

Alguém gritou: — "Eh, seu Joãozinho Bem-Bem já bateu com o rabo na cerca! Não tem mais!"... — E então Nhô Augusto se bambeou nas pernas, e deixou que o carregassem.

[...]

E o povo, enquanto isso, dizia: — "Foi Deus quem mandou esse homem no jumento, por mór de salvar as famílias da gente! ... "E a turba começou a querer desfeitear o cadáver de seu Joãozinho Bem-Bem [...]

[...]

Nhô Augusto falou, enérgico:

— Para com essa matinada, cambada de gente herege! ... E depois enterrem bem direitinho o corpo, com muito respeito e em chão sagrado, que esse aí é o meu parente seu Joãozinho Bem-Bem!

E o velho choroso exclamava:

— Traz meus filhos, para agradecerem a ele, para beijarem os pés dele! ... Não deixem este santo morrer assim... P'ra que foi que foram inventar arma de fogo, meu Deus?! ...

Mas Nhô Augusto tinha o rosto radiante, e falou:

— Perguntem quem é aí que algum dia já ouviu falar no nome de Nhô Augusto Esteves, das Pindaíbas!

— Virgem Santa! Eu logo vi que só podia ser você, meu primo Nhô Augusto...

Era o João Lomba, conhecido velho e meio parente. Nhô Augusto riu:

— E hein, hein João? !

— P'ra ver...

Então, Augusto Matraga fechou um pouco os olhos, com sorriso intenso nos lábios lambuzados de sangue, e de seu rosto subia um sagaz contentamento.

Dai, mais, olhou, procurando João Lomba, e disse, agora sussurrado, sumido:

— Põe a benção na minha filha... seja lá onde for que ela esteja... E, Dionóra... Fala com a Dionóra que está tudo em ordem!

Depois, morreu.

(João Guimarães Rosa. *Sagarana*. Rio de janeiro: Nova Fronteira, 1984. p.379- 386.)

abancar-se: sentar-se.
arranchar-se: hospedar-se, reunir-se.
atroar: fazer grande estrondo.
caninana: serpente não venenosa.
congonha: folhas geralmente utilizadas em substituição às do mate.
contrição: prece em que o cristão pede perdão pelos pecados.
cordoveias: expressão popular que significa veias e tendões do pescoço quando salientes.
empalhar: expressão popular que significa atrapalhar.
hirto: em posição reta, empertigado.
lapiana: faca de ponta (regionalismo).
maracajá: jaguatirica (regionalismo).
sebaça: roubo (regionalismo).
selim: sela para montar.
winchester: carabina americana de repetição.

1. Ao reencontrar Nhô Augusto, o jagunço Joãozinho Bem-Bem o convida, pela segunda vez, para integrar o bando e lhe oferece as armas do finado Juruminho.

a. Nesse contexto, que conflito o protagonista vivencia? Justifique sua resposta com trechos do texto.

b. Tendo em vista as fases de vida de Nhô Augusto, levante hipóteses: Por que ele recusa o convite de Joãozinho Bem-Bem?

REGISTRE NO CADERNO

2. No universo sertanejo do conto em estudo, não há lugar para as leis e a justiça formais; nesse espaço, os jagunços são regidos por uma moral e por determinados códigos de conduta próprios.

a. Na morte de Juruminho, que código de conduta foi desobedecido pelo homem que o assassinou? Diante de tal desobediência, qual é a "regra" a ser cumprida?

b. De acordo com Joãozinho Bem-Bem, qual é a importância de se cumprir essa regra?

c. Tendo em vista esse contexto moral e as atitudes de Joãozinho Bem-Bem, responda: Como se caracteriza essa personagem? Justifique sua resposta com elementos do texto.

Coleção particular

Cangaceiro Ponto Fino (1973), de Aldemir Martins.

3. No conto, Nhô Augusto tem admiração e respeito por Joãozinho Bem-Bem.

a. Por que, no conto, o protagonista se volta contra esse chefe dos jagunços?

b. Nhô Augusto tinha sido um homem violento que, depois, se tornou penitente. Como essas duas faces antagônicas e conflitantes da personagem se manifestam no texto em estudo?

c. Na luta contra os jagunços, Nhô Augusto exclama: "Ô gostosura de fim de mundo!...". Com base na trajetória de vida dessa personagem, explique o sentido dessa afirmação no contexto em que ela está inserida.

4. Em suas obras, Guimarães Rosa insere determinados elementos simbólicos que remetem à mística e à religiosidade. Como esse traço de sua obra se apresenta no texto em estudo? Justifique sua resposta com elementos do texto.

REGISTRE NO CADERNO

5. A obra de Guimarães Rosa apresenta uma visão global da existência, fundindo, em uma única realidade, elementos como o divino e o demoníaco, o bem e o mal. Conclua: Que elemento presente no texto em estudo evidencia esse traço da obra roseana?

6. Um dos traços inovadores da prosa de Guimarães Rosa foi o tratamento dado à linguagem. Identifique no texto em estudo:

a. traços de oralidade na fala do narrador e das personagens;

b. com que finalidade é feita a junção de várias palavras na expressão "Nomopadrofilhospritossantamêin";

c. exemplos de estruturação sintática típica da fala do homem sertanejo.

ARQUIVO

Com o estudo dos textos neste capítulo, você viu que:

- Clarice Lispector e Guimarães Rosa, devido ao trabalho inovador com a linguagem, promoveram uma renovação na prosa ficcional brasileira;
- a obra de Clarice Lispector se caracteriza por ser intimista e psicológica; há um predomínio de protagonistas mulheres, porém a autora extrapola o universo feminino, abordando temas essencialmente universais, como a solidão, o esvaziamento das relações familiares, o amor, a angústia e a velhice;
- a obra de Guimarães Rosa, além de transpor os limites do regional e, assim, alcançar uma dimensão universal, também apresenta uma visão global da existência, fundindo, em uma única realidade, a natureza, o divino e o demoníaco, o bem e o mal, o uno e o múltiplo.

LÍNGUA E LINGUAGEM

Análise linguística: implícitos e intertextualidade

FOCO NO TEXTO

Leia o cartum a seguir.

Rog Bollen / Dist. by Tribune Media Services

(Disponível em: http://www.graphiqbrasil.com/tirasclassicas/animalcrackers.html. Acesso em: 18/3/2016.)

1. Observe a parte não verbal do cartum.

a. O que cada um dos três pássaros está fazendo?

b. O que o olhar do crocodilo expressa?

2. Agora leia a fala do pássaro e levante hipóteses:

a. O começo de sua fala é uma resposta dada a qual fala anterior, implícita no contexto do cartum? De quem foi essa fala?

b. O receio desse pássaro é de que aconteça o quê?

c. O olhar do crocodilo é consequência de qual ação anterior que ele praticou?

REGISTRE NO CADERNO

3. Leia o boxe "O crocodilo e o pássaro-palito" e responda:

a. Qual é o "livro sobre os animais" a que o terceiro pássaro faz referência?

b. Por que ele julga importante que o crocodilo tenha lido esse livro?

O crocodilo e o pássaro-palito

No estudo dos tipos de relações dos seres, a biologia chama a atenção para a protocooperação existente entre algumas espécies, na qual há benefícios para todos os seres envolvidos, embora eles não dependam um do outro para sobreviver. É esse o caso do crocodilo e do pássaro-palito: o pássaro se alimenta de parasitas e restos de comida que estão na boca do crocodilo e, como consequência, contribui para a higiene bucal de seu companheiro.

Juniors Bildarchiv GmbH/Alamy Stock Photo/Fotoarena

4. O humor do cartum é construído com base em uma quebra de expectativa trazida pela fala do pássaro.

a. Qual expectativa é quebrada?

b. Uma pessoa que não conhece a relação ecológica existente entre crocodilos e pássaros é capaz de compreender o cartum em sua totalidade? Justifique sua resposta.

REFLEXÕES SOBRE A LÍNGUA

Você viu, no estudo anterior, que um texto pode estabelecer uma relação direta com outro texto para construir seu sentido. A essa relação dá-se o nome de *intertextualidade*.

> **Intertextualidade** são as relações, menos ou mais explícitas, entre um texto e outros textos produzidos anteriormente a ele.

Em princípio, a intertextualidade é uma característica de todos os textos, uma vez que qualquer atividade de linguagem tem como base textos com os quais seus produtores tiveram contato. Segundo esse ponto de vista, nós só conseguimos compreender efetivamente um texto em suas diversas nuances se conhecemos e levamos em conta os códigos, as leis e as convenções do gênero ao qual ele pertence e da situação de comunicação em que ele circula. E, para tanto, precisaremos levar em conta outros textos já lidos e produzidos, isto é, a intertextualidade, que pode variar desde uma referência explícita, como ocorre em citações, remissões, paráfrases ou paródias, ou pode estar implícita, como visto no cartum estudado na seção anterior.

Os *implícitos*, por sua vez, são ideias que não estão declaradas nos textos, mas que são passíveis de serem apreendidas pelos interlocutores que conhecem os códigos, as leis e as convenções do gênero ao qual pertence o texto e da situação de comunicação em que ele circula.

APLIQUE O QUE APRENDEU

1. Leia as piadas a seguir.

I.

A funcionária do banco, irada, diz para o gerente:

– Eu estou me demitindo! O senhor não confia em mim!

O gerente, espantado, diz:

– Mas o que é isso? A senhora trabalha aqui há vinte anos, eu até deixo as chaves do cofre em cima da minha mesa!

– Eu sei! – diz a funcionária, chorando. – Mas nenhuma delas funciona!

II.

Um homem com ar de intelectual entra em uma biblioteca e se dirige à atendente.

Cheio de si, pergunta:

– Desculpe-me! Poderia me dizer onde se encontra o livro *Homem, o ser mais perfeito da Terra*?

A atendente olha para o visitante e responde com firmeza:

– Sinto muito, senhor, mas aqui não temos livros de ficção científica!

III.

O funcionário fala sério para seu chefe:

– Seguinte, patrão, me dá um aumento, pois tem três empresas correndo atrás de mim!

– É mesmo? Quais?

– A de água, a de luz e a do telefone.

(Piadas adaptadas do *site* http://www.piadas.com.br/. Acesso em: 20/3/2016.)

A paródia

A paródia é um modo particular de se estabelecer uma relação intertextual, uma vez que paródias se apropriam das ideias do texto original, em geral para subvertê-lo ou mesmo satirizá-lo. Esse recurso pode ser utilizado por meio da exploração do estilo, da estrutura ou do tema do texto no qual a paródia se baseia.

A literatura está repleta de exemplos de paródias. Um dos contos da obra *Sagarana*, de Guimarães Rosa, autor estudado por você na seção **Literatura** deste capítulo, é considerado por alguns estudiosos uma paródia. Trata-se do conto "O marido pródigo", que, desde seu título, passando pelo nome da personagem Lalino Salãthiel, entre outras semelhanças, estabelece relação intertextual com a parábola bíblica "O filho pródigo", tomando-a como referência para subvertê-la com a construção de novos sentidos.

Editora José Olympio

Andressa Honório

Para construir humor, as três piadas lidas exploram informações não explicitadas, quebrando as expectativas dos leitores. Identifique o trecho de cada piada no qual há um implícito e explique qual é a informação implícita que precisa necessariamente ser preenchida pelos interlocutores para que o efeito de humor se construa.

Leia os anúncios a seguir e responda às questões de 2 a 5.

Fotografias: MP Publicidade

2. Relacione o texto central dos anúncios a seu logotipo.

a. Quem é o anunciante? Qual é a sua área de atuação?

b. Qual é o *slogan* da campanha, presente nas três peças?

3. Para construir seu sentido com certo humor, os anúncios exploram relações intertextuais, especialmente entre os seus produtos e as relações sociais e familiares.

REGISTRE NO CADERNO

a. Quem os legumes e as frutas representam em cada uma das peças? Justifique sua resposta com base nas imagens.

b. Como estão as expressões faciais de cada uma das seis personagens dos anúncios?

c. Identifique, nas três falas, os termos que criam o efeito de humor e justifique sua resposta apontando qual estratégia é utilizada em cada peça.

4. O anúncio também explora implícitos sobre as relações familiares. Identifique quais implícitos sobre as relações familiares permeiam as três peças em estudo.

5. Com base em suas respostas às questões anteriores, conclua:

a. Qual é especificamente o público-alvo do anúncio?

b. Qual imagem do anunciante o *slogan*, os desenhos e as falas constroem, tendo em vista os implícitos e as relações intertextuais exploradas?

6. Você viu no capítulo anterior que, para produzir uma boa redação em situações de avaliação, como é o caso do Enem, é interessante se apropriar de informações dos textos motivadores e explorá-las em seu próprio texto. Temos, nesse caso, um claro exemplo de intertextualidade. Leia os trechos a seguir, adaptados de redações reais, considerando que são introduções de textos dissertativo-argumentativos feitos com base na proposta de redação do Enem de 2012, também lida por você no capítulo anterior. Se julgar importante, volte à página 216 e releia a proposta.

I. "O fluxo mundial de pessoas sempre foi considerado importante para se entender a dinâmica econômica e social do globo. As últimas mudanças na economia e o novo espaço que o Brasil tem conquistado no cenário internacional vêm atraindo trabalhadores e turistas, além de gerarem movimentos migratórios cada vez mais intensos para o País. Tal situação mostra que chegou a vez de os brasileiros, que sempre criticaram o tratamento dado pela Europa aos imigrantes, lidarem com a mesma questão."

II. "O Brasil, no século XXI, tem tido certo destaque no cenário mundial por se mostrar uma nova área de atração populacional. O interesse global pela residência no país é resultado de conquistas nacionais benéficas para os habitantes que aqui vivem. Tal como diz o texto motivador da prova 'Trilha da costura', já são mais de 3 milhões só de imigrantes bolivianos no Brasil."

III. "A imigração vem ocorrendo de forma acentuada no Brasil desde a década de noventa, devido a melhorias nas áreas sociais e econômicas do País. É fato que a imigração estimula o respeito à diversidade cultural, mas ela também exige atenção, pois, se for negligenciada, poderá gerar situações problemáticas. Os 500 haitianos são um claro exemplo desses problemas."

Os três trechos lidos utilizam informações dos textos motivadores de diferentes formas. Indique, justificando suas escolhas:

a. Qual é o trecho que deixa implícitas informações importantes, tornando-se problemático para quem não conhece o texto motivador ao qual ele faz referência.

b. Qual é o trecho que faz uma referência explícita a um dos textos motivadores da prova, tornando-se problemático por explicitar na redação a situação de produção do exame.

c. Qual é o trecho que utiliza de forma adequada um dos textos motivadores, apropriando-se das informações e parafraseando o trecho que lhe interessa.

REGISTRE NO CADERNO

TEXTO E ENUNCIAÇÃO

Leia o anúncio a seguir.

AlmapBBDO

1. O anúncio é construído com base em um implícito que precisa ser compreendido por seus interlocutores para que ele faça sentido. Observe a parte não verbal do texto e levante hipóteses:

REGISTRE NO CADERNO

a. Onde o carro está?

b. Por que a imagem ao fundo está embaçada?

2. Releia o enunciado central.

a. Levante hipóteses: Por que "agora" o fusca anda na faixa da esquerda? Onde ele andava anteriormente e por quê?

b. Qual informação está implícita nesse trecho?

c. Relacione o enunciado central com a orientação que está na parte inferior do anúncio, à esquerda.

3. Releia o enunciado da parte inferior, à direita, e identifique o efeito de sentido que é produzido pelo anúncio ao se referir ao fusca como "o carro".

Leia os cartazes a seguir, que circularam pela Internet e fazem parte de uma campanha da Controladoria Geral da União (CGU).

Fotografias: Controladoria Geral da União

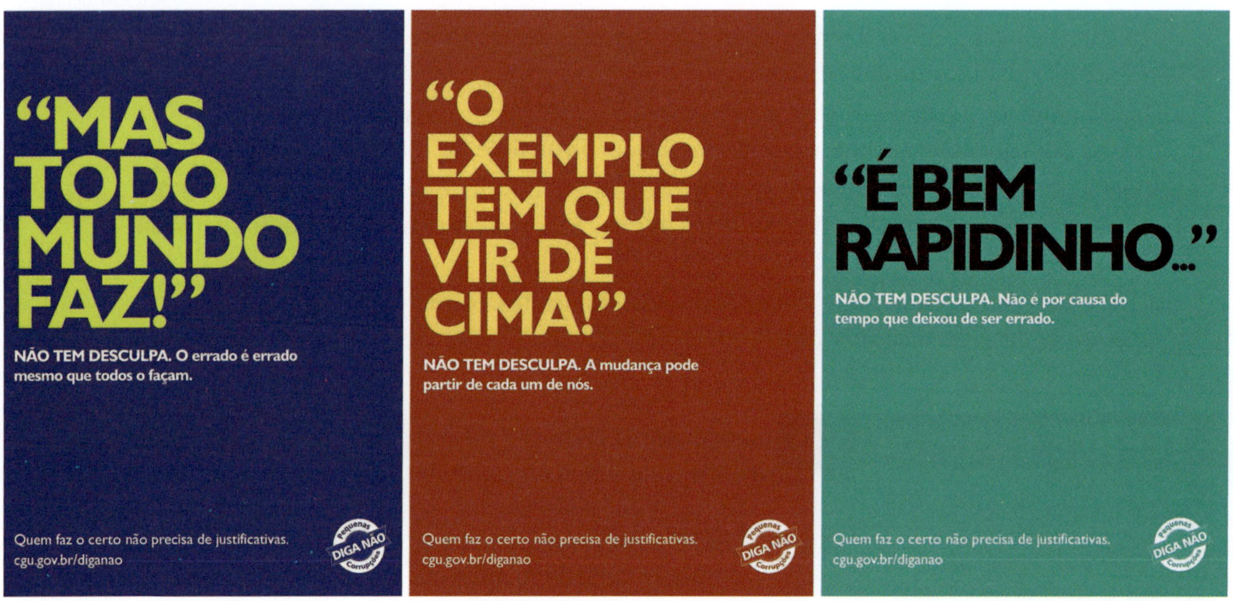

(Disponíveis em: http://www.semprefamilia.com.br/cgu-faz-campanha-contra-corrupcao-em-atitudes-cotidianas. Acesso em: 22/3/2016.)

4. Levante hipóteses:

a. Por que o enunciado central dos cartazes está entre aspas?

b. De qual discurso, comum na sociedade, esses enunciados fazem parte?

c. Qual é a função dessas frases no interior desse discurso?

Controladoria Geral da União

5. Identifique as palavras ou as expressões que retomam essas frases:

a. no enunciado em letras brancas e maiúsculas do cartaz;

b. no enunciado em letras brancas na parte de baixo do cartaz;

c. no logotipo da campanha.

6. Leia as frases a seguir e, seguindo a mesma ideia analisada na questão anterior, identifique, no seu caderno, duas frases que também fizeram parte dessa campanha.

I. "Não deseje ao próximo o que não quer para você"

II. "Tem coisa muito pior"

III. "Somos todos seres humanos"

IV. "Ninguém está vendo"

V. "As aparências enganam"

7. Com base em suas respostas às questões anteriores, conclua: Qual é a ideia que costuma permear as ações de alguns cidadãos e que também está implícita na campanha em estudo?

PRODUÇÃO DE TEXTO

A dissertação: o contexto de avaliação

Em capítulos anteriores, você viu e analisou redações que receberam nota máxima no Enem de 2012, além de estratégias e tópicos importantes do estudo da língua a serem considerados na elaboração de textos dissertativo-argumentativos.

Neste capítulo, vamos examinar trechos do *Guia do participante*, publicado pelo Inep (Instituto Nacional de Estudos e Pesquisas), a fim de que você conheça os critérios adotados pelos corretores que lerão o seu texto da prova do Enem. Muitos desses critérios são universais na correção de textos dissertativos, isto é, são utilizados pela maioria das instituições que, em processos seletivos, avaliam candidatos por meio de um texto dissertativo-argumentativo.

FOCO NO TEXTO

Leia, a seguir, um trecho do *Guia do participante – A redação no Enem*.

A prova de redação exigirá de você a produção de um texto em prosa, do tipo dissertativo-argumentativo, sobre um tema de ordem social, científica, cultural ou política. Os aspectos a serem avaliados relacionam-se às "competências" que devem ter sido desenvolvidas durante os anos de escolaridade. Nessa redação, você deverá defender uma **tese**, uma opinião a respeito do **tema** proposto, apoiada em **argumentos** consistentes estruturados de forma coerente e coesa, de modo a formar uma unidade textual. Seu texto deverá ser redigido de acordo com a modalidade escrita formal da Língua Portuguesa. Por fim, você deverá elaborar uma **proposta de intervenção social para o problema apresentado no desenvolvimento do texto** que respeite os direitos humanos.

TEMA
↓
TESE
↓
ARGUMENTOS
↓
PROPOSTA DE INTERVENÇÃO

Segundo o guia, o desempenho do estudante é avaliado de acordo com os critérios apresentados no quadro a seguir.

Competências avaliadas na redação do Enem

Competência 1: Demonstrar domínio da modalidade escrita formal da Língua Portuguesa.

Competência 2: Compreender a proposta de redação e aplicar conceitos das várias áreas de conhecimento para desenvolver o tema, dentro dos limites estruturais do texto dissertativo-argumentativo em prosa.

Competência 3: Selecionar, relacionar, organizar e interpretar informações, fatos, opiniões e argumentos em defesa de um ponto de vista.

Competência 4: Demonstrar conhecimento dos mecanismos linguísticos necessários para a construção da argumentação.

Competência 5: Elaborar proposta de intervenção para o problema abordado, respeitando os direitos humanos.

O guia esclarece também algumas das dúvidas mais comuns entre os participantes. Veja:

➢ Quais as razões para se atribuir nota 0 (zero) a uma redação? A redação receberá nota 0 (zero) se apresentar uma das características a seguir:

- fuga total ao tema;
- não obediência à estrutura dissertativo-argumentativa;
- texto com até 7 (sete) linhas;
- impropérios, desenhos e outras formas propositais de anulação ou parte do texto deliberadamente desconectada do tema proposto;
- desrespeito aos direitos humanos; e
- folha de redação em branco, mesmo que haja texto escrito na folha de rascunho.

IMPORTANTE! Para efeito de avaliação e de contagem do mínimo de linhas, a cópia parcial dos textos motivadores ou de questões objetivas do caderno de prova acarretará a desconsideração do número de linhas copiadas, valendo somente as que foram produzidas pelo autor do texto.

IMPORTANTE! Procure escrever sua redação com letra legível, para evitar dúvidas no momento da avaliação. Redação com letra ilegível não poderá ser avaliada.

IMPORTANTE! O título é um elemento opcional na produção da sua redação e será considerado como linha escrita.

1. No contexto da redação dissertativo-argumentativa, tese é uma afirmação sobre determinado tema defendida por meio de argumentos.

a. Entre os trechos de redações reais apresentados a seguir, aponte em seu caderno o que não constitui uma tese.

I. "o Brasil enfrenta um grande desafio social e econômico ao receber tantos imigrantes na atualidade, e o governo deve interferir para integrar esses novos cidadãos assegurando emprego, qualificação e cursos de Língua Portuguesa, bem como garantindo direitos trabalhistas e habitação"

II. "o Brasil vive um excelente momento econômico e o fluxo imigratório decorrente desse fato tende a ser benéfico economicamente, desde que o país saiba aproveitar a qualificação dos imigrantes em seu mercado de trabalho, transformando o que poderia ser problema em uma solução para outras questões"

III. "o Brasil precisa elaborar uma política de recepção desses imigrantes com regularização, integração ao mercado de trabalho, implantação de órgãos de recepção, oferecimento de cursos de Língua Portuguesa e de qualificação profissional. Essa recepção aos imigrantes proporcionaria maior arrecadação de impostos e poderia suprir áreas em que há falta de mão de obra"

IV. "o Brasil vive um excelente momento econômico, destacando-se no panorama sul-americano, e essa estabilidade econômica atrai muitos imigrantes em busca de melhores condições de vida"

b. O trecho que não constitui tese corresponde a um tema, a um argumento ou a uma proposta de intervenção?

2. Uma boa maneira de começar a produzir uma redação em contextos de avaliação é esquematizar as ideias que serão desenvolvidas no texto. Releia a proposta de redação do Enem 2012, na página 216, e, considerando que você vai produzir o texto solicitado, faça um esquema para a sua redação:

a. Identifique o tema da proposta.

b. Elabore uma tese relativa ao tema.

c. Estabeleça argumentos que possam ser utilizados para defender a tese que você elaborou, bem como dados e fatos que possam servir de base para esses argumentos.

d. Elabore uma proposta de intervenção diretamente relacionada à tese e aos argumentos definidos por você.

e. Defina elementos e estratégias que você utilizará na conclusão do seu texto.

3. A fim de compreender bem o que é avaliado pelos corretores do Enem, relacione as colunas a seguir, em seu caderno. Para isso, releia o quadro de competências do *Guia do participante* e leia o detalhamento (à direita) de cada competência.

Competência	O que é avaliado
• Competência 1	A. Uso de estratégias como comparação, causa-consequência, exemplificação, detalhamento, voz de autoridade, citação, entre outras, para a construção dos parágrafos; construção de parágrafos que tenham mais de um período, relacionados entre si; utilização de pronomes, elipses, sinônimos, etc, para fazer referência a termos já apresentados e que serão retomados ao longo do texto; uso adequado de operadores argumentativos.
• Competência 2	B. Elaboração de uma proposta de intervenção na vida social que seja objetiva, exequível e pensada especificamente para a discussão desenvolvida no texto, com os meios para a sua realização devidamente descritos, respeitando os direitos humanos. Uma estratégia é procurar responder às seguintes perguntas: O que se pode apresentar como proposta de intervenção na vida social? Como viabilizar essa proposta?
• Competência 3	C. Leitura atenta da proposta, especialmente da proposição, que em geral vem em destaque; utilização de informações dos textos motivadores, mas sem cópia e extrapolando as ideias trazidas por eles com informações do próprio repertório; construção de uma tese que esteja diretamente relacionada ao tema, dentro da abordagem proposta na prova, sem perda do foco.
• Competência 4	D. Certificação de que as informações selecionadas de fato fundamentam o ponto de vista defendido no texto; estabelecimento de relações entre as partes do texto, por meio de retomada e/ou desenvolvimento, em um parágrafo, de uma ideia iniciada no anterior, sem, no entanto, repeti-la, acrescentando informações novas; preocupação em selecionar ideias e construir argumentos que tomam por base a realidade abordada, considerando todos os fatores relacionados ao tema.
• Competência 5	E. Ausência de marcas de oralidade; utilização de registro formal; respeito às regras vigentes na norma padrão em relação a: concordâncias e regências nominal e verbal, pontuação, colocação dos pronomes, ortografia.

4. O *Guia do participante* esclarece também os motivos para a atribuição de nota zero a uma redação. Considere as seguintes situações hipotéticas:

I. Texto inteiramente construído por meio de cópia de trechos de textos motivadores e de trechos das questões da prova
II. Texto com letra difícil de ler
III. Texto narrativo
IV. Texto sem título
V. Texto com paráfrases de trechos dos textos motivadores
VI. Texto com tema diferente do proposto na prova
VII. Texto sem proposta de intervenção

Com base nas razões apontadas no guia para a atribuição de nota zero e nos critérios gerais de correção da prova:

a. identifique quais dos textos considerados nas situaçõs hipotéticas teriam nota zero;

b. levante hipóteses: Os demais textos seriam prejudicados na avaliação? Justifique sua resposta.

HORA DE ESCREVER

Seguem duas propostas de produção de texto.

1. Produza uma dissertação de acordo com a proposta do Enem 2012, reproduzida na página 216. Ao escrever, utilize o esquema que você elaborou na questão 2 da seção **Foco no texto**.

2. Retome as redações que você produziu nos capítulos 1 e 2 desta unidade e reescreva-as, procurando torná-las mais adequadas aos critérios de avaliação do Enem, especialmente às competências estudadas neste capítulo.

PROJETO

Como você já sabe, no final da unidade será realizado um *simulado* com provas de redação do Exame Nacional do Ensino Médio.

Neste capítulo, como treinamento para o simulado, você produzirá um texto dissertativo-argumentativo e reescreverá redações que produziu anteriormente.

ANTES DE ESCREVER

Planeje sua dissertação, seguindo estas orientações:

- Retome as orientações dadas nas páginas 200 e 220;
- Procure empregar adequadamente os tópicos de análise linguística e produção de texto estudados nos capítulos desta unidade, em especial: progressão referencial; estrutura do texto dissertativo-argumentativo; relevância informativa e senso comum; aproveitamento dos textos motivadores na construção de argumentos; estratégias de fundamentação dos argumentos; recursos de elaboração de introdução e conclusão; implícitos e intertextualidade.
- Faça um planejamento de seu texto, estabelecendo o tema, a tese, os argumentos, as estratégias argumentativas que pretende utilizar e a proposta de intervenção.
- Procure atender, na construção do texto, aos critérios de avaliação do Enem, entre eles o das competências.

ANTES DE PASSAR A LIMPO

Antes de dar sua dissertação por finalizada, observe se seu texto atende aos itens elencados nas páginas 200 e 220 e também:

- se segue as diretrizes definidas no planejamento;
- se está de acordo com as competências consideradas nos critérios de avaliação do Enem.

VESTIBULAR EM CONTEXTO

Ao longo desta unidade, você estudou e produziu dissertações relacionadas ao Enem. Conheça, agora, uma proposta comentada da Fuvest (SP).

REDAÇÃO

Na verdade, durante a maior parte do século XX, os estádios eram lugares onde os executivos empresariais sentavam-se lado a lado com os operários, todo mundo entrava nas mesmas filas para comprar sanduíches e cerveja, e ricos e pobres igualmente se molhavam se chovesse. Nas últimas décadas, contudo, isso está mudando. O advento de camarotes especiais, em geral, acima do campo, separam os abastados e privilegiados das pessoas comuns nas arquibancadas mais embaixo. (...) O desaparecimento do convívio entre classes sociais diferentes, outrora vivenciado nos estádios, representa uma perda não só para os que olham de baixo para cima, mas também para os que olham de cima para baixo.

Os estádios são um caso exemplar, mas não único. Algo semelhante vem acontecendo na sociedade americana como um todo, assim como em outros países. Numa época de crescente desigualdade, a "camarotização" de tudo significa que as pessoas abastadas e as de poucos recursos levam vidas cada vez mais separadas. Vivemos, trabalhamos, compramos e nos distraímos em lugares diferentes. Nossos filhos vão a escolas diferentes. Estamos falando de uma espécie de "camarotização" da vida social. Não é bom para a democracia nem sequer é uma maneira satisfatória de levar a vida.

Democracia não quer dizer igualdade perfeita, mas de fato exige que os cidadãos compartilhem uma vida comum. O importante é que pessoas de contextos e posições sociais diferentes encontrem-se e convivam na vida cotidiana, pois é assim que aprendemos a negociar e a respeitar as diferenças ao cuidar do bem comum.

Michael J. Sandel. Professor da Universidade Harvard. *O que o dinheiro não compra*. Adaptado.

Comentário do Prof. Michael J. Sandel referente à afirmação de que, no Brasil, se teria produzido uma sociedade ainda mais segregada do que a norte-americana.

O maior erro é pensar que serviços públicos são apenas para quem não pode pagar por coisa melhor. Esse é o início da destruição da ideia do bem comum. Parques, praças e transporte público precisam ser tão bons a ponto de que todos queiram usá-los, até os mais ricos. Se a escola pública é boa, quem pode pagar uma particular vai preferir que seu filho fique na pública, e assim teremos uma base política para defender a qualidade da escola pública. Seria uma tragédia se nossos espaços públicos fossem shopping centers, algo que acontece em vários países, não só no Brasil. Nossa identidade ali é de consumidor, não de cidadão.

Entrevista. *Folha de S. Paulo*, 28/04/2014. Adaptado.

[No Brasil, com o aumento da presença de classes populares em centros de compras, aeroportos, lugares turísticos etc., é crescente a tendência dos mais ricos a segregar-se em espaços exclusivos, que marquem sua distinção e superioridade.] (...) Pode ser que o fenômeno "camarotização", isto é, a separação física entre classes sociais, prospere para muitos outros setores. De repente, os supermercados poderão ter ala VIP, com entrada independente, cuja acessibilidade, tacitamente, seja decidida pelo limite do cartão de crédito.

Renato de P. Pereira. www.gazetadigital.com.br, 06/05/2014. [Resumido] e adaptado.

Até os anos de 1960, a escola pública que eu conheci, embora existisse em menor número, tinha boa qualidade e era um espaço animado de convívio de classes sociais diferentes. Aprendíamos muito, uns com os outros, sobre nossas diferentes experiências de vida, mas, em geral, nos sentíamos pertencentes a uma só sociedade, a um mesmo país e a uma mesma cultura, que era de todos. Por isso, acreditávamos que teríamos, também, um futuro em comum. Vejo com tristeza que hoje se estabeleceu o contrário: as escolas passaram a segregar os diferentes estratos sociais. Acho que a perda cultural foi imensa e as consequências, para a vida social, desastrosas.

Trecho do testemunho de um professor universitário sobre a Escola Fundamental e Média em que estudou.

Os três primeiros textos aqui reproduzidos referem-se à "camarotização" da sociedade – nome dado à tendência a manter segregados os diferentes estratos sociais. Em contraponto, encontra-se também reproduzido um testemunho, no qual se recupera a experiência de um período em que, no Brasil, a tendência era outra.

Tendo em conta as sugestões desses textos, além de outras informações que julgue relevantes, redija uma dissertação em prosa, na qual você exponha seu ponto de vista sobre o tema **"Camarotização" da sociedade brasileira: a segregação das classes sociais e a democracia**.

Instruções:

- A redação deve ser uma dissertação, escrita de acordo com a norma-padrão da língua portuguesa.
- Escreva, no mínimo, 20 linhas, com letra legível. Não ultrapasse o espaço de 30 linhas da folha de redação.
- Dê um título a sua redação.

Tal como explicitado na proposta, a Fuvest solicita a elaboração de um texto dissertativo, uma estrutura semelhante à do texto do Enem, estudada ao longo desta unidade. A prova também segue um modelo parecido, com textos motivadores que abordam o tema geral e uma proposição mais específica, que deve guiar o desenvolvimento das redações.

Nessa proposta, a Fuvest traz a proposição **"Camarotização" da sociedade brasileira: a segregação das classes sociais e a democracia**, além de quatro textos motivadores, com informações que os participantes podem utilizar para elaborar sua tese e desenvolver seus argumentos.

Os dois primeiros textos fazem uma crítica à denominada "camarotização" das sociedades, incluindo a brasileira, uma vez que esse fenômeno contribuiria para que as distâncias entre as classes de uma sociedade sejam cada vez mais ampliadas, colocando em risco a ideia de democracia. Os dois textos mencionam exemplos de espaços públicos, nos quais tempos atrás coexistiam e confraternizavam indivíduos de origens e classes variadas. Além disso, segundo eles, hoje em dia alguns lugares passam pelo processo de "camarotização", ao criar espaços diferenciados para membros de classes abastadas, que podem pagar mais caro para ter acesso a áreas privilegiadas. Nesse sentido, o último texto, que traz o depoimento de um professor, é um claro exemplo de quem viveu essa mudança da sociedade e não a vê com bons olhos, dadas as perdas nas áreas cultural e social citadas por ele. O terceiro texto, por sua vez, em outro sentido, menciona a ascensão das classes populares brasileiras a determinados espaços aos quais antes não tinham acesso, o que teria contribuído para o surgimento das áreas VIPs.

Levando em conta tais relações entre os textos, o participante poderia utilizá-los para elaborar sua tese acerca do assunto, assumindo um posicionamento claro em relação ao fenômeno descrito. Vale lembrar que assumir um posicionamento não necessariamente implica dizer se é "certo" ou "errado", "bom" ou "ruim", mas sim estabelecer um ponto de vista, uma opinião sobre o assunto, que deve ser sempre relativizada e contraposta a ideias diferentes, a fim de se refutarem, de antemão, possíveis contra-argumentações às afirmações presentes no texto. Para tanto, poderia ser conveniente utilizar alguns dos exemplos dos textos motivadores citados, associados a informações, dados e fatos já conhecidos do participante e que também se mostrassem relevantes para a discussão.

QUESTÕES DO ENEM E DO VESTIBULAR

REGISTRE NO CADERNO

1. (ENEM)

Tudo no mundo começou com um sim. Uma molécula disse sim a outra molécula e nasceu a vida. Mas antes da pré-história havia a pré-história da pré-história e havia o nunca e havia o sim. Sempre houve. Não sei o quê, mas sei que o universo jamais começou.

[...]

Enquanto eu tiver perguntas e não houver resposta continuarei a escrever. Como começar pelo início, se as coisas acontecem antes de acontecer? Se antes da pré-pré-história já havia os monstros apocalípticos? Se esta história não existe, passará a existir. Pensar é um ato. Sentir é um fato. Os dois juntos – sou eu que escrevo o que estou escrevendo. [...] Felicidade? Nunca vi palavra mais doida, inventada pelas nordestinas que andam por aí aos montes.

Como eu irei dizer agora, esta história será o resultado de uma visão gradual – há dois anos e meio venho aos poucos descobrindo os porquês. É visão da iminência de. De quê? Quem sabe se mais tarde saberei. Como que estou escrevendo na hora mesma em que sou lido. Só não inicio pelo fim que justificaria o começo – como a morte parece dizer sobre a vida – porque preciso registrar os fatos antecedentes.

LISPECTOR, C. *A hora da estrela*. Rio de Janeiro: Rocco, 1998 (fragmento).

A elaboração de uma voz narrativa peculiar acompanha a trajetória literária de Clarice Lispector, culminada com a obra *A hora da estrela*, de 1977, ano da morte da escritora. Nesse fragmento, nota-se essa peculiaridade porque o narrador

a. observa os acontecimentos que narra sob uma ótica distante, sendo indiferente aos fatos e às personagens.

b. relata a história sem ter tido a preocupação de investigar os motivos que levaram aos eventos que a compõem.

c. revela-se um sujeito que reflete sobre questões existenciais e sobre a construção do discurso.

d. admite a dificuldade de escrever uma história em razão da complexidade para escolher as palavras exatas.

e. propõe-se a discutir questões de natureza filosófica e metafísica, incomuns na narrativa de ficção.

2. (ENEM)

REGISTRE NO CADERNO

Texto I

O meu nome é Severino,
não tenho outro de pia.
Como há muitos Severinos,
que é santo de romaria,
deram então de me chamar
Severino de Maria;
como há muitos Severinos
com mães chamadas Maria,
fiquei sendo o da Maria
do finado Zacarias,
mas isso ainda diz pouco:
há muitos na freguesia,
por causa de um coronel
que se chamou Zacarias
e que foi o mais antigo
senhor desta sesmaria.
Como então dizer quem fala
ora a Vossas Senhorias?

MELO NETO, J. C. *Obra completa*. Rio de Janeiro: Aguilar, 1994 (fragmento).

Texto II

João Cabral, que já emprestara sua voz ao rio, transfere-a, aqui, ao retirante Severino, que, como o Capibaribe, também segue no caminho do Recife. A autoapresentação do personagem, na fala inicial do texto, nos mostra um Severino que, quanto mais se define, menos se individualiza, pois seus traços biográficos são sempre partilhados por outros homens.

SECCHIN, A. C. *João Cabral*: a poesia do menos. Rio de Janeiro: Topbooks, 1999 (fragmento).

Com base no trecho de *Morte e vida severina* (Texto I) e na análise crítica (Texto II), observa-se que a relação entre o texto poético e o contexto social a que ele faz referência aponta para um problema social expresso literariamente pela pergunta "Como então dizer quem fala / ora a Vossas Senhorias?". A resposta à pergunta expressa no poema é dada por meio da

a. descrição minuciosa dos traços biográficos do personagem-narrador.

b. construção da figura do retirante nordestino como um homem resignado com a sua situação.

c. representação, na figura do personagem-narrador, de outros Severinos que compartilham sua condição.

d. apresentação do personagem-narrador como uma projeção do próprio poeta, em sua crise existencial.

e. descrição de Severino, que, apesar de humilde, orgulha-se de ser descendente do coronel Zacarias.

3. (ENEM)

Ai, palavras, ai, palavras
que estranha potência a vossa!
Todo o sentido da vida
principia a vossa porta:
o mel do amor cristaliza
seu perfume em vossa rosa;
sois o sonho e sois a audácia,
calúnia, fúria, derrota...
A liberdade das almas,
ai! Com letras se elabora...
E dos venenos humanos
sois a mais fina retorta:
frágil, frágil, como o vidro
e mais que o aço poderosa!
Reis, impérios, povos, tempos,
pelo vosso impulso rodam...

MEIRELES, C. *Obra poética*. Rio de Janeiro: Nova Aguilar, 1985 (fragmento).

O fragmento destacado foi transcrito do *Romanceiro da Inconfidência*, de Cecília Meireles. Centralizada no episódio histórico da Inconfidência Mineira, a obra, no entanto, elabora uma reflexão mais ampla sobre a seguinte relação entre o homem e a linguagem:

a. A força e a resistência humanas superam os danos provocados pelo poder corrosivo das palavras.

b. As relações humanas, em suas múltiplas esferas, têm seu equilíbrio vinculado ao significado das palavras.

c. O significado dos nomes não expressa de forma justa e completa a grandeza da luta do homem pela vida.

d. Renovando o significado das palavras, o tempo permite às gerações perpetuar seus valores e suas crenças.

e. Como produto da criatividade humana, a linguagem tem seu alcance limitado pelas intenções e gestos.

4. (ENEM) REGISTRE NO CADERNO

Quem é pobre, pouco se apega, é um giro-o-giro no vago dos gerais, que nem os pássaros de rios e lagoas. O senhor vê: o Zé-Zim, o melhor meeiro meu aqui, risonho e habilidoso. Pergunto: — Zé-Zim, por que é que você não cria galinhas-d'angola, como todo o mundo faz? — Quero criar nada não... — me deu resposta: — Eu gosto muito de mudar... [...] Belo um dia, ele tora. Ninguém discrepa. Eu, tantas, mesmo digo. Eu dou proteção. [...] Essa não faltou também à minha mãe, quando eu era menino, no sertãozinho de minha terra. [...] Gente melhor do lugar eram todos dessa família Guedes, Jidião Guedes; quando saíram de lá, nos trouxeram junto, minha mãe e eu. Ficamos existindo em território baixio da Sirga, da outra banda, ali onde o de-Janeiro vai no São Francisco, o senhor sabe.

ROSA, J. G. *Grande sertão*: veredas. Rio de Janeiro: José Olympio (fragmento).

Na passagem citada, Riobaldo expõe uma situação decorrente de uma desigualdade social típica das áreas rurais brasileiras marcadas pela concentração de terras e pela relação de dependência entre agregados e fazendeiros. No texto, destaca-se essa relação porque o personagem-narrador

a. relata a seu interlocutor a história de Zé-Zim, demonstrando sua pouca disposição em ajudar seus agregados, uma vez que superou essa condição graças à sua força de trabalho.

b. descreve o processo de transformação de um meeiro — espécie de agregado — em proprietário de terra.

c. denuncia a falta de compromisso e a desocupação dos moradores, que pouco se envolvem no trabalho da terra.

d. mostra como a condição material da vida do sertanejo é dificultada pela sua dupla condição de homem livre e, ao mesmo tempo, dependente.

e. mantém o distanciamento narrativo condizente com sua posição social, de proprietário de terras.

5. (ENEM)

Cultivar um estilo de vida saudável é extremamente importante para diminuir o risco de infarto, mas também de problemas como morte súbita e derrame. Significa que manter uma alimentação saudável e praticar atividade física regularmente já reduz, por si só, as chances de desenvolver vários problemas. Além disso, é importante para o controle da pressão arterial, dos níveis de colesterol e de glicose no sangue. Também ajuda a diminuir o estresse e a aumentar a capacidade física, fatores que, somados, reduzem as chances de infarto. Exercitar-se, nesses casos, com acompanhamento médico e moderação, é altamente recomendável.

ATALIA, M. Nossa vida. *Época*. 23 mar. 2009.

As ideias veiculadas no texto se organizam estabelecendo relações que atuam na construção do sentido. A esse respeito, identifica-se, no fragmento, que

a. a expressão "Além disso" marca uma sequenciação de ideias.

b. o conectivo "mas também" inicia oração que exprime ideia de contraste.

c. o termo "como", em "como morte súbita e derrame", introduz uma generalização.

d. o termo "Também" exprime uma justificativa.

e. o termo "fatores" retoma coesivamente "níveis de colesterol e de glicose no sangue".

6. (ENEM)

O Flamengo começou a partida no ataque, **enquanto** o Botafogo procurava fazer uma forte marcação no meio campo e tentar lançamentos para Victor Simões, isolado entre os zagueiros rubro-negros. **Mesmo** com mais posse de bola, o time dirigido por Cuca tinha grande dificuldade de chegar à área alvinegra **por causa do** bloqueio montado pelo Botafogo na frente da sua área.

No entanto, na primeira chance rubro-negra, saiu o gol. **Após** cruzamento da direita de Ibson, a zaga alvinegra rebateu a bola de cabeça para o meio da área. Kléberson apareceu na jogada e cabeceou por cima do goleiro Renan. Ronaldo Angelim apareceu nas costas da defesa e empurrou para o fundo da rede quase que em cima da linha: Flamengo 1 a 0.

Disponível em: http://momentodofutebol.blogspot.com (adaptado).

O texto, que narra uma parte do jogo final do Campeonato Carioca de futebol, realizado em 2009, contém vários conectivos, sendo que

a. **após** é conectivo de causa, já que apresenta o motivo de a zaga alvinegra ter rebatido a bola de cabeça.

b. **enquanto** conecta duas opções possíveis para serem aplicadas no jogo.

c. **no entanto** tem significado de tempo, porque ordena os fatos observados no jogo em ordem cronológica de ocorrência.

d. **mesmo** traz ideia de concessão, já que "com mais posse de bola", ter dificuldade não é algo naturalmente esperado.

e. **por causa do** indica consequência, porque as tentativas de ataque do Flamengo motivaram o Botafogo a fazer um bloqueio.

7. (ENEM)

Thinkstock/Getty Images/Rony Costa/Finephoto (adaptado)

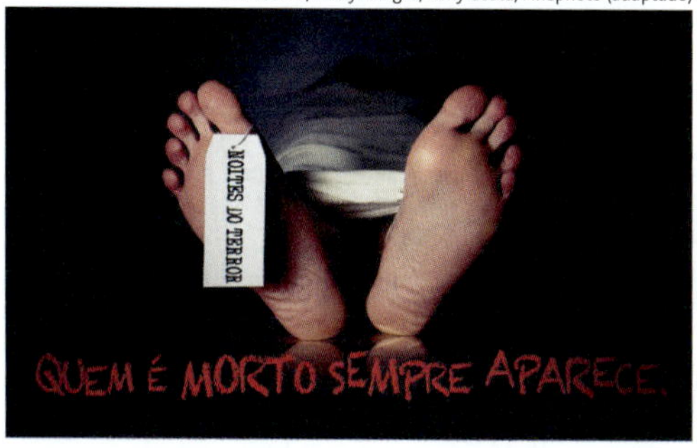

Disponível em: www.ccsp.com.br. Acesso em: 26 jul. 2010 (adaptado).

O anúncio publicitário está intimamente ligado ao ideário de consumo quando sua função é vender um produto. No texto apresentado, utilizam-se elementos linguísticos e extralinguísticos para divulgar a atração "Noites do Terror", de um parque de diversões. O entendimento da propaganda requer do leitor

a. identificação com o público-alvo a que se destina o anúncio.

b. a avaliação da imagem como uma sátira às atrações de terror.

c. a atenção para a imagem da parte do corpo humano selecionada aleatoriamente.

d. o reconhecimento do intertexto entre a publicidade e um dito popular.

e. a percepção do sentido literal da expressão "noites do terror", equivalente à expressão "noites de terror".

8. (ENEM)

Diferente do que o senso comum acredita, as lagartas de borboletas não possuem voracidade generalizada. Um estudo mostrou que as borboletas de asas transparentes da família *Ithomiinae*, comuns na Floresta Amazônica e na Mata Atlântica, consomem, sobretudo, plantas da família *Solanaceae*, a mesma do tomate. Contudo, os ancestrais dessas borboletas consumiam espécies vegetais da família *Apocinaceae*, mas a quantidade dessas plantas parece não ter sido suficiente para garanir o suprimento alimentar dessas borboletas. Dessa forma, as solanáceas tornaram-se uma opção de alimento, pois são abundantes na Mata Atlântica e na Floresta Amazônica.

Cores ao vento. Genes e fósseis revelam origem e diversidade de borboletas sul-americanas. *Revista Pesquisa FAPESP*. Nº 170, 2010 (adaptado).

Nesse texto, a ideia do senso comum é confrontada com os conhecimentos científicos, ao se entender que as larvas das borboletas *Ithomiinae* encontradas atualmente na Mata Atlântica e na Floresta Amazônica apresentam

a. facilidade em digerir todas as plantas desses locais.

b. interação com as plantas hospedeiras da família *Apocinaceae*.

c. adaptação para se alimentar de todas as plantas desses locais

d. voracidade indiscriminada por todas as plantas existentes nesses locais.

e. especificidade pelas plantas da família *Solanaceae* existentes nesses locais.

9. (FUVEST – SP) REGISTRE NO CADERNO

Como sabemos, o efeito de um livro sobre nós, mesmo no que se refere à simples informação, depende de muita coisa além do valor que ele possa ter. Depende do momento da vida em que o lemos, do grau do nosso conhecimento, da finalidade que temos pela frente. Para quem pouco leu e pouco sabe, um compêndio de ginásio pode ser a fonte reveladora. Para quem sabe muito, um livro importante não passa de chuva no molhado. Além disso, há as afinidades profundas, que nos fazem afinar com certo autor (e portanto aproveitá-lo ao máximo) e não com outro, independente da valia de ambos.

Antonio Candido, "Dez livros para entender o Brasil". *Teoria e debate*. Ed. 45, 01/07/2000.

Constitui recurso estilístico do texto

I. a combinação da variedade culta da língua escrita, que nele é predominante, com expressões mais comuns na língua oral;

II. a repetição de estruturas sintáticas, associada ao emprego de vocabulário corrente, com feição didática;

III. o emprego dominante do jargão científico, associado à exploração intensiva da intertextualidade.

Está correto apenas o que se indica em

a. I. b. II. c. I e II. d. III. e. I e III.

PROJETO

Simulado Enem – A redação em exame

Como encerramento da unidade, você e seus colegas organizarão um *simulado* da prova de redação do Enem, que consistirá na aplicação de provas anteriores do exame, em determinado dia e horário.

Rico

Preparação e divulgação do simulado

- Organizem-se em dois grupos, cada um dos quais ficará responsável por selecionar uma prova de redação do Enem de anos anteriores.
- Convidem professores e funcionários da escola, ou mesmo pais de alunos, para, no dia do simulado, auxiliarem na parte administrativa: organizar e fazer a distribuição das provas, controlar o tempo de aplicação, recolher os textos, lacrar os envelopes e encaminhá-los aos grupos organizadores.
- Façam uma divulgação antecipada do simulado para a comunidade da escola e convidem outros interessados para participar.
- Elaborem uma ficha de inscrição, simplificada, a ser disponibilizada em certo(s) local(is) por um período estipulado, para que vocês saibam antecipadamente quantas pessoas participarão do simulado.
- Com a lista dos inscritos em mãos, dividam o número de pessoas, igualmente, entre os dois grupos.

Organização da prova

- Cada grupo deverá selecionar uma prova do Enem de anos anteriores, sem permitir que o outro grupo tome conhecimento de qual foi a prova escolhida.
- Organizem os participantes pela sequência dos números de inscrição, que devem constar nas provas em vez dos nomes, a fim de que a identidade dos autores das redações não seja conhecida no momento da correção.

- Providenciem cópias das provas selecionadas e coloquem na primeira página de cada uma o número de inscrição de cada participante, garantindo que cada pessoa inscrita terá a sua prova.
- Elaborem uma lista de presença (que pode ser por ordem alfabética, por ordem de inscrição, ou, ainda, por sala), na qual devem constar o nome do participante e o número de inscrição de cada um e deixem-na com a pessoa que cuidará da parte administrativa.

Organização das salas

- Solicitem à direção da escola o número de salas necessário para acomodar todos os inscritos.
- Providenciem adesivos com os números de inscrição e, no dia anterior à realização do simulado, colem esses números nas carteiras, em ordem, para que cada participante tenha o seu lugar definido.
- Afixem na porta de cada sala uma folha com a sequência dos números de inscrição correspondentes aos participantes que farão a prova ali, para que possam se localizar mais facilmente.
- Orientem as pessoas responsáveis pelas salas para que, após distribuir as provas, passem de carteira em carteira solicitando aos participantes que assinem a lista de presença e conferindo o número de inscrição e a identidade de cada um.

Shutterstock

Correção dos textos do simulado

- Reúnam os envelopes com as redações, recolhendo-os com a pessoa que ficou responsável pela aplicação da prova que cada grupo propôs.
- Organizem-se em grupos de três alunos para a avaliação das redações. Cada trio deve avaliar no mínimo três redações, de modo que cada um atribua nota a pelo menos uma redação. Vocês podem, nesse grupo de três, discutir alguma dúvida que tenham em relação aos critérios de avaliação estudados.
- Combinem com o professor uma maneira pela qual ele coordene os trios no trabalho de correção das redações. Ele poderá, por exemplo, fazer um "treinamento" dos trios, tomando por base o critério das competências do Enem, estudado por vocês no capítulo 3 desta unidade. Ele poderá, também, dar apoio aos grupos durante a correção, tirando dúvidas pontuais sobre alguns textos.
- Depois de corrigidos os textos, publiquem as notas em um mural da escola, divulgando-as por número de inscrição, sem revelar a identidade dos participantes.

Fernando Favoretto / Criar Imagem

UNIDADE

4 Caminhos

Coleção do artista, São Paulo, Brasil

Diálogo (1965), de José Roberto Aguilar, pintor, escultor, *performer* e artista multimídia brasileiro, considerado o pioneiro na utilização do vídeo como linguagem artística no Brasil.

Só há um caminho para tornar-se efetivamente competente no que se refere aos diversos aspectos envolvidos no domínio da linguagem: trabalhar diariamente. O segredo é ler e escrever todos os dias, além de organizar-se de forma a eliminar, ou controlar ao máximo, determinadas características de nossa linguagem, pessoal ou de grupo, que são consideradas pela escola e pela sociedade como problemas a corrigir.

(Sírio Possenti. *Questões de linguagem* – Passeio gramatical dirigido. São Paulo: Parábola, 2011. p. 106.)

PROJETO

FEIRA DE PROFISSÕES

Participe, com os colegas, da realização de uma *feira de profissões*. Nela, vocês apresentarão os textos produzidos na unidade – verbetes, projetos de pesquisa, cartas de apresentação e entrevistas de emprego –, ouvirão palestras de profissionais de diferentes áreas a respeito do trabalho que exercem e poderão se informar sobre as novas carreiras do atual mercado de trabalho.

A moral da história é que não existem propriamente textos errados e textos corretos (pelo menos, nem sempre), mas, fundamentalmente, textos mais ou menos adequados, ou mesmo inadequados a determinadas situações.

(Sírio Possenti. *Por que (não) ensinar gramática*. Campinas, SP: Mercado de Letras, Associação de Leitura do Brasil, 1996. p. 94.)

Coleção Nemirovsky, São Paulo, SP

Uma das peças da série *Bichos* (1960-4), de Lygia Clark, uma das principais representantes da arte contemporânea brasileira.

Augusto de Campos

IRO DIS SE)

RDE

OCO

(CO MPO NTE

NTO

ASU DEC ÚDO

ADA

DAM HEG NÃO

RTI ÉUM

EPA PON

TOD

(Augusto de Campos. *Despoesia*. São Paulo: Perspectiva, 1994. p. 85.)

CAPÍTULO

1 A literatura brasileira contemporânea
Análise linguística: as diferentes formas de dizer
Verbete e projeto de pesquisa

LITERATURA

A literatura brasileira contemporânea

Museu de Arte Moderna de São Paulo, SP

Composição (1999), de Luiz Sacilotto, um dos idealizadores da pintura concreta em São Paulo, na década de 1950.

Definir quando começa a literatura brasileira contemporânea, ou seja, a literatura do nosso tempo, não é tarefa fácil. Evidentemente, nela não se incluem apenas autores vivos, mas também autores cujas obras ainda são muito lidas e têm grande relação com o nosso tempo.

Segundo alguns especialistas, o início da literatura contemporânea se situa nas décadas de 1950 e 1960, pois nesse momento ocorreram manifestações artísticas que produziram desdobramentos importantes na cultura e na literatura nas décadas subsequentes.

O Concretismo

O primeiro movimento importante do período contemporâneo da nossa literatura é o *Concretismo*, que surgiu em São Paulo, com o lançamento da revista *Noigandres* (1952-62), publicada pelos irmãos Augusto e Haroldo de Campos e por Décio Pignatari. O grupo tinha como proposta uma poesia concreta, isto é, uma poesia-objeto, sem a presença do eu lírico, que falasse por si só, radicalizando as experiências com a linguagem-objeto, feitas por João Cabral de Melo Neto. Influenciada pelo Futurismo e pelo Cubismo, a poesia concreta rompia com o verso linear e explorava recursos tipográficos, como tipos e tamanhos de letras, cores, texturas, sugerindo movimento e convidando o leitor para ler o texto de variadas formas. Também participaram desse grupo os poetas José Lino Grünewald, Ronaldo Azeredo, Wladimir Dias Pinto, Mário Chamie e José Paulo Paes, entre outros.

O movimento concretista se estendeu até o final da década de 1960 e exerceu forte influência nas artes, inclusive sobre o Tropicalismo (1967-8), movimento musical formado por Caetano Veloso, Gilberto Gil, Tom Zé, Rogério Duprat e a banda Os Mutantes, entre outros artistas ou grupos. Ainda hoje, vários artistas, como o poeta e compositor Arnaldo Antunes, mantêm laços com as propostas concretistas.

Os anos 1950-1960 em contexto

Os anos 1950 caracterizam-se por terem sido um período democrático e desenvolvimentista, cujo auge ocorreu no governo de Juscelino Kubitschek e com a construção de Brasília.

Em 1964, um golpe militar tirou do poder o presidente João Goulart e deu início a uma ditadura que se estendeu até 1985.

No início do regime militar, o país ainda teve uma intensa vida cultural, com o surgimento da Bossa Nova, o Cinema Novo, o Teatro de Arena e as vanguardas concretas.

O decreto do AI-5, em 1968, entretanto, deu início a um período de perseguições políticas, prisões, torturas, censura e exílio de políticos, intelectuais e artistas.

Acervo Iconographia

A literatura de resistência e a poesia marginal

Como reação à situação política vivida pelo país desde o golpe militar de 1964, artistas da música, do teatro e da literatura passaram a fazer uma arte de resistência. Entre outros, foi o caso do escritor e compositor Chico Buarque de Holanda, do diretor teatral José Celso Martinez Correa, do ator e dramaturgo Gianfrancesco Guarnieri e dos escritores Thiago de Melo e Ferreira Gullar. Todos eles tiveram problemas com a censura, alguns chegaram a ser presos e todos viveram no exílio por alguns anos.

Nas décadas de 1970-1980, como meio de driblar a censura e as poucas opções editorais, surgiu um grupo de poetas que resolveu produzir de forma independente suas publicações, na forma de revistas, jornais, folhetos mimeografados e pôsteres, e vendê-las diretamente ao público em portas de cinemas e teatros e em *happenings* e *shows* musicais. Essa literatura foi chamada de *poesia marginal* e contou com escritores como Waly Salomão, Ulisses Tavares, Cláudio Willer, Roberto Piva, Cacaso, Chacal e Hilda Hilst, entre outros.

Cena da peça *Roda viva*, de Chico Buarque, encenada em 1968 com direção de José Celso Martinez Correa. A peça virou símbolo da resistência à ditadura depois que um grupo de mais de cem integrantes do Comando de Caça aos Comunistas (CCC) invadiu o teatro Galpão, em São Paulo, espancou artistas e depredou o cenário.

Acervo UH/Folhapress

FIQUE CONECTADO!

Amplie seus conhecimentos sobre as literaturas de língua portuguesa contemporâneas, pesquisando em:

LIVROS

- Leia algumas das principais obras da literatura contemporânea, como *A grande arte*, de Rubem Fonseca; *O vampiro de Curitiba*, de Dalton Trevisan; *O filho eterno*, de Cristovão Tezza; *Dois irmãos*, de Milton Hatoum; *Reprodução*, de Bernardo Carvalho; *Cidade de Deus*, de Paulo Lins; *Quarenta dias*, de Maria Valeria Rezende; *O menino que vendia palavras*, de Ignácio de Loyola Brandão; *Um rio chamado tempo, uma casa chamada terra*, de Mia Couto; *As intermitências da morte*, de José Saramago.

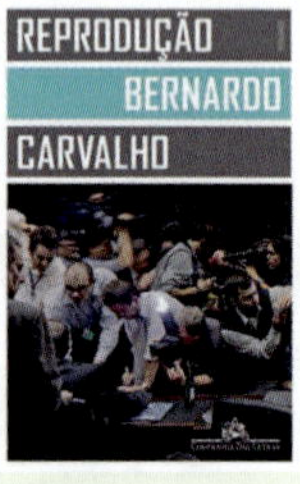

Companhia das Letras

FILMES

- *Órfãos do Eldorado*, de Guilherme Coelho, baseado na obra homônima de Milton Hatoum; *Lavoura arcaica*, de Luiz Fernando Carvalho, adaptação do romance homônimo de Raduan Nassar; *Filme do desassossego*, de João Botelho, adaptação de *Livro do desassossego*, de Fernando Pessoa; *O vento lá fora*, de Marcio Debellian, com declamações de poemas de Fernando Pessoa por Maria Bethânia e Cleonice Berardinelli; *Ensaio sobre a cegueira*, de Fernando Meireles, baseado na obra homônima de José Saramago; *Terra sonâmbula*, de Teresa Prata; *Um rio*, de João Carlos Oliveira; e *O último voo do flamingo*, de José Ribeiro, os três últimos baseados em obras de Mia Couto.

Biscoito Fino

DECLAMAÇÕES

- Ouça o CD que acompanha a obra *Dois ou mais corpos no mesmo espaço* (Perspectiva), de Arnaldo Antunes, no qual o autor declama seus próprios poemas.

SITES

- Conheça os *sites* de Augusto de Campos (http://www2.uol.com.br/augustodecampos/poemas.htm) e de Arnaldo Antunes (http://www.arnaldoantunes.com.br/jae/index.html), nos quais vai poder navegar e conhecer a poesia em língua multimídia, e também o *site* de poesia concreta http://www.poesiaconcreta.com.br/poetas.php?poeta=dp.

PINTURAS

- Conheça a obra de pintores e artistas plásticos que despontaram na década de 1960, como Lygia Clark, Hélio Oiticica, Adriana Varejão, Tunga e Vik Muniz, entre outros.

Reprodução/Cortesia Projeto Hélio Oiticica/Coleção Adolpho Leirmer/São Paulo, SP

Vermelho cortando o branco (1958), de Hélio Oiticica.

MUSEUS

- Instituto Inhotim, em Brumadinho (MG), o maior museu de arte contemporânea do Brasil e o maior museu a céu aberto do mundo.
- Museu de Arte Contemporânea de São Paulo, Museu de Arte Contemporânea de Niterói e Museu de Arte Contemporânea do Paraná, em Curitiba.

Ferreira Gullar

Depois da morte de Drummond, em 1987, Ferreira Gullar passou a ser considerado pela crítica como o mais importante poeta brasileiro vivo. Sua primeira obra, *Um pouco acima do chão*, data de 1949.

A atuação de Gullar, entretanto, não se limita à poesia. É também um importante crítico de arte e de literatura e um intelectual atuante.

Em 1956, juntamente com Lygia Clark e Hélio Oiticica, participou da 1ª Exposição de Arte Concreta, que reuniu artistas concretistas do Rio de Janeiro e de São Paulo. Alguns anos depois, afastou-se do movimento concreto e passou a fazer uma poesia social.

Gullar tem uma vasta produção literária e cultural. Entre seus livros de poesia mais importantes, destacam-se *Dentro da noite veloz* (1975), *Poema sujo* (1976), *Muitas vozes* (1999) e *Em parte alguma* (2010); no teatro, em parceria com Oduvaldo Vianna Filho, *Se correr o bicho pega, se ficar o bicho come* (1966); na literatura infantil, *Um gato chamado gatinho* (2005).

Ferreira Gullar

Ferreira Gullar é o pseudônimo de José Ribamar Ferreira. Nasceu em São Luís, no Maranhão, em 1930. É poeta, contista, dramaturgo, crítico de arte, ensaísta, tradutor, autor de literatura infantil e trabalhou em vários jornais e revistas.

Foi militante no Partido Comunista e, durante o regime militar, foi exilado e viveu no Chile, na Argentina e na União Soviética.

Em 2010, recebeu o Prêmio Camões e, em 2011, o Jabuti. É membro da Academia Brasileira de Letras e escreve crônicas no jornal *Folha de S. Paulo*.

Arquivo/ON/D.A Press

FOCO NO TEXTO

Você vai ler, a seguir, dois poemas de Ferreira Gullar. O primeiro foi produzido em 1963 e integra a obra *Dentro da noite veloz*; o segundo faz parte da obra *Muitas vozes*, publicada em 1999.

Texto 1

Não há vagas

O preço do feijão
não cabe no poema. O preço
do arroz
não cabe no poema.
Não cabem no poema o gás
a luz o telefone
a sonegação
do leite
da carne
do açúcar
do pão

O funcionário público
não cabe no poema
com seu salário de fome
sua vida fechada
em arquivos.
Como não cabe no poema
o operário
que esmerila seu dia de aço
e carvão
nas oficinas escuras

– porque o poema, senhores,
está fechado:
"não há vagas"

Só cabe no poema
o homem sem estômago
a mulher de nuvens
a fruta sem preço

O poema, senhores,
não fede
nem cheira

Andressa Honório

(*Dentro da noite veloz* e *Poema sujo*. São Paulo: Círculo do Livro, 1963.)

Texto 2

Não coisa

O que o poeta quer dizer
no discurso não cabe
e se o diz é pra saber
o que ainda não sabe.

Uma fruta uma flor
um odor que relume...
Como dizer o sabor,
seu clarão seu perfume?

Como enfim traduzir
na lógica do ouvido
o que na coisa é coisa
e que não tem sentido?

A linguagem dispõe
de conceitos, de nomes
mas o gosto da fruta
só o sabes se a comes

só o sabes no corpo
o sabor que assimilas
e que na boca é festa
de saliva e papilas

invadindo-te inteiro
tal dum mar o marulho
e que a fala submerge
e reduz a um barulho,

um tumulto de vozes
de gozos, de espasmos,
vertiginoso e pleno
como são os orgasmos

No entanto, o poeta
desafia o impossível
e tenta no poema
dizer o indizível:

subverte a sintaxe
implode a fala, ousa
incutir na linguagem
densidade de coisa
sem permitir, porém,
que perca a transparência
já que a coisa é fechada
à humana consciência.

O que o poeta faz
mais do que mencioná-la
é torná-la aparência
pura — e iluminá-la.

Toda coisa tem peso:
uma noite em seu centro.
O poema é uma coisa
que não tem nada dentro,

a não ser o ressoar
de uma imprecisa voz
que não quer se apagar
— essa voz somos nós.

(*Muitas vozes*. Rio de Janeiro: José Olympio, 1999. p. 53-4.)

Andressa Honório

1. O poema "Não há vagas" é organizado em duas partes.

a. Identifique os versos que pertencem a cada uma das partes.

b. De que trata cada uma dessas partes?

2. Compare algumas das coisas que cabem e que não cabem no poema, de acordo com o poema "Não há vagas":

CABEM	NÃO CABEM
arroz	homem sem estômago
feijão	mulher de nuvens
luz	fruta sem preço
telefone	
operário	

REGISTRE NO CADERNO

a. De que tipo são as coisas que não cabem no poema?

b. De que tipo são as coisas que cabem no poema?

c. A oposição entre o que cabe e o que não cabe no poema revela duas concepções diferentes sobre o fazer poético. Quais são elas?

d. O eu lírico se mostra favorável a uma delas? Se sim, qual? Justifique sua resposta.

3. O poema "Não coisa" também aborda o tema do fazer poético. Releia estes versos:

A linguagem dispõe
de conceitos, de nomes
mas o gosto da fruta
só o sabes se a comes

a. Como o eu lírico vê a relação entre linguagem e objeto? Explique, utilizando elementos do poema.

b. Justifique o título do poema.

c. Diante do desafio, o poeta desiste? Justifique sua resposta com elementos do poema.

d. O que o poeta consegue fazer em relação ao objeto? Explique em que consiste sua ação.

4. Releia os últimos versos do poema "Não objeto":

O poema é uma coisa
que não tem nada dentro,

a não ser o ressoar
de uma imprecisa voz
que não quer se apagar
— essa voz somos nós.

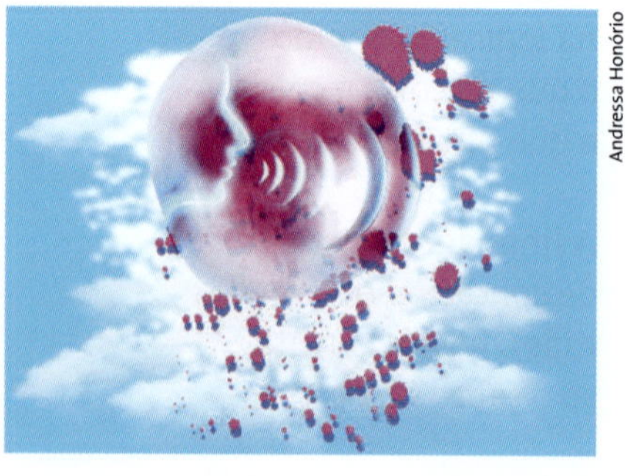

Andressa Honório

a. O que há no poema?

b. Interprete o último verso do poema: "— essa voz somos nós".

5. O poema "Não coisa" foi escrito quase 40 anos depois do poema "Não há vagas", e ambos abordam o tema da criação poética.

a. Que diferença há na abordagem dos dois textos em relação a esse tema?

b. Que ideia sobre a criação poética está presente nos dois poemas?

A literatura brasileira do final do século XX aos nossos dias

Com o fim do regime militar e da censura em nosso país, em 1985, os escritores brasileiros começaram a buscar caminhos diversificados, tanto na poesia quanto na prosa.

Na *poesia* do final do século XX até os dias atuais, ainda é visível a influência da literatura marginal, observada na incorporação de um lirismo mais espontâneo, mas também se notam temas e procedimentos poéticos que remontam à tradição anterior, de Drummond de Andrade e João Cabral de Melo Neto.

Os temas dessa produção são variados e vão da vida nos centros urbanos até a criação literária. Muitos poetas desse período passaram a se interessar também por outras artes e linguagens, como a música, a fotografia e o vídeo. Esse é o caso, por exemplo, de Paulo Leminsky e Arnaldo Antunes.

O número de poetas contemporâneos é muito amplo, mas vale ressaltar alguns deles, como Antônio Risério, Fabrício Carpinejar, Carlito Azevedo, Tarso de Melo, Paulo Henriques Brito, Donizete Galvão e Antônio Cícero.

A *prosa* do final do século XX, em especial no conto e no romance, mantém as inovações da geração de 1945 – que rompeu com a narrativa linear e realista, explorando a narração desordenada, o fluxo de consciência, o foco narrativo às vezes indefinido – e se volta basicamente para as questões que envolvem o homem urbano, como a violência e o desemprego, nos diferentes espaços das grandes cidades, como a periferia, a favela, o centro financeiro.

O *romance* se diversifica em diferentes direções, indo da literatura fantástica de *A hora dos ruminantes*, de José J. Veiga, até o retrato das condições de vida nas favelas, como o que faz, por exemplo, Paulo Lins, no romance *Cidade de Deus*, adaptado para o cinema. O veio regionalista, que focaliza o homem em diferentes regiões do país, se mantém, como nos romances *O coronel e o lobisomem*, de José Cândido de Carvalho, *Os desvalidos*, de Francisco Dantas, e nos romances manauenses de Milton Hatoum, como *Relato de um certo Oriente*, que você vai estudar neste capítulo. Há ainda a ficção intimista de Lygia Fagundes Telles, Fernando Sabino, Aníbal Machado, Raduan Nassar, Chico Buarque de Holanda, Cristovão Tezza e Bernardo de Carvalho, entre outros. No romance policial, destaca-se principalmente Rubem Fonseca, autor de *A grande arte*, e, no romance histórico e biográfico, Fernando Morais, com *Olga*, e José Roberto Torero, com *O chalaça*.

O *conto* segue os rumos do romance e conta com grandes autores, como Lygia Fagundes Telles, Dalton Trevisan, Osman Lins, Murilo Rubião, Moacyr Scliar, Rubem Fonseca, João Antônio, Ignácio de Loyola Brandão, Marina Colasanti e Marcelino Freire, entre outros.

Veiculada diariamente nos jornais e nas revistas semanais, a *crônica* é o gênero em prosa com maior popularidade nesse período. Destacam-se como cronistas importantes escritores, como Luis Fernando Verissimo, Mário Prata, Antonio Prata, Moacyr Scliar, Carlos Heitor Cony, Affonso Romano de Sant´Anna e Walcyr Carrasco.

LFH Produções/VideoFilmes

Cartaz do filme *Lavoura arcaica*, de Luiz Fernando Carvalho, adaptação para o cinema do romance de Raduan Nassar.

Milton Hatoum

Milton Hatoum é escritor, tradutor e professor. Descendente de libaneses, nasceu em 1952, em Manaus, no Amazonas, onde passou a infância e parte da juventude. Fez Arquitetura na Universidade de São Paulo e trabalhou como jornalista cultural e professor de história da arquitetura.

Estudou em Barcelona, em Madri e em Paris, como bolsista, e se especializou em estudos literários. Foi professor de literatura francesa na Universidade Federal do Amazonas e vive atualmente em São Paulo. É colunista do jornal *O Estado de S. Paulo*.

Suas obras já foram traduzidas para dez línguas e publicadas em catorze países.

Henrique Manreza/Folhapress

Milton Hatoum

Milton Hatoum é considerado pelo crítico Manuel da Costa Pinto como o mais importante romancista da literatura brasileira atual. É autor também de contos, crônicas e artigos sobre literatura.

Os três primeiros romances do escritor, *Relato de um certo Oriente* (1989), *Dois irmãos* (2000) e *Cinzas do Norte* (2005), ganharam o Prêmio Jabuti na categoria de melhor romance. Depois, foram publicados o romance *Órfãos do Eldorado* (2008) e o livro de contos *A cidade ilhada* (2009).

Nas obras de Hatoum se misturam com frequência lembranças de experiências pessoais, vividas pelo escritor na Amazônia, no contexto de uma família líbano-brasileira, e aspectos sócio-históricos de nossa realidade.

O autor tem uma prosa lapidada, com pleno domínio das técnicas narrativas: lida com diferentes planos narrativos, com tempos da memória e o tempo presente, com introspecção psicológica e fluxo de consciência.

Manaus, o espaço físico retratado em suas obras, é mostrada como uma cidade meio esquecida, à beira da floresta, misto de porto de passagem e local de cruzamento de etnias e culturas.

Relato de um certo Oriente

Companhia das Letras

Uma espécie de "viagem de memória", *Relato de um certo Oriente* faz uma reconstituição da vida de uma família de imigrantes libaneses que se instalara em Manaus.

No primeiro capítulo, a narradora (de nome não identificado) chega de São Paulo, onde ficara internada em uma clínica psiquiátrica durante muitos anos, e se dirige à casa onde vivera em Manaus com seus pais adotivos – Emilie e o marido (de nome não identificado), imigrantes libaneses, com os quatro filhos legítimos do casal e com seu irmão biológico, também adotado.

Naquele espaço onde vivera tantos anos, começa a reconstruir o passado e a relatar suas memórias em uma carta, a qual pretende enviar a seu irmão biológico, que mora então em Barcelona. Tudo no ambiente – móveis, objetos e decoração – tem relação com a cultura árabe-libanesa e constitui o que é para a narradora "um certo Oriente", ou seja, o seu Oriente particular, misto de elementos da infância e de elementos orientais e amazônicos.

Nos capítulos seguintes, entretanto, a voz da narradora dá lugar a outros narradores. Trata-se de vozes de outras personagens que povoaram aquela casa ou se relacionaram com a família: o filho mais velho do casal, o fotógrafo Dorner, o marido de Emilie e Hindié (amiga de Emilie). Só mais tarde a primeira narradora retoma o fio narrativo.

Nessa espécie de coro em que se ressaltam tantas vozes e tantos pontos de vista, os fatos vão sendo reconstituídos nos desvãos da memória, em meio a culpas, lutos, sombras, lacunas e esquecimento. Essa tarefa quase impossível de reconstrução do passado tem, para a narradora principal, um significado particular: a possibilidade de reencontrar a si mesma, ou reencontrar a própria identidade.

FOCO NO TEXTO

Você vai ler, a seguir, uma parte do capítulo 4 e outra do capítulo 5 da obra. Nelas, é o fotógrafo alemão Dorner, amigo da família, quem conta à narradora principal o que ouvira do pai dela a respeito de como chegara ao Brasil.

4

"A viagem terminou num lugar que seria exagero chamar de cidade. Por convenção ou comodidade, seus habitantes teimavam em situá-lo no Brasil; ali, nos confins da Amazônia, três ou quatro países ainda insistem em nomear fronteira um horizonte infinito de árvores; naquele lugar nebuloso e desconhecido para quase todos os brasileiros, um tio meu, Hanna, combateu pelo Brasão da República Brasileira; alcançou a patente de coronel das Forças Armadas, embora no Monte Líbano se dedicasse à criação de carneiros e ao comércio de frutas nas cidades litorâneas do sul; nunca soubemos o porquê de sua vinda ao Brasil, mas quando líamos suas cartas, que demoravam meses para chegar às nossas mãos, ficávamos estarrecidos e maravilhados. Relatavam epidemias devastadoras, crueldades executadas com requinte por homens que veneravam a lua, inúmeras batalhas tingidas com as cores do crepúsculo, homens que degustavam a carne de seus semelhantes como se saboreassem rabo de carneiro, palácios com jardins esplêndidos, dotados de paredes inclinadas e rasgadas por janelas ogivais que apontavam para o poente, onde repousa a lua de ramadã. Relatavam também os perigos que haviam enfrentado: rios de superfície tão vasta que pareciam um espelho infinito; a pele furta-cor de um certo réptil que o despertou com o seu brilho intenso quando cerrava as pálpebras na hora sagrada da sesta; e a ação de um veneno que os nativos não usavam para fins belicosos, mas que ao penetrar na pele de alguém, fazia-lhe adormecer, originando pesadelos terríveis, que eram a soma dos momentos mais infelizes da vida de um homem.

Passados onze anos, talvez em 1914, Hanna enviou-nos dois retratos seus, colados na frente e no verso de um papel-cartão retangular; dentro do envelope havia apenas um bilhete em que se lia: "entre as duas folhas de cartão há um outro retrato; mas este só deverá ser visto quando o próximo parente desembarcar aqui". Ao ler o bilhete, meu pai, dirigindo-se a mim, sentenciou: chegou a tua vez de enfrentar o oceano e alcançar o desconhecido, no outro lado da terra.

Eu sabia o nome do lugar onde Hanna morava, sabia que ali todos conheciam todos e que os inimigos mais ferrenhos se esbarravam de vez em quando. A viagem foi longa: mais de três mil milhas navegadas durante várias semanas; em certas noites, eu e os poucos aventureiros que me acompanhavam parecíamos os únicos sobreviventes de uma catástrofe. Chegamos, enfim, na cidade de Hanna, numa noite de intenso calor. Já não sabia há quanto tempo viajávamos e nada, a não ser a voz do comandante da embarcação, anunciou que tínhamos atracado à beira de um porto. Da proa ou de qualquer ponto do barco, nenhuma luz artificial era visível para alguém que mirasse o horizonte; mas bastava alçar um pouco a cabeça para que o olhar deparasse com uma festa de astros que se projetavam na superfície do rio, alongando-se por uma infindável linha imaginária ao longo do barco; a escuridão nos indicava ser ali a fronteira entre a terra e a água.

Nelson Provazi

Ansioso, esperei o amanhecer: a natureza, aqui, além de misteriosa é quase sempre pontual. Às cinco e meia tudo ainda era silencioso naquele mundo invisível; em poucos minutos a claridade surgiu como uma súbita revelação, mesclada aos diversos matizes do vermelho, tal um tapete estendido no horizonte, de onde brotavam miríades de asas faiscantes: lâminas de pérolas e rubis; durante esse breve intervalo de tênue luminosidade, vi uma árvore imensa expandir suas raízes e copa na direção das nuvens e das águas, e me senti reconfortado ao imaginar ser aquela a árvore do sétimo céu.

Ao meu redor todos ainda dormiam, de modo que presenciei sozinho aquele amanhecer, que nunca mais se repetiria com a mesma intensidade. Compreendi, com o passar do tempo, que a visão de uma paisagem singular pode alterar o destino de um homem e torná-lo menos estranho à terra em que ele pisa pela primeira vez.

Antes das seis, tudo já era visível: o sol parecia um olho solitário e brilhante perdido na abóbada azulada; e de uma mancha escura alastrada diante do barco, nasceu a cidade. Não era maior que muitas aldeias encravadas nas montanhas do meu país, mas o fato de estar situada num terreno plano acentuava a repetição dos casebres de madeira e exagerava a imponência das construções de pedra: a igreja, o presídio, um ou outro sobrado distante do rio; é inútil afirmar que não havia palácios; estes, faziam parte das invenções de Hanna, o mais imaginoso entre os irmãos do meu pai; lá na nossa aldeia, o rabo descomunal de um carneiro servia-lhe de estímulo para que contasse um mundo de histórias; os mais velhos o escutavam com atenção e o patriarca de Tarazubna, cego e surdo, intervinha com uma palavra ou um gesto nos momentos de hesitação, quando algo escapa à fala. [...]"

adusto: abrasado, quente.
desvelar: tirar o véu; revelar.
miríade: número correspondente a dez mil; enorme quantidade.
Parisiense: na obra, loja administrada pelo pai da narradora principal.
ramadã: mês do calendário islâmico (o nono), durante o qual os muçulmanos devem jejuar do nascimento ao pôr do sol.
sétimo céu: o mesmo que paraíso, para os adeptos do islamismo.

5

"Foi assim que teu pai reumiu sua vinda ao Brasil, numa tarde em que o procurei para puxar assunto. Curiosa era a maneira como se dirigia a mim: sempre olhando para o Livro aberto. Folheava-o vez ou outra, esfregando os dedos nas folhas de papel e esse convívio inquieto das mãos com o texto sagrado parecia animar sua voz.

[...]

[...] O convívio com teu pai me instigou a ler *As mil e uma noites*, na tradução de Henning. A leitura cuidadosa e morosa desse livro tornou nossa amizade mais íntima; por muito tempo acreditei no que ele me contava, mas aos poucos constatei que havia uma certa alusão àquele livro, e que os episódios de sua vida eram transcrições adulteradas de algumas noites, como se a voz da narradora ecoasse na fala do meu amigo. No início de nossa amizade ele se mostrara circunspecto e reservado, mas ao concluir a leitura da milésima noite ele se tornara um exímio falador. Às vezes, a leitura de um livro desvela uma pessoa. Mas o curioso é que ele sempre deixava uma ponta de incerteza ou descrédito no que contava, sem nunca perder a entonação

Nelson Provazi

e o fervor dos que contam com convicção. Os fatos e incidentes ocorridos na família de Emilie e na vida da cidade também participavam das versões confidenciadas por teu pai aos visitantes solitários da Parisiense. O que me fez pensar nisso foi a coincidência entre certas passagens da vida de outras pessoas, que mescladas a textos orientais ele incorporava à sua própria vida. Era como se inventasse uma verdade duvidosa que pertencia a ele e a outros. Fiquei surpreso com essas coincidências, mas, afinal, o tempo acaba borrando as diferenças entre uma vida e um livro."

(*Relato de um certo Oriente*. 2. ed. São Paulo: Companhia das Letras, 1989. p. 71-80.)

1. Observe o início dos capítulos 4 e 5.

a. Quem está contando a história do libanês que vem ao Brasil? A quem esse narrador conta a história? Justifique sua resposta com elementos do texto.

b. Em frases como "Chegamos, enfim, na cidade de Hanna" e "Ansioso, esperei o amanhecer", do capítulo 4, a voz que conta esses fatos é a mesma do narrador identificado no item *a* da questão? Explique como se dá a relação de vozes no texto.

c. Que sinal de pontuação é utilizado para marcar a introdução de um novo narrador na narração principal da obra?

Memória e confissão

Em entrevista, Milton Hatoum comentou a respeito de *Relato de um certo Oriente*:

No *Relato* há um tom de confissão, é um texto de memória sem ser memorialístico, sem ser autobiográfico; há, como é natural, elementos de minha vida e da vida familiar. Porque minha intenção, do ponto de vista da escritura, é ligar a história pessoal à história familiar: este é o meu projeto. Num certo momento de nossa vida, nossa história é também a história de nossa família e a de nosso país (com todas as limitações e delimitações que essa história suscite).

Memória? Com relação ao *Relato*, percebi que causou, talvez, para alguns leitores, uma certa estranheza, a estrutura de encaixes em que está vazado: vozes narrativas que se alternam... Mas, se a própria memória também é desse mesmo modo... O tempo narrativo, no livro, é um tempo fragmentário, que reproduz, de certa forma, a estrutura de funcionamento da memória: essa espécie de vertiginoso vaivém no tempo e no espaço.

(Entrevista concedida a Aida Hanania. Disponível em: (http://hottopos.com/collat6/milton1.htm. Acesso em: 20/2/2016.)

2. O libanês veio para o Brasil por determinação de seu pai e por influência de seu tio Hanna.

a. Que impressões o tio passava aos parentes do Líbano a respeito do lugar onde vivia?

REGISTRE NO CADERNO

b. Tudo o que Hanna contava sobre o Brasil era verdadeiro? Justifique sua resposta com elementos do texto.

3. A linguagem das obras de Milton Hatoum costuma ser bem-trabalhada. Observe os seguintes trechos descritivos e figurados presentes no texto lido:

- "a claridade surgiu como uma súbita revelação, mesclada aos diversos matizes do vermelho, tal um tapete estendido no horizonte, de onde brotavam miríades de asas faiscantes: lâminas de pérolas e rubis"

- “o sol parecia um olho solitário e brilhante perdido na abóbada azulada; e de uma mancha escura alastrada diante do barco, nasceu a cidade”

REGISTRE NO CADERNO

a. Que figuras de linguagem são utilizadas para descrever o amanhecer na cidade?

b. Explique o que são, no contexto, as “miríades de asas faiscantes: lâminas de pérolas e rubis”.

c. Que característica do amanhecer é destacada no segundo trecho?

d. Que importância essas descrições têm na narrativa, considerando-se a situação vivida pela personagem?

As mil e uma noites

A obra *As mil e uma noites* é uma coletânea de contos originários das tradições indiana, persa e árabe, convertidos à escrita árabe a partir do século IX d.C.

Na obra, a narradora das histórias é Xerazade, esposa do rei Xariar.

O rei, enfurecido por ter sido traído pela primeira esposa, casa-se a cada noite com uma virgem e manda matá-la no dia seguinte, a fim de evitar nova traição. Xerazade, após o casamento, evita sua morte com o seguinte ardil: cada noite, ela conta uma história ao rei e, ao raiar do dia, deixa a narração suspensa.

Xariar, movido pela curiosidade, vai poupando Xerazade da morte, a fim de ouvir, na noite seguinte, a continuação da narrativa. Depois de 1001 noites, ele desiste de seu propósito inicial.

Um dos traços característicos dessa obra é a multiplicidade de narradores. Xerazade cede sua voz para que as personagens de suas narrativas contem, em 1ª ou em 3ª pessoa, suas próprias histórias.

The Bridgeman Art Library / Keystone Brasil

4. O imigrante libanês gostava de contar histórias e apreciava muito *As mil e uma noites*, o que despertou no amigo fotógrafo o interesse pela obra.

a. As histórias que ele contava ao fotógrafo eram verdadeiras? Justifique sua resposta com elementos ou trechos do texto lido.

b. Que aspectos de personalidade aproximavam o libanês e Sherazade, a narradora de *As mil e uma noites*?

c. Leia o boxe “*As mil e uma noites*” e responda: Que relação existe entre *Relato de um certo Oriente* e *As mil e uma noites*?

5. Milton Hatoum é um escritor brasileiro descendente de libaneses. Releia o boxe “Memória e confissão” e, depois, responda:

a. Considerando-se a afirmação “o tempo acaba borrando as diferenças entre uma vida e um livro”, feita no capítulo 5, pode-se dizer que Milton Hatoum também participa da tradição árabe-libanesa dos contadores de história? Por quê?

b. Como Hatoum lida, em *Relato de um certo Oriente*, com os elementos da vida real e da fantasia?

Análise linguística: as diferentes formas de dizer

FOCO NO TEXTO

Leia as notas de jornal a seguir.

JUNDIAÍ

Ladra abandona filha de 3 anos durante assalto

Flagrada furtando uma loja com três comparsas, uma mulher saiu correndo e deixou a filha de 3 anos no local do furto, em Jundiaí, interior de São Paulo. O caso aconteceu na terça-feira, mas só anteontem as imagens da ação foram divulgadas pela polícia. Seguranças entregaram a menina ao Conselho Tutelar. A Justiça decidirá o destino da criança. Ela pode ficar sob a guarda dos avós.

Duas das suspeitas acabaram detidas. A mãe da menina abandonada não havia sido localizada até a manhã de ontem.

VIOLÊNCIA

Mulher é feita refém em shopping no Tatuapé

Uma mulher foi mantida refém por um homem com uma faca no pescoço, ontem à tarde, na praça de alimentação do Shopping Metrô Tatuapé, na zona leste da capital. Parte do local foi esvaziada pelos policiais, e frequentadores chegaram a pensar que havia um arrastão. O homem acabou preso pela PM. A vítima não ficou ferida, mas foi atendida por uma equipe médica.

(*O Estado de S. Paulo*, 12 de junho de 2015.)

1. Ambas as notas fazem referência a problemas de violência envolvendo mulheres.

a. Em qual delas a mulher é a agente responsável pela violência?

b. Em qual delas a mulher sofre a violência?

c. Quais outros termos, além de *mulher*, cada uma das notas utiliza na manchete e ao longo do texto para fazer menção à mulher a que se refere?

2. Releia a 1ª manchete.

a. Reescreva-a, substituindo a palavra *ladra* pela palavra *mulher*.

b. Discuta com os colegas e o professor: Quais são as possíveis mudanças de sentido entre a manchete original e a escrita por você no item anterior?

c. É possível pensar que a 1ª manchete não utiliza a palavra *mulher* para evitar uma ambiguidade. Explique qual seria essa ambiguidade.

d. Proponha uma reescrita para a 1ª manchete, utilizando a palavra *mulher* e eliminando a ambiguidade apontada por você no item anterior.

3. As manchetes lidas foram redigidas com estruturas diferentes, em vozes distintas (leia o boxe "Voz ativa e voz passiva analítica").

a. Reescreva a 1ª manchete utilizando a estrutura da 2ª.

b. Reescreva a 2ª manchete, utilizando a estrutura da 1ª.

c. Discuta com os colegas e o professor: Quais são as possíveis mudanças de sentido entre as manchetes originais e as escritas por você nos itens anteriores?

Releia os trechos a seguir, extraídos, respectivamente, da 1ª e da 2ª notas, e responda às questões de 4 a 6.

Voz ativa e voz passiva analítica

Como você já deve ter estudado em anos anteriores, a gramática tradicional chama de *voz* a relação entre sujeito e verbo. Entre as relações possíveis, destacamos para esse estudo a voz ativa (quando o sujeito é agente da ação verbal: *mulher rouba carro*) e a voz passiva analítica (quando o sujeito é paciente da ação verbal: *mulher é roubada por seu vizinho*).

I. "Flagrada furtando uma loja com três *comparsas*, uma mulher saiu correndo"
II. "A *vítima* não ficou ferida"

© ImageZoo/Corbis/Latinstock

4. Sobre os gêneros das palavras em destaque, responda:

a. Apenas pela leitura isolada dessas frases, é possível saber se *comparsas* e *vítima* são homens ou mulheres? Justifique sua resposta.

b. Deduza, com base no texto das notas como um todo: *Comparsas* e *vítima* são homens ou mulheres? Justifique sua resposta com elementos dos textos.

5. Observe que foram utilizados, respectivamente, o numeral *três* e o artigo *a* antes das palavras em destaque.

a. Na primeira frase, se houvesse artigo antes de *comparsas*, seria possível identificar de imediato o gênero dessa palavra? Justifique e proponha uma reescrita que comprove sua resposta.

b. Reescreva essa frase, mudando o gênero original que a palavra tem no texto.

c. Discuta com os colegas e o professor: Por que a presença do artigo *a* na segunda frase não permite identificar o gênero da pessoa a que ela se refere? Dê um exemplo de frase que ilustre sua afirmação.

REGISTRE NO CADERNO

6. Entre os dois termos em destaque, um tem um sentido mais pejorativo, isto é, geralmente é utilizado em contextos nos quais se quer exprimir certa reprovação.

a. Identifique qual é esse termo.

b. Proponha uma substituição desse termo por outro que não altere o sentido do enunciado, mas que não tenha o mesmo tom depreciativo.

c. Embora não tenha um sentido pejorativo tão marcado, o outro termo também pode ser utilizado com esse tom de reprovação. Imagine uma situação e crie um enunciado no qual o segundo termo apresente sentido depreciativo.

7. Releia o trecho a seguir, extraído da 2ª nota.

"Uma mulher foi mantida refém por um homem com uma faca no pescoço"

a. Essa frase foi escrita de forma ambígua. Identifique a expressão que a torna ambígua e explique quais são as duas leituras possíveis.

b. Proponha uma reescrita para a frase, eliminando a ambiguidade.

REGISTRE NO CADERNO

8. Discuta com os colegas e o professor e conclua: As palavras que escolhemos para fazer menção a pessoas e ações podem afetar a visão de nossos interlocutores em relação aos fatos a que nos referimos? Dê exemplos do estudo realizado que justifiquem sua resposta.

REFLEXÕES SOBRE A LÍNGUA

Ao produzirmos um texto, oral ou escrito, numa situação de comunicação formal ou informal, construímos uma realidade. Nossos interlocutores, com base nos textos e discursos que conhecem, estabelecem relações entre o texto e outros discursos sobre o assunto e o gênero e, por fim, constroem sua interpretação a respeito do que dissemos ou escrevemos. Em nossa vida, intercalamos o papel de produtor e destinatário e, quando nos engajamos na compreensão de um texto, fazemos o mesmo: relacionamos o texto lido ou ouvido a outros que conhecemos para construir nossa leitura.

Andressa Honório

Por isso, como você viu no estudo da seção anterior, cada palavra que lemos ou escrevemos e cada estrutura que escolhemos utilizar em nossos textos podem ressaltar ou atenuar determinado aspecto do assunto tratado. Assim, é muito importante que essas escolhas sejam feitas de forma consciente, a fim de que os textos que produzimos cumpram nossos objetivos. Da mesma forma, é importante saber identificar essas diferentes estratégias na leitura de um texto, para podermos construir uma compreensão o mais crítica e aprofundada possível.

APLIQUE O QUE APRENDEU

Leia a seguir um texto que circula em vários *sites* e *blogs* da Internet.

A arte de escrever

NO DOUTORADO:
O dissacarídeo de fórmula $C_{12}H_{22011}$, obtido através da fervura e evaporação de H_2O do líquido resultante da prensagem do caule da gramínea Saccharus Officinarum Linneu, 1758, isento de qualquer outro tipo de processamento suplementar que elimine suas impurezas, quando apresentado sob a forma geométrica de sólidos de reduzidas dimensões e arestas retilíneas, impressiona favoravelmente as papilas gustativas e apresenta considerável resistência a modificar suas dimensões.

NO MESTRADO:
A sacarose extraída da cana-de-açúcar, que ainda não tenha passado pelo processo de purificação e refino, apresentando-se sob a forma de pequenos sólidos troncopiramidais de base regular, impressiona o paladar, porém não altera suas dimensões lineares ou suas proporções quando submetida a uma tensão axial.

NA GRADUAÇÃO:
O açúcar, quando ainda não submetido à refinação e apresentando-se em blocos sólidos de pequenas dimensões e forma troncopiramidal, tem sabor deleitável, todavia não muda suas proporções quando sujeito à compressão.

NO ENSINO MÉDIO:
Açúcar não refinado, sob a forma de pequenos blocos, tem o sabor agradável do mel, mas não muda de forma quando pressionado.

NO ENSINO FUNDAMENTAL:
Açúcar mascavo em tijolinhos tem o sabor adocicado, mas não é macio nem flexível.

NA SABEDORIA POPULAR:
Rapadura é doce, mas não é mole não!

(Disponível em: http://www.stellabortoni.com.br/index.php/artigos/1166-aapaiuaa-i-ioii-mas-oao-i-moli-oao. Acesso em: 15/3/2016.)

1. Troque ideias com os colegas e o professor para resolver as seguintes questões.

a. Identifique oralmente as expressões que correspondem umas às outras em cada estágio do texto. Siga o exemplo a seguir.

SABEDORIA POPULAR	DOUTORADO
Rapadura	De "O dissacarídeo de fórmula $C_{12}H_{22011}$" até "arestas retilíneas"
é doce	"impressiona favoravelmente as papilas gustativas"
mas não é mole	"apresenta considerável resistência a modificar suas dimensões."

b. Identifique oralmente termos e expressões que seriam característicos dos diferentes níveis de titulação na descrição da rapadura:

Doutorado:

Mestrado:

Graduação:

Ensino médio:

Ensino fundamental:

REGISTRE NO CADERNO

c. Tendo em vista suas respostas aos itens anteriores, descreva brevemente a lógica de organização do texto.

2. O título do texto é "A arte de escrever".

a. Levante hipóteses: Com esse modelo de organização, o que o texto considera que seja "a arte de escrever"?

b. Segundo essa lógica, de quais habilidades depende "a arte de escrever"?

c. É possível considerar que esse título é irônico? Justifique sua resposta.

3. Com base em suas respostas às questões anteriores, conclua: Qual sentido é construído por esse texto em relação ao conhecimento científico e acadêmico?

Leia as manchetes e lides a seguir, que fazem referência a um mesmo fato, para responder às questões 4 e 5.

I. **Morador de rua é condenado a 5 anos de prisão por carregar Pinho Sol e água sanitária**

Laudo fala em "ínfima possibilidade" de produtos serem utilizados como bomba incendiária, mas juiz acatou o pedido do MP e condenou Rafael Vieira

(Disponível em: http://www.cartacapital.com.br/sociedade/morador-de-rua-e-condenado-a-5-anos-de-prisao-por-carregar-pinho-sol-e-agua-sanitaria-7182.html. Acesso em: 16/3/2016.)

II. **Catador é o primeiro condenado após onda de manifestações**

(Disponível em: http://www1.folha.uol.com.br/cotidiano/2013/12/1380488-catador-e-o-primeiro-condenado-apos-onda-de-manifestacoes.shtml. Acesso em: 16/3/2016.)

III. **Catador de latas é o primeiro condenado após onda de protestos**

Homem de 26 anos foi preso por portar artefato explosivo durante manifestação que levou centenas de milhares de pessoas às ruas do centro do Rio, em 20 de junho

(Disponível em: http://www.estadao.com.br/noticias/geral,catador-de-latas-e-o-primeiro-condenado-apos-onda-de-protestos,1104164. Acesso em: 16/3/2016.)

IV. **ÚNICO CONDENADO PELAS MANIFESTAÇÕES É JOVEM, NEGRO E POBRE**

Rafael Braga Vieira, de 26 anos, nascido na Vila da Penha, no Rio de Janeiro, que diz nunca ter participado de uma manifestação, foi condenado a cinco anos de prisão por posse de explosivos: ele carregava uma garrafa de Pinho Sol e outra de cloro. Especialistas afirmam ser impossível fazer um coquetel molotov com uma garrafa de plástico. Mesmo assim Rafael cumpre pena em Bangu 5. Uma condenação anterior por roubo pode ter influenciado o juiz.

(Disponível em: http://www.brasil247.com/pt/247/favela247/129515/%C3%9Anico-condenado-pelas-manifesta%C3%A7%C3%B5es-%C3%A9-jovem-negro-e-pobre.htm. Acesso em: 16/3/2016.)

V. **Homem é condenado a seis anos por levar garrafa em protesto no Rio**

Rapaz foi em 20 de junho, dia da maior manifestação ocorrida na cidade, com participação de 300 mil pessoas

(Disponível em: http://www.tribunahoje.com/noticia/86218/brasil/2013/12/04/homem-e-condenado-a-seis-anos-por-levar-garrafa-em-protesto-no-rio.html. Acesso em: 16/3/2016.)

4. Como cada uma delas se refere:

a. ao indivíduo que é foco da notícia?

b. ao que se passou com ele?

c. aos objetos que ele carregava?

d. ao local onde ele estava?

REGISTRE NO CADERNO

5. Comparando os textos, identifique e justifique suas respostas.

a. Qual mais se solidariza com o indivíduo a que se refere?

b. Qual tem um posicionamento desfavorável em relação ao indivíduo a que se refere?

TEXTO E ENUNCIAÇÃO

Leia a história em quadrinhos a seguir.

Laerte

(Disponível em: http://www1.folha.uol.com.br/fsp/images/i2210201102.jpg. Acesso em: 16/3/2016.)

1. Levante hipóteses e justifique suas respostas com elementos do texto:

a. Quem é o homem de óculos e terno?

b. Quem o interpela, sem aparecer no texto?

2. As interpelações da(s) personagem(ns) que não aparece(m) vão fazendo com que a personagem de terno modifique uma de suas afirmações anteriores.

a. Identifique, nos três primeiros quadros, quais são os termos correspondentes que fazem parte dessa modificação.

b. Deduza: Qual seria a versão dessa informação no 3º quadrinho? Justifique.

3. Releia os trechos a seguir, extraídos das falas interrompidas da personagem de terno.

I. "Mais um ditador sanguinário"
II. "Durante décadas ele aterrorizou a população"
III. "As forças da liberdade, com forte apoio"

REGISTRE NO CADERNO

a. Quais termos dessas frases se referem diretamente ao "ditador" mencionado?

b. Quais termos se referem àqueles que combateram o "ditador" mencionado?

c. Tendo em vista os termos e expressões utilizados pelo homem de terno em relação ao "ditador" mencionado, conclua: Qual é o posicionamento dele? Justifique com base em suas respostas aos itens anteriores.

4. No último quadrinho, o homem de terno interrompe sua exposição.

a. Por que ele fica irritado?

b. Identifique, nessa fala, a expressão que ele utiliza para se referir às intervenções da(s) outra(s) personagem(ns).

c. Conclua: Por que ele utiliza essa expressão?

PRODUÇÃO DE TEXTO

Verbete e projeto de pesquisa

Verbete

FOCO NO TEXTO

Leia o texto:

Britannica Escola Online/ Enciclopédia Escolar Britannica

América Latina

Salvar na Área de Pesquisa | Imprimir o artigo | Enviar por e-mail | Citar o artigo

Um grupo toca o calipso, gênero musical originário de Trinidad e Tobago. Os tambores ...
styrofilm/Pond5.com

Audio
O gênero de música andina em geral combina os sons da quena (tipo de flauta), do ...
Lukasz Porwol–FxProSound/Pond5.com

Mais informações:
▸ Multimídia

Projetos na Área de Pesquisa
Projeto 1
->Abrir Área de Pesquisa

A América Latina é uma região em que se falam línguas que se originam do latim (a língua antiga dos romanos). Ela se estende do sul da América do Norte (México) até o sul da América do Sul, englobando a maior parte da América Central (estando aí incluída a maioria das Antilhas, no mar do Caribe). O espanhol, o português e o francês são línguas latinas. Embora em parte do Canadá seja falada a língua francesa, esse território não é considerado integrante da América Latina.

População

O tango, um gênero musical e uma dança, nasceu em meados do século XIX em ...
cteten/Pond5.com

Muitos latino-americanos são mestiços de índios, europeus e africanos. A grande maioria deles fala espanhol ou português (só no Brasil). Alguns falam francês, como na Guiana Francesa, na Martinica e em Guadalupe (que são departamentos – o equivalente a províncias – da França) e no Haiti. Boa parte da população descendente de índios ainda fala suas línguas nativas. Em alguns países (Paraguai, Bolívia e Peru) elas são idiomas oficiais, ao lado do espanhol. A maioria dos latino-americanos é católica.

Audio
A salsa é uma música que combina diversos ritmos afro-caribenhos e outros estilos ...
prolificarts/Pond5.com

História

Os povos indígenas (nativos americanos, ou índios) já viviam no que é hoje a América Latina milhares de anos antes da chegada dos europeus. Entre esses povos se incluíam: maias, astecas, incas, aimarás, chibchas, guaranis, tupis, tamoios, aruaques, caraíbas e outros.

Edificações maias ainda estão de pé na antiga cidade de Chichén ...
© *Corbis*

Em 1492, Cristóvão Colombo aportou nas Antilhas. Essa viagem marcou o início da colonização europeia da América. Os espanhóis conquistaram grande parte da América Latina no século XVI. Os portugueses se estabeleceram em cerca de metade da América do Sul. Muitos índios morreram lutando contra os europeus ou de doenças trazidas por eles da Europa.

Um índio tupinambá com arco e flechas. Óleo sobre madeira por Albert Eckhout, ...
The Granger Collection, NYC

A Espanha dominou o México, a maior parte da América Central – tanto no continente como nas Antilhas – e metade da América do Sul. Portugal colonizou a outra metade, que formou o Brasil. A França conquistou o Haiti, a Guiana Francesa e várias ilhas do Caribe. Milhões de europeus se estabeleceram nessas áreas. Eles trouxeram suas línguas, a religião católica e sua cultura. Os europeus também trouxeram muitos africanos escravizados para trabalhar na América.

Quase toda a América Latina obteve a independência da Europa entre 1800 e 1820. Contudo, como na parte da América colonizada pelos ingleses, a população de origem europeia continuou mantendo mais poder do que os descendentes de índios ou de africanos. Mesmo hoje, as populações de origem indígena, africana ou mestiça tendem a ser mais pobres do que as de origem europeia.

Cristóvão Colombo oferece presentes aos nativos em sua primeira viagem à ...
© *Photos.com/Thinkstock*

Durante muito tempo, a região caracterizou-se pela instabilidade política. Durante a década de 1980, porém, vários países passaram por um período de transição democrática e, hoje, há eleições livres em quase toda a América Latina, embora existam focos de tensão em alguns países onde grupos de tendências políticas opostas lutam pelo poder.

(Disponível em: http://escola.britannica.com.br/article/481705/America-Latina. Acesso em: 20/2/2016.)

PROJETO

O CONTEXTO DE PRODUÇÃO E RECEPÇÃO DOS TEXTOS

Quais textos você produzirá nesta unidade? Com que finalidade? Quem irá ler os seus textos?

Nesta unidade, nosso projeto é a organização de uma *feira de profissões*, a ser realizada com a ajuda da comunidade escolar e do bairro. A finalidade em vista com a realização da feira é que, por meio do contato com profissionais de áreas variadas, os alunos da escola conheçam as múltiplas possibilidades profissionais existentes no mercado de trabalho.

No decorrer da unidade, estudaremos alguns gêneros que auxiliarão na realização da feira: o verbete, o projeto de pesquisa, a carta de apresentação e a entrevista de emprego.

1. O texto lido é um *verbete*, gênero muito utilizado em contextos relacionados à construção de conhecimento formal e à transmissão de informações. Que tipos de verbete você conhece? Em quais suportes eles são veiculados?

2. Observe o verbete lido.

a. Descreva sua estrutura formal.

b. Levante hipóteses: O formato do verbete em estudo se repete em todos os textos desse gênero? Justifique sua resposta com base em exemplos que você conheça.

c. Note que há alguns termos em destaque, grafados em azul e sublinhados. Levante hipóteses: Por que isso acontece? Justifique sua resposta com base no suporte de circulação do verbete em estudo.

3. Observe os quadros laterais, na cor laranja.

a. Qual é o conteúdo deles?

REGISTRE NO CADERNO

b. Discuta com os colegas e o professor: Qual é a importância dessas informações para a construção de sentidos do verbete?

4. Observe as formas verbais utilizadas em cada seção do verbete em estudo. Em quais tempos, pessoas e números elas estão conjugadas:

a. na introdução?

b. na seção "População"?

c. na seção "História"?

5. Com base nas respostas à questão 2, levante hipóteses:

a. Por que apenas uma das pessoas verbais é utilizada? Qual é o efeito que esse uso cria nos textos?

b. Por que o tempo verbal utilizado predominantemente na seção "História" é diferente do tempo empregado nas outras seções?

6. Você viu, no estudo de língua e linguagem deste capítulo, que a escolha das palavras influencia diretamente os sentidos criados nos textos. Isso ocorre, de forma menos ou mais explícita, em qualquer gênero, inclusive nos verbetes. Releia os seguintes trechos do verbete em estudo.

I. "Os espanhóis *conquistaram* grande parte da América Latina no século XVI."

II. "Muitos índios *morreram lutando contra os* europeus ou de doenças trazidas por eles da Europa."

III. "Milhões de europeus *se estabeleceram nessas* áreas. Eles *trouxeram* suas línguas, a religião católica e sua cultura. Os europeus também *trouxeram* muitos africanos *escravizados* para trabalhar na América."

Seguem algumas propostas de substituição das formas verbais em destaque em cada um dos trechos:

I. invadiram / chegaram a / tomaram / dominaram / descobriram / civilizaram

II. morreram por resistir aos / foram assassinados pelos / morreram por não aceitar os / morreram porque afrontaram os / tiveram sua população dizimada pelos / foram mortos pelos

III. invadiram essas – impuseram – escravizaram / fixaram-se nessas – levaram – levaram / contribuíram para o desenvolvimento dessas – cederam – conduziram

a. Em seu caderno, organize em três grupos os termos apresentados como propostas de substituição. No primeiro grupo, inclua os que expressam um ponto de vista explicitamente contrário à ação a que se referem; no segundo, os que não assumem um ponto de vista; no terceiro, os que revelam um ponto de vista favorável.

b. Compare os grupos organizados por você no item anterior e, considerando o sentido dos termos utilizados no verbete original, conclua: Qual é o sentido construído pelo uso das formas verbais escolhidas para figurar no verbete em estudo?

REGISTRE NO CADERNO

c. Discuta com os colegas e o professor e, depois, levante hipóteses: Esse sentido é desejável em todo verbete? Justifique sua resposta.

Dicionário 'Michaelis' muda verbete de casamento após pressão *on-line*

De "união legítima entre homem e mulher" para "ato solene de união entre duas pessoas".

A petição *on-line* criada pelo paulista Eduardo Santarelo surtiu efeito: casado há três anos com o companheiro Maurício, ele pedia a alteração da definição de "casamento" no tradicional dicionário "Michaelis" em português.

Após mais de 3.000 pessoas endossarem o pedido de Maurício no *site* Change.com, Breno Lerner, diretor da Editora Melhoramentos, responsável pela publicação, se posicionou: "Agradecemos ao organizador e signatários por nos alertarem sobre este importante tópico", disse Lerner. "Solicitamos a nossos dicionaristas uma nova redação do verbete."

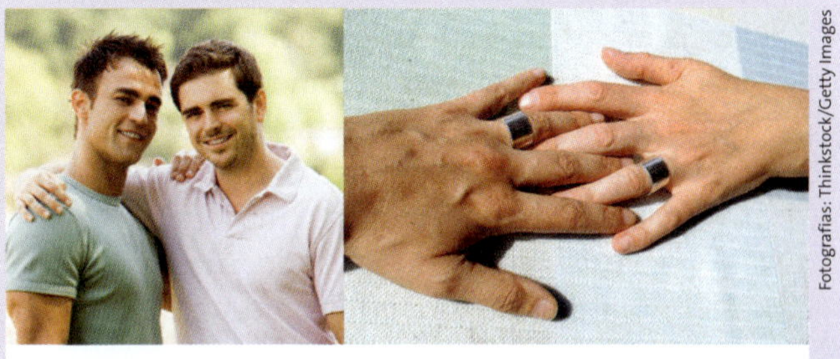

Fotografias: Thinkstock/Getty Images

casamento
ca.sa.men.to
sm (***casar+mento***[2]) **1** União legítima de homem e mulher. **2** União homem e mulher, para constituir família. **3** Cerimônia ou festa nupcial

Petição *on-line* foi atendida por editora que publica dicionário; versão na internet já está atualizada.

A mudança na versão digital do dicionário já aconteceu. "Para as versões em papel, conforme sejam feitas as reimpressões e novas edições, o verbete será corrigido", informou o diretor da editora.

Na definição anterior, casamento aparecia como "união legítima entre homem e mulher", e "união legal entre homem e mulher, para constituir família".

O novo verbete não traz em nenhum momento as palavras homem ou mulher – agora a definição de casamento se refere a "pessoas":

"1 Ato solene de união entre duas pessoas; casório, matrimônio. 2 Cerimônia que celebra vínculo conjugal; matrimônio. 3 União de um casal, legitimada pela autoridade eclesiástica e/ou civil; matrimônio", informa o "Michaelis". [...]

OUTROS DICIONÁRIOS

Outros dicionários populares no Brasil já definem casamento como união entre pessoas, sem indicação de gênero.

No "Houaiss", casamento é o "ato ou efeito de casar(-se)", "o ritual que confere o *status* de casado".

O "Aurélio" diz que casamento é o "contrato de união ou vínculo entre duas pessoas que institui deveres conjugais". [...]

(Disponível em: http://www1.folha.uol.com.br/bbc/2015/07/1650633-dicionario-michaelis-muda-verbete-de-casamento-apos-pressao-on-line.shtml. Acesso em: 22/2/2016.)

HORA DE ESCREVER

Como você sabe, no final desta unidade realizaremos uma feira de profissões. Há, a seguir, duas propostas de elaboração de verbetes. A primeira deve ser desenvolvida como exercício, e a outra tem como finalidade a produção de verbetes que deverão ser expostos na feira.

1. Leia, a seguir, um trecho de uma crônica de Rubem Braga, na qual ele faz comentários sobre guarda-chuvas. Imagine que você se inclui entre as pessoas que redigem os textos que vão compor uma enciclopédia sobre objetos que perduram através dos anos. Com base na crônica de Rubem Braga, escreva o verbete *guarda-chuva*.

Coisas antigas

[...]

Depois de cumprir meus afazeres voltei para casa, pendurei o guarda-chuva a um canto e me pus a contemplá-lo. Senti então uma certa simpatia por ele; meu velho rancor contra guarda-chuvas cedeu lugar a um estranho carinho, e eu mesmo fiquei curioso de saber qual era a origem desse carinho.

Pensando bem, ele talvez derive do fato, creio que já notado por outras pessoas, de ser o guarda-chuva o objeto do mundo moderno mais infenso a mudanças. Sou apenas um quarentão, e praticamente nenhum objeto de minha infância existe mais em sua forma primitiva. De máquinas como telefone, automóvel, etc., nem é bom falar. Mil pequenos objetos de uso mudaram de forma, de cor, de material; em alguns casos, é verdade, para melhor; mas mudaram.

O guarda-chuva tem resistido. Suas irmãs, as sombrinhas, já se entregaram aos piores desregramentos futuristas e tanto abusaram que até caíram de moda. Ele permaneceu austero, negro, com seu cabo e suas invariáveis varetas. De junco fino ou pinho vulgar, de algodão ou de seda animal, pobre ou rico, ele se tem mantido digno.

Reparem que é um dos engenhos mais curiosos que o homem já inventou; tem ao mesmo tempo algo de ridículo e algo de fúnebre, essa pequena barraca ambulante.

Já na minha infância era um objeto de ares antiquados, que parecia vindo de épocas remotas, e uma de suas características era ser muito usado em enterros. Por outro lado, esse grande acompanhador de defuntos sempre teve, apesar de seu feitio grave, o costume leviano de se perder, de sumir, de mudar de dono. Ele na verdade só é fiel a seus amigos cem por cento, que com ele saem todo dia, faça chuva ou faça sol, apesar dos motejos alheios; a estes, respeita. O freguês vulgar e ocasional, este o irrita, e ele se aproveita da primeira distração para fugir.

Nada disso, entretanto, lhe tira o ar honrado. Ali está ele, meio aberto, ainda molhado, choroso; descansa com uma espécie de humildade ou paciência humana; se tivesse liberdade de movimentos não duvido que iria para cima do telhado quentar sol, como fazem os urubus. [...]

(Disponível em: http://contobrasileiro.com.br/coisas-antigas-cronica-de-rubem-braga/. Acesso em: 19/2/2016.)

Thinkstock/Getty Images

2. Leia, a seguir, o verbete *enfermagem*, da *Enciclopédia escolar britânica*.

Britannica Escola | Ensino Fundamental | CAPES

Busca | IR | Dicas de busca

MATERIAIS DE APRENDIZADO | RECURSOS PARA O PROFESSOR | ÁREA DE PESQUISA | DICIONÁRIO | COMO USAR | AJUDA

Índice deste artigo

- Introdução
- O que fazem os enfermeiros
- História

Imprimir este índice

enfermagem

Salvar na Área de Pesquisa | Imprimir o artigo | Enviar por e-mail | Citar o artigo

Esta enfermeira ausculta o coração de uma paciente com um estetoscópio. Sean Justice—The Image Bank/Getty Images

Mais informações: Multimídia

Projetos na Área de Pesquisa — Projeto 1 — ->Abrir Área de Pesquisa

Em todo o mundo, os enfermeiros são o maior grupo de trabalhadores no atendimento à saúde das pessoas. Eles trabalham com médicos e outros profissionais da medicina para cuidar de quem está doente ou ferido.

O que fazem os enfermeiros

A maioria dos enfermeiros trabalha ao lado de médicos em hospitais, clínicas ou consultórios. Os enfermeiros fazem perguntas ao paciente para obter informações sobre sua saúde e verificam sinais como a pressão sanguínea e a temperatura. Eles dão medicação, trocam curativos, ajudam os pacientes a se movimentar e cuidam da higiene daqueles que não podem sair da cama. Dão orientações aos pacientes para melhorarem e se manterem saudáveis. Reconfortam pessoas doentes que estão assustadas e familiares de pacientes que ficam preocupados.

Muitos enfermeiros se especializam em determinada área médica. Alguns auxiliam os médicos em cirurgias. Outros cuidam principalmente de crianças ou idosos. Outros ainda cuidam de pacientes com doenças mentais. Há enfermeiros que vão à casa dos pacientes para atendê-los.

Alguns enfermeiros trabalham de modo mais independente, com menos orientação de médicos. Os enfermeiros altamente qualificados examinam pacientes e administram os cuidados necessários. Enfermeiras parteiras atendem mulheres no parto. Os enfermeiros mais qualificados fazem mais estudos e recebem mais treinamento que os outros.

História

Ao longo da história, as pessoas doentes eram cuidadas por familiares e por religiosos. A enfermagem como profissão surgiu há relativamente pouco tempo.

Florence Nightingale foi uma das pioneiras da enfermagem. Durante a Guerra da Crimeia (1854-1856), ela cuidou de soldados britânicos feridos e trabalhou para melhorar as condições dos hospitais. Nos Estados Unidos, Clara Barton e outras mulheres cuidaram de combatentes doentes e feridos na Guerra de Secessão (1861-1865), um pouco depois.

A enfermagem como profissão desenvolveu-se simultaneamente à construção de grande número de hospitais em todo o mundo. Cada vez era necessário ter mais profissionais para trabalhar no atendimento aos doentes. Assim, foram surgindo mais escolas de enfermagem, já no início do século XX. Naquela época, a enfermagem era uma das poucas profissões consideradas aceitáveis para as mulheres, por isso a maioria dos profissionais na área era do sexo feminino. Isso foi mudando aos poucos. Hoje, tanto homens quanto mulheres podem ser médicos e enfermeiros. Não há mais separação de sexo para o exercício dessas profissões.

Britannica Escola Online/ Enciclopédia Escolar Britannica

(Disponível em: http://escola.britannica.com.br/article/482080/enfermagem. Acesso em: 7/2/2016.)

Inspirem-se no verbete lido para criar verbetes sobre carreiras, profissões e áreas de atuação existentes no mercado de trabalho. Vocês podem fazer a seleção dos verbetes por meio de diferentes critérios, entre eles:

- interesses da classe
- novas profissões do século XXI
- profissões em alta nos dias de hoje
- profissões muito antigas que persistem até os dias de hoje

Organizem-se em dois ou três grupos, cada um dos quais deverá ficar responsável por escrever verbetes para serem incluídos em um dos seguintes suportes: mural, dicionário, enciclopédia. Definam um critério para orientar a escolha dos verbetes que cada grupo escreverá.

ANTES DE ESCREVER

Planeje seu verbete, seguindo estas orientações:

- Pesquise reportagens, artigos científicos, documentos, entre outros textos, que tratem da profissão relacionada ao verbete cuja criação ficou sob sua responsabilidade (certifique-se de que são fontes confiáveis).
- Selecione dos textos pesquisados as informações que você considerar mais importantes para constar no verbete.
- Defina a forma de apresentação do seu verbete: menos ou mais desenvolvido, em um único bloco ou subdividido em seções temáticas, etc.
- Defina se serão utilizadas imagens e quais serão, tendo em vista o aspecto central do termo em foco.
- Escreva em um tom impessoal, na 3ª pessoa, sem manifestar seu ponto de vista e sem se dirigir diretamente aos leitores.
- Não utilize termos que expressem ponto de vista negativo ou elogioso, a fim de que seu verbete seja o mais possível isento de opinião pessoal.
- Evite utilizar adjetivos qualificadores que denotem uma visão muito particular, procure ser conciso e evite explicitar sua opinião.

ANTES DE PASSAR A LIMPO

Antes de dar seu verbete por finalizado, observe:

- se as informações são suficientes e condizentes com as do material de consulta que você selecionou;
- se a forma de apresentação que você escolheu para o seu verbete cumpre os objetivos pretendidos;
- se a(s) imagem(ns) contribui(em) para o sentido construído no verbete, sem apontar para outro(s) sentido(s);
- se o tom do texto é impessoal, sem o uso de 1ª pessoa ou interpelação ao leitor;
- se foram evitados termos pejorativos ou elogiosos, bem como adjetivos qualificadores que expressem opiniões pessoais.

Projeto de pesquisa

Ao concluir o ensino médio, caso opte por ingressar em uma universidade, você certamente tomará contato com projetos de pesquisa desenvolvidos por seus professores. O desenvolvimento de um projeto de pesquisa abrange todo o trabalho a ser realizado por uma pessoa ou por um grupo de pessoas com o fim de refletir sobre um assunto relacionado a uma determinada área de estudo.

Para que trabalhos como esse possam ser iniciados, é preciso haver um ponto de partida. Esse ponto de partida é a elaboração de um projeto de pesquisa que expresse as intenções de uma pessoa ou de um grupo de pessoas.

Veja, a seguir, a estrutura básica de um projeto de pesquisa, com as principais informações que ele deve conter, segundo um parâmetro (com alguma possibilidade de variação) estabelecido pelas diversas comunidades de pesquisadores.

Título da pesquisa (relacionado ao problema proposto)
Nome do pesquisador/Nome do orientador

Introdução
Apresentação do contexto a partir do qual surgiu a ideia da pesquisa.

Objetivos e perguntas da pesquisa
Enumeração de tópicos que indiquem a finalidade da pesquisa, isto é, o que se pretende com o trabalho, e questões a serem respondidas com a pesquisa. A formação dos objetivos geralmente se inicia com verbos no infinitivo, tais como *comparar*, *analisar*, *reconhecer*, *interpretar*, etc.

Relevância e justificativa
Esclarecimento da importância do trabalho e explicação das razões pelas quais sua realização trará contribuições para a construção do conhecimento na área de estudo em que ele se insere.

Revisão da literatura/Referenciais teóricos
Exposição do que se tem falado sobre o assunto da pesquisa na área pesquisada e em outras áreas, com o fim de situar o leitor e comprovar que o autor do projeto conhece o campo de estudo e sabe que a abordagem proposta naquele projeto ainda não foi realizada.

Metodologia e recursos necessários
Esclarecimento dos métodos que serão utilizados para desenvolver a pesquisa: entrevistas, reuniões, questionários, diários de campo, experimentos em laboratório, etc., bem como as ferramentas necessárias para desenvolver tais métodos: gravações em áudio, vídeos, transcrições, registros pessoais escritos, etc.

Cronograma
Detalhamento do tempo a ser gasto em cada etapa do trabalho (em geral, é apresentado em uma tabela que indica o tempo nas colunas e as atividades a serem realizadas, uma em cada linha).

Referências bibliográficas
Citação dos livros, revistas, artigos, filmes, etc. mencionados no texto do projeto.

Anexos
Inclusão de documentos, fotos ou outros registros importantes para a concepção do projeto de pesquisa.

HORA DE ESCREVER

Há, a seguir, uma proposta de elaboração de um breve projeto de pesquisa. Trata-se de uma pesquisa rápida, que você pode desenvolver no decorrer desta unidade, a fim de tomar contato com essa prática. Depois, na feira de profissões, você apresentará esse projeto e os resultados a que chegou com a pesquisa. Sugerimos para pesquisa alguns tópicos da área de linguagem e de literatura que você estudou neste ano. Escolha, para desenvolver em sua breve pesquisa, um destes tópicos.

- A concordância no português falado na comunidade escolar. Em que aspectos ela difere das regras da norma-padrão? (Faça uma pesquisa investigativa, por meio da gravação de falas de diferentes pessoas que convivem na escola, seguida da transcrição e da análise dessas falas.)
- A colocação pronominal no português falado pela comunidade escolar. Em que aspectos ela difere das regras da norma-padrão? (Faça uma pesquisa investigativa, por meio da gravação de falas de diferentes pessoas que convivem na escola, seguida da transcrição e da análise dessas falas.)
- A construção dos fatos pela mídia. (Escolha dois ou mais veículos de comunicação que noticiaram certo fato de maneiras distintas e discuta os efeitos de sentido das diferentes maneiras de tratar o assunto.)

- Diálogos entre pintura e poesia. (Escolha um(a) pintor(a) e um(a) escritor(a) cujas obras apresentem elementos em comum, identifique e descreva o diálogo que há entre as produções desses artistas.)
- Intertextualidade na poesia brasileira dos séculos XX e XXI. (Escolha textos que dialogam entre si, de dois ou mais autores, e mostre a intertextualidade presente neles.)

Após a elaboração do projeto, dê início à pesquisa e, na feira de profissões, apresente, junto com o projeto, os resultados a que você chegou com o trabalho.

ANTES DE ESCREVER

Ao planejar seu projeto de pesquisa, siga estas orientações:

- Elabore um conjunto de questões, tendo em mente o que você pretende com sua pesquisa.
- Formule perguntas pontuais e específicas e estabeleça objetivos que possam ser alcançados em um tempo reduzido.
- Faça as adaptações no modelo de estrutura básica de projeto de pesquisa apresentado, caso considere que uma das partes dele não se encaixa na sua proposta.
- Monte um "esqueleto" inicial, conforme o modelo de estrutura de projeto apresentado e complete-o com base na orientação que pretende dar à sua pesquisa.

ANTES DE PASSAR A LIMPO

Antes de dar seu projeto de pesquisa por finalizado, observe:

- se os objetivos e as questões foram suficientemente especificados e se eles podem ser contemplados em uma pesquisa breve;
- se os objetivos estão claros e condizentes com as questões apresentadas;
- se todas as partes que você listou como necessárias estão detalhadas;
- se as informações apresentadas em cada parte estão condizentes com a função delas (na parte *Objetivos e perguntas da pesquisa*, é esclarecida a finalidade do trabalho?; na parte *Relevância e justificativa*, é exposta a razão pela qual o trabalho será realizado?; etc.);
- se o trabalho a ser realizado é compatível com o cronograma proposto.

CAPÍTULO 2

Panorama da literatura portuguesa no século XX
Análise linguística: gerúndios e gerundismo
Carta de apresentação

LITERATURA

Panorama da literatura portuguesa no século XX: Fernando Pessoa e José Saramago

Coleção Particular

O pescador, tapeçaria de Almada Negreiros (1893-1970), escritor e artista plástico que foi um dos fundadores do Modernismo português.

A literatura portuguesa trilhou no século XX caminhos parecidos com os da literatura brasileira em relação a propostas e fases.

A primeira fase do Modernismo português teve início em 1915, com a publicação da revista *Orpheu*. Vivia-se em Portugal um momento de mudanças, em virtude do início da República, proclamada no país em 1910, e da Primeira Guerra Mundial (1914-18).

Tal qual no Brasil, as primeiras manifestações modernistas foram fortemente influenciadas pelas correntes de vanguarda, mas apresentavam ainda algumas influências do Simbolismo e do decadentismo do final do século XIX. Participaram dessa geração, entre outros, Mário de Sá-Carneiro, Almada Negreiros e Fernando Pessoa, que você vai estudar neste capítulo.

Em 1927, um novo grupo de escritores lançou a revista *Presença*, que, sem romper com a geração anterior, tinha a finalidade de renovar a literatura por meio de uma pesquisa estética que explorasse novas formas de expressão literária e introduzir questões levantadas pela filosofia de Bergson e pela psicanálise de Freud. Entre os integrantes desse grupo, destacam-se principalmente José Régio, Miguel Torga, Adolfo Casais Monteiro e Branquinho da Fonseca.

Os temas sociais e o engajamento político, que marcaram a produção literária no Brasil no início dos anos 1930, surgiram em Portugal alguns anos mais tarde, entre as décadas de 1930 e 1940, com o Neorrealismo. Nesse momento, a literatura se voltou para problemas do contexto social, dominado pela Segunda Guerra Mundial e pela ditadura de Salazar. Surgiram nesse momento, em Portugal, importantes escritores, entre eles, Ferreira de Castro, Alves Redol e Manuel da Fonseca.

A partir da década de 1960, conviveram na literatura portuguesa várias tendências, como o Neorrealismo e o Surrealismo. Com a Revolução dos Cravos (1974), o fim da ditadura salazarista e o início do processo de independência das colônias portuguesas na África, a literatura portuguesa começou a buscar novos rumos, seja produzindo uma literatura de guerra, seja produzindo uma literatura marcada pelo experimentalismo estético. Os principais autores desse período são Antônio Lobo Antunes, Wanda Ramos, Jorge de Sena, Augusto Abelaira e José Saramago, que você vai estudar neste capítulo.

Orpheu Lda/Capa de José Pacheco

A publicação da revista *Orpheu* nº 1 ocorreu em janeiro de 1915. A do nº 2, que foi o último, aconteceu em abril do mesmo ano.

Fernando Pessoa

Ao lado de Camões, Fernando Pessoa é considerado um dos dois maiores poetas da literatura portuguesa e uma das principais expressões literárias em nossa língua.

Escreveu poemas, contos e textos de estrutura dramática, mas foi principalmente como poeta que mais se destacou.

O aspecto mais intrigante da poesia de Pessoa é a heteronímia, ou seja, ele criou não apenas obras, mas também escritores, cada um com uma biografia, traços físicos, profissão e estilo literário próprios. Alguns especialistas, que ainda estão estudando a obra não publicada do poeta, atestam que, além de Fernando Pessoa ele-mesmo, isto é, do ortônimo, há mais de cem heterônimos, semi-heterônimos e heterônimos pouco desenvolvidos do autor. Os mais bem-acabados e conhecidos são Alberto Caeiro, Ricardo Reis e Álvaro de Campos, que você vai conhecer neste capítulo. Também se destaca na prosa o semi-heterônimo Bernardo Soares.

Fernando Pessoa

Fernando Pessoa (1888-1935) nasceu e morreu em Lisboa. Quando menino, viveu com a família na África do Sul e foi educado em uma escola irlandesa. Por causa de sua familiaridade com a língua inglesa, as três primeiras obras literárias que produziu foram escritas e publicadas em inglês. Além dessas obras, publicou, em vida, apenas mais uma, *Mensagem* (1934), em língua portuguesa.

Começou a estudar Filosofia, em Lisboa, mas abandonou o curso e tornou-se crítico literário.

Foi estudioso de astrologia e ocultismo.

Ullstein Bild/Getty Images

FOCO NO TEXTO

Leia, a seguir, um painel de textos de Fernando Pessoa.

Texto 1

Autopsicografia

O poeta é um fingidor.
Finge tão completamente
Que chega a fingir que é dor
A dor que deveras sente.

E os que leem o que escreve,
Na dor lida sentem bem,
Não as duas que ele teve,
Mas só a que eles não têm.

E assim nas calhas de roda
Gira, a entreter a razão,
Esse comboio de corda
Que se chama o coração.

(*Obra poética*. Rio de Janeiro: Aguilar, 1965. p. 164-5.)

calha: trilho; cano de metal, aberto em cima, colocado ao longo de telhados para escoamento da água das chuvas.
comboio: trem; grande número de veículos que se dirigem a um mesmo posto ou destino.

Texto 2

O mistério das cousas, onde está ele?
Onde está ele que não aparece
Pelo menos a mostrar-nos que é mistério?
Que sabe o rio disso e que sabe a árvore?
E eu, que não sou mais do que eles, que sei disso?
Sempre que olho para as cousas e penso no que os homens pensam delas,
Rio como um regato que soa fresco numa pedra.

Porque o único sentido oculto das cousas
É elas não terem sentido oculto nenhum,
É mais estranho do que todas as estranhezas
E do que os sonhos de todos os poetas
E os pensamentos de todos os filósofos,
Que as cousas sejam realmente o que parecem ser
E não haja nada que compreender.

Sim, eis o que os meus sentidos aprenderam sozinhos:
As cousas não têm significação: têm existência.
As cousas são o único sentido oculto das cousas.

(Idem, p. 223.)

Texto 3

As rosas amo dos jardins de Adônis,
Essas volucres amo, Lídia, rosas,
Que em o dia em que nascem,
Em esse dia morrem.
A luz para elas é eterna, porque
Nascem nascido já o sol, e acabam
Antes que Apolo deixe
O seu curso visível.
Assim façamos nossa vida um dia,
Inscientes, Lídia, voluntariamente
Que há noite antes e após
O pouco que duramos.

(Idem, p. 259.)

Rafael Neves

Adônis: na mitologia grega, deus da vegetação, representado por um jovem dotado de grande beleza.
Apolo: na mitologia grega, deus da luz, da beleza das artes, do equilíbrio e da razão, representado por um jovem nu, no auge do vigor.
insciente: não conhecedor, ignorante.
volucre: que vive pouco, efêmero.

Texto 4

Poema em linha reta

Nunca conheci quem tivesse levado porrada.
Todos os meus conhecidos têm sido campeões em tudo.

E eu, tantas vezes reles, tantas vezes porco, tantas vezes vil,
Eu tantas vezes irrespondivelmente parasita,
Indesculpavelmente sujo,
Eu, que tantas vezes não tenho tido paciência para tomar banho,
Eu, que tantas vezes tenho sido ridículo, absurdo,
Que tenho enrolado os pés publicamente nos tapetes das etiquetas,
Que tenho sido grotesco, mesquinho, submisso e arrogante,
Que tenho sofrido enxovalhos e calado,
Que quando não tenho calado, tenho sido mais ridículo ainda;
Eu, que tenho sido cômico às criadas de hotel,
Eu, que tenho sentido o piscar de olhos dos moços de fretes,
Eu, que tenho feito vergonhas financeiras, pedido emprestado sem pagar,
Eu, que, quando a hora do soco surgiu, me tenho agachado
Para fora da possibilidade do soco;
Eu, que tenho sofrido a angústia das pequenas coisas ridículas,
Eu verifico que não tenho par nisto tudo neste mundo.

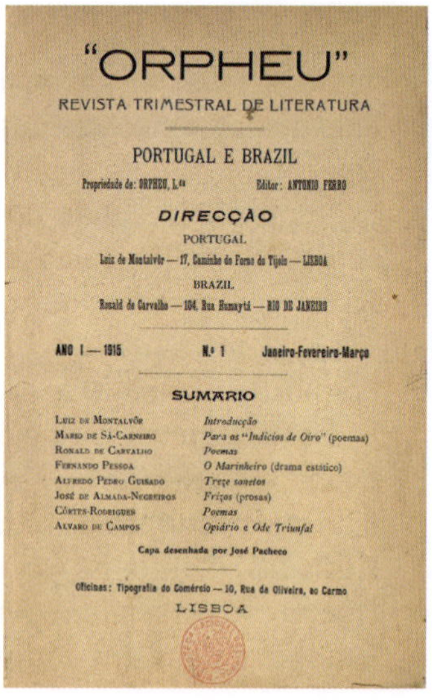
"ORPHEU"
REVISTA TRIMESTRAL DE LITERATURA
PORTUGAL E BRAZIL
Propriedade de: ORPHEU, L.da — Editor: ANTONIO FERRO
DIRECÇÃO
PORTUGAL
Luiz de Montalvôr — 17, Caminho do Forno do Tijolo — LISBOA
BRAZIL
Ronald de Carvalho — 104, Rua Humaytá — RIO DE JANEIRO
ANNO I — 1915 — N.º 1 — Janeiro-Fevereiro-Março
SUMARIO
Luiz de Montalvôr — *Introducção*
Mario de Sá-Carneiro — *Para os "Indicios de Oiro"* (poemas)
Ronald de Carvalho — *Poemas*
Fernando Pessoa — *O Marinheiro* (drama estatico)
Alfredo Pedro Guisado — *Treze sonetos*
José de Almada-Negreiros — *Frizos* (prosas)
Côrtes-Rodrigues — *Poemas*
Alvaro de Campos — *Opiário* e *Ode Triunfal*
Capa desenhada por José Pacheco
Officinas: Typographia do Commercio — 10, Rua da Oliveira, ao Carmo
LISBOA

Biblioteca Nacional de Portugal, Lisboa, Portugal

Toda a gente que eu conheço e que fala comigo
Nunca teve um ato ridículo, nunca sofreu enxovalho,
Nunca foi senão príncipe – todos eles príncipes – na vida...

Quem me dera ouvir de alguém a voz humana
Que confessasse não um pecado, mas uma infâmia;
Que contasse, não uma violência, mas uma cobardia!
Não, são todos o Ideal, se os oiço e me falam.
Quem há neste largo mundo que me confesse que uma vez foi vil?
Ó príncipes, meus irmãos,

Arre, estou farto de semideuses!
Onde é que há gente no mundo?

Então sou só eu que é vil e errôneo nesta terra?

Poderão as mulheres não os terem amado,
Podem ter sido traídos – mas ridículos nunca!
E eu, que tenho sido ridículo sem ter sido traído,
Como posso eu falar com os meus superiores sem titubear?
Eu, que venho sido vil, literalmente vil,
Vil no sentido mesquinho e infame da vileza.

(Idem, p. 418-9.)

REGISTRE NO CADERNO

1. Observe os poemas do ponto de vista formal.

a. Quais deles apresentam o verso livre? E o verso regular?

b. Em qual deles a linguagem é clássica, com vocabulário elevado e inversões sintáticas?

c. Em qual os versos são longos e a linguagem tem um tom irreverente?

2. No painel de textos, há um poema de Fernando Pessoa ele-mesmo e outros três de heterônimos dele. Leia, nos boxes, as características dos heterônimos e do ortônimo e, com base nelas, conclua:

a. Qual deles é o autor do poema "Autopsicografia"? Justifique sua resposta.

b. E do texto 2? Justifique sua resposta.

c. E do texto 3? Justifique sua resposta.

d. E do "Poema em linha reta"? Justifique sua resposta.

3. "Autopsicografia" é um poema metalinguístico, que põe em discussão a própria criação literária e sua relação com os leitores.

a. Levando em conta que a palavra *fingir* vem da forma latina *fingire*, que significa "modelar, esculpir, inventar", explique: Se o poeta sente uma dor real, vivida, então por que ele finge "a dor que deveras sente"?

b. Se os leitores não sentem as duas dores do poeta nem a que eles têm, então qual é a dor que eles sentem? Justifique sua resposta com base na segunda estrofe.

c. Nesse processo, qual é a participação do leitor no processo de criação literária?

d. Na última estrofe, há uma contraposição entre coração e razão, criada por meio de uma imagem. Qual é a imagem? Como ela se relaciona com o processo de criação literária?

e. Como conclusão, explique o título do poema, "Autopsicografia".

Álvaro de Campos

Engenheiro formado em Glasgow, é o heterônimo mais modernista. Na fase inicial de sua poesia, mostra-se influenciado pelo Futurismo e exalta a velocidade e as máquinas. Posteriormente, desenvolve uma poesia mais reflexiva, com crítica às estruturas sociais e certa melancolia em relação à infância e ao passado. Sua linguagem é explosiva, rebelde, contestatória e com a utilização de versos livres e longos.

Alberto Caeiro

É considerado por Pessoa o mestre dele próprio e dos demais heterônimos. Poeta e filósofo, Caeiro nega toda forma de conhecimento oficial, extraído dos livros, e desenvolve suas ideias a partir da observação direta da natureza. Para ele, as sensações são o meio de conhecer a realidade. Sua linguagem é simples, direta e com a utilização de versos livres.

Ricardo Reis

É o heterônimo ligado à tradição clássica da poesia. Estudou em colégio jesuíta, é monarquista e amante das culturas grega e latina. Reside no Brasil.

Tem uma linguagem elevada, às vezes com inversões sintáticas, e aborda temas clássicos da poesia, como o *carpe diem* e o *locus amoenus*. Emprega versos regulares.

Pessimista, sente-se parte de uma civilização decadente, que caminha para o nada.

4. O texto 2 é um exemplo do pensamento filosófico de um dos heterônimos de Fernando Pessoa.

a. Na concepção do eu lírico, qual é o mistério das coisas ou a metafísica (investigação do que está além do mundo material)?

b. O eu lírico considera que as sensações são o meio de conhecer a realidade. Comprove essa afirmação com trechos do poema.

Fernando Pessoa ele-mesmo

A obra ortônima do poeta apresenta-se como modernista, com algumas influências remanescentes do Simbolismo.

A obra *Mensagem* é voltada para o passado histórico português, em especial para o período heroico das navegações.

O poeta se interessou também pela poesia musical e pela metalinguagem. Seus textos são construídos com bastante cuidado formal.

Celestino Manuel/Isuzu Imagens

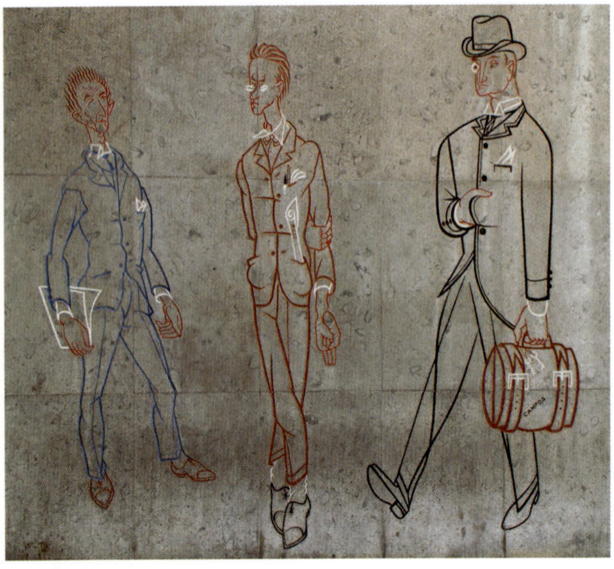

Os heterônimos de Fernando Pessoa na ótica de Almada Negreiros, poeta e pintor do Modernismo português.

5. No texto 3, o eu lírico se dirige à mulher amada, Lídia, e, comparando a vida às rosas, faz um convite a ela.

a. Qual é o convite?

b. Que relação esse convite tem com a tradição clássica da poesia?

c. Que outros elementos da tradição clássica podem ser notados nesse poema?

REGISTRE NO CADERNO

6. No "Poema em linha reta", o eu lírico faz uma oposição entre ele e todas as outras pessoas que conhece.

a. Na opinião dele, como as outras pessoas se mostram socialmente?

b. Como o eu lírico se sente, ou como se avalia? Justifique sua resposta com palavras e expressões do texto.

c. Que figura de linguagem se verifica em versos como "Todos os meus conhecidos têm sido campeões em tudo" e "Nunca foi senão príncipe – todos eles príncipes – na vida..."?

d. O que o poema critica?

Fernando Pessoa cantado e declamado

Vários poemas de Fernando Pessoa foram transformados em canções. O compositor André Luís Vieira musicou alguns poemas de *Mensagem* e convidou grandes vozes da MPB, como Caetano Veloso, Gilberto Gil, Elba Ramalho, Gal Costa e outros, para cantá-las. O músico paulista Arrigo Barnabé fez o mesmo com parte do "Poema em linha reta".

Os poemas de Pessoa também vêm sendo declamados por grandes artistas, como Paulo Autran e Maria Bethânia.

Essas canções e declamações podem ser acessadas na Internet.

Gradiente/Gravadora Eldorado/Warner Music/Sérgio Mineiro/Sérgio Campanelle/André Luiz Oliveira

Capa do disco *Mensagem*, de André Luís.

José Saramago

José Saramago é o mais importante escritor da literatura portuguesa contemporânea.

Estreou na literatura com o romance *Terra do pecado* (1947), mas seu prestígio como escritor aconteceu quando tinha 58 anos, a partir da publicação de *Levantado do chão* (1980), obra com um estilo muito particular, que seria sua marca literária. Foi, porém, com *Memorial do convento* (1982) que o autor ganhou projeção internacional.

Em seu texto, há uma grande subversão no uso dos sinais de pontuação. Utiliza apenas a vírgula e o ponto; sem travessões ou aspas e com pouco uso de verbos *dicendi* (como *perguntou*, *respondeu*, etc.), as vozes das personagens se misturam à voz do narrador. Os parágrafos podem ser longos ou curtos, seguindo uma lógica interna. O uso constante do fluxo de consciência torna a narrativa ainda mais complexa. Muitos leitores, diante do estranhamento, desistem de ir adiante, enquanto outros se apaixonam pela leitura. Trata-se de uma escrita diferente, que exige um leitor atento e mais experiente.

Assumido até o fim da vida como homem de esquerda e ateu, Saramago produziu obras em geral reflexivas, filosóficas, críticas em relação aos comportamentos sociais e que, muitas vezes, criam atmosferas surrealistas, como em *Ensaio sobre a cegueira* (1994), na qual as pessoas começam a ficar cegas de um dia para o outro e, diante de uma situação insólita, revelam facetas de personalidade surpreendentes.

Saramago escreveu obras sobre temas históricos, como *Memorial do convento*, *Jangada de pedra* (1986), *História do cerco de Lisboa* (1989) e *A viagem do elefante* (2008), sobre temas religiosos, como *O evangelho segundo Jesus Cristo* (1991), sobre temas existenciais, como *Todos os nomes* (1997) e *Ensaio sobre a lucidez (2004)*, além de uma obra intrigante sobre um dos heterônimos de Fernando Pessoa, *O ano da morte de Ricardo Reis* (1984). Entre os gêneros que cultivou estão o romance, o teatro, o conto e a poesia.

José Saramago

José Saramago (1922-2010) nasceu em Golegã, uma pequena cidade de Portugal. Quando jovem, embora fosse apaixonado por livros, não pôde cursar a universidade por falta de recursos. Fez curso técnico e seu primeiro trabalho foi como serralheiro.

Até tornar-se escritor, exerceu diversas profissões, como mecânico, desenhista técnico, funcionário público e jornalista.

Em 1995, ganhou o Prêmio Camões, o mais importante conferido a escritores de língua portuguesa, e, em 1998, o Nobel de literatura. Tornou-se o mais conhecido escritor de língua portuguesa em todo o mundo.

Nos últimos anos de sua vida, casado com a tradutora espanhola Pilar del Rio, morou na ilha espanhola de Lanzarote, nas Ilhas Canárias.

Carlos Avarez/Gettyimages

Todos os nomes

O romance *Todos os nomes*, de José Saramago, conta a história do Sr. José – única personagem que tem nome em toda a obra –, homem de meia-idade, metódico, que vive sozinho em uma casa ao lado da Conservatória Geral do Registo Civil, onde trabalha. É um funcionário exemplar e, na função subalterna e burocrática que exerce, de auxiliar de escrita, seu trabalho é registrar o nome de todas as pessoas que nascem e morrem, bem como as datas de nascimento e morte delas. Em sua vida pacata, o protagonista adquire um *hobby*: colecionar recortes com informações sobre as pessoas famosas que morrem. Às vezes, para completar seu álbum com informações precisas sobre os mortos, o Sr. José se atribui uma tarefa hercúlea, fazendo buscas e investigações em arquivos restritos da Conservatória. Certo dia, um fato muda sua rotina: chega às suas mãos a ficha de uma mulher não famosa, e o protagonista se interessa em saber de que ela havia morrido. Obcecado pela informação, empreende uma verdadeira investigação sobre a morta, chegando a usar documentos falsos em nome da Conservatória para entrevistar parentes dela. Descobre que a mulher se suicidara. O Sr. José vai, então, ao cemitério *Todos os Nomes* (o Cemitério Geral) e encontra, na parte reservada aos suicidas, o túmulo com a indicação do número correspondente ao dela.

Companhia das Letras

FOCO NO TEXTO

No cemitério, surge um pastor com suas cabras e inicia uma conversa com o Sr. José. Leia, a seguir, o texto relativo a esse momento da narrativa.

[...] Qual é então a verdade do talhão de suicidas, perguntou o Sr. José, Que neste lugar nem tudo é o que parece, É um cemitério, é o Cemitério Geral, É um labirinto, Os labirintos podem ver-se de fora, Nem todos, este pertence aos invisíveis, Não compreendo, Por exemplo, a pessoa que está aqui, disse o pastor tocando com a ponta do cajado no montículo de terra, não é aquela que você julga. De repente, o chão pôs-se a oscilar debaixo dos pés do Sr. José, a última pedra do tabuleiro, a sua derradeira certeza, a mulher desconhecida enfim encontrada, tinha acabado de desaparecer, Quer dizer que esse número está enganado, perguntou a tremer, Um número é um número, um número nunca engana, respondeu o pastor, se levassem de cá este e o colocassem noutro sítio, mesmo que fosse no fim do mundo, continuaria a ser o número que é, Não percebo, Já vai perceber, Por favor, a minha cabeça é uma confusão, Nenhum dos corpos que estão aqui enterrados corresponde aos nomes que se leem nas placas de mármore, Não acredito, Digo-lho eu, E os números, Estão todos trocados, Porquê, Porque alguém os muda antes de serem trazidas e colocadas as pedras com os nomes, Quem é essa pessoa, Eu, Mas isso é um crime, protestou indignado o Sr. José, Não há nenhuma lei que o diga, Vou denunciá-lo agora mesmo à administração do Cemitério, Lembre-se de que jurou, Retiro o juramento, nesta situação não vale, Pode-se sempre pôr a palavra boa sobre a má palavra, mas nem uma nem outra poderão ser retiradas, palavra é palavra, juramento é juramento, A morte é sagrada, A vida é que é sagrada, senhor auxiliar de escrita, pelo menos assim se diz, Mas tem de haver, em nome da decência, um mínimo de respeito por quem morreu, vêm aqui as pessoas recordar os parentes e amigos, a meditar ou a rezar, a pôr flores ou a chorar diante de um nome querido, e vai-se a ver, por culpa da malícia de um pastor de ovelhas, o nome autêntico de quem ali está é outro, os restos mortais venerados não são de quem se supõe, a morte, assim, é uma farsa, Não creio que haja maior respeito que chorar por alguém que não se conheceu, Mas a morte, Quê, A morte deve ser respeitada, Gostaria que me dissesse em que consiste, na sua opinião, o respeito pela morte, Acima de tudo, não a profanar, A morte, como tal, não é profanável, Sabe muito bem que é de mortos que estou a falar, não da morte em si mesma, Diga-me onde encontra aqui o menor indício de profanação, Ter-lhes trocado os nomes não é uma profanação pequena, Compreendo que um auxiliar de escrita da Conservatória do Registro Civil tenha dessas ideias acerca dos nomes. O pastor interrompeu-se, fez sinal ao cão para que fosse buscar uma ovelha que se tresmalhara, depois continuou, Ainda não lhe disse por que razão comecei a trocar as chapas em que estão escritos os números das sepulturas, Duvido que

Nelson Provazi

me interesse sabê-lo, Duvido que não lhe interesse, Diga lá, Se for certo, como é minha convicção, que as pessoas se suicidam porque não querem ser encontradas, estas aqui, graças ao que chamou a malícia do pastor de ovelhas, ficaram definitivamente livres de importunações, na verdade, nem eu próprio, mesmo que o quisesse, seria capaz de lembrar-me dos sítios certos, a única coisa que sei é o que penso quando passo diante de um desses mármores com o nome completo e as competentes datas de nascimento e morte, Que pensa, Que é possível não vermos a mentira mesmo quando a temos diante dos olhos. Já havia muito tempo que a neblina tinha desaparecido, podia-se perceber agora como era grande o rebanho. O pastor fez com o cajado um movimento por cima da cabeça, era uma ordem ao cão para que fosse reunir o gado. Disse o pastor, É a altura de me ir embora com as ovelhas, não seja que comecem a aparecer os guias, já vejo luzes de dois carros, mas aqueles não vêm para aqui, Eu ainda fico, disse o Sr. José, Está a pensar, realmente, em ir denunciar-me, perguntou o pastor, Sou um homem de palavra, o que jurei, está jurado, Tanto mais que com certeza o aconselhariam a calar-se, Porquê, Imagine o trabalho que daria desenterrar toda esta gente, identificá-la, muitos deles não são mais do que pó entre pó. As ovelhas já estavam reunidas, alguma, ainda atrasada, salvava agilmente por cima das campas para fugir ao cão e juntar-se às irmãs. O pastor perguntou, Era amigo ou parente da pessoa a quem veio visitar, Nem sequer a conhecia, E apesar disso vinha procurá-la, Por não a conhecer é que a procurava, Vê como eu tinha razão quando lhe disse que não há maior respeito que chorar por uma pessoa que não se conheceu, Adeus, Pode ser que ainda venhamos a encontrar-nos alguma vez, Não creio, Nunca se sabe, Quem é você, Sou o pastor dessas ovelhas, Nada mais, Nada mais. Uma luz cintilou ao longe, Aquele está a vir para aqui, disse o Sr. José, Assim parece, disse o pastor. Levando o cão à frente, o rebanho começou a mover-se em direcção à ponte. Antes de desaparecer atrás das árvores da outra margem, o pastor virou-se e fez um gesto de despedida. O Sr. José levantou também o braço. Via-se agora melhor a luz intermitente do carro dos guias. De vez em quando desaparecia, escondida pelos acidentes do terreno ou pelas construções irregulares do Cemitério, as torres, os obeliscos, as pirâmides, depois reaparecia mais forte e mais próxima, e vinha depressa, sinal evidente de que os acompanhantes não eram muitos. A intenção do Sr. José, quando dissera ao pastor, Eu ainda fico, tinha sido apenas a de ficar sozinho durante uns minutos antes de meter os pés ao caminho. A única coisa que queria era pensar um pouco em si mesmo, achar a medida justa da sua decepção, aceitá-la, pôr o espírito em paz, dizer de uma vez, Acabou-se, mas agora uma outra ideia lhe aparecera. Aproximou-se duma sepultura e tomou a atitude de alguém que estivesse a meditar profundamente na irremissível precariedade da existência, na vacuidade de todos os sonhos e de todas as esperanças, na fragilidade absoluta das glórias mundanas e divinas. Cismava com tanta concentração que nem deu mostras de ter-se apercebido da chegada dos guias e da meia dúzia de pessoas, ou pouco mais, que acompanhavam o enterro.

Não se moveu durante todo o tempo que durou a abertura da cova, a descida do caixão, o reenchimento do buraco, a formação do costumado montículo com a terra que tinha sobejado. Não se moveu quando um dos guias espetou no lado da cabeceira a chapa metálica negra com o número da sepultura a branco. Não se moveu quando o automóvel dos guias e o carro fúnebre se afastaram, não se moveu durante os escassos dois minutos que os acompanhantes ainda se conservaram ao pé da campa dizendo palavras inúteis e enxugando alguma lágrima, não se moveu quando os dois automóveis em que tinham vindo se puseram em marcha e atravessaram a ponte. Não se moveu enquanto não ficou só. Então foi retirar o número que correspondia à mulher desconhecida e colocou-o na sepultura nova. Depois, o número desta foi ocupar o lugar do outro. A troca estava feita, a verdade tinha-se tornado mentira. Em todo o caso, bem poderá vir a suceder que o pastor, amanhã, encontrando ali uma nova sepultura, leve, sem saber, o número falso que nela se vê para a sepultura da mulher desconhecida, hipótese irónica em que a mentira, parecendo estar a repetir-se a si mesma, tornaria a ser verdade. As obras do acaso são infinitas. O Sr. José foi para casa.

[...]

(*Todos os nomes*. São Paulo: Companhia das Letras, 1997. p. 239-43.)

irremissível: o que não se pode evitar ou não se pode perdoar.
talhão: parte do cemitério reservada para enterrar certas pessoas.

1. A primeira dificuldade do leitor que começa a ler as obras de Saramago é se acostumar com a pontuação do texto.

a. A fim de compreender como se organiza o texto de Saramago, reescreva em seu caderno o trecho que segue, empregando os sinais de pontuação convencionais.

"Qual é então a verdade do talhão de suicidas, perguntou o Sr. José, Que neste lugar nem tudo é o que parece, É um cemitério, é o Cemitério Geral, É um labirinto, Os labirintos podem ver-se de fora, Nem todos, este pertence aos invisíveis, Não compreendo, Por exemplo, a pessoa que está aqui, disse o pastor tocando com a ponta do cajado no montículo de terra, não é aquela que você julga."

b. Confronte sua reescrita com a dos colegas. Elas ficaram iguais?

c. Que efeito a pontuação utilizada por Saramago produz na leitura do texto?

2. Depois de muitos esforços para recolher informações sobre a mulher suicida e descobrir onde estava o túmulo dela, o Sr. José tem uma grande surpresa.

a. Qual é a surpresa?

b. Considerando-se a profissão e os hábitos do protagonista, por que ele acha inadmissível o que ficou sabendo?

A intimidade de Saramago no filme *José e Pilar*

O documentário *José e Pilar*, feito pelo cineasta português Manoel Gonçalves Mendes, é quase uma invasão de privacidade. Em vez de haver a voz de um narrador que conta a história de alguém, como é comum nos documentários, são as próprias personagens, Saramago e sua mulher, Pilar, que contam como vivem. Abrindo ao cineasta as portas da casa onde residiam, na Espanha, Saramago e Pilar nos permitem acompanhar seu cotidiano, ver cenas do escritor escrevendo e apreciar a bela paisagem da ilha de Lanzarote.

Jumpcut/El Deseo/O2 Filmes

REGISTRE NO CADERNO

3. O pastor, em sua fala, faz declarações sobre a vida, a morte e os mortos. Do ponto de vista dele:

a. O que é sagrado: a vida ou a morte? O que é improfanável: a vida ou a morte?

b. Ele desrespeita os mortos com sua ação? Por quê?

c. Ele fez uma boa ação para a mulher suicida? Por quê?

4. Depois que o pastor se afasta, o Sr. José fica pensativo. Releia este trecho:

"Aproximou-se duma sepultura e tomou a atitude de alguém que estivesse a meditar profundamente na irremissível precariedade da existência, na vacuidade de todos os sonhos e de todas as esperanças".

a. De que tipo ou de que natureza é o pensamento do protagonista?

b. Avaliando a vida que tivera até ali e a aventura em que se metera para descobrir informações sobre a mulher suicida, como agora o protagonista se posiciona diante da vida? Justifique sua resposta.

5. No final do texto, o Sr. José tem uma ação surpreendente.

a. Qual é essa ação? Ela é coerente com o perfil da personagem?

b. Considerando a possibilidade de o pastor fazer mais uma vez uma troca, explique a relatividade do que é verdade e mentira nessa situação.

c. Considerando o tipo de vida, as ideias e os valores do protagonista, o que essa ação representa para ele? O Sr. José será a mesma pessoa depois disso?

6. O Sr. José é a única personagem da obra que tem nome; além disso, trata-se de um nome comum. Nas placas do cemitério aonde José vai, não há nomes; há apenas números que identificam os mortos. O cemitério chama-se *Todos os Nomes*, que é também o nome da obra de Saramago. Relacione esses elementos e conclua:

a. Que sentido tem a identificação dos mortos por meio de números, em vez de nomes?

b. Considerando-se o título do romance, que sentido tem a falta de nomes próprios na obra, a não ser o de José?

c. E a atribuição do nome *José* ao protagonista?

ARQUIVO

Por meio do estudo realizado neste capítulo, você viu que:

- a literatura portuguesa no século XX guarda semelhanças com o Modernismo brasileiro, que vão da fase de ruptura com o passado até a fase neorrealista, de denúncia e crítica da realidade, e à fase de experimentalismo estético; os seus principais autores são Fernando Pessoa e José Saramago;
- além de ser marcada por uma rica produção literária, a obra de Fernando Pessoa se destaca também pela presença de heterônimos, isto é, escritores independentes, com biografia, visão de mundo e estilo próprios, entre eles Alberto Caeiro, Ricardo Reis e Álvaro de Campos;
- José Saramago é um escritor cuja obra tem um estilo pessoal próprio, que subverte a pontuação tradicional e, com isso, exige um leitor atento e participante: em suas obras, são frequentes a reflexão existencial, situações surpreendentes, às vezes surrealistas, e a crítica aos problemas sociais.

LÍNGUA E LINGUAGEM

Análise linguística: gerúndios e gerundismo

FOCO NO TEXTO

Leia a tira a seguir.

Adão Iturrusgarai

REGISTRE NO CADERNO

1. No 1º quadrinho, a personagem faz uma afirmação.

a. O que denota a expressão da personagem nesse quadrinho?

b. Observe o nome da personagem e o título pelo qual ela é apresentada e deduza: Qual é a relação entre eles?

c. Que imagem a tira constrói sobre as pessoas que estudam português? Levante hipóteses: Essa é uma postura comum a todos os estudiosos da língua portuguesa?

2. Observe o 2º quadrinho.

a. Qual é a relação dele com a fala da personagem do 1º quadrinho?

b. Deduza: A que uso da língua corresponde a expressão *tiponite aguda*? Essa expressão sugere aprovação ou reprovação? Justifique sua resposta com elementos do texto.

3. Sobre o 3º e o 4º quadrinhos:

a. O que denota a expressão de cada uma das personagens?

b. Que relação há entre o 4º quadrinho e o 3º quadrinho?

c. Deduza: A qual fato corresponde a expressão *gerundismo* nesse contexto? Trata-se de uma classificação que sugere aprovação ou reprovação? Justifique sua resposta com elementos do texto.

d. Você concorda que as falas do 4º quadrinho possam ser classificadas dessa forma?

4. Agora, leia o diálogo a seguir, que contém as mesmas expressões tratadas como gerundismo na tira em estudo, imaginando que ele aconteceu entre dois colegas de trabalho, no escritório da empresa.

— Posso passar na sua sala ao meio-dia hoje?
— Puxa, hoje nesse horário *vou estar almoçando*.
— E no final da tarde?
— No final da tarde *vou estar falando* com os funcionários da filial de Recife em uma videoconferência.

Shutterstock / Sergey Nivens

a. Discuta com os colegas e o professor: O uso das expressões *vou estar almoçando* e *vou estar falando*, nesse diálogo, causa algum estranhamento?

b. As formas verbais do gerúndio podem ser utilizadas para diferentes finalidades, todas relacionadas a situações em que o verbo tem um aspecto durativo, isto é, indica que a ação realizada tem certa duração no tempo. No diálogo lido, o uso do gerúndio tem essa finalidade? Justifique sua resposta.

REGISTRE NO CADERNO

c. Deduza: Essas expressões exemplificam de fato ocorrências de gerundismo, tal como considera a personagem da tira?

O aspecto verbal

Você certamente já sabe que os verbos se conjugam em tempos, pessoas e modos variados. Outra categoria que também influencia no sentido dos verbos é o aspecto relacionado tanto aos sentidos do verbo quanto ao posicionamento do falante em relação à forma verbal que utiliza.

Para este estudo, é importante destacar que alguns verbos apresentam aspecto menos ou mais contínuo ou durativo, isto é, representam ações que se prolongam menos ou mais no tempo, por seu próprio sentido, ainda que dependam do contexto do enunciado em que aparecem. Por exemplo, ações como cair, tropeçar, nascer e morrer são não durativas por princípio, ao passo que ações como trabalhar, crescer, estudar e morar são, em princípio, durativas.

5. Observe as seguintes possibilidades para indicar futuro:

dormirei – vou dormir	chamarei – vou chamar	farei – vou fazer
encontrarei – vou encontrar	estarei – vou estar	

a. Faça uma rápida pesquisa com seus colegas: Entre os pares listados, quais dessas formas vocês mais usam em seu dia a dia?

b. Levante hipóteses: Qual é a relação entre esse uso do futuro e a construção chamada de gerundismo na tira em estudo?

6. Agora leia o diálogo a seguir, imaginando que ele também aconteceu entre dois colegas de trabalho, no escritório da empresa.

Thinkstock/Getty Images

— Então o *e-mail* do fornecedor não chegou?

— Não. Mas eu *vou estar enviando* para você assim que recebermos.

— Ótimo. Ainda hoje faço o pagamento.

— Ok, já aviso que você *vai estar transferindo* o dinheiro para a conta dele.

REGISTRE NO CADERNO

a. Com base nas informações do boxe "O aspecto verbal", discuta com os colegas e o professor: Qual é a diferença, no sentido e no aspecto, das expressões verbais destacadas no diálogo acima em comparação com as expressões verbais destacadas na questão 4?

b. Observe as construções *vou estar enviando, vou enviar, enviarei* e levante hipóteses: Quais são as diferenças de sentido entre elas?

c. Entre as construções do item anterior, qual seria classificada como gerundismo pela professora da tira em estudo? E, nesse caso, qual poderia ser a repercussão social do uso excessivo dessa forma?

REFLEXÕES SOBRE A LÍNGUA

O gerúndio, assim como o infinitivo e o particípio, formas nominais dos verbos em português, pode se ligar a outros verbos em locuções verbais, a fim de construir um determinado sentido em um enunciado.

No caso do gerúndio, esse traço de sentido em geral está associado ao prolongamento da ação verbal. É o chamado *aspecto contínuo* ou *durativo* do verbo, utilizado sem causar estranhamento em enunciados como "estou estudando o dia todo". Esse uso, entretanto, tem gerado polêmica em construções como "amanhã vou estar estudando o dia todo" ou, ainda, "vou estar enviando a mensagem para vocês", como visto no estudo da seção anterior.

Esse estranhamento se deve especialmente ao aspecto durativo ou não durativo do verbo principal das orações nas quais a locução aparece. À parte o aspecto durativo, há algumas hipóteses sobre o uso dessa construção, entre elas:

- trata-se de uma sobreposição de verbos auxiliares, uma vez que a expressão *vou estar estudando*, por exemplo, poderia em tese ser substituída por *vou estudar* ou *estarei estudando*, com apenas um verbo auxiliar acompanhando o verbo principal;
- a construção com o gerúndio deixa o enunciado mais polido;
- a construção com o gerúndio marca menos o compromisso estabelecido pelo enunciado;
- a construção com o gerúndio modifica o aspecto dos verbos não durativos, acrescentando a eles a ideia de que levará um tempo para a ação se concretizar.

Qualquer que seja a intenção dos falantes ao utilizarem tais formas, mais interessante do que condená-las como erradas ou impuras é analisá-las e discutir em quais situações elas ocorrem, por que isso acontece e se há alternativas mais eficientes ou se elas cumprem devidamente sua finalidade.

APLIQUE O QUE APRENDEU

Leia o anúncio a seguir.

AlmapBBDO

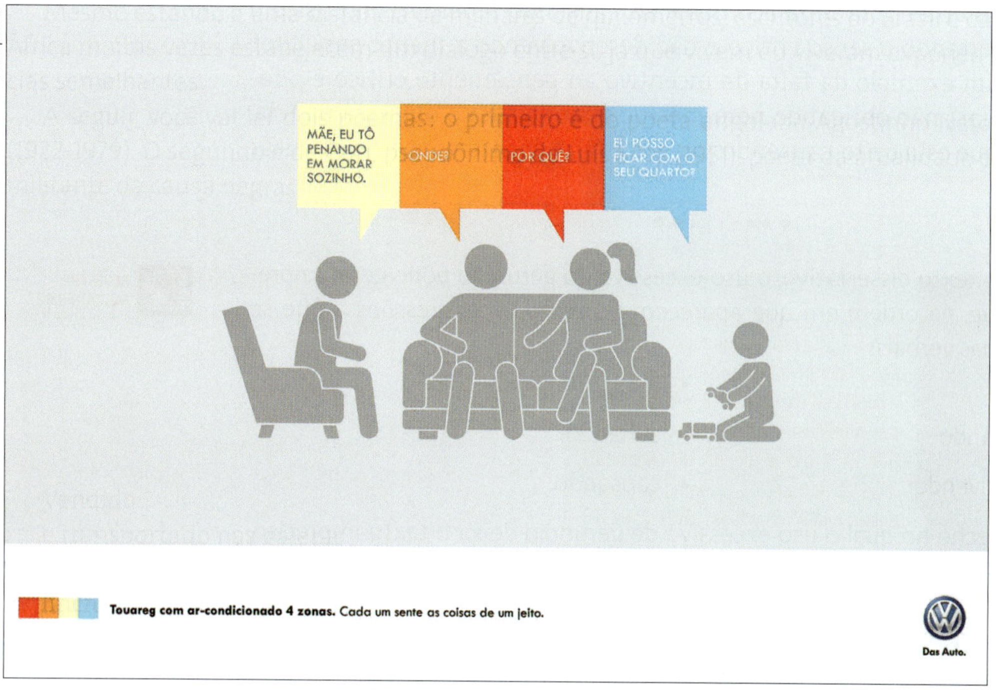

(Disponível em: http://www.putasacada.com.br/wp-content/uploads/2015/06/60x40_vw-4-zone-cannes-201531-1024x682.jpg. Acesso em: 3/4/2016.)

1. Relacione as partes verbal e não verbal do anúncio:

a. Quem são as personagens retratadas e qual é a relação entre elas?

b. Qual é a relação entre as cores dos balões das falas de cada personagem e o sentimento que elas deixam transparecer com suas falas?

2. Releia a primeira fala:

"Mãe, eu tô pensando em morar sozinho."

REGISTRE NO CADERNO

a. Identifique a ocorrência do verbo *estar + gerúndio*.

b. Levante hipóteses: Por que ela foi escrita dessa forma? Como seria a forma escrita padrão?

c. Discuta com os colegas e o professor: Qual sentido o uso dessa locução verbal constrói no texto?

d. Imagine outras situações em que esse mesmo recurso é usado com esse fim e conclua: Em quais contextos essa ocorrência é comum?

3. Sobre o anúncio, como um todo:

a. Quem é o anunciante?

b. Qual é o produto anunciado?

c. Identifique o enunciado do anúncio que marca a relação entre o produto anunciado e o texto central do anúncio e explique essa relação.

4. Leia a seguir um parágrafo de um texto dissertativo sobre supostas desvantagens da Internet, escrito por um aluno do ensino médio.

A rapidez da Internet gera uma acomodação, causando sedentarismo físico e mental, não despertando o senso crítico e não desenvolvendo a mente para criar opiniões novas. Um exemplo da falta de incentivo ao pensamento crítico é o famoso "copiar e colar", não obrigando nem mesmo o aluno a ler o que está na tela, apenas achando que está certo, causando por fim a falta de interesse em pesquisar sobre o assunto.

REGISTRE NO CADERNO

a. Na estrutura do texto dissertativo, o uso excessivo do gerúndio pode gerar imprecisão. Identifique, na ordem em que aparecem no texto, as expressões a que se referem as formas verbais:

- causando:
- (não) despertando:
- (não) desenvolvendo:
- (não) obrigando:
- achando:
- causando:

b. Identifique o trecho no qual o uso excessivo de gerúndio deixa o texto impreciso, prejudicando a retomada dos termos.

c. Reescreva o parágrafo, eliminando o excesso de formas no gerúndio e tornando as referências mais claras.

TEXTO E ENUNCIAÇÃO

Leia o cartum a seguir.

Fernando Gonsales

(Disponível em: http://themaharani.blogspot.com.br/2006_10_01_archive.html. Acesso em: 25/3/2016.)

1. É comum ouvir que o gerundismo começou com os operadores de *telemarketing*. Relacione as partes verbal e não verbal do cartum.

a. Qual é o sentido construído pelo título no contexto do cartum?

b. Qual é o sentido construído pelo uso da expressão *proteção pelo telemarketing* no contexto do cartum?

2. Observe as seguintes construções:

"vamos estar incendiando"
"vamos estar explodindo"

a. Como a personagem descobriu que estava falando com uma empresa de *telemarketing*?

b. Discuta com os colegas e o professor: Por que essas construções são associadas ao *telemarketing* pela personagem?

c. O aspecto dos verbos principais utilizados nessas construções é durativo? Justifique sua resposta.

d. Levante hipóteses: Por que, no *telemarketing*, operadores usam com frequência essa estrutura? Justifique sua resposta.

3. A fala atribuída ao *telemarketing*, no cartum em estudo, causa efeito de humor e quebra a expectativa dos leitores ao sobrepor dois discursos que não combinam.

a. Quais são esses discursos? Por que eles não combinam?

b. Qual efeito de sentido essa combinação de discursos constrói em relação à ameaça feita no cartum?

Leia este anúncio:

Mohallem Meirelles

(Disponível em: http://www.sotitulos.com.br/wp-content/uploads/2012/11/13606.jpg. Acesso em: 26/3/2016.)

4. O texto central do anúncio utiliza várias formas verbais no gerúndio.

a. Identifique essas formas verbais.

b. Indique o agente de cada uma dessas formas.

5. Releia o trecho a seguir.

"Estamos sugerindo o jeito mais difícil."

No princípio era o gerúndio

Circula em certos meios de comunicação uma hipótese, defendida por alguns professores de português, de que a construção denominada por eles *gerundismo* tem origem em uma tradução da estrutura de futuro da língua inglesa *will be -ing*, que equivaleria à nossa forma *vai estar -ndo*.

Para muitos linguistas, entretanto, essa hipótese não procede, principalmente pelo fato de que a maioria dos falantes que usa a forma brasileira não fala inglês. Além disso, pode-se inferir, pelos contextos de uso da construção brasileira, que há por parte dos falantes a intenção de expressar cordialidade e polidez, em vez de dar uma resposta seca e direta com o uso da forma simples do verbo.

REGISTRE NO CADERNO

a. Proponha outra redação para essa frase, sem utilizar o gerúndio.

b. Discuta com os colegas e o professor: Qual é a diferença de sentido entre a versão do anúncio e a redação proposta por você no item anterior?

c. Com base no restante do anúncio, deduza: Qual é "o jeito mais difícil"? Justifique sua resposta.

6. Tendo em vista o sentido das primeiras formas verbais, é possível considerar que o texto do anúncio faz uso de um recurso de ironia.

a. Identifique e explique esse recurso, justificando sua resposta com base no texto.

b. Explique como esse recurso contribui para a construção da imagem da revista.

PRODUÇÃO DE TEXTO

Carta de apresentação

As cartas de apresentação podem ter diferentes objetivos: apresentar um livro, um grupo, uma pessoa ou a si mesmo. Neste capítulo, vamos estudar esse gênero textual, tendo em vista que, com certa frequência, esse tipo de carta é solicitado, entre outras situações, em processos seletivos para cursos ou empregos e viagens de intercâmbio.

FOCO NO TEXTO

REGISTRE NO CADERNO

Leia a carta de apresentação a seguir.

Senhor diretor de Siete Días [revista de Buenos Aires]

Um amigo meu, o desenhista Quino (se chama assim, mas quando assina cheques põe Joaquín Lavado), me disse que você teria muito interesse em contratar a mim e a meus amiguinhos, Susanita, Felipe, Manolito e Miguelito, para juntos trabalharmos todas as semanas em sua revista.

Aceitamos com muito gosto, mas antes devo dizer a você que em minha casa a família aumentou, porque em 21 de março nasceu meu irmãozinho, o que alegrou bastante meu pai e minha mãe; e a mim trouxe curiosidade. Agora estamos todos muito preocupados em cuidar dele e pensando em um nome de que ele goste quando for grande. Como me parece que você e os leitores da revista queriam me conhecer um pouco melhor antes de assinar o contrato, envio-lhe meu curriculum (é assim que se escreve?), mas não tão completo porque de algumas coisas já não me lembro mais. [...]

Na vida real eu nasci em 15 de março de 1962. Meu pai é corretor de seguro, e em casa se entretém cuidando de plantas. Minha mãe é dona de casa. Eles se conheceram quando estudavam juntos na faculdade, mas depois ela abandonou o curso para, segundo ela, cuidar melhor de mim. O nome que me colocaram foi em homenagem a uma menina que trabalhava no filme "Dar

Joaquín Salvador Lavado (QUINO)

Joaquín Salvador Lavado (QUINO)

a cara", feito com base no livro do escritor David Viñas. Em 22 de setembro de 1964, Quino conseguiu uma recomendação para que eu trabalhasse na revista Primeira Plana, e em março de 1965 me levaram ao jornal diário El Mundo. [...]

Joaquín Salvador Lavado (QUINO)

Nos últimos dias recebi muitas cartas e telefonemas perguntando sobre meu irmãozinho. Quase todos se preocupam em saber como meus pais me explicaram o assunto. Foi assim: me chamaram um dia, ficaram muito corados, disseram que tinham de me dizer algo muito importante. Meu pai me contou que eles haviam encomendado um irmãozinho para mim, que antes de ele nascer minha mãe cuidaria dele, porque ele cresce como uma sementinha, e que havia plantado nela porque sabe muito de plantas. Eu não entendi muito bem, mas fiquei contente de saber a verdade, porque a maioria das crianças da escola falam que os nenéns nascem em repolhos ou que a cegonha os traz de Paris... [...]

[...] gosto de ler, escutar os noticiários, ver TV (menos as séries), brincar de xadrez, boliche e balanço. Gosto muito de brincar e correr ao ar livre, onde haja árvores e passarinhos, como em Bariloche. Quando fomos de férias para lá, passamos dias muito bonitos. Esse ano não saímos de férias, porque esperávamos a chegada de meu irmãozinho. [...]

Entre as coisas de que não gosto estão: primeiro, sopa; depois, que me perguntem se gosto mais do papai ou da mamãe; ainda, o calor e a violência. Por isso, quando for grande, vou ser tradutora da ONU. Mas quando os embaixadores brigarem, vou traduzir tudo ao contrário, para que se entendam melhor e haja paz de uma vez por todas.

Até a semana que vem,

Mafalda

(Disponível em: http://mafalda.dreamers.com/Especiales/carta_de_presentacion.htm tradução dos autores. Acesso em: 10/2/2016.)

1. Sobre a carta de apresentação lida, responda às perguntas a seguir e justifique suas respostas com trechos do texto.

REGISTRE NO CADERNO

a. Quem se apresenta a quem?

b. Qual é a motivação para a escrita da carta?

c. Qual é a faixa etária da autora da carta?

2. Releia estes trechos:

- "Um amigo meu, o desenhista Quino [...], me disse que você teria muito interesse em contratar a mim e a meus amiguinhos"
- "Na vida real eu nasci em 15 de março de 1962."
- "Em 22 de setembro de 1964, Quino conseguiu uma recomendação para que eu trabalhasse na revista Primeira Plana, e em março de 1965 me levaram ao jornal diário El Mundo."

Levante hipóteses:

a. Qual é a relação entre Mafalda e Quino?

b. Por que, ao se referir a sua data de nascimento, Mafalda diz "na vida real"?

c. Qual seria, então, a outra data de "nascimento" de Mafalda?

d. No último trecho, há dados cuja presença é importante em cartas de apresentação profissional. Identifique quais são eles e comente essa afirmação.

REGISTRE NO CADERNO

3. A carta de Mafalda foi publicada na seção da revista *Siete Días* na qual, da semana seguinte em diante, circulariam tiras semanais com a personagem. Tendo em vista essa informação, responda:

a. Quem, de fato, escreveu a carta?

b. A quem, de fato, a carta se dirigia?

c. Apesar dessas diferenças, o texto cumpre o papel de carta de apresentação? Justifique sua resposta.

4. Releia o trecho:

"Como me parece que você e os leitores da revista queriam me conhecer um pouco melhor antes de assinar o contrato, envio-lhe meu curriculum (é assim que se escreve?), mas não tão completo porque de algumas coisas já não me lembro mais."

a. O trecho parece adequado para uma carta de apresentação com vistas a um emprego? Justifique sua resposta.

b. No caso da carta lida, ele tem um efeito negativo? Por quê?

c. Quais sentidos esses dizeres de Mafalda permitem que os leitores construam sobre ela?

5. Na carta que escreve, Mafalda apresenta as informações que julga serem relevantes para seu novo trabalho. Com base nas respostas às questões anteriores, levante hipóteses sobre qual seria a relevância das seguintes informações:

a. "devo dizer a você que em minha casa a família aumentou, porque em 21 de março nasceu meu irmãozinho, o que alegrou bastante meu pai e minha mãe; e a mim trouxe curiosidade. Agora estamos todos muito preocupados em cuidar dele e pensando em um nome de que ele goste quando for grande."

b. "Eu não entendi muito bem, mas fiquei contente de saber a verdade, porque a maioria das crianças da escola falam que os nenéns nascem em repolhos ou que a cegonha os traz de Paris..."

c. "Entre as coisas de que não gosto estão: primeiro, sopa; depois, que me perguntem se gosto mais do papai ou da mamãe; ainda, o calor e a violência."

Dicas para escrever uma carta de apresentação ao se candidatar a uma vaga de emprego

- Se o departamento ou o nome da pessoa que vai receber a carta for conhecido, dirija-se diretamente ao departamento ou à pessoa no início do texto.
- Mencione no texto o nome da empresa.
- Faça referência a qualidades e características que sejam requisitos relacionados, de fato, ao trabalho a ser realizado. O anúncio da vaga pode ajudar a saber quais são elas.
- Não faça referência a defeitos.
- Revise a carta. Erros gramaticais, ortográficos e até de digitação podem fazer com que sua carta não seja lida até o fim.
- Empregue um tom e um vocabulário formal. Poucas são as situações em que a informalidade é bem recebida.
- Utilize um papel discreto. A não ser em situações muito específicas, em que se trate de trabalhos pouco convencionais, que demandam aptidões artísticas e criativas, papéis chamativos não são convenientes.
- Seja direto, sucinto e objetivo, de modo a não ultrapassar uma página.
- Finalize a carta com seu nome e/ou assinatura.

HORA DE ESCREVER

Na carta de apresentação que você leu, a "pessoa" que se apresenta é, na verdade, uma conhecida personagem de histórias em quadrinhos. Leia, a seguir, alguns trechos de uma carta escrita por Leonardo da Vinci, no século XV, na qual ele se apresentava com o objetivo de trabalhar como escultor, em Milão.

PROJETO

Dê continuidade à organização da *feira de profissões*, escrevendo uma carta de apresentação que, durante a realização do projeto, poderá servir como modelo a participantes do evento.

[...] Já fiz planos de pontes muito leves [...] Sou capaz de desviar a água dos fossos de um castelo cercado [...] Conheço meios de destruir seja que castelo for [...] Sei construir bombardas fáceis de serem deslocadas [...] galerias e passagens sinuosas que se podem escavar sem ruído nenhum [...] carros cobertos, estáveis e seguros, armados com canhões.

Estou, sem dúvida, em condições de competir com qualquer outro arquiteto, tanto para construir edifícios públicos ou privados como para conduzir água de um sítio para outro.

E, em trabalhos de pintura ou na lavra do mármore, do metal ou da argila, farei obras que seguramente podem suportar o confronto com qualquer outro, seja ele quem for.

(Apud Maria Teresa Vianna van Acker. *Renascimento e humanismo — O homem e o mundo europeu do século XIV ao século XVI*. São Paulo: Atual, 1992. p. 36-7.)

bombarda: máquina com cordas e molas usada para arremessar pedras.

Note que, assim como faz Mafalda na carta estudada anteriormente, Da Vinci fala de sua experiência na área do trabalho pleiteado e menciona realizações suas anteriores. Além disso, menciona as habilidades que tem e se compromete com a realização de um bom trabalho. Esses dois exemplos possibilitam o estabelecimento de um modelo de carta de apresentação, como o que segue.

Ao Departamento de Recursos Humanos (ou nome da pessoa responsável pelo recrutamento)

Sou estudante do (especificações do curso/nível), já concluí os cursos de (cursos que fez), nos quais conheci (breve exposição sobre o conteúdo do curso relacionado à vaga pretendida) e tenho experiência de atuação como (função/cargo no qual já trabalhou/estagiou) ao longo de (especifique o tempo). Sou (liste duas ou três características suas que possam contribuir para o bom desempenho no trabalho pretendido, como organizado, flexível, dedicado, interessado, motivado, disposto a aprender).

Tenho responsabilidade e comprometimento em relação às tarefas a mim conferidas e, em geral, facilidade de relacionamento nos ambientes sociais e profissionais. Encaminho meu currículo para a vaga (especificar), conforme anúncio publicado.

Buscando desenvolvimento profissional e uma oportunidade no mercado de trabalho, pretendo ocupar a posição de (cargo pretendido) na empresa (nome da empresa), reconhecida amplamente por sua importante atuação na área (se quiser, especificar a área).

Ademais, acredito que, com meu empenho e entusiasmo, posso contribuir diretamente para o crescimento da empresa.

Estou à disposição para maiores esclarecimentos.

Cordialmente,

(Nome e/ou assinatura)

Com base na carta de Mafalda, nos trechos da carta de Leonardo da Vinci e no modelo oferecido, escreva você também uma carta de apresentação. Tomando por base seus planos, em relação ao futuro, e considerando que em breve você poderá precisar produzir uma carta com essa finalidade, escolha uma das seguintes situações.

1. Você se candidatou a uma vaga de trabalho (defina uma área de sua preferência) e, no processo seletivo, uma das fases solicita a escrita de uma carta de apresentação.

2. Você pretende fazer um curso no exterior e, para isso, vai passar por um processo de seleção em um programa de viagem. Uma das etapas consiste em escrever uma carta de apresentação.

Nas duas situações, é solicitado do candidato que esclareça:

- por que escolheu esse programa de viagem/trabalhar nessa área;
- por que acredita ser um bom candidato para o programa de viagem/trabalho;
- como pretende conciliar a viagem/o trabalho com suas atividades escolares;
- como a experiência do curso/do trabalho se encaixa nos seus planos para o futuro.

ANTES DE ESCREVER

Ao planejar sua carta de apresentação, siga estas orientações:

- Utilize uma variedade de acordo com a norma-padrão da língua.
- Enumere características pessoais suas que você acredita serem as mais relevantes no contexto.
- Mencione experiências anteriores bem-sucedidas que julgue importantes no contexto.
- Justifique o seu interesse pelo programa/pelo trabalho;
- Mostre que você merece ser selecionado pelo programa/para a vaga de trabalho, porém sem que a carta fique excessivamente autoelogiosa.

ANTES DE PASSAR A LIMPO

Antes de dar sua carta por finalizada, observe:

- se você utilizou uma variedade de acordo com a norma-padrão da língua;
- se as características pessoais e as experiências anteriores que você mencionou são, de fato, relevantes no contexto de apresentação da carta;
- se você justificou devidamente o seu interesse pelo programa/trabalho, com base em fatos e não apenas no seu desejo;
- se você mostrou que é a pessoa certa a ser escolhida, mas sem parecer arrogante.

CAPÍTULO

3 Literaturas africanas de língua portuguesa e literatura negro-brasileira Análise linguística: polissemia e ambiguidade Entrevista de emprego

LITERATURA

Literaturas africanas de língua portuguesa e literatura negro-brasileira

Literaturas africanas de língua portuguesa

Fine Art / AGB Photo/Coleção particular

A canção do pico (1947), de Gerard Sekoto.

Depois de quase 500 anos de dominação política, cultural e linguística de Portugal nas colônias africanas – Angola, Moçambique, Cabo Verde, Guiné-Bissau e São Tomé e Príncipe –, o aparecimento das literaturas de língua portuguesa naquele continente se deu, *grosso modo*, a partir da década de 1940.

Evidentemente, antes disso, houve manifestações literárias populares e orais nas línguas nativas dessas colônias – produção a que alguns especialistas chamam de *oratura*, em contraposição à palavra *literatura* –, mas há poucos registros dessa produção oral.

Ao escreverem literatura em língua portuguesa, os escritores naturalmente se dividiam entre dois mundos: de um lado, usavam a língua oficial, implantada pelos portugueses e historicamente associada aos modelos da literatura da metrópole; de outro lado, tratavam da realidade local e incluíam em suas obras descrições da vida e dos costumes das populações das colônias.

Muitos desses escritores fizeram seus estudos na Europa e, ao regressarem à África, cheios de ideias liberais, atuavam na imprensa como jornalistas e assumiam uma postura contrária ao colonialismo português.

A Revolução dos Cravos (1974), em Portugal, pôs fim à ditadura salazarista naquele país e, como decorrência, eclodiram várias guerras nas colônias africanas, as quais levaram ao fim o colonialismo português. A literatura, nesse momento, tornou-se claramente engajada, já que muitos dos escritores chegaram a participar diretamente da guerra de libertação.

O escritor português Manuel Ferreira, ao estudar a produção literária das colônias durante o período colonial, identifica quatro fases na evolução das literaturas africanas de língua portuguesa:

- fase em que o escritor manifesta alienação cultural e falta de compromisso com sua terra e sua gente;
- fase em que o escritor revela um sentimento nacional e interesse pela realidade circundante; também aqui se manifesta o tema da negritude ou da dor de ser negro;
- fase de resistência, em que o escritor toma consciência de sua condição de colonizado e empreende um discurso de revolta contra o colonizador;
- fase histórica da independência nacional, momento de afirmação do escritor africano, no qual se exalta a liberdade e o orgulho africano e se abordam temas como a África, o povo negro, sua cultura, sua história e suas tradições.

Neste grafite de 2014, fotografado numa das ruas de Lisboa, o capitão Fernando José Salgueiro Maia, um dos ícones da Revolução dos Cravos, em Portugal.

Como se nota na evolução dessas fases, gradativamente se instala uma questão essencial para os escritores africanos: a da *identidade nacional*. Aos poucos, os escritores vão deixando de se considerar parte da literatura portuguesa para se assumirem como escritores africanos ou, especificamente, angolanos, moçambicanos, etc.

Em *Angola*, os autores de maior destaque são: Castro Soromenho, Antônio Jacinto, Viriato da Crua, Agostinho Neto, José Luandino Vieira, Ruy Duarte de Carvalho, Manuel Rui, Pepetela, José Luís Mendonça, José Eduardo Agualusa, Ondjaki e Adriano Mixinge.

Em *Moçambique*, destacam-se José Craveirinha, Mia Couto, Noémia de Sousa, Rui Guerra, Rui Knopfli, Luís Bernardo Honwana, Rui Nogar, João Dias, Ungulani Ba Ka Khosa, João Paulo Borges Coelho e Paulina Chiziane.

Em *Cabo Verde*, destacam-se Manuel Lopes, Jorge Barbosa, Corsino Fortes, Orlanda Amarílis, Germano Almeida, Osvaldo Osório, Vera Duarte e Amílcar Cabral.

Em *São Tomé e Príncipe*, destacam-se Francisco da Costa Alegre, Francisco José Tenreiro, Alda do Espírito Santo e Conceição Lima.

Em *Guiné-Bissau*, quase não há fontes literárias escritas. O escritor Abdulai Silva, com seus romances *Eterna paixão* (1994), *A última tragédia* (1995) e *Mistida* (1997), é considerado o fundador da ficção guineense. Também se destaca o romancista Filinto de Barros.

Além das literaturas africanas de língua portuguesa, em nossa língua ainda há produção literária na Ásia, como em Macau (na China), Goa (na Índia) e em Timor Leste (sudeste asiático), reflexo das navegações e da colonização portuguesa.

FOCO NO TEXTO

Você vai ler, a seguir, dois textos: o primeiro é um poema de Viriato da Cruz, poeta angolano. O segundo é de José Craveirinha, poeta moçambicano.

Texto 1

Namoro

Mandei-lhe uma carta em papel perfumado
e com a letra bonita eu disse ela tinha
um sorrir luminoso tão quente e gaiato
como o sol de Novembro brincando de artista nas acácias floridas
espalhando diamantes na fímbria do mar
e dando calor ao sumo das mangas.
Sua pele macia — era sumaúma...
Sua pele macia, da cor do jambo, cheirando a rosas
tão rijo e tão doce — como o maboque...
Seu seios laranjas-laranjas do Loge
seus dentes... — marfim...
Mandei-lhe uma carta
e ela disse que não.

Mandei-lhe um cartão
que o Maninho tipografou:
"Por ti sofre o meu coração"
Num canto — Sim, noutro canto — Não
E ela o canto do Não dobrou.

Mandei-lhe um recado pela Zefa do Sete
pedindo rogando de joelhos no chão
pela Senhora do Cabo, pela Santa Ifigênia,
me desse a ventura do seu namoro...
E ela disse que não.

Levei à avó Chica, quimbanda de fama
a areia da marca que o seu pé deixou
para que fizesse um feitiço forte e seguro
que nela nascesse um amor como o meu...
E o feitiço falhou.

[...]

Andei barbado, sujo e descalço,
como um mona-ngamba
Procuraram por mim
" — Não viu... (ai, não viu...?) Não viu Benjamim?"
E perdido me deram no morro da Samba.

Para me distrair
levaram-me ao baile do sô Januário
mas ela lá estava num canto a rir
contando o meu caso às moças mais lindas do
[Bairro Operário]

Tocaram uma rumba — dancei com ela
e num passo maluco voamos na sala
qual uma estrela riscando o céu!
E a malta gritou: "Aí, Benjamim!"
Olhei-a nos olhos — sorriu para mim
pedi-lhe um beijo — e ela disse que sim.

(Viriato da Cruz. In: Rogério Andrade Barbosa. *No ritmo dos tantãs*. Brasília: Thesaurus, 1991. p. 95-6.)

Nelson Provazi

fímbria: beira, franja.
maboque: fruta semelhante à laranja, mas de casca dura.
malta: turma.
mona-ngamba: carregador.
quimbanda: curandeira.
sumaúma: paina; fibra oriunda dos frutos da paineira.

Texto 2

Quero ser tambor

Tambor está velho de gritar
Ó velho Deus dos homens
deixa-me ser tambor
corpo e alma só tambor
só tambor gritando na noite quente dos trópicos.

Nem flor nascida no mato do desespero
Nem rio correndo para o mar do desespero
Nem zagaia temperada no lume vivo do desespero
Nem mesmo poesia forjada na dor rubra do desespero.

Nem nada!

Só tambor velho de gritar na lua cheia da minha terra
Só tambor de pele curtida ao sol da minha terra
Só tambor cavado nos troncos duros da minha terra.

Eu
Só tambor rebentando o silêncio amargo da Mafalala
Só tambor velho de sentar no batuque da minha terra
Só tambor perdido na escuridão da noite perdida.

Ó velho Deus dos homens
eu quero ser tambor
e nem rio
e nem flor
e nem zagaia por enquanto
e nem mesmo poesia.
Só tambor ecoando como a canção da força e da vida
Só tambor noite e dia
dia e noite só tambor
até à consumação da grande festa do batuque!
Ó velho Deus dos homens
deixa-me ser tambor
só tambor!

(Craveirinha. In: Rogério Andrade Barbosa. *No ritmo dos tantãs*, cit., p. 131-2.)

Nelson Provazi

Mafalala: bairro da periferia de Maputo, capital de Moçambique.
zagaia: lança.

Viriato da Cruz

Viriato Francisco Clemente da Cruz (1928-1973) nasceu em Angola e morreu em Pequim, na China.

Foi participante do movimento cultural "Vamos descobrir Angola" e um dos principais incentivadores da poesia angolana entre as décadas de 1940 e 1960.

Na década de 1950, atuou clandestinamente no Partido Comunista contra a política colonialista. Em 1960, foi um dos fundadores do Movimento Popular de Libertação de Angola (MPLA).

Entre outras obras, publicou *Poemas* (1961).

1. No poema "Namoro", o eu lírico, identificado no texto como Benjamim, se apaixona por uma moça e tenta se aproximar dela.

a. Até a quarta estrofe, de que meios ele se vale para tocar o coração da moça?

b. Desses meios, quais são escritos?

REGISTRE NO CADERNO

c. De que tipo são os outros meios?

2. Compare o tamanho e o conteúdo das quatro primeiras estrofes do poema "Namoro".

a. Qual delas é maior? O que justifica o tamanho dessa estrofe?

b. A mulher amada se sensibiliza com elogios, chantagens ou fervor religioso?

3. Desprezado, Benjamim fica "barbudo, sujo e descalço", se isola e se marginaliza.

a. O que muda a sorte de Benjamim e lhe permite conquistar o coração da mulher amada?

b. Qual é o "argumento" que finalmente a convence?

José Craveirinha

Craveirinha (1922-2003) nasceu na Mafalala, bairro periférico de Maputo, capital de Moçambique. Mestiço – filho de um português e de uma africana –, teve acesso à educação formal, lusitana. Falava duas línguas, o português e o ronga (dialeto africano). Foi escritor e jornalista e se engajou nas lutas pela libertação do colonialismo português, participando da Frelimo (Frente de Libertação de Moçambique), motivo pelo qual esteve preso entre 1965 e 1969. Também foi um dos escritores que lutaram pelo resgate da identidade cultural dos moçambicanos.

Considerado por muitos críticos como o maior poeta moçambicano, Craveirinha foi o primeiro escritor africano a ganhar o Prêmio Camões, em 1991. Entre suas obras, estão *Xibugo* (1964), *Karingana ua Karingana* (1974) e *Maria* (1988).

Gonçalo Rosa da Silva

4. O poema apresenta uma forte musicalidade, determinada pelas rimas e, principalmente, pelo ritmo. Que relação tem a musicalidade do poema com o seu conteúdo?

5. O poema "Quero ser tambor", de Craveirinha, integra a obra *Karingana ua Karingana*, publicada em 1974, quando Moçambique ainda era uma colônia portuguesa. No poema, o eu lírico opõe o que quer ser ao que não quer ser.

REGISTRE NO CADERNO

a. O que ele quer ser?

b. O que ele não quer ser?

6. Moçambique conquistou sua independência política em 1975. Antes disso, Portugal considerava Moçambique como parte de seu território, e a língua e a cultura portuguesas eram impostas como meio de dominação política.

Leia o boxe "Tambores" e, considerando a situação de produção do poema, responda:

a. O que representa o tambor para a cultura africana e moçambicana, em particular?

b. As coisas que o eu lírico não quer ser – flor, rio, zagaia, poesia – são todas provenientes *do desespero*. Levante hipóteses: Nesse contexto, a que se refere a expressão *do desespero*?

c. O desejo de ser um tambor revela, por parte do eu lírico, uma dimensão pessoal ou coletiva? Justifique com elementos do texto.

7. Releia estes versos do poema:

- "Só tambor rebentando o silêncio amargo da Mafalala"
- "e nem zagaia por enquanto"
- "Só tambor ecoando como a canção da força e da vida"
- "até a consumação da grande festa do batuque!"

Tambores

O tambor é um dos mais antigos instrumentos musicais da humanidade e historicamente está associado a lutas, combates rituais de iniciação e cerimônias religiosas.

Na cultura africana, tem um papel expressivo, sendo frequentemente utilizado nas apresentações musicais e nas cerimônias religiosas.

Thinkstock/Getty Images

A Mafalala, a marrabenta e a identidade cultural moçambicana

Os escritores José Craveirinha e Noémia de Souza nasceram na Mafalala. Segundo Mia Couto, um dos principais nomes da literatura moçambicana atual, a Mafalala da infância e adolescência desses autores "os ajudou a entender que havia uma pátria amordaçada, que pedia a indignação e a luta emancipadora".

Craveirinha incentivou músicos de Maputo a prestigiarem a *marrabenta* – gênero de música e de dança até então desprezado pelo governo português – como meio de resistir culturalmente à dominação portuguesa.

Apresentação de marrabenta na Mafalala.

Flora Pereira da Silva / Afreaka

a. Como se pode compreender "o silêncio amargo da Mafalala"?

b. Por que o eu lírico afirma "nem zagaia por enquanto"?

c. Levante hipóteses: O que representam a "canção da força e da vida" e a "festa do batuque"?

8. Considerando o contexto político de produção do poema e o papel do poeta nesse contexto, conclua: O próprio poema pode ser considerado uma espécie de tambor "rebentando o silêncio" na colônia moçambicana? Por quê?

REGISTRE NO CADERNO

A literatura negro-brasileira

Há, na cultura brasileira, um grupo significativo de escritores negros e mestiços que produzem uma literatura identificada com suas raízes históricas e culturais, normalmente chamada de *afro-brasileira* ou *afrodescendente*. Essas raízes evidentemente remetem à sua origem africana e ao processo histórico de escravização e discriminação que os negros sofreram e sofrem no Brasil.

Essa denominação, entretanto, é questionada por alguns negros por várias razões. Primeiramente porque nem todo país africano é negro. Em segundo lugar, porque, mesmo nos países africanos de língua portuguesa, há escritores brancos – como é o caso de Mia Couto, Luandino, Antônio Jacinto, Pepetela, Nadine Gordimer, entre outros – que não têm como prioridade, em seu projeto literário, a luta contra o preconceito racial.

É por essa razão que alguns militantes da causa negra preferem o uso da expressão *literatura negro-brasileira* para identificar a produção que tem na negritude um de seus pilares centrais. Cuti, escritor brasileiro, por exemplo, explica a diferença:

[...] a palavra "negro" nos remete à reivindicação diante da existência do racismo, ao passo que a expressão "afro-brasileiro" lança-nos, em sua semântica, ao continente africano, com suas mais de 54 nações, dentre as quais nem todas são de maioria de pele escura, nem tampouco estão ligadas à ascendência negro-brasileira. Remete-nos, porém, ao continente pela via das manifestações culturais. Como literatura é cultura, então a palavra estaria mais apropriada a servir como selo.

(Cuti. *Literatura negro-brasileira*. São Paulo: Selo Negro, 2010. p. 40.)

A literatura negro-brasileira – isto é, a literatura que reflete um posicionamento de um sujeito etnicamente negro – teve suas primeiras manifestações na obra de Luiz Gama (1830-1882), Cruz e Sousa (1861-1898) e Lima Barreto (1881-1922), que atuaram de forma isolada.

No século XX, surgem várias associações negras que se interessam pela produção literária, formando um grupo de produtores e leitores de literatura negro-brasileira. Entre os escritores que surgiram desses grupos estão Abdias Nascimento, Solano Trindade, Eduardo de Oliveira, Carlos de Assumpção, Oswaldo de Camargo e Oliveira Silveira.

Em 1978, foram fundados os *Cadernos negros*, que até hoje servem como meio de agregação e de divulgação da produção literária negro-brasileira. Em 1980, foi fundado o grupo Quilombhoje, formado pelos escritores Cuti, Oswaldo de Camargo, Paulo Colina e Abelardo Rodrigues com o objetivo de promover eventos culturais de literatura negro-brasileira. Além do grupo Quilombhoje, que continua muito ativo, tem destaque o grupo GENS (Grupo de escritores negros de Salvador) e o Negrícia – Poesia e Arte de Crioulo, na cidade do Rio de Janeiro.

Quilombhoje

Conheça os escritores e as ações do grupo Quilombhoje, acessando o *site* http://www.quilombhoje.com.br.

FOCO NO TEXTO

Você vai ler, a seguir, dois poemas dos autores negro-brasileiros Adão Ventura e Márcio Barbosa.

Texto 1

Para um negro

In: *Axé: antologia contemporânea*

para um negro
a cor da pele
é uma sombra
muitas vezes mais forte
que um soco.

para um negro
a cor da pele
é uma faca
que atinge
muito mais em cheio
o coração.

(Adão Ventura. In: Zilá Bernd (org.). *Antologia de poesia afro-brasileira – 150 anos de consciência negra no Brasil*. Belo Horizonte: Mazza, 2011. p. 202.)

Texto 2

Nossa gente

nossa gente também veio
pra ser feliz e ter sorte

nossa gente é quente
é bela e forte

mas às vezes essa gente
passa, inconsciente

sofre, mas não se mexe
ri, mas não se gosta

nossa gente inconsciente
sofrendo, fica fraca

nem vê que por dentro ainda
traz a força da mãe áfrica

nem vê que pode vencer
pois tem energia nos braços

e pode ter liberdade
alegria e espaço

superando a pobreza
socializando a riqueza

inventando unidade
solidariedade, abraços

nosso povo é lindo
nosso povo é afro

e perfeito vai destruindo
ódios e preconceitos

"esse povo negro
que se diz moreno"

com suas cores, com seu jeito
é um povo pleno

nossa gente é ventania
é ousadia, é mar cheio

nossa gente também veio
pra ser feliz e ter sorte

Carybé. Figuras, 1986./ Coleção particular

(Márcio Barbosa. In: Luiz Carlos Santos, Maria Galas, Ulisses Tavares (org.). *O negro em versos*. São Paulo: Moderna, 2005. p. 98-9.)

1. No poema "Para um negro", o eu lírico sugere o que representa a cor da pele para um negro por meio de duas metáforas.

a. Quais são as metáforas?

b. Interprete as metáforas e responda: O que a cor da pele representa para um negro?

c. Essas metáforas sugerem o ponto de vista de alguém. Quem é o agente de ações como desferir o soco ou a facada?

2. O título do poema é ambíguo. Comente os sentidos que ele apresenta.

3. O poema "Nossa gente" descreve os negros brasileiros.

a. O eu lírico se inclui entre o grupo designado pela expressão *Nossa gente*? Por quê?

b. Segundo o poema, quais são as qualidades do povo negro do Brasil? Justifique sua resposta com palavras e expressões do texto.

c. Explique o sentido da palavra *inconsciente* nestes versos:

"mas às vezes essa gente
passa, inconsciente

sofre, mas não se mexe
ri, mas não se gosta

nossa gente inconsciente
sofrendo, fica fraca"

REGISTRE NO CADERNO

4. Compare o poema de Adão Ventura e o de Márcio Barbosa. Que semelhanças e diferenças apresentam quanto ao tratamento do tema?

Adão Ventura

Adão Ventura (1946-2004) nasceu em Santo Antônio do Itambé, Minas Gerais.

Formou-se em Direito, foi professor de literatura contemporânea na Universidade do Novo México, nos EUA, diretor da Fundação Palmares durante muitos anos.

Publicou vários livros de poesia, entre eles *Abrir-se um abutre ou mesmo depois de deduzir dele o azul* (1970), *As musculaturas do Arco do Triunfo* (1976) e *A cor da pele* (1980).

Autoria desconhecida

ARQUIVO

- As literaturas africanas de língua portuguesa, em sua maioria, começam a ter registros escritos a partir da década de 1940 e estiveram, durante muito tempo, atreladas aos modelos da literatura portuguesa.
- Aos poucos, essa produção deixa a postura indiferente em relação à condição do negro colonizado e passa a incorporar elementos da paisagem e da vida africana. Revela, então, a consciência de ser colonizado e empreende um discurso de contestação e revolta contra o colonizador.
- A Revolução dos Cravos (1974), em Portugal, acelera o processo de independência das colônias. Durante as guerras de libertação, surge uma literatura engajada e social. Após a independência, os textos se voltam para a exaltação da liberdade, do povo e da cultura africana.
- No Brasil, surge no século XIX uma produção literária de escritores negros que se estende até os nossos dias. Nessa produção, há os que defendem uma identidade negro-brasileira, isto é, voltada para a valorização da negritude e para o combate ao preconceito.

Márcio Barbosa

Márcio Barbosa nasceu em São Paulo em 1959. Formado em Filosofia pela USP, atua no movimento negro desde 1976 e atualmente é um dos diretores do Quilombhoje e um dos responsáveis pelos *Cadernos negros*. Profissionalmente, atua no meio editorial.

Acervo pessoal

ENTRE TEXTOS

Mesmo estando a uma distância de milhares de quilômetros, escritores do Brasil e da África muitas vezes estabelecem um diálogo entre si, já que vivem ou viveram experiências semelhantes.

A seguir, você vai ler dois poemas: o primeiro é do poeta angolano Agostinho Neto (1922-1979). O segundo é de Cuti, pseudônimo de Luís Silva (1951), poeta da atualidade e militante da causa negra.

Agostinho Neto

António Agostinho Neto (1922-1979) foi um médico angolano, formado nas Universidades de Coimbra e de Lisboa.

Foi presidente do Movimento de Libertação de Angola e, em 1975, tornou-se o primeiro presidente do país. Em 1975-1976, recebeu o Prêmio Lenine da Paz.

Entre suas obras de poesia e de política estão *Poemas* (1961), *Sagrada esperança* (1974) e *A renúncia impossível* (1982).

Mohamed Amin & Duncan Willetts/A24/Camerapix/ Africa Twenty-Four Media/AFP

Texto 1

Velho negro

Vendido
e transportado nas galeras
vergastado pelos homens
linchado nas grandes cidades
esbulhado até ao último tostão
humilhado até ao pó
sempre sempre vencido

É forçado a obedecer
a Deus e aos homens
perdeu-se

Perdeu a pátria
e a noção de ser

Reduzido a farrapo
macaquearam seus gestos e a sua alma
diferente

Velho farrapo
Negro
perdido no tempo
e dividido no espaço!

Ao passar de tanga
com o espírito bem escondido
no silencio das frases côncavas
murmuram eles:
pobre negro!

E os poetas dizem que são seus irmãos.

(Agostinho Neto. Disponível: http://www.escritas.org/pt/t/13234/velho-negro. Acesso em: 20/3/2016.)

The Bridgeman Art Library/Keystone Brasil/Bibliotheque Nationale, Paris, França

esbulhado: privado de alguma coisa a que tinha direito; roubado.
galera: antiga embarcação longa e de baixo bordo, movida a vela ou a remos.
vergastado: açoitado.

Texto 2

Sou negro

In: *Poemas da carapinha*, 1978.

Sou negro
Negro sou sem mas ou reticências
Negro e pronto!
Negro pronto contra o preconceito branco
O relacionamento manco
Negro no ódio com que retranco
Negro no meu riso branco
Negro no meu pranto
Negro e pronto!
Beiço
Pixaim
Abas largas meu nariz
Tudo isso sim
— Negro e pronto! —
Batuca em mim
Meu rosto
Belo novo contra o velho belo imposto
E não me prego em ser preto
Negro pronto
Contra tudo o que costuma me pintar de sujo
Ou que tenta me pintar de branco
Sim
Negro dentro e fora
Ritmo-sangue sem regra feita
Grito-negro-força
Contra grades contra forcas
Negro pronto
Negro e pronto
Negro sou!

(Cuti. In: Zila Bernd (org.). *Antologia de poesia afro-brasileira* – 150 anos de consciência negra no Brasil. Belo Horizonte: Mazza Edições, 2011. p. 145.)

Cuti

Luiz Silva (1951), mais conhecido poeticamente como Cuti, nasceu em Ourinhos e estudou Letras na Universidade de São Paulo. Fez mestrado e doutorado em Letras na Unicamp-SP.

É dramaturgo, ensaísta, ficcionista, poeta e tem uma forte atuação junto à comunidade afro-brasileira.

Foi um dos fundadores do grupo Quilombhoje Literatura e um dos organizadores da série *Cadernos Negros*.

1. No texto 1, o eu lírico se refere à figura de um "velho negro".

REGISTRE NO CADERNO

a. Qual é a diferença de sentido entre a expressão *negro velho* e *velho negro*?

b. Quem é o "velho negro" do poema? A expressão se refere a um único homem ou a mais de um? Justifique sua resposta.

c. De que época e lugar é o "velho negro"?

d. Como o "velho negro" é tratado em todos os lugares onde vive ou viveu?

e. Qual é a identidade cultural desse "velho negro"? Justifique sua resposta com elementos do texto.

2. Dê uma interpretação ao último verso do texto 1.

3. O texto 2 é introduzido pelos versos:

REGISTRE NO CADERNO

"Sou negro
Negro sou sem mas ou reticências
Negro e pronto!"

a. Levante hipóteses e explique: O que seria um "negro com mas ou reticências"?

b. A expressão "Negro e pronto!" é empregada três vezes no poema. Que sentido ela assume no poema, levando em conta o ponto de exclamação e a repetição?

c. No poema, que diferença de sentido há entre "Negro e pronto!" e "Negro pronto"?

4. O poema apresenta forte musicalidade, determinada pelo ritmo, por rimas (internas e externas) e pelas aliterações.

a. Faça um levantamento das aliterações do poema.

b. Identifique rimas internas e externas no texto.

c. Que relação há entre os recursos sonoros do poema (aliterações, ritmo) e seu sentido mais geral?

The Bridgeman Art Library / Keystone Brasil

5. Releia estes versos:

"Meu rosto
Belo novo contra o velho belo imposto
[...]
Negro pronto
Contra tudo o que costuma me pintar de sujo
Ou que tenta me pintar de branco"

a. Que novo conceito de belo o texto apresenta? Justifique sua resposta com elementos do texto.

b. Interprete os dois últimos versos desse trecho.

6. Compare os dois textos e aponte aspectos comuns entre eles quanto à abordagem do tema.

LÍNGUA E LINGUAGEM

Análise linguística: polissemia e ambiguidade

FOCO NO TEXTO

Leia o anúncio a seguir.

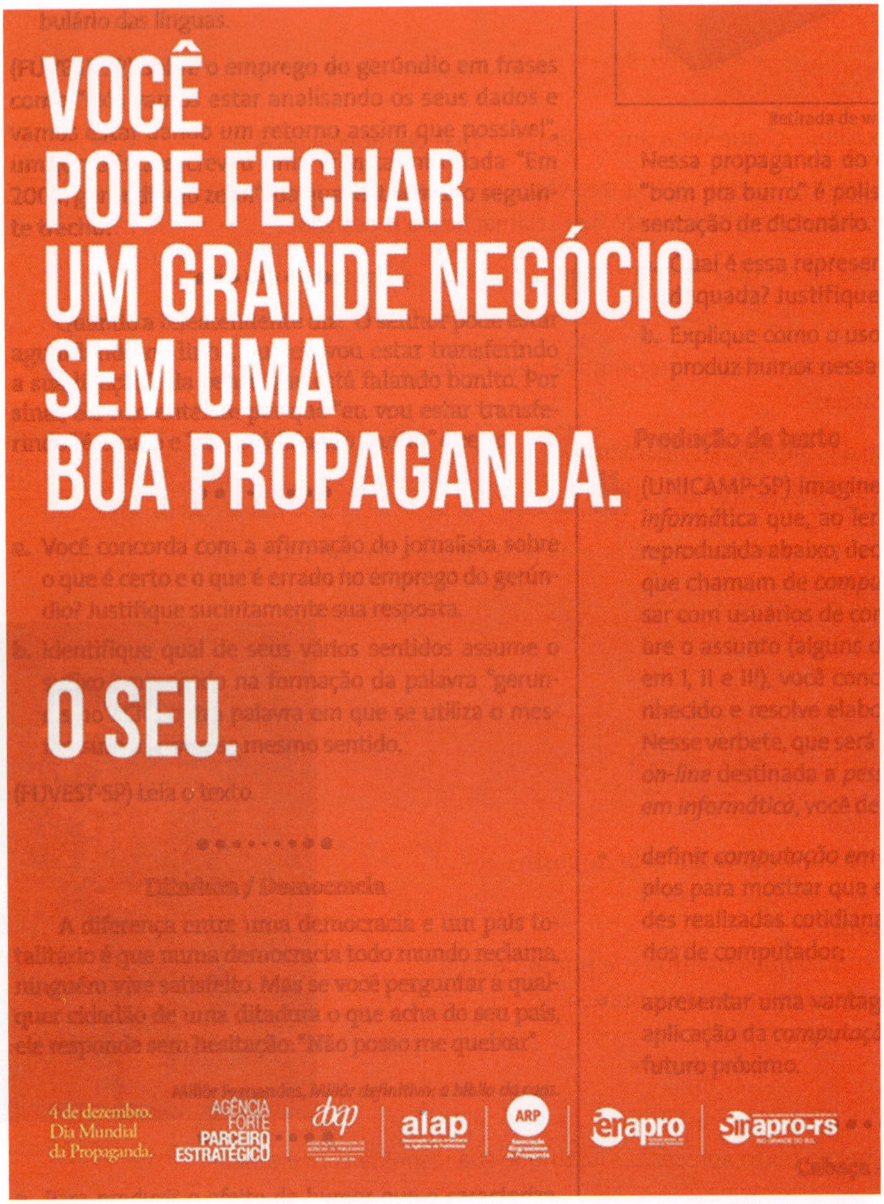

Associação Brasileira das Agências de Publicidade (Abap)/ Associação Latino-americana das Agências de Publicidade (Alap)/ Associação Riograndense de Propaganda (ARP)/ Federação Nacional das Agências de Propaganda (Fenapro)/ Sindicato das Agências de Propaganda no Estado do Rio Grande do Sul (Sinapro-RS)

(Disponível em: https://www.pinterest.com/pin/510525307737757894/?from_navigate=true. Acesso em: 8/4/2016.)

1. Explique com outras palavras que sentido a primeira frase do anúncio constrói quando lida isoladamente. Se o anúncio fosse composto apenas por essa frase, qual seria a ideia veiculada por ele?

REGISTRE NO CADERNO

2. Em relação à segunda frase:

a. Qual termo é retomado pelo pronome *seu*?

b. A quem se refere esse pronome?

3. Há uma expressão do anúncio que tem sentidos diferentes nas duas leituras, isto é, uma expressão polissêmica.

a. Qual é essa expressão?

b. Explique quais são os dois sentidos dessa expressão no contexto do anúncio.

REGISTRE NO CADERNO

4. Observe a parte inferior do anúncio em estudo.

a. Quem é o anunciante?

b. Qual fato motivou a publicação do anúncio?

5. O anúncio em estudo explora a ambiguidade, isto é, as múltiplas possibilidades de leitura de um enunciado, por meio da polissemia de uma expressão.

a. Levante hipóteses: Por que o anúncio em estudo utiliza essa estratégia?

b. Quais efeitos de sentido são criados com o uso dessa estratégia?

REFLEXÕES SOBRE A LÍNGUA

Você viu, no estudo do anúncio publicitário, que uma mesma expressão pode ter sentidos variados, isto é, pode ser polissêmica, e dar origem a leituras diversas, dependendo do contexto no qual é inserida. De fato, uma das características das palavras e expressões de uma língua é a polissemia: uma palavra ou expressão só pode ser de fato compreendida quando circula em um enunciado específico, dito por um enunciador, que se dirige a um ou mais interlocutores, com um determinado objetivo.

A polissemia é uma das possibilidades de se construir ambiguidade. Esta, por sua vez, é um recurso importante da língua, utilizado para produzir efeitos variados nos textos, principalmente o humor. Se utilizada de forma consciente e como uma estratégia, a ambiguidade pode ser muito produtiva. Se construída acidentalmente, por falta de familiaridade no trabalho com a linguagem, a ambiguidade pode gerar ruídos no processo de construção da leitura.

APLIQUE O QUE APRENDEU

Leia a tira a seguir e responda às questões 1 e 2.

(Disponível em: http://www.jacarebanguela.com.br/wp-content/uploads/2010/04/N%C3%ADquel.jpg. Acesso em: 9/4/2016.)

1. A ambiguidade da tira é pautada na polissemia de uma palavra.

   a. Qual é essa palavra?

   b. Quais são as duas possibilidades de sentido trabalhadas na tira? Justifique sua resposta com trechos do texto.

   c. Discuta com os colegas e o professor: Em uma conversa entre duas pessoas na praia, essa ambiguidade existiria? Justifique sua resposta.

2. Além do termo polissêmico, dois elementos da tira possibilitam a construção da ambiguidade.

   a. Entre as opções a seguir, indique em seu caderno quais são eles, justificando sua resposta.

      - as cores das bananas
      - a legenda do 1º quadrinho
      - a fala do 1º quadrinho
      - a fala do 2º quadrinho
      - os desenhos

REGISTRE NO CADERNO

   b. Conclua: Quais outros fatores podem ser importantes na construção de uma ambiguidade?

3. Leia os trechos a seguir, adaptados de notícias de jornal.

   I. A testemunha confirmou que assistiu ao incêndio do seu apartamento

   II. O corpo foi abandonado ao lado do banco

   III. O homem segurou a mulher com as duas mãos amarradas

   IV. A mãe cortou a manga para a filha

   V. Recortei essa tira do jornal para fazermos o trabalho

   VI. A moça guardou o estojo da caneta que ganhou em seu aniversário

   VII. Mãe obriga filha a ficar em casa por passeio de um fim de semana

   VIII. Ele prestará depoimento pela terceira vez nesta semana

   a. Discuta oralmente com os colegas e o professor: Qual é a ambiguidade presente em cada uma delas?

   b. Nas questões anteriores, você viu que a ambiguidade foi utilizada propositalmente como uma estratégia. No caso desses trechos, é possível considerar que a ambiguidade tem essa mesma função? Justifique sua resposta.

   c. Escolha três desses trechos e proponha uma reescrita para cada um, eliminando a ambiguidade.

4. Leia os textos I e II.

I.

Rony Costa/Finephoto

(Disponível em: https://alegriaeboadisposicao.wordpress.com/2012/11/01/algumas-pessoas-precisam-de-terapia/. Acesso em: 10/4/2016.)

II. **MAMÃE GANSA** **MIKE PETERS**

(Disponível em: http://jeremiah-mb.blogspot.com.br/2006_04_01_archive.html. Acesso em: 10/4/2016.)

A construção do humor nos dois textos se centra na utilização do recurso da ambiguidade, pautado em duas estratégias: a polissemia e a ambiguidade por segmentação.

a. Deduza: Qual dos textos constrói a ambiguidade por segmentação? Justifique sua resposta, indicando qual é o trecho responsável pela ambiguidade.

b. E qual constrói a ambiguidade por polissemia? Nesse caso, qual é o termo polissêmico?

c. Em um dos textos em estudo, a ambiguidade só pode ser compreendida se for considerada, além da parte verbal, a imagem. Identifique qual é ele e justifique sua resposta.

REGISTRE NO CADERNO

TEXTO E ENUNCIAÇÃO

1. Leia a piada a seguir.

A mulher chega afobada na delegacia:

— Seu delegado, meu marido saiu de casa ontem à noite para comprar arroz e até agora não voltou. O que eu faço?

— Sei lá, dona, faz macarrão!

A construção do humor da piada lida se pauta na ambiguidade de uma frase, entendida de formas distintas pelas duas personagens que participam do diálogo.

a. Identifique qual é essa fala e quais são as duas interpretações possíveis.

b. Em uma piada como essa, o humor só se constrói se a expectativa inicial do leitor é quebrada com uma resposta inesperada. Discuta com seus colegas e professores e conclua: Por que a resposta dada pelo delegado é inesperada?

2. A frase a seguir é ambígua porque o termo *não* pode fazer referência a partes distintas dela. Observe:

O candidato não foi eleito porque teve votos de sua cidade, apenas.

a. Identifique as duas partes a que o *não* pode corresponder e explique a ambiguidade mencionada.

b. Agora leia o mesmo enunciado, em dois contextos distintos:

A opção da equipe foi por uma campanha localizada e o município de origem do candidato tem um número muito pequeno de eleitores. O candidato não foi eleito porque teve votos de sua cidade, apenas.

A equipe foi extremamente competente e a campanha foi muito bem conduzida em todo o País, trazendo votos de todas as localidades. Por isso, é preciso reafirmar que o candidato não foi eleito porque teve votos de sua cidade, apenas.

Nesses casos, a ambiguidade da frase permanece?

REGISTRE NO CADERNO

c. Conclua: Além da construção do texto, qual outro fator é preponderante na produção ou na resolução de uma ambiguidade? Justifique sua resposta com base na discussão dos itens anteriores.

Leia o anúncio a seguir.

DeBrito

(Disponível em: http://www.blogdocrespo.com.br/post/2015/10/04/E-preciso-tocar-no-assunto-Previna-se.aspx. Acesso em: 10/4/2016.)

3. Sobre o anúncio, em geral:

a. Quem é o anunciante?

b. Qual é o seu público-alvo?

c. Levante hipóteses: A quem se refere o termo *a gente* no anúncio? Qual efeito de sentido o uso desse termo constrói nesse contexto? Justifique sua resposta.

4. Há no anúncio em estudo um termo polissêmico que cria um efeito de ambiguidade.

a. Identifique o termo e as duas possibilidades de leitura.

b. Levante hipóteses: Esse uso foi proposital ou acidental? Justifique sua resposta.

REGISTRE NO CADERNO

c. Entre os efeitos de sentido listados a seguir, identifique em seu caderno qual esse uso constrói no anúncio.

- humor
- suspense
- ênfase
- ironia

d. Discuta com os colegas e o professor: Essa ambiguidade pode ser desfeita pelo contexto no anúncio em estudo? Justifique sua resposta.

5. Conclua: Qual é a importância da utilização do recurso da ambiguidade na construção desse texto?

PRODUÇÃO DE TEXTO

Entrevista de emprego

FOCO NO TEXTO

Você vai ler, a seguir, a transcrição de trechos de uma entrevista de emprego, fruto de adaptação de entrevistas reais e simulações de entrevistas.

Entrevistador: – Boa tarde, Pedro, tudo bem?
Candidato: – Tudo bem.

Entrevistador: – Você trouxe seu currículo?
Candidato: – Trouxe... (colocando a mão no bolso) É... (retirando um papel dobrado do bolso) Eu acredito que cê possa ficar um pouco chateado, mas eu acredito que somos homens, né? Um currículo todo bonitinho, perfumado, num ia pegar bem, né?...

Entrevistador: – Certo. E você acha que as suas características se encaixam na nossa vaga?
Candidato: – Ah, mais ou menos... É que eu tô desempregado, aí queria arrumar um emprego e eu achei que... ah, achei que, de repente, dava pra entrar nessa vaga. E pra mim agora num importa, qualquer emprego serve, porque eu preciso ajudar a minha família.

Entrevistador: – Ok... E me fala um pouco sobre o seu último emprego.
Candidato: – Foi como auxiliar técnico em inspeção veicular, numa empresa que não era muito grande. Até que o trabalho era bom, mas a empresa na época começou a num me pagar direito e tal, e a empresa acabou falindo.
[...]

Entrevistador: – E nas suas horas vagas, o que você mais gosta de fazer?
Candidato: – Ficar no facebook.

Entrevistador: – Ah, tá... É... E você tem projetos de voltar a estudar, continuar a sua formação escolar, acadêmica?

Shutterstock

Candidato: – Ah, assim... Eu num tenho muita vontade não, porque eu acho que eu já estudei bastante na minha vida até terminar o ensino médio, mas se for preciso eu até faço, assim, um curso, se não for demorar muito tempo...

[...]

Entrevistador: – Como você se vê daqui a dez anos?

Candidato: – Espero que casado... Porque, aliás, eu vou tá com 30, espero que esperando meu segundo filho. Quero tê filho novo, quero jogar bola com ele.

Entrevistador: – Certo... Eu vou encaminhar o seu currículo aqui pro pessoal da empresa responsável e eles vão entrar em contato com você... O seu endereço de *e-mail* é esse aqui? gato.sarado@balada.com.br?

Candidato: – É, esse aí mesmo. Mas olha, nessa próxima semana eu vou pro interior de férias com meus pais, então nem adianta me escrever que eu não vou conseguir ver *e-mail*. Então deixa pra outra, que é quando eu vou poder começar no trabalho, tudo bem?

Entrevistador: – Ah, tá... ok, tudo bem. Obrigado.

Candidato: – Obrigado.

REGISTRE NO CADERNO

1. O texto lido mostra que, na entrevista de trabalho, Pedro se comportou de maneira inadequada em determinados aspectos. Discuta com os colegas e o professor e identifique em quais dos pontos indicados a seguir pode-se perceber que Pedro não se saiu bem.

I. Trajes
II. Detalhes sobre emprego anterior
III. Planos para o futuro
IV. Justificativa para a escolha da vaga
V. Uso do celular
VI. Excesso de cumprimentos ao entrevistador
VII. Endereço de *e-mail*
VIII. Pouco conhecimento sobre a empresa
IX. Relação mantida com os estudos
X. Apresentação do currículo
XI. Ocupação do tempo livre
XII. Ressalvas no final da entrevista
XIII. Desinformação quanto a acontecimentos nacionais e internacionais

2. Com base no texto lido, justifique a inadequação a cada ponto indicado por você na questão anterior.

Dicas sobre como se preparar para uma entrevista de emprego e como se portar durante sua realização

- Levar sempre uma cópia do currículo.
- Vestir-se de acordo com o ambiente da empresa.
- Ter conhecimento acerca da atuação da empresa na qual vai fazer a entrevista.
- Estar informado sobre acontecimentos nacionais e internacionais importantes da atualidade.
- Desligar o celular e, caso tenha se esquecido, não atender, se tocar.
- Não falar mal de empresas em que já trabalhou nem de pessoas com quem conviveu em ambiente de trabalho.

3. Discuta com os colegas e o professor e aponte alternativas de comportamento ou de respostas do candidato que seriam mais adequados ao objetivo de ser escolhido para a vaga de trabalho.

4. Tendo em vista as modificações de comportamento ou de respostas apontadas na questão anterior, que respostas você daria às seguintes perguntas em uma entrevista de emprego?

REGISTRE NO CADERNO

a. Você acha que as suas características se encaixam na nossa vaga?

b. Fale um pouco sobre o seu último emprego.

c. Nas suas horas vagas, o que você mais gosta de fazer?

d. Você tem projetos de voltar a estudar e continuar a sua formação escolar?

e. Como você se vê daqui a dez anos?

Perguntas mais frequentes em entrevistas de emprego e orientações de resposta

— Fale um pouco sobre você.

- Fale por cerca de um minuto. De maneira breve, conte onde nasceu, como é sua família, onde estudou, quais cursos fez, quais estágios e trabalhos anteriores realizou. (Se ainda não trabalhou, cite projetos de que participou, trabalhos voluntários que fez).

— Por que você quer trabalhar aqui?

- Dê uma resposta que demonstre conhecer a história da empresa, tentando encaixar o seu perfil profissional no perfil solicitado para a vaga oferecida. Por isso, é importante pesquisar antes sobre a empresa e mostrar na entrevista que o seu perfil tem afinidades com o que é esperado na função.

— Quais são as suas principais qualidades/pontos fortes?

- Responda sinceramente; não invente e procure citar características desejáveis para o cargo pretendido e, se for possível, dar exemplos de situações anteriores de trabalho em que a qualidade citada foi um destaque.

— Quais são os seus principais defeitos/fraquezas?

- Responda sinceramente; não tente mencionar como defeito o que em tese é tido como qualidade, como, "detalhista", "perfeccionista", "sincero". Cite uma característica que não seja essencial para assumir a função pretendida (como ser muito tímido, pouco organizado, apressado, etc.).

— O que costuma fazer nas horas vagas?

- Mencione atividades que, de alguma forma, indiquem valores relacionados à empresa e à vaga pretendida: viajar, praticar esportes, reunir-se com amigos, etc.

— Quais são seus planos para o futuro? Como você se imagina daqui a *x* anos?

- Tente relacionar seus planos futuros com o trabalho pretendido. Mostre o que tem feito para conseguir cumprir seu planejamento e atingir seus objetivos.

— Por que escolher você e não alguém entre os outros candidatos?

- Mostre que tem vontade de trabalhar na empresa e na vaga pretendida, especificamente. Mencione o que você acredita que pode aprender com o trabalho e também como você pretende contribuir para a empresa com a experiência que tem.

5. Escolha, juntamente com o professor e os colegas, duplas para representar, em duas versões, a entrevista lida: com o comportamento e as respostas adequados e com o comportamento e as respostas inadequados. Depois, responda:

a. Você percebeu todas as inadequações das respostas de Pedro logo na primeira leitura do texto? Compare sua resposta com a dos colegas.

b. Caso você já tenha passado por uma entrevista de emprego, ouviu alguma dessas perguntas e/ou deu alguma dessas respostas? Comente com os colegas como foi.

6. Observe a linguagem utilizada pelo participante da entrevista nestes trechos:

- "Eu acredito que cê possa ficar um pouco chateado, mas eu acredito que somos homens, né? Um currículo todo bonitinho, perfumado, num ia pegar bem, né?..."
- "Ah, mais ou menos... É que eu tô desempregado, aí queria arrumar um emprego e eu achei que... ah, achei que, de repente, dava pra entrar nessa vaga. E pra mim agora num importa, qualquer emprego serve, porque eu preciso ajudar a minha família."

a. Qual forma de tratamento o entrevistado utiliza para se dirigir ao entrevistador? Em entrevista de emprego, essa forma pode ser adequada ou inadequada. Explique essa afirmação e dê exemplos de situação em que ela é adequada.

b. Supondo que a entrevista de emprego lida tenha ocorrido em uma situação muito formal, explique por que os trechos a seguir se mostram inadequados.

- "num ia pegar bem"
- "É que eu tô desempregado, aí queria arrumar um emprego"
- "ah, mais ou menos... [...] eu achei que... ah, achei que, de repente, dava"
- "entrar nessa vaga"
- "qualquer emprego serve"

c. Discuta oralmente com os colegas e o professor e imagine como as falas transcritas nessa questão poderiam ser modificadas para se adequar a um contexto mais formal.

Outras perguntas frequentes em entrevistas de emprego

Em uma entrevista de emprego, você pode se deparar também com perguntas como as que seguem. Quais respostas você daria a elas?

- — Por que veio fazer esta entrevista?
- — O que motiva você a fazer um bom trabalho?
- — Você trabalha bem em equipe?
- — Até hoje, quais foram as experiências que lhe deram maior satisfação?
- — O que você procura em um emprego?
- — Quais são os seus objetivos a curto prazo? E a longo prazo?

REGISTRE NO CADERNO

HORA DE PRODUZIR

Seguem duas propostas de produção de entrevistas de emprego simuladas. Por meio dessas simulações você e seus colegas poderão se preparar para a participação em entrevistas de emprego reais.

Combine com o professor como a classe pode se organizar em grupos, a fim de desenvolver as propostas da melhor forma possível.

PROJETO

Dê continuidade à organização da *feira de profissões*, gravando vídeos com simulações de entrevistas que serão exibidos na feira a fim de orientar os visitantes.

1. Tomando como roteiro a entrevista de emprego lida neste capítulo, gravem em vídeo duas versões da cena: uma com comportamentos e respostas inadequados do candidato, como no texto original, e outra com comportamentos e respostas adequados. Na feira, ao apresentar os vídeos, deixem claro aos visitantes qual é o comportamento recomendado e qual é o não recomendado.

2. Tomando por base as dicas dadas nos boxes deste capítulo, imaginem outras possíveis situações de entrevistas de emprego. Encenem e gravem as situações em vídeos e os apresentem depois aos visitantes da feira.

A postura corporal na entrevista de trabalho

Considerando que a expressão corporal influencia muito a imagem que transmitimos de nós, vale a pena, em uma entrevista de emprego, levar em conta estas recomendações:

- Evite cruzar os braços ou colocar os cotovelos em cima da mesa.
- Procure manter a cabeça erguida e evite ficar olhando para baixo o tempo todo.
- Fale olhando diretamente para o entrevistador, porém, sem encará-lo, a fim de não parecer agressivo.
- Incline levemente o corpo para a frente, mas não avance muito na direção do entrevistador, pois isso pode parecer invasivo.
- Evite gestos repetitivos (sacudir os pés ou as pernas, levar a mão à boca, coçar a cabeça, mexer no cabelo).
- Procure se sentar em uma postura neutra, nem muito rígida nem muito relaxada.
- Não fique muito parado nem gesticule demais.
- Evite ficar olhando a todo o momento para o relógio.

ANTES DE ENCENAR

Ao escrever um diálogo que comporá a entrevista, incluam:

- algumas das perguntas mais frequentes na situação;
- as respostas mais adequadas para cada uma das perguntas formuladas.

Thinkstock/Getty Images

AO ENCENAR

Na encenação da entrevista:

- observem a adequação da postura corporal e dos trajes dos participantes;
- tenham em mente o diálogo escrito, mas não falem de forma decorada, pois soaria falso, e procurem, de fato, se imaginar na situação representada.

DEPOIS DE ENCENAR

Após a encenação e a gravação da entrevista, assistam ao vídeo e observem:

- se os participantes atuaram com naturalidade, como se, de fato, estivessem vivendo a situação encenada;
- se estão contemplados no vídeo o comportamento e as respostas considerados adequados em entrevista de emprego;
- se, nos vídeos em que há exemplos de comportamentos e respostas inadequados, há clareza de que se trata de atitudes que não devem ser seguidas.

MUNDO plural

JUVENTUDE E TRABALHO

Você viu, nesta unidade, dois gêneros diretamente relacionados à esfera do trabalho: a carta de apresentação e a entrevista de emprego. Leia o texto a seguir e, depois, discuta com os colegas e o professor as questões propostas, justificando seus pontos de vista.

Mercado é cruel com o jovem

Quem antes só estudava agora procura emprego para ajudar a complementar a renda da família

QUEILA ARIADNE

Não está fácil para ninguém. Mas, para os jovens, arrumar um emprego está ainda mais difícil. [...]

Elisa Rodrigues/Futura Press

A coordenadora da Pesquisa Mensal de Emprego (PME) do IBGE, Adriana Beringuy, explica que a desocupação cresceu entre todas as faixas etárias, mas o ritmo está mais intenso entre os jovens de 18 a 24 anos. "O crescimento se deve tanto pelos que perderam o emprego, quanto por aqueles jovens que antes não estavam nem trabalhando, nem procurando, mas agora saem da inatividade e pressionam a taxa de desemprego", explica.

No quarto período do curso de psicologia, Gabriela Magalhães Silva, 21, está procurando emprego há quatro meses e teme ter que trancar o curso. "Eu sou bolsista, mas tenho muitos outros gastos, como passagens e lanche. Eu nunca tinha ficado tanto tempo sem emprego. Agora, já fiz várias entrevistas e não fui chamada. O problema é que tem muita gente procurando ao mesmo tempo", diz Gabriela.

Segundo a coordenadora do departamento de carreiras do Ibmec, Fernanda Schroder, é exatamente isso que está acontecendo. "O número de pessoas procurando recolocação aumentou muito. E, por outro lado, vemos que a oferta das vagas está menor do que a procura, o que faz o desemprego ficar ainda maior. Nesse cenário, as empresas têm que cortar custos e ficam mais seletivas. Portanto, preferem empregar uma pessoa que já tem experiência do que dar uma oportunidade de primeiro emprego ao jovem", avalia.

"Como tem muita gente procurando, as empresas acabam oferecendo salários menores. Sem falar na inflação, que já faz a renda familiar cair. Então, os jovens estão buscando emprego para contribuir em casa", analisa Fernanda.

A poucos meses de completar 16 anos, Karolaine Anastácia fez questão de fazer sua carteira de trabalho. Acompanhada pela mãe, Iracema Maria Rosa, 42, ela conta que quer encontrar um emprego para ter condições de pagar cursos de qualificação. "Minha mãe já paga inglês, porém quero fazer informática também", destaca. "Mas está difícil."

O especialista em inteligência de negócios do *site* Vagas.com, Rafael Urbano, afirma que a conjuntura econômica obrigou o jovem a mudar de comportamento. "Se antes ele dedicava mais tempo aos estudos, agora precisa complementar a renda da família." [...]

Idosos também estão em busca de oportunidades de trabalho

A procura de emprego também cresceu entre os idosos. No primeiro semestre deste ano, o volume de pessoas com mais de 65 anos que enviaram currículos ao cadastro do *site* Vagas.com aumentou 25% em relação ao mesmo período do ano passado. "Sabemos que a procura por trabalho é um movimento global, mas me chamou atenção a quantidade de pessoas mais velhas buscando uma oportunidade ou um segundo emprego, para aumentar a renda", afirma especialista em recrutamento Rafael Urbano. Apesar do aumento da busca de vagas pelos mais velhos, o desemprego da população com 50 anos ou mais (2,6%) é quase quatro vezes menor do que entre os jovens. Segundo o Instituto Brasileiro de Geografia e Estatística (IBGE), a desocupação atinge 11,9% de quem tem entre 18 e 24 anos.

(Disponível em: http://www.otempo.com.br/capa/economia/mercado-%C3%A9-cruel-com-o-jovem-1.1082291. Acesso em: 9/4/2016.)

1. Você trabalha ou já trabalhou? Você julga importante um jovem trabalhar antes de completar o ensino médio?

2. Você já passou por algum processo de seleção para conseguir uma vaga de emprego? Em caso afirmativo, conte brevemente como foi esse processo.

3. Você vivenciou ou conhece alguém que tenha vivenciado dificuldades específicas na busca por um trabalho, seja pela idade, seja pela falta ou pelo excesso de experiência?

4. Quais são seus planos para o próximo ano, após concluir o ensino médio?

POR DENTRO DO ENEM E DO VESTIBULAR

ENEM EM CONTEXTO

Se o objetivo principal das questões do Enem é avaliar a competência leitora dos estudantes, isso pode ser feito com textos atuais, de autores que atuam no cenário cultural brasileiro de hoje. Por isso, boa parte das questões de literatura faz uso de textos de autores contemporâneos, que você estudou nesta unidade. Veja como isso acontece nesta questão do Enem 2015:

da sua memória

mil
e
mui
tos
out
ros
ros
tos
sol
tos
pou
coa
pou
coa
pag
amo
meu

ANTUNES, A. *2 ou + corpos no mesmo espaço*. São Paulo: Perspectiva, 1998.

Trabalhando com recursos formais inspirados no Concretismo, o poema atinge uma expressividade que se caracteriza pela

a. interrupção da fluência verbal, para testar os limites da lógica racional.

b. reestruturação formal da palavra, para provocar o estranhamento no leitor.

c. dispersão das unidades verbais, para questionar o sentido das lembranças.

d. fragmentação da palavra, para representar o estreitamento das lembranças.

e. renovação das formas tradicionais, para propor uma nova vanguarda poética.

REGISTRE NO CADERNO

O poema do poeta e compositor Arnaldo Antunes, ex-Titãs, alinha-se aos pressupostos do movimento concretista, que objetiva romper com a linearidade do verso tradicional, explorando a visualidade do poema e a multiplicidade de sentidos advindos da ruptura das palavras e disposição verbal. Veja que, com exceção de um, todos os versos apresentam apenas três letras.

O poema é constituído de uma única frase – "Mil e muitos outros rostos soltos pouco a pouco apagam o meu" –, que remete à memória do interlocutor do eu lírico, identificado pelo pronome de 3ª pessoa *sua*, que aos poucos vai se esquecendo do eu lírico.

Na questão, todas as afirmações feitas na 1ª parte de cada item são verdadeiras, ou seja, os versos exploram a interrupção da fluência verbal, reestruturam formalmente a palavra, exploram a fragmentação e a dispersão aleatória de letras e renovam as formas tradicionais da poesia. Contudo, o problema dos itens está na segunda parte, que indica uma finalidade para o uso desses recursos.

A mais coerente é expressa no item *d*, que relaciona forma e conteúdo, ou seja, o estreitamento formal do poema associa-se à ideia de que as lembranças que o interlocutor tem do eu lírico vão, pouco a pouco, desaparecendo.

REGISTRE NO CADERNO

Como se nota, nesse tipo de questão não é preciso ter amplo conhecimento teórico acerca do Concretismo ou do autor. Basta ser um leitor perspicaz e ser capaz de estabelecer relações entre forma e conteúdo de um texto.

QUESTÕES DO ENEM E DO VESTIBULAR

1. (ENEM)

O açúcar

O branco açúcar que adoçará meu café
nesta manhã de Ipanema
não foi produzido por mim
nem surgiu dentro do açucareiro por milagre.

Vejo-o puro
e afável ao paladar
como beijo de moça, água
na pele, flor
que se dissolve na boca. Mas este açúcar
não foi feito por mim.

Este açúcar veio
da mercearia da esquina e tampouco o fez o Oliveira,
[dono da mercearia.

Este açúcar veio
de uma usina de açúcar em Pernambuco
ou no Estado do Rio
e tampouco o fez o dono da usina.

Este açúcar era cana
e veio dos canaviais extensos
que não nascem por acaso
no regaço do vale.
(...)
Em usinas escuras,
homens de vida amarga
e dura
produziram este açúcar
branco e puro
com que adoço meu café esta manhã em Ipanema.

Ferreira Gullar. *Toda Poesia*. Rio de Janeiro: Civilização Brasileira, 1980. p. 227-8.

A antítese que configura uma imagem da divisão social do trabalho na sociedade brasileira é expressa poeticamente na oposição entre a doçura do branco açúcar e

a. o trabalho do dono da mercearia de onde veio o açúcar.

b. o beijo de moça, a água na pele e a flor que se dissolve na boca.

c. o trabalho do dono do engenho em Pernambuco, onde se produz o açúcar.

d. a beleza dos extensos canaviais que nascem no regaço do vale.

e. o trabalho dos homens de vida amarga em usinas escuras.

2. (ENEM)

À garrafa

Contigo adquiro a astúcia
de conter e de conter-me.
Teu estreito gargalo
é uma lição de angústia.

Por translúcida pões
o dentro fora e o fora dentro
para que a forma se cumpra
e o espaço ressoe.

Até que, farta da constante
prisão da forma, saltes
da mão para o chão
e te estilhaces, suicida,
numa explosão
de diamantes.

REGISTRE NO CADERNO

PAES, J. P. *Prosas seguidas de odes mínimas*. São Paulo: Cia. das Letras, 1992.

A reflexão acerca do fazer poético é um dos mais marcantes atributos da produção literária contemporânea, que, no poema de José Paulo Paes, se expressa por um(a)

a. reconhecimento, pelo eu lírico, de suas limitações no processo criativo, manifesto na expressão "Por translúcidas pões".

b. subserviência aos princípios do rigor formal e dos cuidados com a precisão metafórica, como se em "prisão da forma".

c. visão progressivamente pessimista, em face da impossibilidade da criação poética, conforme expressa o verso "e te estilhaces, suicida".

d. processo de contenção, amadurecimento e transformação da palavra, representado pelos versos "numa explosão / de diamantes".

e. necessidade premente de libertação da prisão representada pela poesia, simbolicamente comparada à "garrafa" a ser "estilhaçada".

3. (ENEM)

Aquarela

O corpo no cavalete
é um pássaro que agoniza
exausto do próprio grito.
As vísceras vasculhadas
principiam a contagem
regressiva.
No assoalho o sangue
se decompõe em matizes
que a brisa beija e balança:
o verde – de nossas matas
o amarelo – de nosso ouro
o azul – de nosso céu
o branco o negro o negro

REGISTRE NO CADERNO

CACASO. In: HOLLANDA, H. B. (Org.). *26 poetas hoje*. Rio de Janeiro: Aeroplano, 2007.

Situado na vigência do Regime Militar que governou o Brasil, na década de 1970, o poema de Cacaso edifica uma forma de resistência e protesto a esse período, metaforizando

a. as artes plásticas, deturpadas pela repressão e censura.

b. a natureza brasileira, agonizante como um pássaro enjaulado.

c. o nacionalismo romântico, silenciado pela perplexidade com a Ditadura.

d. o emblema nacional, transfigurado pelas marcas do medo e da violência.

e. as riquezas da terra, espoliadas durante o aparelhamento do poder armado.

4. (ENEM)

Tudo era harmonioso, sólido, verdadeiro. No princípio. As mulheres, principalmente as mortas do álbum, eram maravilhosas. Os homens, mais maravilhosos ainda, ah, difícil encontrar família mais perfeita. *A nossa família*, dizia a bela voz de contralto da minha avó. *Na nossa família*, frisava, lançando em redor olhares complacentes, lamentando os que não faziam parte do nosso clã. [...]

Quando Margarida resolveu contar os *podres* todos que sabia naquela noite negra da rebelião, fiquei furiosa. [...]

É mentira, é mentira!, gritei tapando os ouvidos. Mas Margarida seguia em frente: tio Maximiliano se casou com a inglesa de cachos só por causa do dinheiro, não passava de um pilantra, a loirinha feiosa era riquíssima. Tia Consuelo? Ora, tia Consuelo chorava porque sentia falta de homem, ela queria homem e não Deus, ou o convento ou o sanatório. O dote era tão bom que o convento abriu-lhe as portas com loucura e tudo. "E tem mais coisas ainda, minha queridinha", anunciou Margarida fazendo um agrado no meu queixo. Reagi com violência: uma agregada, uma cria e, ainda por cima, mestiça. Como ousava desmoralizar meus heróis?

TELLES, L. F. *A estrutura da bolha de sabão*. Rio de Janeiro: Rocco, 1999.

Representante da ficção contemporânea, a prosa de Lygia Fagundes Telles configura e desconstrói modelos sociais. No trecho, a percepção do núcleo familiar descortina um(a)

a. convivência frágil ligando pessoas financeiramente dependentes.

b. tensa hierarquia familiar equilibrada graças à presença da matriarca.

c. pacto de atitudes e valores mantidos à custa de ocultações e hipocrisias.

d. tradicional conflito de gerações protagonizado pela narradora e seus tios.

e. velada discriminação racial refletida na procura de casamentos com europeus.

5. (ENEM)

Texto I

Voluntário

Rosa tecia redes, e os produtos de sua pequena indústria gozavam de boa fama nos arredores. A reputação da tapuia crescera com a feitura de uma maqueira de tucum ornamentada com a coroa brasileira, obra de ingênuo gosto, que lhe valera a admiração de toda a comarca e provocara a inveja da célebre Ana Raimunda, de Óbidos, a qual chegara a formar uma fortunazinha com aquela especialidade, quando a indústria norte-americana reduzira à inatividade os teares rotineiros do Amazonas.

SOUSA, I. *Contos amazônicos*. São Paulo: Martins Fontes, 2004.

Texto II

Relato de um certo oriente

Emilie, ao contrário de meu pai, de Dorner e dos nossos vizinhos, não tinha vivido no interior do Amazonas. Ela, como eu, jamais atravessara o rio. Manaus era o seu mundo visível. O outro latejava na sua memória. Imantada por uma voz melodiosa, quase encantada, Emilie maravilha-se com a descrição da trepadeira que espanta a inveja, das folhas malhadas de um tajá que reproduz a fortuna de um homem, das receitas de curandeiros que veem em certas ervas da floresta o enigma das doenças mais temíveis, com as infusões de coloração sanguínea aconselhadas para aliviar trinta e seis dores do corpo humano. "E existem ervas que não curam nada", revelava a lavadeira, "mas assanham a mente da gente. Basta tomar um gole do líquido fervendo para que o cristão sonhe uma única noite muitas vidas diferentes". Esse relato poderia ser de duvidosa veracidade para outras pessoas, mas não para Emilie.

HATOUM, M. São Paulo: Cia. das Letras, 2008.

As representações da Amazônia na literatura brasileira mantêm relação com o papel atribuído à região na construção do imaginário nacional. Pertencentes a contextos históricos distintos, os fragmentos diferenciam-se ao propor uma representação da realidade amazônica em que se evidenciam

a. aspectos da produção econômica e da cura na tradição popular.

b. manifestações culturais autênticas e da resignação familiar.

c. valores sociais autóctones e influência dos estrangeiros.

d. formas de resistência locais e do cultivo das superstições.

e. costumes domésticos e levantamento das tradições indígenas.

6. (ENEM) REGISTRE NO CADERNO

Art. 2º Considera-se criança, para os efeitos desta Lei, a pessoa até doze anos de idade incompletos, e adolescente aquela entre doze e dezoito anos de idade. [...]

Art. 3º A criança e o adolescente gozam de todos os direitos fundamentais inerentes à pessoa humana, sem prejuízo da proteção integral de que trata esta Lei, assegurando-se-lhes, por lei ou por outros meios, todas as oportunidades e facilidades, a fim de lhes facultar o desenvolvimento físico, mental, moral, espiritual e social, em condições de liberdade e de dignidade.

Art. 4º É dever da família, da comunidade, da sociedade em geral e do poder público assegurar, com absoluta prioridade, a efetivação dos direitos referentes à vida, à saúde, à alimentação, à educação, ao esporte, ao lazer, à profissionalização, à cultura, à dignidade, ao respeito, à liberdade e à convivência familiar e comunitária.

[...] BRASIL. Lei n. 8 069, de 13 de julho de 1990. *Estatuto da criança e do adolescente*. Disponível em: www.planalto.gov.br (fragmento)

Para cumprir sua função social, o *Estatuto da criança e do adolescente* apresenta características próprias desse gênero quanto ao uso da língua e quanto à composição textual. Entre essas características, destaca-se o emprego de

a. repetição vocabular para facilitar o entendimento.

b. palavras e construções que evitem ambiguidade.

c. expressões informais para apresentar os direitos.

d. frases na ordem direta para apresentar as informações mais relevantes.

e. exemplificações que auxiliem a compreensão dos conceitos formulados.

7. (ENEM)

Palavras jogadas fora

Quando criança, convivia no interior de São Paulo com o curioso verbo pinchar e ainda o ouço por lá esporadicamente. O sentido da palavra é o de "jogar fora" (pincha fora essa porcaria) ou "mandar embora" (pincha esse fulano daqui). Teria sido uma das muitas palavras que ouvi menos na capital do estado e, por conseguinte, deixei de usar. Quando indago às pessoas se conhecem esse verbo, comumente escuto respostas como "minha avó fala isso". Aparentemente, para muitos falantes, esse verbo é algo do passado, que deixará de existir tão logo essa geração antiga morrer.

As palavras são, em sua grande maioria, resultados de uma tradição: elas já estavam lá antes de nascermos. "Tradição", etimologicamente, é o ato de entregar, de passar adiante, de transmitir (sobretudo valores culturais). O rompimento da tradição de uma palavra equivale à sua extinção. A gramática normativa muitas vezes colabora criando preconceitos, mas o fator mais forte que motiva os falantes a extinguirem uma palavra é associar a palavra, influenciados direta ou indiretamente pela visão normativa, a um grupo que julga não ser o seu. O pinchar, associado ao ambiente rural, onde há pouca escolaridade e refinamento citadino, está fadado à extinção?

É louvável que nos preocupemos com a extinção de ararinhas-azuis ou dos micos-leão-dourados, mas a extinção de uma palavra não promove nenhuma comoção, como não nos comovemos com a extinção de insetos, a não ser dos extraordinariamente belos. Pelo contrário, muitas vezes a extinção das palavras é incentivada.

VIARO, M. E. *Língua Portuguesa*, n. 77, mar. 2012 (adaptado).

A discussão empreendida sobre o (des)uso do verbo "pinchar" nos traz uma reflexão sobre a linguagem e seus usos, a partir da qual compreende-se que

a. as palavras esquecidas pelos falantes devem ser descartadas dos dicionários, conforme sugere o título.

b. o cuidado com espécies animais em extinção é mais urgente do que a preservação de palavras.

c. o abandono de determinados vocábulos está associado a preconceitos socioculturais.

d. as gerações têm a tradição de perpetuar o inventário de uma língua.

e. o mundo contemporâneo exige a inovação do vocabulário das línguas.

8. (FUVEST-SP) Sobre o emprego do gerúndio em frases como "Nós vamos estar analisando os seus dados e vamos estar dando um retorno assim que possível", um jornalista escreveu uma crônica intitulada "Em 2004, gerundismo zero!", da qual extraímos o seguinte trecho:

REGISTRE NO CADERNO

Quando a teleatendente diz: "O senhor pode estar aguardando na linha, que eu vou estar transferindo a sua ligação", ela pensa que está falando bonito. Por sinal, ela não entende por que "eu vou estar transferindo" é errado e "ela está falando bonito" é certo.

a. Você concorda com a afirmação do jornalista sobre o que é certo e o que é errado no emprego do gerúndio? Justifique sucintamente sua resposta.

b. Identifique qual de seus vários sentidos assume o sufixo empregado na formação da palavra "gerundismo". Cite outra palavra em que se utiliza o mesmo sufixo com esse mesmo sentido.

9. (FUVEST-SP) Leia o texto.

Ditadura / Democracia

A diferença entre uma democracia e um país totalitário é que numa democracia todo mundo reclama, ninguém vive satisfeito. Mas se você perguntar a qualquer cidadão de uma ditadura o que acha do seu país, ele responde sem hesitação: "Não posso me queixar".

Millôr Fernandes, *Millôr definitivo: a bíblia do caos*.

a. Para produzir o efeito de humor que o caracteriza, esse texto emprega o recurso da ambiguidade? Justifique sua resposta.

b. Reescreva a segunda parte do texto (de "Mas" até "queixar"), pondo no plural a palavra "cidadão" e fazendo as modificações necessárias.

10. (UNICAMP-SP)

Editora Positivo

Retirada de www.eitapiula.net/2009/09/aurelio.jpg

Nessa propaganda do dicionário Aurélio, a expressão "bom pra burro" é polissêmica, e remete a uma representação de dicionário.

a. Qual é essa representação? Ela é adequada ou inadequada? Justifique.

b. Explique como o uso da expressão "bom pra burro" produz humor nessa propaganda.

Produção de texto

11. (UNICAMP-SP) Imagine-se na posição de um *leigo em informática* que, ao ler a matéria *Cabeça nas nuvens*, reproduzida abaixo, decide buscar informações sobre o que chamam de *computação em nuvem*. Após conversar com usuários de computador e ler vários textos sobre o assunto (alguns dos quais reproduzidos a seguir em I, II e III), você conclui que o conceito é pouco conhecido e resolve elaborar um *verbete* para explicá-lo. Nesse verbete, que será publicado em uma *enciclopédia on-line* destinada a *pessoas que não são especializadas em informática*, você deverá:

- definir *computação em nuvem*, fornecendo dois exemplos para mostrar que ela já está presente em atividades realizadas cotidianamente pela maioria dos usuários de computador;
- apresentar uma vantagem e uma desvantagem que a aplicação da *computação em nuvem* poderá ter em um futuro próximo.

Cabeça nas nuvens

Quando foi convidado para participar da feira de educação da Microsoft, Diogo Machado já sabia que projeto desenvolver. O estagiário de informática da Escola Estadual Professor Francisco Coelho Ávila Júnior, em Cachoeiro de Itapemirim (ES), estava cansado de ouvir reclamações de alunos que perdiam arquivos no computador. Decidiu criar um sistema para salvar trabalhos na própria internet, como ele já fazia com seus códigos de programação. Dessa forma, se o computador desse pau, o conteúdo ficaria seguro e poderia ser acessado de qualquer máquina. A ideia do recém-formado técnico em informática se baseava em *clouding computing* (ou computação em nuvem), tecnologia que é a aposta de gigantes como Apple e Google para o armazenamento de dados no futuro.

Em três meses, Diogo desenvolveu o Escola na nuvem (escolananuvem.com.br), um portal em que estudantes e professores se cadastram e podem armazenar e trocar conteúdos, como o trabalho de matemática ou os tópicos da aula anterior. As informações ficam em um disco virtual, sempre disponíveis para consulta via web.

(Extraído de *Galileu*, nº 241, ago. 2011, São Paulo: Editora Globo, p. 79.)

I

"Você quer ter uma máquina de lavar ou quer ter a roupa lavada?"

Essa pergunta resume de forma brilhante o conceito de computação em nuvem, que foi abordado em um documentário veiculado recentemente na TV.

(Adaptado de: http://toprenda.net/2010/04/computacao-em-nuvem-voce-ja-usa-e-nem-sabia.)

II

Vamos dizer que você é o executivo de uma grande empresa. Suas responsabilidades incluem assegurar que todos os seus empregados tenham o *software* e o *hardware* de que precisam para fazer o seu trabalho. Comprar computadores para todos não é suficiente – você também tem de comprar *software* ou licenças de *software* para dar aos empregados as ferramentas que eles exigem.

Em breve, deve haver uma alternativa para executivos como você. Em vez de instalar uma suíte de aplicativos em cada computador, você só teria de carregar uma aplicação. Essa aplicação permitiria aos trabalhadores logar-se em um serviço baseado na web que hospeda todos os programas de que o usuário precisa para o seu trabalho. Máquinas remotas de outra empresa rodariam tudo – de *e-mail* a processador de textos e a complexos programas de análise de dados. Isso é chamado computação em nuvem e poderia mudar toda a indústria de computadores.

Se você tem uma conta de *e-mail* com um serviço baseado na web, como Hotmail, Yahoo! ou Gmail, então você já teve experiência com computação em nuvem. Em vez de rodar um programa de *e-mail* no seu computador, você se loga numa conta de *e-mail* remotamente pela web.

(Adaptado de Jonathan Strickland, *Como funciona a computação em nuvem*. Disponível em: http://informatica.hsw.uol.com.br/computacao-em-nuvem.htm.)

III

A simples ideia de determinadas informações ficarem armazenadas em computadores de terceiros (no caso, os fornecedores de serviço), mesmo com documentos garantindo a privacidade e o sigilo, preocupa pessoas, órgãos do governo e, principalmente, empresas. Além disso, há outras questões, como o problema da dependência de acesso à internet: o que fazer quando a conexão cair? Algumas companhias já trabalham em formas de sincronizar aplicações *off-line* com *on-line*, mas tecnologias para isso ainda precisam evoluir bastante.

(Adaptado de *O que é Cloud Computing?* Disponível em: http://www.infowester.com/cloudcomputing.php.)

PROJETO

Feira de profissões – Você no mercado de trabalho

Como encerramento da unidade, você e seus colegas realizarão uma *feira de profissões*, na qual serão divulgados e expostos verbetes sobre profissões, projetos de pesquisa, cartas de apresentação e vídeos com entrevistas de emprego simuladas.

1. Organizando, preparando e divulgando o evento

Blend RF/KidStock/Diomedia

- Definam data, horário, estrutura, público-alvo e meios de divulgação da feira. Procurem convidar toda a comunidade escolar e também familiares e vizinhos da escola, especialmente aqueles que têm empresas ou negócios próprios.
- Ao divulgar a feira entre donos de empresas estabelecidas na região da escola, convidem-nos para falar sobre ela e, quem sabe, iniciar na feira um processo de recrutamento de novos funcionários.
- Na divulgação do evento para a comunidade escolar, familiares e vizinhos da escola especifiquem as atividades que serão realizadas.

2. Realizando a feira

Os verbetes

- Definam uma maneira de divulgar os verbetes produzidos por vocês no capítulo 1: em livros impressos, na forma de enciclopédia ou dicionário, em fôlderes avulsos, em murais.
- Organizem uma escala entre os autores dos verbetes para que sempre haja alguém disponível para orientar os visitantes, na consulta aos textos.

Projetos de pesquisa

- Procurem, em um centro universitário próximo à escola, ou por meio de um dos professores da classe, fazer contato com pesquisadores que estejam desenvolvendo algum projeto de pesquisa. Falem com alguns desses pesquisadores e façam a eles o convite para participar da feira, dando uma breve palestra em que expliquem o projeto de pesquisa no qual trabalham e como o desenvolvem.

- Convidem, se possível, um pesquisador que possa falar sobre a elaboração de um projeto de pesquisa. Sugiram que ele conte como surgiu a ideia do projeto, como foi sua escrita e o processo de avaliação do texto por uma comissão.
- Preparem um local para a apresentação tanto dos projetos que escreveram no capítulo 1 quanto dos resultados das breves pesquisas que desenvolveram a partir dele.

Michel Baret/Gamma-Rapho via Getty Images

As cartas de apresentação

- Decidam como reunir as cartas de apresentação produzidas por vocês no capítulo 2, a fim de que elas sirvam como modelos aos visitantes. Elas podem ser expostas em um mural ou agrupadas em uma antologia de cartas de apresentação.
- Em um local com computadores, ofereçam aos visitantes consultoria sobre a escrita de cartas de apresentação. Com base no estudo que realizaram, deem dicas, sugestões e orientações sobre como produzir cartas de apresentação que, de fato, sejam eficientes e atendam ao fim para o qual foram escritas. Tirem dúvidas que os visitantes tenham e, aos que se interessarem, ajudem a escrever suas cartas.

As entrevistas de emprego

- Preparem um local para exibir aos visitantes os vídeos com as simulações das entrevistas de emprego produzidas por vocês no capítulo 3. Elaborem uma programação para que todos possam se organizar e assistir aos vídeos.
- Reservem um local em que vocês possam prestar consultoria aos visitantes que desejem tirar dúvidas sobre como se portar em entrevistas de emprego. Para dar dicas, sugestões e orientações, tomem por base o estudo realizado no capítulo.
- Se julgarem interessante, preparem um mural e exponham nele essas dicas, sugestões e orientações.
- Caso a feira tenha a participação de donos de empresas, disponibilizem aos que se interessarem um espaço para recrutamento de possíveis funcionários.

Phil Boorman/Cultura RF/ Getty Images

APÊNDICE

Análise sintática do período composto

A análise da função que as orações podem exercer nos períodos, também conhecida como *análise sintática do período composto*, já teve, no passado, bastante relevância nos estudos de gramática na escola.

Nos dias de hoje, quando os estudos da língua se voltam mais para as funções sociais do texto e a adaptação da linguagem a situações de comunicação diversas – isto é, o uso da língua para produzir e ler textos dos mais variados gêneros de forma adequada e coerente – a análise das orações perdeu prestígio. Alguns de seus conceitos básicos, entretanto, podem auxiliar no estudo de certos tópicos importantes da gramática prescritiva e da norma-padrão, como a pontuação.

Apresentamos, em caráter complementar e para fins de consulta, as orações coordenadas e subordinadas de nossa língua, segundo a descrição da gramática normativa. Consulte-a sempre que houver necessidade.

Orações coordenadas

São aquelas que possuem independência sintática, ou seja, cada uma delas apresenta sujeito, predicado e outros termos da oração, sem precisar se ligar a outra oração para se completar. Podem ser *assindéticas*, quando se ligam umas às outras sem conjunção, e *sindéticas*, quando se ligam por meio de conjunção.

As orações coordenadas sindéticas classificam-se em:

- **Aditivas:** Estabelecem com a oração anterior uma relação de adição ou acréscimo. As principais conjunções são: *e*, *nem*, *que* e as locuções *não só... mas (também)*, *tanto... como*, etc.

Fui ao banco *e* paguei todas as contas.

- **Adversativas:** Estabelecem com a oração anterior uma relação de oposição, contraste, ressalva. As conjunções mais comuns são: *mas, porém, contudo, todavia, entretanto, no entanto*.

Fui ao banco, *mas* não consegui pagar as contas.

- **Alternativas:** Expressam alternância ou ideias que se excluem. As conjunções mais usadas são: *ou, ou... ou, ora... ora, quer... quer, já... já*, etc.

Vá de carro *ou* tome o metrô.

A criança *ora* saía de casa, *ora* entrava.

- **Conclusivas:** Exprimem uma ideia de conclusão em relação à afirmação feita na oração anterior. As conjunções mais comuns são: *portanto, logo, assim, por isso, de modo que, pois* (depois do verbo).

Os donos da casa estão cansados, *logo* é hora de partir.

- **Explicativas**: Explicam a declaração feita na oração anterior. São introduzidas pelas conjunções *pois* (anteposto ao verbo), *que, porque,* etc.

É melhor se apressar, *pois* já é tarde.

Orações subordinadas

São aquelas que mantêm uma dependência sintática em relação à oração principal, ou seja, desempenham uma função sintática em relação a outra.

As orações subordinadas classificam-se em três grupos, de acordo com o valor que podem desempenhar, ou seja, um valor de substantivo, de adjetivo ou de advérbio.

Orações substantivas

São aquelas que têm valor de substantivo e exercem em relação à oração principal uma das funções próprias do substantivo, que pode ser de sujeito, de objeto direto, de objeto indireto, de complemento nominal, de predicativo do sujeito e de aposto. São introduzidas pelas conjunções integrantes *que* e *se*.

- **Subjetiva:** É a que exerce a função de sujeito da oração principal. Geralmente, na oração principal, há expressões como *convém, é bom, é importante, é necessário*, etc.

É bom	*que você chegue mais cedo amanhã.*
or. principal	or. subord. subst. subjetiva

- **Objetiva direta:** É a que exerce função de objeto direto em relação ao verbo da oração principal.

Eu sempre disse	*que você tinha jeito de artista.*
or. principal	or. subord. subst. objetiva direta

- **Objetiva indireta:** É a que exerce a função de objeto indireto em relação ao verbo da oração principal.

Lembrou-se	*de que já era final de mês.*
or. principal	or. subord. subst. objetiva indireta

- **Completiva nominal:** É a oração que exerce a função de complemento nominal em relação a um nome (substantivo, adjetivo ou advérbio) da oração principal.

Você é contrário	*a que façamos um pedido formal ao juiz?*
or. principal	or. subord. subst. completiva nominal

- **Predicativa:** É aquela que exerce a função de predicativo em relação ao sujeito da oração principal.

A verdade é	*que algumas pessoas precisam ser mais educadas.*
or. principal	or. subord. subst. predicativa

- **Apositiva**: É aquela que exerce a função de aposto em relação a um elemento da oração principal.

Preciso lhe dizer um segredo:	*(que) estou namorando.*
or. principal	or. subord. subst. apositiva

Orações adjetivas

São aquelas que desempenham o papel de adjetivo em relação a um nome (substantivo ou pronome) da oração principal. Podem ser de dois tipos, de acordo com o sentido. São introduzidas por pronomes relativos: *que, quem, o qual, cujo,* etc.

- **Restritiva:** É a que delimita, restringe ou particulariza o sentido de um nome da oração principal. Na escrita, liga-se ao antecedente sem vírgulas.

Eu não vi a pessoa	*que entrou na loja.*
or. principal	or. subord. adj. restritiva

- **Explicativa:** É a que acrescenta ao antecedente uma informação que já é do conhecimento do interlocutor; ela pode também generalizar ou universalizar o sentido do antecedente. Na escrita, aparece entre vírgulas.

As crianças,	*que já estavam com muito sono,*	foram para a cama.
or. principal	or. subord. adj. explicativa	or. principal

Se o mesmo enunciado estivesse sem vírgulas – As crianças que já estavam com muito sono foram para a cama –, a oração passaria a *restritiva* e, nesse caso, considera-se que havia crianças com sono e crianças sem sono; foram para a cama apenas as que estavam com sono. Já na oração adjetiva explicativa, entre vírgulas, o que se diz é que todas as crianças estavam com sono e por isso todas foram para a cama.

Orações adverbiais

São as que desempenham a função de advérbio em relação ao verbo da oração principal. Da mesma forma que o advérbio, elas também expressam valores semânticos de tempo, lugar, causa, condição, etc. Classificam-se em:

- **Temporal:** É a que indica o tempo ou o momento em que se deu a ação verbal na oração principal. Pode ser introduzida por conjunções como *quando, enquanto, assim que, mal, logo que*, etc.

Quando vier à Bahia,	venha me visitar.
or. subord. adv. temporal	or. principal

- **Proporcional:** É a que indica uma proporção em relação ao fato expresso na oração principal. Pode ser introduzida pelas conjunções *à medida que, à proporção que, ao passo que*, etc.

Fui compreendendo melhor	*à medida que ia lendo sobre o assunto.*
or. principal	or. subord. adv. proporcional

- **Final:** É a que indica uma finalidade da ação praticada na oração principal. Pode ser introduzida por conjunções como *a fim de que, para que*, etc.

Empreste o celular	*para que eu fotografe vocês dois.*
or. principal	or. subord. adv. final

- **Causal:** É a que indica a causa do efeito expresso na oração principal. Pode ser introduzida por conjunções como *uma vez que, porque, posto que, já que*, etc.

Preferi não falar nada na reunião,	*uma vez que sou novo na empresa.*
or. principal	or. subord. adv. causal

- **Comparativa:** É a que estabelece uma comparação em relação a um elemento da oração principal. Pode ser introduzida por conjunções como *como, que, do que, assim como, (tanto) quanto*, etc.

Você trabalha muito,	*assim como eu (trabalho).*
or. principal	or. subord. adv. comparativa

- **Consecutiva:** É a que expressa uma consequência, um efeito do fato mencionado na oração principal. Pode ser introduzida por conjunções como *que* (precedida de *tal, tão, tanto*), *de modo que, de sorte que*, etc.

Choveu tanto	*que inundou minha casa.*
or. principal	or. subord. adv. consecutiva

- **Condicional:** É a que expressa uma condição ou uma hipótese para que ocorra o fato expresso na oração principal. Pode ser introduzida por conjunções como *se, desde que, contanto que, salvo se, a menos que*, etc.

Obteremos sucesso	*desde que todos se empenhem ao máximo.*
or. principal	or. subord. adv. condicional

- **Conformativa:** É a que expressa uma ideia de conformidade ou de concordância entre um fato e outro expresso na oração principal. Pode ser introduzida por conjunções como *conforme, consoante, segundo*, etc.

Montamos o aparelho de som	*conforme as instruções do manual.*
or. principal	or. subord. adv. conformativa

- **Concessiva:** É a que indica uma concessão, um fato contrário ao expresso na oração principal, porém insuficiente para anulá-lo. Pode ser introduzida por conjunções como *embora, ainda que, mesmo que, se bem que, por mais que*, etc.

Vou lhe emprestar algum dinheiro,	*embora eu não possa.*
or. principal	or. subord. adv. concessiva

BIBLIOGRAFIA

ABDALA JR., Benjamin. *Literaturas de língua portuguesa*: marcos e marcas – Portugal. São Paulo: Arte & Ciência, 2007.

ATTIE FILHO, Miguel. *Marcas e pensamentos*: notas a uma história do pensamento da Terra. São Paulo: Attie Editora, 2015.

BAGNO, M. *Língua, linguagem, linguística*: pondo os pingos nos ii. São Paulo: Parábola, 2014.

______. *Português ou brasileiro?*: um convite à pesquisa. São Paulo: Parábola, 2001.

BAKHTIN, Mikhail. *Estética da criação verbal*. São Paulo: Martins Fontes, 1997.

______. *Marxismo e filosofia da linguagem*. São Paulo: Hucitec, 1979.

BECHARA, Evanildo. *Moderna gramática portuguesa*. 37. ed. Rio de Janeiro: Lucerna, 2004.

BOSI, Alfredo. *História concisa da literatura brasileira*. São Paulo: Cultrix, 2013.

BRASIL. *Base nacional comum curricular*. Brasília: MEC, 2014.

______. *Matriz de referência para o Enem 2009*. Brasília: MEC/INEP, 2009.

______. Secretaria de Educação Média e Tecnológica. *Parâmetros curriculares nacionais + ensino médio*. Brasília: MEC/SEMTEC, 2002.

BUNZEN, C.; MENDONÇA, M. *Múltiplas linguagens para o ensino médio*. São Paulo: Parábola, 2013.

______. *Português no ensino médio e formação do professor*. São Paulo: Parábola, 2006.

CANDIDO, Antonio. *Formação da literatura brasileira*. Rio de Janeiro: Ouro sobre Azul, 2014.

______; CATELLO, José Aderaldo. *Presença da literatura brasileira*: história e antologia. Rio de Janeiro: Bertrand Brasil, 1997.

CASTILHO, Ataliba. *Gramática do português brasileiro*. São Paulo: Contexto, 2010.

FERRAREZI JR., C. *Semântica para a educação básica*. São Paulo: Parábola, 2008.

ILARI, R. *Introdução à Semântica*: brincando com a gramática. 7. ed. São Paulo: Contexto, 2007.

______. *Introdução ao estudo do léxico*: brincando com as palavras. São Paulo: Contexto, 2002.

ILARI, R.; Basso, R. *O português da gente*: a língua que estudamos, a língua que falamos. São Paulo: Contexto, 2006.

KLEIMAN, A. *Texto e leitor*: aspectos cognitivos da leitura. Campinas, São Paulo: Pontes, 2002.

KLEIMAN, A.; SEPULVEDA, C. *Oficina de gramática*: metalinguagem para principiantes. Campinas: Pontes, 2014.

KOCH, I. V.; ELIAS V. M. *Ler e escrever*: estratégias de produção textual. São Paulo: Contexto, 2009.

LAJOLO, M.; Zilberman, R. *A formação da leitura no Brasil*. São Paulo: Ática, 1996.

MARCUSCHI, Luiz Antônio. *Produção textual, análise de gêneros e compreensão*. São Paulo: Parábola, 2011.

NEVES, Maria Helena de Moura. *Guia de uso do português*. São Paulo: Unesp, 2003.

POSSENTI, S. *Aprender a escrever (re)escrevendo*. Campinas: Unicamp; Brasília: MEC, 2005.

ROJO, Roxane; MOURA, Eduardo. *Multiletramentos na escola*. São Paulo: Parábola, 2012.

RONCARI, Luiz. *Literatura brasileira*: dos primeiros cronistas aos últimos românticos. São Paulo: Edusp, 2014.

SCHNEUWLY, Bernard; DOLZ, Joaquim. *Gêneros orais e escritos na escola*. Campinas: Mercado de Letras, 2004.

SOUZA, Ana Lúcia S.; CORTI, Ana Paula; MENDONÇA, Márcia. *Letramentos no ensino médio*. São Paulo: Parábola, 2012.